2012

北京市哲学社会科学规划项目阶段成果选编

[上]

北京市哲学社会科学规划办公室 编

首都师范大学出版社
CAPITAL NORMAL UNIVERSITY PRESS

图书在版编目(CIP)数据

2012北京市哲学社会科学规划项目阶段成果选编/北京市哲学社会科学规划办公室编．—北京：首都师范大学出版社，2013.1

ISBN 978-7-5656-1298-5

Ⅰ.①2… Ⅱ.①北… Ⅲ.①哲学社会科学－科技成果－汇编－北京市－2012 Ⅳ.①C121

中国版本图书馆CIP数据核字(2013)第012507号

2012 BEIJINGSHI ZHEXUE SHEHUI KEXUE GUIHUA XIANGMU JIEDUAN CHENGGUO XUANBIAN (SHANG)

2012北京市哲学社会科学规划项目阶段成果选编(上)

北京市哲学社会科学规划办公室　编

责任编辑　马　岩　张成水

首都师范大学出版社出版发行

地　址　北京西三环北路105号

邮　编　100048

电　话　68418523(总编室)　68982468(发行部)

网　址　www.cnupn.com.cn

北京泽明印刷有限责任公司印刷

全国新华书店发行

版　次　2013年3月第1版

印　次　2013年3月第1次印刷

开　本　787mm×1092mm　1/16

印　张　25

字　数　470千

定　价　110.00元（全二册）

目录

哲学学科

ZHEXUEXUEKE

项目名称：中国现代思想史上宗教观的当代省察
项目编号：10BgZX043
项目负责人：王志捷
项目信誉保证单位：中共北京市委党校

出世与入世的统一
——梁漱溟宗教观辨析

梁漱溟先生在回顾自己的人生历程时曾说："我常常说我一生受两大问题的支配：一个是中国问题，再一个是人生问题。我一生几十年在这两大问题支配下而思想而活动——这就是我整整的一生。"①作为现代新儒学的开创者，梁漱溟被誉为"新文化运动以来，倡导陆王之学最有力量的人"，② 他提出"以道德代宗教"，就是要以儒家的道德理性和周孔礼乐取代宗教。这个主张可以说是他从解除中华民族危机的时代需要出发，为中国人着想或为解决"中国问题"而提出的一个具体文化方略。但是，在"人生问题"上，梁漱溟本人可以说是内佛外儒，他内心始终钟情于佛家的理想，并且相信在人类的未来，佛教作为圆满的出世法将最终成为人类的真宗教。因此，不能像人们通常理解的那样，认为"以道德代宗教"就是梁漱溟的全部宗教观。梁漱溟先生的佛儒兼宗，表明了他所致力的目标：完成出世与入世的统一，即在理想与现实之间，在个人精神追求与社会文化需要之间，寻求一个最佳出路。

一、宗教及其历史趋势

梁漱溟认为，凡属宗教，必具备两个条件："一切宗教都从超绝于人类知识处立他的根据，而以人类情感之安慰意志之勖勉为事。"③他对这两个条件的进一步解释是："甲，宗教在人的理智方面恒有其反智倾向即倾向神秘超绝，总要在超知识、反知识之处建立其根据；乙，宗教在人的情感意志方面恒起着安慰勖勉作用，俾人们感情动摇、意志颓丧者，重自振作生活下去。如所

① 梁漱溟：《我对人类心理认识前后转变不同》，《梁漱溟全集》第7卷，济南：山东人民出版社，2005年版，第131页。

② 贺麟：《当代中国哲学》，南京：胜利出版公司，1945年版，第12页。

③ 梁漱溟：《中国文化要义》，《梁漱溟全集》第3卷，济南：山东人民出版社，2005年版，第98页。

云安心立命者是。”[①]从前一方面看，人不同于动物之处在于他要靠希望去生活，而能得到满足者却很少。失望与绝望的痛苦在人的理智或知识范围内是无法解决的，只能求之于现有世界之外，于是人们就要超越现有的知识界限，打破理智的冷酷，使其希望和要求的范围更拓广、内容更丰富、意味更深长，于是宗教就从这里产生，在“超绝”处为人确立根据。同时，人若只靠理智生活，就容易看清生活之无意义，理智越是清楚明了越是让人难以生活下去，这时只有掉换一副非理智的心理，才能拯救自己于苦恼，这就是宗教的所谓反智的“神秘”所在。从后一方面看，人类早期蒙昧无知、心灵脆弱，对于外界的威胁敏感而无奈，生死、祸福扰乱了人的情感意志，人为了摆脱情志不安和幼稚无能，遂求助于宗教，而宗教就此起到情感意志方面的安慰勖勉作用。

他又以出世倾向的表现之高下，将所有宗教分为三个等级：初级宗教是多神教，其对象或为族姓祖先，或为乡邦神祇，或为自然神，早期人类因在外部世界面前感到软弱无力而产生对这些神灵的依赖感，因而对其进行祈祷膜拜，萌发了出世倾向。高级宗教是信仰主宰世界之唯一大神的宗教，以基督教、伊斯兰教为典型形态。其高于初级宗教之处在于其表现和发挥了人类生命的卓越伟大精神和慧悟能力，包含有普世的道德和深刻的哲学。但是，高级宗教所信奉的神与初级宗教的信仰对象一样，都是一种迷信，是人类因为知识和能力有限，转而幻想出神灵来安慰情智的产物，因而它“是一种对于外力之假借；此外力却实在就是自己。”[②]人们在这种宗教中所崇奉和追求的美德，原本就是人自身的本具之德。相比之下，最高级宗教为佛教，这种宗教中少有迷信。所谓“迷信”，就是“心有所牵于外，则蔽生而明失也。”[③]人之自蔽其明而产生迷惑，原因在于人具有追逐世俗价值的“分别我执”，以及与生俱来的表现为欣厌好恶之情的“俱生我执”。佛教就是要彻底地“破执”，反对人与外部世界的“分别”，要恢复到与宇宙的浑然一体，因此它是唯一圆满的出世法，是“正信”而非“迷信”。

按照梁先生的看法，自远古初民开始，就有宗教出现，此后又有高级宗教产生并主导人类生活。但是，随着人类理智的发展，特别是西方近代文明的出现，科学和知识排斥了这些宗教的迷信和玄想，人类征服自然之威力猛进，意志由弱转强，因现实问题而来的困惑和情志不安逐渐得到缓解；人与

① 梁漱溟：《人心与人生》，《梁漱溟全集》第3卷，济南：山东人民出版社，2005年版，第704页。

② 梁漱溟：《中国文化要义》，《梁漱溟全集》第3卷，济南：山东人民出版社，2005年版，第101页。

③ 梁漱溟：《人心与人生》，《梁漱溟全集》第3卷，济南：山东人民出版社，2005年版，第712页。

人的社会关系建立在了以经济为基础的社会结构上，社会秩序也由政治体制来构建完成，文化的中心遂由宗教转向了道德、礼俗和法律；人们疲于应付激烈的竞争和物质文明的诱惑，以致对信仰模糊混过。这一切使得宗教之失势在所难免。

但是，宗教是不是就失去了其存在的根据呢？答案是否定的。梁先生认为，近代以来文明的发展只解决了人的较低层次的情志不安，但人还有一个高层次的情志不安，即生死问题的困惑，亦称“绝对不能满足者”。“譬如生活要求永远不老死，花开要求永远不凋谢，这是无论如何做不到的，绝对不可能的，所以这种要求当然不能满足。”[①]这种情志不安，只能通过取消问题、超越现世人生方能得到解决，能够以取消这个问题而为问题之解决的，只有佛家的境界了。因此，宗教仍然有其存在的“真必要”。

二、以道德代宗教：中国的时代需要

梁漱溟虽然肯定宗教有其存在的“真必要”，但是鉴于人类文化发展的时代趋势，以及出于为人们提供在现代社会得以安身立命的价值依据的考虑，他提出了“以道德代宗教”的主张。这个主张的重要理论依据就是其“文化路向”说。[②]

梁漱溟以直觉论为基础，从西方哲学中吸收了柏格森的生命哲学和叔本华的“意欲”论概念及相关思想，又发挥进化论，构建起他的生命本体论。他把宇宙视为一大的生命体：“尽宇宙是一生活，……宇宙实成于生活之上，托乎生活而存者也。这样大的生活是生活的真象，生活的真解。”[③]由此来看文化，他说：“你且看文化是什么东西呢？不过是那一民族生活的样法罢了。生活又是什么呢？生活就是没尽的意欲（Will）……然则你要去求一家文化的根本或源泉，你只要去看文化的根源的意欲，这家的方向如何与他家的不同。”[④]

按照梁先生的这个理论，由于人类生活的意欲指向不同，即生活中解决问题的方法不同，形成了西方、中国和印度三种“文化路向”，或曰三种不同的生活样法。人生有性质不同的三大问题：第一，人对物的问题，其障碍在自然界，要通过改造客观环境来解决，所以是一个物质生活问题。第二，人

① 梁漱溟：《东西文化及其哲学》，《梁漱溟全集》第1卷，济南：山东人民出版社，2005年版，第380页。

② 关于“文化路向”说，参见梁漱溟：《东西文化及其哲学》第二、三章，《人心与人生》第十三、十六章。

③ 梁漱溟：《东西文化及其哲学》，《梁漱溟全集》第1卷，济南：山东人民出版社，2005年版，第376页。

④ 梁漱溟：《东西文化及其哲学》，《梁漱溟全集》第1卷，济南：山东人民出版社，2005年版，第352页。

对人的问题，其障碍在“他心”，其解决与否不由我一方来决定，这是一个伦理道德问题。第三，人对自身生命的问题，其障碍在自己生命本身，这是一个生存意义问题，是要靠超越现世人生才能解决的问题，即宗教问题。由解决这三大问题的不同方法而产生了三种人生态度或文化路向：第一，意欲向前要求的路向，这是生活的本来路向，就是奋力取得所要求的东西，这种态度解决的是第一大问题，代表西方文化精神。第二，意欲自为调和、持中的路向，对应的是第二大问题，这种态度是遇到问题不去要求解决，而是“反求诸己”，调和、融洽自己与对方的关系，这是中国文化的根本精神。第三，取消问题的路向，以根本不生出要求为最高之满足，这是禁欲的态度，用以应对第三大问题，印度文化就是以这种“意欲反身向后要求”为其根本精神的。在梁先生看来，人类为解决这三大问题而秉持的三种态度，发展出依次递进的三期文化：“人类当第一问题之下，持第一态度走去，即成就得其第一期文化；从而自然引入第二问题，转到第二态度，成就其第二期文化；又将自然引入第三问题，转到第三态度，成就其第三期文化。”①在人类文化尚处于第一期时，西方的态度比中国、印度的态度更适用，因而取得了主导地位。但是，“西洋文化的胜利，只在其适应人类目前的问题，而中国文化印度文化在今日的失败，也非其本身有什么好坏可言，不过就在不合时宜罢了。人类文化之初，都不能不走第一路，中国人自也这样，他却不待把这条路走完，便中途拐弯到第二路上来；把以后方要走到的提前走了，成为人类文化的早熟。”②他结合当时西方社会在第一次世界大战后经济破败和精神困顿的现实，预言西方文化已经走到了穷途末路，人类文化就要从第一期转入第二期了。因此，中国文化虽然在以前过早地走了第二路向从而造成了失败，现在则恰逢其时，它即将复兴并拯救西方人于苦恼。这时，人们需要彼此间本着第二态度行事，因此，需要“批评的把中国原来态度重新拿出来”③，而西方的第一态度只能用于对付大自然了。至于印度的第三态度或曰佛家的生活，将适用于人类第三期文化，对现在来说仍然是早熟的，不合时宜，须借鉴以往的教训而予以排斥。

所谓重新拿出中国原来的态度，就是要用中国原有的儒家道德来取代宗教。他认为，道德属于“理性”之事，而人类的特征恰在“理性”而不在“理智”。理智是人类超出动物本能而特有的生活方法和手段，理性则是经由理智而开

① 梁漱溟：《人心与人生》，《梁漱溟全集》第 3 卷，济南：山东人民出版社，2005 年版，第 729 页。

② 梁漱溟：《东西文化及其哲学》，《梁漱溟全集》第 1 卷，济南：山东人民出版社，2005 年版，第 526 页。

③ 梁漱溟：《东西文化及其哲学》，《梁漱溟全集》第 1 卷，济南：山东人民出版社，2005 年版，第 528 页。

出的无私感情。道德的真意就在于人能够在生活中从动物式的本能中解放出来，并超出自身理智的限制，使生命廓然与宇宙大生命通为一体，使其无私之情无所不到，也就是使人心归于宇宙之生命本体而达到知是知非的自觉自律，亦可谓为“率性而行”。这种率性之德是源自生命本性的直觉道德，是真情的自然流露，是随感而应、活泼而无凝滞的，是生命的和谐。孔子的“仁”就是敏锐的直觉，是不计较利害、不算账的非功利态度，由此而能获得“无所为而为”的快乐的情感生活。梁先生认为，中国自有孔子以来，就走上了以道德代宗教的道路，因为儒家的道德理性存于个人的自觉自律，这恰恰与宗教之教人舍其自信而信他、弃其自力而靠他力者相反。中国儒学经典具有谁莫与比的开明气息，最少不近理性的神话与迷信，《论语》就是一面极力避免宗教之迷信与独断，而一面致力于启发人的理性。继孔子之后，孟子更切实地为人类指明了这一理性精神。最能继承孟子精神的是王阳明，他径直把人生行为准则交托给人们的感情要求，真正符合于生命的本性。

在梁先生看来，儒家道德相对于宗教的优势在于其理性精神与周孔之礼的结合上。儒家道德的理性精神可以用“清明安和”四字点出，而古代宗教显然与理性相违的地方有二：一是愚蔽偏执之情；一是强暴冲动之气。这二者总是相因而至，只要有一于此，理性即受到妨碍。孔子容受不了这二者，于是就脱出了宗教之路。同时，“孔子深爱理性，深信理性。他要启发众人的理性，他要实现一个‘生活完全理性化的社会’”，[①] 而他实现理性化社会的根本途径就是礼乐制度。礼乐具有两个方面的作用：一方面，设为礼乐揖让以涵养理性。具体的礼乐，直接作用于身体，作用于血气，使人的心理情致随之顿然变化于不觉，而理性乃油然现前，其效最大最神。另一方面，安排伦理名分以组织社会。古代宗法社会的伦理名分和社会秩序原都有赖于古代宗教才得以建立和巩固，但在孔子之后，儒家以敦勉孝悌和一切仁厚肫挚之情为其最大特色，伦理关系中的孝子、慈父等人格，都是从这种切近的情感出发来理解并形成的。其在个人，为完成他自己；在社会，则完成了某种组织与秩序。儒家对伦理名分的安排，逐渐演化为礼俗而不是法律，所以它着眼于人们的相对关系，只从应有之情与义上说话，期望各人之自觉自勉于名分，好像铺出路轨而引向道德，亦使得礼乐揖让得有所施，于是道德在人就成了很自然的事了。总之，道德理性与礼乐制度相互结合，人的精神生活问题和社会伦理秩序问题就完美地解决了，宗教也就可以被取代了。

梁先生在晚年也有过“以美育代宗教”的说法，但其内涵与蔡元培早已提出过的“以美育代宗教”之说不同。梁氏的“以美育代宗教”，是其“以道德代宗

---

① 梁漱溟：《中国文化要义》，《梁漱溟全集》第3卷，济南：山东人民出版社，2005年版，第111页。

教”的逻辑延伸与必然结果，而不是另外一个独立的文化主张。按照他的推论，人类在第二期文化中，本着儒家的道德理性和周孔礼乐而行事，将形成生活上斯须不离之礼，过上一种具有高尚品质、优美情感的自觉自律的生活。“人类生活将来终必提高到不再分别目的与手段，而随时随地即目的即手段，悠然自得的境界。此境界便是没有道德之称的道德生活。”[①]这也就是所谓社会人生的艺术化，可借用蔡元培的“以美育代宗教”来指称。

三、出世法：人生的归依与文化的未来

在人类文化的第二期，需要“以道德代宗教”；而在未来的第三期文化中，人类则应当本着印度的态度来生活，佛家的出世法将成为人类文化的最后最高阶段。这在梁漱溟先生那里不仅是“文化路向”说的结论，而且有其形而上学的哲学依据。在他看来，“世间”与“出世间”就是哲学家所说的现象与本体，现象与本体不一而又不异。现象依托于本体，故有世间就有出世间。作为现象的世间万有是生灭不已的，而作为本体的出世间则无生灭可言。人类生命是宇宙大生命从低级生物发展出来而达到的顶峰，“生命本性可以说就是莫知其所以然的无止境的向上奋进，不断翻新。”[②]但是，其他生物依靠本能来生活，都盘旋于个体生存和种族繁衍两大生活问题上而止步不前，人类则不拘泥于两大生活问题，继续发扬生命本性而发展出理智，又进而发展出理性，开拓出了自己特有的生活世界。不仅如此，人还要按照生命本性不断奋进，从生命的局限和困惑中解放出来，最终达到本体世界，即超越生活世界而达到“出世间”。出世间虽有违于实际经验和常识，却达到了真际，所以，“一、要知道出世间有其的解。二、假如承认世间的真实性，那么出世间就更真实。”[③]在梁漱溟看来，儒学不是宗教，而其他宗教又都混杂着迷信，都没有像佛教那样达到本体之真，所以只有佛教这种圆满的出世法才适合出世间，能够在人类文化的第三期解决人生的第三问题，即人的存在意义问题，从而实现对人生的超越。由此他预言，在未来人类道德既充分而又可能，并表现为整个社会人生的艺术化时，“客观条件更无任何缺乏不足之苦，人们方始于苦恼在自身初不在外大有觉悟认识，而后乃求解脱此生来不自由之生命也。一面主观上有出世觉悟，一面客观上亦备足了修出世法的可能条件，而后真宗教之兴起，此其时矣。正如我五十多年前之所说：世界最近未来将是古中国

---

① 梁漱溟：《人心与人生》，《梁漱溟全集》第 3 卷，济南：山东人民出版社，2005 年版，第 762 页。

② 梁漱溟：《人心与人生》，《梁漱溟全集》第 3 卷，济南：山东人民出版社，2005 年版，第 555 页。

③ 梁漱溟：《人心与人生》，《梁漱溟全集》第 3 卷，济南：山东人民出版社，2005 年版，第 717 页。

文明之复兴，而古印度文明则为远远的人类前途之预兆且预备下其最好参考资料。”①

对于自己精神世界中的佛教情怀，梁漱溟在1921年曾作过这样的说明：“我从二十岁以后，思想折入佛家一路，一直走下去，万牛莫挽，但现在则已变。这个变是今年三四月间的事，我从那时决定搁置向来要做佛家生活的念头，而来做孔家的生活。……我反对佛家生活，是我研究东西文化问题替中国人设想应有的结论，而我始终认为只有佛家生活是对的，只有佛家生活是我心里愿意做的，我不愿意合掉他而屈从大家去做旁的生活。”②这就是说，在自己的内心生活和社会文化需要之间存在着深刻的矛盾。就社会层面而言，在人类文化的第二期，孔子的道德学说比宗教更适合于解决人生的情志不安问题，为了给社会和人心提供精神支撑，他只能放下自己的心性需要，把人们导向至好至美的孔子路上来。他对社会的人文关怀占据了压倒性地位，所以才要“以道德代宗教”，而非自己心性的改变。

到晚年时，梁漱溟仍坦言，他一生得力于佛学，其精神寄托和行为动机也主要来自佛学，特别是大乘唯识学。至于佛、儒如何能够得到调解，他认为，佛家与儒家最重要的共同点在于都以众生的痛苦为自己的痛苦，由“无我”而达到“救世”。儒家像佛家一样要破“分别我执”，以期达到“廓然大公，物来顺应”的境界；但儒家的人不像佛家那样破“俱生我执”，因此仍然要在人间活动，一生为大家奔走，实现其社会理想。梁先生说，在实际生活中，他愿意学习王阳明，希望跟着王阳明走。“我是在生活上做一个人的生活，我思想上还是倾向佛家。……做一个人的生活应当是走儒家的路，可是我是一个想要做好而不够的一个人。如果再说明怎么样不够，那就是我在破执上、在‘廓然大公，物来顺应’上不够。我希望我能够这样，但是不够。”③在生活上向儒家的理想努力，在思想上却倾向佛家，这就是梁先生自己的态度。

四、结　语

“以道德代宗教”并非梁漱溟宗教观的核心或全部，也不是他出佛入儒的思想依据。整体上看，儒、佛二种情怀在他的内心世界是交织在一起的，二者之间既存在着巨大的张力，又有高度的统一。佛家的精神在他的心中不但从未被“取代”，相反，“以道德代宗教”甚至就是他从佛家理想出发而提出的

---

① 梁漱溟：《人心与人生》，《梁漱溟全集》第3卷，济南：山东人民出版社，2005年版，第750—751页。

② 梁漱溟：《东西文化及其哲学》“自序”，《梁漱溟全集》第1卷，济南：山东人民出版社，2005年版，第543页。

③ ［美］艾恺采访，梁漱溟口述：《这个世界会好吗：梁漱溟晚年口述》，上海：东方出版中心，2006年版，第125页。

一个救世方案。这恰恰说明，求得出世与入世的统一，具有世外的襟怀和修养而不空寂出世，以更好地服务社会人群，是梁漱溟先生的理想生活。冯友兰先生曾说：“入世与出世是对立的，正如现实主义与理想主义也是对立的。中国哲学的任务，就是把这些反命题统一成一个合命题。……求解决这个问题，是中国哲学的精神。”又说：“中国哲学以为，一个人不仅在理论上而且在行动上完成这个统一，就是圣人。他是既入世而又出世的。……他的人格是所谓‘内圣外王’的人格。”[1]这不啻为梁漱溟先生的写照。

（作者：王志捷　中共北京市委党校教授）

① 冯友兰：《中国哲学简史》，《三松堂全集》第6卷，郑州：河南人民出版社，2001年版，第11页。

项目名称：全球化时代中西方人文精神融合的哲学思考
项目编号：11ZXC007
项目负责人：王　平
项目信誉保证单位：北京财贸职业学院

在人文精神与职业精神的融合中实现高职教育创新

2009年教育部在《关于加强高职高专教育人才培养工作意见》中指出："大学生应在具有必备的理论知识的基础上，重点掌握本专业领域实际工作的基本能力和基本技能，具有良好的职业道德和敬业精神。"在当前严峻的就业形势下，高职院校急需树立以市场为导向，以提升学生综合素质为前提，以提高职业能力为本位的教育理念，充分利用校内外资源，在基础课程教学中渗透专业知识教育，在职业技能教学中渗透人文素质教育，注重大学生的人文精神与职业精神的培育，侧重强化今天的大学生就是明天的德才兼备的"职业人"，不断提升高职大学生就业的核心竞争力。

一、研究对象与方法

本文从实证研究的角度出发，以北京财贸职业学院为例，在分析当前高职院校学生的人文素养与职业素养的基础上，进一步提出相应的解决策略，为今后高职院校学生职业精神与人文精神的培育提供事实依据及参考。

（一）调研对象

本研究选取了北京财贸职业学院2008级毕业班学生570人为调研对象，在本次问卷调查中，发放有效问卷570分，收回540份，问卷有效收回率为94.5%。

（二）研究方法

本研究主要从问卷调查、提纲访谈、数据处理三个方面展开调研。研究在查阅大量文献的基础上，综合了众多学者的基本观点，围绕高职学生的职业精神与人文精神两个方面进行问卷设计，并展开定量分析；同时，为了弥补问卷调查的不足，本研究又从人文知识、人文素养、职业道德、职业技能四个维度设计了相应的访谈提纲，以作定性分析。本研究的所有数据采用了Microsoft Office Excel 2003程序进行分析。

二、高职院校学生人文精神与职业精神现状调查

(一)人文知识

人文知识属于意识范畴，是人们在接触，了解，改造自然、社会、思维，创造生产、生活的过程中，透过直接经验和间接经验，形成和掌握的关于社会存在、社会意识、社会关系，人文现象、人文活动、人文文化，人的愿望、人的作为、人的成就的认识成果和观念形态的总和。在“关于高职院校的人文氛围”的问卷调查中，22％的学生认为高职院校人文氛围浓厚，48％的学生认为人文氛围一般，25％的学生认为学校缺少人文氛围，人文素质教育课程处于可多可少、可有可无的状态。这说明学校人文氛围淡漠，人文素质教育的失落是比较明显的。

在“关于获取人文知识的主要途径”的问卷调查中，28％的学生是通过课堂教学，49％的学生是通过书籍与网络，14％的学生是通过校内讲座，6％的学生是通过学校社团，3％的学生对人文知识的获取还处于一种无组织的状态。学生对人文专业课效果的满意度还远远不够，某些学院的人文知识教育还没有达到学生的要求，还无法最大限度地提高大学生人文素质教育的水平。

在“关于学校开展的人文知识活动效果”的问卷调查中，23％的学生认为活动效果好，能提高学生素质；67％的学生认为学校开展的人文知识活动效果一般；5％的学生认为活动效果很差，无法提高学生素质；5％的学生认为不好说。这些数据充分说明了学校的人文知识活动和学校社团的作用还远远没有发挥出来。

(二)人文素养

人文素养属于品质范畴，不同于人文知识。人文素养直接体现的是人们心理品质的状况和变化，只有通过对事理的感悟和实践的锤炼才能养成。在关于“你认为专业课教师是否需要把人文素养教育融入专业课”的问卷调查中，64％的学生希望专业课教师把人文素养教育融入到专业课教学中去；33％的学生认为没有必要，讲清楚知识点即可；3％的学生认为无所谓。这说明有些专业课教师对人文素养融入的方式和方法还不太了解，或者认为人文素质教育只是人文课教师的事情，和专业课关系不大。

“学校在日常教学中最重视什么”的问卷调查中，14％的学生认为是强调提高学生的人文素养知识，38％的学生认为是强调专业技能知识，19％的学生认为是强调学生的就业率，27％的学生认为是强调提高学生的综合素质。可以看出，学校相对重视专业技能知识，而相对忽视了学生的人文素质与综合素质的提升。

关于“用人单位看重的高职学生的素质哪项最重要”的问卷调查中，75％的学生认为，当前用人单位或企业最关注学生的综合素质；25％的学生认为是

工作经验、专业知识、团队意识、解决问题的能力和沟通能力等。企业可以接受一张没有任何工作经验的白纸，但是学生的综合素质尤其是道德品质却决定了这张白纸的优劣。

(三)职业素质

职业素质是劳动者对社会职业了解与适应能力的一种综合体现，其主要表现在职业兴趣、职业能力、职业个性及职业情况等方面。影响和制约职业素质的因素很多，主要包括：受教育程度、实践经验、社会环境、工作经验及自身的素质等。研究分别从学生的专业定位与自我认同、职业技能、职业前景等几个方面展开。

关于专业和自我认同的分析结果显示：学生对专业和自我的认同程度是推动学生有效、持续学习的内在动力。学生在选择专业时主要考虑的因素有：好就业(占 70%)，学到技术(占 18%)，个人兴趣(占 8%)，容易毕业(占 4%)。说明学生在选择专业类型时，目的性很强、很明确。对"是否喜欢自己的专业"各年级学生的选择不大一样，其中大一新生有 76%选择喜欢自己的专业，大二、大三的学生分别为 86%、91.9%，这说明年级越高，学生对专业的认同度越高。统计数据说明学院专业设置能满足社会需求，专业的社会认同度较高。

关于职业技能培养的问卷设计了五种职业能力，调查结果显示：63%的学生选择了实践操作能力，11%的学生选择的是独立工作能力，8%的学生选择的是为人处世的能力，15%的学生选择的是学习能力，3%的学生选择的是劳动者的文化水平。数据在一定程度上反映了高职院校重视学生职业能力培养的总体趋势。

关于职业前景预测的调研显示：84%的学生认为自己所学的专业较有前途，7%的学生认为所学专业很有前途，6%的学生认为没有前途，3%的学生认为无所谓。多数学生对学院专业的肯定，也反映了学生对所学专业和未来职业前景的乐观态度。

(四)职业道德

职业道德是人们在一定的社会职业活动中遵循的、具有自身职业特征的道德准则和规范，并在个人从业的思想和行为中表现出来的比较稳定的特征和倾向。在本次调研中，我们将职业道德界定在敬岗爱业、服务意识、团队意识、责任意识、创新意识这五个指标进行考察，并辅之以行动进行测量，以揭示其职业精神。

调查结果显示，多数学生在遵守规章制度、工作刻苦钻研、积极进取等方面都有较好的意识与表现，而改革创新方面的意识和行动程度就较低。同时，学生在责任心方面的意识和行动能力普遍较高，但在职业价值测评上，66%的学生表示会更多的考虑个人在工作中是否有更多更好的发展。大部分学生对职业价值的认识模糊，尤其是对个人发展与行业发展的关系的认识水平普遍较低。

在体现职业道德的服务意识方面，86%的学生表示对自己职业定位比较准确，他们能够明确自己在企业中的服务定位，并愿意从基层做起并做好，以自己的实际能力获得企业的认可，增强自身的竞争力。多数的学生表现出强烈的合作意识，96%的学生表示，今天的岗位工作不是一个人能够独立完成的，而是要靠一个团队的共同协作，个人要有良好的交流和合作能力。90%的学生能够服从团队安排，93%的学生表示，在自己工作的各个环节都能做到兢兢业业、认真负责。

三、问题分析：什么原因导致高职学生人文精神与职业精神的缺失？

从以上调查结果来看，目前，高职大学生人文素质教育与职业素养教育普遍存在以下几个方面的问题：

第一，实用主义与功利主义的消极影响。当前，整个社会职业道德和人文精神缺失，造成当代大学生心态浮躁、精神空虚、自私自利、缺乏爱心。社会的功利性和实用性思想影响了高职的办学理念，高职院校在培养人才方面更注重学生的技能训练，而相对弱化了学生人文素质的养成。高职教育的最终目的还是要培养人，而不是"制器"，高职教育不仅要传授技能和知识，更重要的是培养学生具有一种富有前瞻性的思维方式、一种创新精神、一种正确的价值观，给学生以人生启迪，使他们能够正确地对待自然、社会、他人和自己。

第二，社会就业压力大掩盖了人文素质教育与职业素养教育的价值。虽然高职大学生在各行各业中都已崭露头角，但是对国家和民族发展的那种使命感还没有普遍在学生头脑中占据主导地位。尤其是在当前金融危机的影响下，就业压力大，导致许多学生在求职和就业中考虑更多的是怎么把自己的小家庭、小日子过好，为国家为社会做贡献、为他人服务的意识薄弱，社会责任感缺乏。因此，学校在针对大学生就业指导上，既要注重培养大学生的职业技能，更要帮助大学生处理好他想干什么、他能干什么、国家需要他干什么、社会能给他提供什么样的工作岗位等之间的关系，从而使学生树立明确、科学、务实的职业观和就业观。

第三，人文素质教育与专业素养教育分离，各自为政。长期以来，职业教育逐渐形成了这样一种传统意识：人文教育应该由文科教师担当，而与专业课教师关系不大，因而在专业课教学中很少涉及诸如文学、哲学、伦理道德、法律、环境伦理等课程内容，在基础理论课教学中也很少有专业理论知识，人文素质教育和专业素质教育尚未形成合力。然而，高职学生人文素质与职业素养的提升，绝不是某种操作能力和就业能力的拓展，它应该是知识、技能、态度、情感四位一体的能力结构，追求职业精神和人文精神深度融合与内化，并在职业工作中追求全面发展的高尚人格，以达到职业精神与人文精神的高度统一，才是职业教育的最终发展目标。

四、对策研究：高职教育创新应注重构建人文精神与职业精神融合的现实平台

主要应从加强各类课程体系开发、增强校园文化的感染力和创新校企合作的模式等方面入手，通过日常学习与生活相结合、课堂内外相结合、校园文化和企业文化相结合，以实现高职学生人文精神与职业精神融合的全方位化和全过程化。

(一)加强各类课程体系开发

课程教学主要是从知识层面上，提高大学生的人文素质与职业素养，这类课程体系主要包括：人文素质教育、职业道德教育和专业素质教育三个方面。职业院校的课程体系开发，应以促进学生就业能力的提升、职业生涯发展和人格健全为价值导向，并通过相关课程开发、有效的教学方式来强化学生的职业生涯发展能力，通过人文基础知识的传递，直接应用于专业课程与实践课程。

1. 人文素质教育

人文精神强调的是以人为本，人文精神的形成与人文教育密切相关。高职院校的人文素质教育课程，应拓宽学生的知识面，提升学生的文化层次和鉴赏品位，帮助学生尽快适应大学生活，学会做人、学会做事、学会与人相处、学会学习，适应社会与市场不断变化与发展的需要。

2. 职业道德教育

职业道德教育课程主要是加强思想政治理论课体系建设，进一步充实课程内容，巩固其在素质养成中的主渠道和主阵地作用，使其作为必修课的核心。培养学生爱岗敬业的职业精神，不断提升社会公德、职业道德、家庭美德、个人品德的内涵。

3. 专业素质教育

专业素质教育课程包括与职业和岗位相对应的专业知识结构和职业技能操作方法，将学生职业素质中必备的各方面能力，落实到相关专业课程的教学大纲和教学过程中，在专业教育中体现职业素质教育，通过各种课外活动，培养学生专业兴趣，提高学生的专业水平。

(二)增强校园文化感染力

校园文化的核心是培养人，通过文化活动、体育、心理、社交以及各种

社会实践活动和校园文化、教室文化、宿舍文化、社团文化等，给学生营造丰富多样的课余生活，循序渐进地引导学生不断提高自身素质，培养学生高尚的人文精神，树立为民族振兴和国家富强而奋斗的爱国情结，并使之成为学生学习和工作的精神动力。

1. 文体活动的丰富性

学生通过学院组织的各种丰富的文体活动，以比赛、演讲、竞赛等方式，锻炼自己，促进人际沟通与交往、动手能力和岗位适应能力的养成与提升。

2. 社会实践的直接性

学生通过亲自参与社会实践活动，体验社会生活，增强社会实践能力，在实践中见证成长，还可以提升自身的道德素质和创新能力。

3. 环境熏陶的引导性

高职院校的校园文化要营造出具备行业和职业元素的氛围，如校园的大门、校园的建筑、校园雕塑、景观甚至通道和场馆都要着眼于行业文化环境的构建与呈现，使学生在校园的学习和生活中，在不经意间得到了启迪和感染。

(三)创新校企合作模式

各类技术都有其行业认同的文化，高职教育是以培养技能型人才为目标，以就业为导向的教育，学生毕业以后主要面向行业，从事技术和管理工作。学生在毕业时要得到行业的认同，在校期间就应该了解行业文化，并不断地灌输使之认同的行业文化，培养行业的职业精神，实现这一目标的主要方法是：一方面将校园和课堂延伸到企业生产一线，另一方面将企业文化引入校园，不断创新校企合作的模式，比如：订单式培养模式、共建基地模式、嵌入式模式等。在校企双向交流中不断充实高职学校文化内涵，突出行业技术特色，潜移默化地影响学生。

1. 订单式培养模式

校企充分利用有利资源，共同参与人才培养过程，实现预定的人才培养目标，最后由用人单位安置学生就业的合作模式。

2. 共建基地模式

学校与企业共同建立学生实习实训的场地，或者把企业的车间建成教学基地，互为基地；也可以由学校提供场地，企业经营；还可以由学校投入设施设备，企业实施教学，把基地作为校企深度合作的平台，充分发挥基地的作用和效益。教学基地既培养学生也培养企业员工，既是学生的实习场所，也不影响企业正常生产。

3. 嵌入式模式

将企业的入职标准、企业的技术规范、企业的培训内容、企业的规章制度、企业文化等内容通过协议直接嵌入到专业人才培养方案之中，使学生在接受学历教育的同时开始了解企业的需要、企业的背景和文化，提前融入到企业的氛围之中，增强学生对企业的认同度和忠诚度，也使专业教育的针对性更强，比较好的实现与企业需求的“零距离”接触。

参考文献

[1] 贺衡燕 ：《高职院校职业价值观分析》，《黑龙江高教研究》，2010 年第 12 期。

[2] 马联合：《高职院校学生职业素养调查研究》，《教育理论与实践》，2010 年第 10 期。

[3] 石亚军：《人文素质论》，北京：中国人民大学出版社，2008 年。

[4] 朱宪玲、张洁清、柳倩华：《女校人文素质教育的目标与实现》，武汉：华中师范大学出版社，2010 年。

（作者：王　平　北京财贸职业学院讲师）

科社·党建·政治学学科

KESHEDANGJIANZHENGZHIXUEXUEKE

项目名称：马克思主义大众化研究：理论、历程和经验
项目编号：11ZDB14
项目负责人：崔耀中
项目信誉保证单位：中共北京市委讲师团

在回答重大理论和现实问题中普及中国特色社会主义理论体系①

在回答社会主义现代化建设中的重大理论和现实问题时普及中国特色社会主义理论体系，是新形势下加强党的思想理论宣传工作，推进马克思主义大众化的必然要求。

回答社会主义现代化建设中的重大理论和现实问题重点是要回答我国现代化建设中的新课题。当前，我国正处在全面建设小康社会的关键时期和改革开放的攻坚时期，经济社会发展呈现一系列阶段性特征，发展中不平衡、不协调、不可持续的问题突出，制约科学发展的体制机制障碍依然存在，“两难”问题明显增多，这些实践中出现的新课题亟待予以科学认识和正确引导。这就迫切需要我们围绕党和政府的重大决策部署、围绕制约科学发展的突出矛盾、围绕事关全局发展的重大关系、围绕经济社会发展中的热点难点问题，开展具有针对性、战略性、前瞻性的理论研究和宣传阐释工作，把这些重大的理论和现实问题讲清、讲透、讲明白，切实回应人民关切，提高广大人民群众的思想认识，在展现中国特色社会主义理论体系的科学性中实现理论普及，从而凝心聚力，为更好地推进科学发展提供精神动力和智力支持。

在回答重大理论和现实问题中普及中国特色社会主义理论体系要重视理论的通俗化、具象化，把对问题的回答同理论的大众化传播结合起来。只有重视理论联系实际，把深邃的理论、深刻的道理同具体实在的问题结合起来，用群众能够接受、乐于接受的质朴、生动的语言讲清楚，化抽象的理论逻辑为形象的生活逻辑，使理论走近群众、服务群众，拉进理论和人民群众的距离，切实增强理论的感召力和说服力，才能实现社会主义理论体系的有效普及，切实推动马克思主义大众化。为此，我们要切实改进文风，善于用群众话语、时代话语回答问题、传播理论，以语言的鲜活生动增强理论传播的亲和力；要紧贴社会现实，直面问题、聚焦热点，用典型案例说话，用客观事实说话，增强理论传播的针对性；要不断概括出反映时代和实践发展的、科

① 本文为第二批北京市哲学社会科学规划重大项目阶段成果。

学的、开放融通的新范畴、新表述，努力形成有中国特色和风格的理论话语体系，增强理论传播的科学水平。

在回答重大理论和现实问题中普及中国特色社会主义理论体系要重视掌握科学方法，把对问题的回答与实现马克思主义思想方法的大众化结合起来。马克思主义的精髓是它的世界观和方法论，只有掌握了这个精髓，才能科学认识重大理论和现实问题，才能真正掌握中国特色社会主义理论体系。改革开放是一项前无古人的伟大创举，其任务的艰巨性、复杂性、繁重性世所罕见，各种问题相互交织叠加，矛盾错综复杂，各种可以预见和难以预见的风险和情况需要我们正确加以应对。我们要用马克思主义思想方法去研究、分析、回答问题，在研究、分析、回答问题中体现和传播这一科学思想方法。要始终坚持把实践标准、生产力标准、人民利益标准贯穿于重大理论和现实问题的阐释中，引导人民群众透过现象看本质，学会和掌握用历史、辩证的方法观察和分析问题。只有掌握马克思主义世界观和方法论，理论才能“管用”，理论的普及才能“入脑”“入心”，人民群众才能明辨理论是非、澄清模糊认识，才不会在重大的理论和现实问题上误读误判，从而筑牢思想防线，更加自觉地坚持中国特色社会主义不动摇。

在回答重大理论和现实问题中普及中国特色社会主义理论体系要重视实践的回应，把对问题的回答同学习党和政府的方针政策和决策部署结合起来。方针政策作为理论和问题沟通和连接的中介，直接面向社会实际，是党和政府对社会主义建设重大理论和现实问题的实践回应，是理论在实践中的具体化，体现着中国特色社会主义理论体系的基本思想和根本要求，贯穿着马克思主义的立场、观点和方法。对广大群众进行思想理论教育，既要避免纯粹的理论宣讲，又要避免就事论事。通过对党的方针政策部署的学习宣传和解读，广大群众就能更具体、更直接地把握中国特色社会主义理论体系。要对党的方针政策出台的时代背景、重大意义、执行贯彻、具体成效进行学习宣传和解读，结合实际问题，既回答怎么看，又回答怎么办；既回答要办什么，又回答办得怎样，以方针政策和决策部署的科学解读推进中国特色社会主义理论体系的学习。

在回答重大理论和现实问题中普及中国特色社会主义理论体系要重视用好各类媒体，把对问题的回答和不断开拓思想理论传播的平台、提高传播手段的现代化结合起来。当前，我国的思想理论传播环境已经发生重大变化，以互联网为代表的信息技术正深刻地改变着传统的思想理论传播方式和渠道，催生了一系列诸如电子报纸、手机视频、微博等新兴媒体。我们一定要利用好这类新兴媒体在思想理论传播中影响大、覆盖广，传播便捷、高效、互动性强的优点，探索数字化条件下的新的传播方式，实现传播领域的进一步拓宽，努力使新兴媒体成为传播中国特色社会主义理论体系的前沿阵地和有效平台。要以解读重大理论和现实问题为主题，在各类媒体上打造一批具有影响力、特色鲜明的理论传播品牌栏目，尤其是要善于主动适应受众心理的变化，创造性地利用音视频手段，充分调动视听语言，通过电视讲坛、理论宣传片、公益广告，甚至动漫的方式实现思想理论传播手段的创新。

在回答重大理论和现实问题中普及中国特色社会主义理论体系要重视人民群众的主体性作用，把对问题的回答同人民群众的自我教育结合起来。在思想理论宣传工作中，特别是对涉及事关群众切身利益的社会热点、难点问题进行教育引导工作时，更是要增强广大群众的参与度，促成融入效应，改变群众单纯“受教育”的地位，突出群众在问题阐释、理论学习过程中的主体地位。当前，广大群众的思想理论水平同以往相比有了很大提高，对思想理论的关注度和需求也日益提升。只有结合问题普及理论，让群众在自主思考和比较中，实现从感性认识到理性认知的跨越，才能使群众认可并接受中国特色社会主义理论体系，从而有效实现理论武装。为此，要强调群众对思想理论宣传工作的积极参与，创新群众参与的手段和形式，把话筒交给群众，把讲台让给群众。群众不仅提出问题，也自己解答问题，不仅谈体会和感受，也谈理解和认识，开展群众性的理论宣讲活动。同时，要加强对群众自我教育的科学引导，实现专家、领导和群众宣讲三结合，在结合中引导他们科学地看待社会热点难点问题，提高他们对重大理论和现实问题的理解和把握能力。

在回答重大理论和现实问题中普及中国特色社会主义理论体系要重视调查研究，把对问题的回答同发现问题、提高理论普及的针对性结合起来。调查研究是保证各项工作实事求是开展、快速有效推进的基本条件和要求。重大理论和现实问题大多与群众的利益有着直接的关系，大多是社会关注的热点难点问题。通过调查研究，充分了解群众的呼声和实践的要求，我们才能更全面真实地了解经济社会建设中存在的问题。我们提出的重大的理论和现实问题究竟全不全面、是否反映客观现实，理论普及是否有效，在多大程度上为群众所接受，归根结底要靠群众和实践给出答案。

为此，我们要加强调查研究，深入基层、深入群众、深入实践，真实了解群众的思想现状和理论需求，了解中国特色社会主义理论体系在宣传普及中存在哪些问题，才能使思想理论工作同不断变化的实际相符合，切实提高工作的针对性和实效性。同时，切实改变理论和实践“两张皮”、单纯说教等不良作风，善于用客观事实说话，用群众的切身感受说话，努力使语言生动起来、鲜活起来，让广大党员群众听得懂、听得进，进而自觉接受和践行，使马克思主义大众化的过程切实转化为不断实现人民群众根本利益的过程，让广大人民群众在自身需要不断得到实现中真切感受到马克思主义的科学价值。

（作者：崔耀中　中共北京市委讲师团团长，高级政工师）

项目名称：当代中国多党合作制度与世界政党制度比较研究
项目编号：06BaKD022
项目负责人：李燕奇
项目信誉保证单位：中共北京市委党校

多党合作制度：中国共产党的伟大创造

一

在中国共产党 90 年的发展历程中，特别是在它成为执政党以后的 60 多年来，为中华民族立下了无数丰功伟绩，其中，最重要的贡献之一就是在中国建立并实行了中国共产党领导的多党合作和政治协商制度(以下简称多党合作制度)。这是一个充分体现现代民主政治的政党制度，从而强有力地推动了整个中国社会追赶世界文明民主进步潮流的步伐。

在中国创立多党合作制度，是中国共产党长期奋斗、艰苦努力和不懈探索的结果。从 1921 年建党开始，中国共产党就领导中国人民开始了实现中华民族伟大复兴的斗争，无数英烈为此抛头颅洒热血，其目的就是要建立一个独立、自由、民主、统一、富强的新中国。这个新中国的含义是：不仅要让中国人民过上幸福的物质生活，更要让中国人民享受到祖祖辈辈从来没有享受过的当家做主的民主权利。20 世纪 20 年代的第一次国共合作是这种探索，抗战时期的第二次国共合作也是这种探索。在 1939 年的民主宪政运动中，毛泽东振聋发聩地提出了新民主主义宪政的命题，即新民主主义的“国家构成和阶级构成”是“几个反对帝国主义的阶级联合起来共同专政”，“在今天的中国，这种新民主主义的国家形式，就是抗日民族统一战线的形式。”在抗日战争后期，为了打败日本侵略者和建设新中国，中国共产党在 1944 年 9 月召开的国民参政会上，明确提出了立即废止国民党一党专政、成立民主联合政府的主张。当腐败的独裁统治在大陆失败后，中国共产党顺应世界文明民主的潮流和中国人民的迫切愿望，在中国创立了最能体现社会主义民主和中国人民当家做主权利的政党制度——多党合作制度。

67 年前毛泽东的一段话，至今仍有着强烈的令人深思的现实意义。毛泽东在中国共产党第七次全国代表大会政治报告中对将来的中国应该实行什么样的政治制度和政党制度作了深刻的阐述，他针对“有些人怀疑共产党得势之后，是否会学俄国那样，实行无产阶级专政和一党制度”的担心，指出：“中国现阶段的历史将形成中国现阶段的制度，在一个长时期中，将产生一个对于我们完全必要和完全合理，同时又区别于俄国制度的特殊形态，即几个民主阶级联盟的新民主主义的国家形态和政权形态。”“中国在整个新民主主义制度期间，不可能、因此就不应该是一个阶级的专政和一党独占政府机构的制度。只要共产党以外的其他任何政党、任何社会集团和个人，对于共产党是采取合作的而不是敌视的态度，我们是没有任何理由不同他合作的。”[①]特别需要指出的是，毛泽东这时所设想的联合政府“是包括国民党在内甚至是以国民党为主体的联合政府。”[②]这充分体现了中国共产党人的清醒认识和伟大胸襟。遗憾的是，随着蒋介石和国民党发动的反人民的内战的爆发，他们断送了人民热切盼望民主的希望，断送了国共合作共同建设新中国的可能，走上了与民主决裂、与人民决裂的道路。这样在中国彻底结束国民党的一党独裁制就成为了历史的必然，中国共产党领导的多党合作和政治协商制度也就必然地应运而生了。

二

今天当我们回望历史的时候，我们完全可以肯定地说，多党合作制度作为中国共产党的伟大创造其意义是怎样评价也不过高的。其创造性意义在于：

(一)多党合作制度是对世界政党制度的创新

这一政党制度，在世界政党制度历史上是一种崭新的、从来没有过的社会主义政党制度。它既不同于已有的在不少国家存在的一党制、两党制、多党制，但也不是离开人类政治文明发展大道的非民主的政治现象，它是世界政党制度舞台上的一朵奇葩。它的基本构架和基本特征是：共产党领导、多党派合作，共产党执政、多党派参政。它具体表现为：在政治关系上，中国共产党在我国各政党中处于领导地位，是领导社会主义事业的核心力量；在政党与国家政权的关系上，中国共产党是执掌国家政权的执政党，各民主党派是参加国家政权和参与国家事务管理的参政党；在政党与政党之间的关系上，中国共产党与民主党派是团结合作的新型政党关系，是亲密无间的友党关系。多党合作制度与人民代表大会制度、民族区域自治制度以及基层群众自治制度一起，构成了中华人民共和国政治制度的内核和框架。其优越性在于：这一制度有利于实现和发展人民民主，增强党和国家的活力。它保证各民主党派代表直接参政议政，或以政党形式参与民主协商和监督，并以其所联系的群众为依托，广泛吸纳和反映来自社会各方面、各阶层的意见和建议，有助于保证国家政治生活的民主化，体现社会主义国家人民当家做主的本质

---

① 《毛泽东选集》第3卷，北京：人民出版社，1991年版，第1061—1062页。

② 龚育之：《党史札记》，杭州：浙江人民出版社，2002年版，第28页。

要求和独特优势。这一制度有利于实现和维护最广大人民的根本利益，这既是中国共产党执政的根本宗旨和目的，也是多党合作的根本出发点和落脚点。多党合作的政治架构和民主协商的制度保证，有助于扩大各界人士有序的政治参与，使各方面利益的发展与社会整体利益的发展保持一致，从而有条件努力实现最广大人民群众的根本利益。这一制度有利于保持国家政局稳定和社会安定团结。在多党合作的政治结构内，各党派之间平等协商、共谋大计，不同群体的愿望和要求都可以以合法的形式表达出来，使矛盾和问题在体制内得到妥善解决，达到维护国家政局稳定，促进社会发展的根本目的。

(二)多党合作制度带有鲜明的中国特色

一部人类社会政治文明发展史深刻表明，政党政治是人类社会发展到一定阶段的产物，是人类社会发展进步的表现，而且在政治实践中政党政治的表现是丰富多彩的，作为政党政治表现形式和运作机制的政党制度也是丰富多彩的。一个国家选择什么样的政党制度，是由这个国家的历史和国情决定的，是不依人的主观意志为转移的，更不能盲目模仿和照搬别国的政党制度。确立和实行适合国情的政党制度，是人民之福，对于一个国家的发展和稳定、社会的繁荣和进步具有极为重要的意义。它的中国特色表现在两个方面：一是它是中国人民的选择；二是它符合中国国情的需要。毫无疑问，对于中国人民来说，政党及政党政治是从西方引进的，是外来物，是伟大的革命先行者孙中山领导的辛亥革命使古老的中国结束了数千年的封建王朝统治，打开了中国通向民主政治、实行政党政治的大门，使中国从此融入了世界政治文明的潮流。政党在中国的出现，是中国社会进步的表现，是对封建皇权的否定。在20世纪的前50年间，各种资产阶级、小资产阶级政党都在中国的政治舞台上表演过，某些政党制度也在中国试验过，但是都失败了。民国初年的多党政治在还没有来得及成熟的时候，就被北洋军阀扼杀掉了。以后，国民党实行的一党独裁统治，由于它的倒行逆施，被中国人民抛弃了。在国民党的一党独裁统治下，不仅中国共产党是非法的、需要被镇压的政党，民主党派也处于非法的、受压迫的地位。从一定意义上说，中国共产党领导中国人民进行的反抗国民党一党专制统治的斗争，就是在中国寻求建立适合中国国情需要的、符合最广大中国人民利益的、民主的政党制度的斗争。1949年中国人民政治协商会议的成立，标志着中国共产党领导的多党合作和政治协商制度的诞生。在新中国成立后的60多年里，这个崭新的政党制度得到了不断地丰富、发展和完善，经受了时间和实践的考验，赢得了中国人民和各民主党派的衷心拥护，它已经在中国这块土地上深深地扎下根来。中国共产党的三代领导人及后来者为此作出了重要贡献。以毛泽东同志为核心的中共第一代中央领导集体，把马克思主义政党理论和统一战线理论同中国实际相结合，与民主党派和无党派人士一起，创立了中国共产党领导的多党合作和政治协商制度；以邓小平同志为核心的中共第二代中央领导集体，提出了一整套有关多党合作和政治协商的理论和政策，进一步巩固和发展了中国共产党领导的多党合作和政治协商制度。以江泽民同志为核心的中共第三代中央领导集体，适应时代发展要求，对坚持和完善中国共产党领导的多党合作和政治协商制度提出了一系列新思想、新观点、新论断。八届全国人大一次会议把这项制度将长期存在和发展载入宪法。中共十六大以来，以胡锦涛同志为总书记的中共中央继往开来、与时俱进，着眼于社会主义政治文明建设，继续推进我国多党合作事业的发展。历史十分清楚地表明，在中国确立和实行中国共产党领导的多党合作和政治协商制度，是中国社会历史发展的必然选择，是中国共产党和中国人民政治智慧的结晶。

（三）多党合作制度内的政党之间的和谐关系开创了世界政党关系史上的先河

多党合作制度与其他政党制度最大的不同就是政党关系和谐，最大的优势就是用合作制代替对抗制。这种和谐表现为，中国共产党同各民主党派既亲密合作又互相监督，而不是互相反对；中国共产党依法执政，各民主党派依法参政，而不是互相拆台。“长期共存、互相监督、肝胆相照、荣辱与共”是正确处理党派关系的基本方针，是对这一和谐关系的制度保障。在多党合作的政党制度框架内，各个政党的利益关系得到妥善协调，各个政党都有施展抱负和发展壮大的条件和机会，各个政党之间的矛盾和其他矛盾得到正确处理。这一制度设计把和谐的内涵和精髓寓于政党关系之中，以团结、合作、和谐、协商、包容取代了西方政党制度无法摆脱的互相倾轧和互相攻击的弊端。因此，和谐的政党关系是多党合作制度的本质属性。具体地分析，这一本质属性所要求的多党合作制度的和谐性主要体现在如下方面：首先，追求和谐是多党合作制度建立的目的。自近代以来，中国就处在动荡和分裂之中，中国人民渴望有一个政党和政党制度能够给他们带来和平、和谐和安宁。正是多党合作制度，使中华民族实现了真正的和谐，结束了近百年来的动荡与分裂。其次，体现和谐是多党合作制度的根本内容。从制度安排的角度分析，多党合作制所安排的坚持中国共产党的领导、坚持政治协商的原则、充分发挥民主党派的参政议政作用、充分发挥民主党派的民主监督作用、加强中国共产党同党外人士的合作共事等内容和机制及具体措施，都是为了实现和谐而设计的，无不体现和渗透着和谐的精神。最后，在实践中不断实现和谐是多党合作制的重要特征。这一政党制度不但在制度设计上充分体现了和谐，而且在它几十年的发展中始终实践着和谐，以追求党际关系和谐的真正实现。中国共产党对此作出了积极的努力和探索，在实践中始终坚持与民主党派合作与协商，并根据形势的发展变化，不断丰富和发展多党合作的内容、完善制度。这种实践是全方位和多领域的。例如，中共中央经常邀请民主党派领导人就国家经济、政治生活的重大问题进行协商、座谈和通报情况，听取他们的意见和建议；在国家最高权力机关——人民代表大会中，明确规定民主党派成员在各级人大中占有一定比例，使他们能够充分参与国家事务的管理；在爱国统一战线的组织和多党合作的重要机构——人民政协中，民主党派成员占有较大比重，他们可以就国家的大政方针发表意见、提出议案；在各级人民政府和司法机关中，都有民主党派成员在其中担任领导职务，有职有权地与执政党在国家政权中合作共事，共同创造着国家稳定和社会和谐的大局。这清楚地表明我国现行的政党制度，公平地维护和实现了其框架内的各个政党的利益，公平地给予了各个党派应有的地位，最大限度地调动了各个党派建设中国特色社会主义的积极性，给各个党派提供和创造了合作共事、平等协商、互相监督的可能和条件，进而充分保证了整个社会的公平正义。这就决定了我国各个政党之间牢不可破的和谐关系。

（四）多党合作制度成功地处理了借鉴与照搬的关系

这一有中国特色的社会主义政党制度，是具有现代性的政党制度，有着开放的胸襟和广阔的视野，它积极借鉴人类政治文明中一切有益的成果，不排斥任何先进的东西。但是，能否处理好借鉴与照搬的关系，事关重大。放眼当今世界，一些国家特别是发展中国家动乱不已、纷争不断，一个重要原因就是在国家制度和政党制度设计方面，不顾本国国情，盲目照搬西方国家的制度模式。中国的成功就在于我们在发展和完善多党合作制度的同时，始终保持了清醒的政治头脑，处理好了借鉴和照搬的关系，在借鉴人类政治文明有益的成果时决不盲目照搬、照抄别国政治制度的模式，始终坚持走自己的路。时至今日，多党合作制度发展得很好的事实充分说明，我们已经走出了一条中国特色社会主义政治发展的道路，建立起了符合中国国情的政党制度，我们始终坚持这个大方向，没有丝毫的犹豫和动摇。处理好借鉴和照搬的关系，关键是要把握好衡量政党制度的客观而科学的标准。最根本的是要从我国的国情出发，以能否促进社会生产力持续发展和社会全面进步，能否保持和发挥社会主义制度的特点和优势，能否实现和发展人民民主、增强党和国家的活力，能否保持国家政局的稳定和社会安定团结，能否实现和维护最广大人民的根本利益为标准。把握好了这个标准，我们就有了分辨是非的能力，有抵挡和瓦解敌对势力进攻的本领。

三

今天当我们展望未来的时候，我们完全可以充满信心地说，多党合作制度作为一个经历了时间和实践考验的政党制度，在中国是有着强大生命力的，今后的任务就是要坚定不移地把多党合作制度坚持好、发展好、完善好。

如何把多党合作制度坚持好、发展好、完善好，中共中央最近多次明确指出："为适应国际国内形势的深刻变化，发展社会主义民主政治，建设社会主义政治文明，推进中国特色社会主义伟大事业，必须进一步加强中国共产党领导的多党合作和政治协商制度建设。""在新的历史条件下，发展社会主义民主政治、建设社会主义政治文明，其中一个重要方面就是坚持和完善中国共产党领导的多党合作和政治协商制度，扩大各界人士有序的政治参与，拓宽社会利益表达渠道，促进社会和谐发展，实现中国共产党的领导、人民当家做主和依法治国的有机统一。"把多党合作制度建设作为社会主义政治文明建设的重要内容，反映了我们党对建设有中国特色社会主义政党制度的新认识和高度自觉性，也向我们提出了一个重大课题，这就是多党合作制度还需要进一步发展和完善。

如何从建设社会主义政治文明建设的高度坚持和发展多党合作制度，胡锦涛总书记在第 20 次全国统战工作会议上提出了明确的意见：中国共产党领导、多党派合作、中国共产党执政、多党派参政的多党合作的政治格局，体现了我国社会主义民主政治的本质要求，是我国社会主义制度的一个政治优势。巩固和发展我国社会主义政党关系，实现我国政党关系长期和谐，根本在于坚持走中国特色社会主义政治发展道路，关键在于坚持和完善中国共产党领导的多党合作和政治协商制度。在其后不久中共中央召开的党外人士座谈会上，胡锦涛再次指出：正确处理中国共产党和民主党派的关系，是发展社会主义民主、建设社会主义政治文明的重要内容，也是构建社会主义和谐社会的重要内容。这些深刻阐述，对于多党合作制度的健康发展，具有极为重要的指导意义，对于我们进一步提高建设好、发展好中国特色社会主义政党制度的自觉性具有极为重要的指导意义，必将极大地推动多党合作制度的发展，从而对加强社会主义政治文明建设、对丰富人类社会政治文明的内容、推动人类社会政治文明的发展作出积极的贡献。坚持、发展和完善多党合作制度，是执政党和参政党共同面临的重要任务。

(一)坚持、发展和完善多党合作制度，中国共产党的先进性建设十分重要

中国共产党的先进性建设之所以十分重要是因为，中国共产党在多党合作制度中的执政地位，表明中国共产党是这个政党制度的核心，对多党合作制度承担着领导作用，肩负着建立和实施整个制度的责任，肩负着发展和完善这个制度的责任，肩负着团结各民主党派合作共事的责任，从根本上决定着这个制度的兴衰和成败。中国共产党要起到这样的作用，党的先进性是最根本的保证。只有先进的政党，才能建立先进的政党制度，才具有吸引和团结其他党派的凝聚力，才拥有让全国人民支持的力量。执政党的先进性内涵是：具有先进于其他政党的特质和品格，有先进的思想武装，其成员是先进阶级的先进分子。只有这样才能确保多党合作制度长久不衰；才能在日益激

烈的国际竞争中把握正确的方向，确保中华民族立于不败之地；才能在社会利益和社会阶层日益复杂的环境下，协调和处理好各方面的利益和诉求，使全体中国人民紧密团结在一起。为此，中国共产党要不断加强先进性建设，要紧紧围绕如何充分发挥党的领导作用和如何执好政开展先进性建设，把先进性建设与不断提高中国共产党的多党合作能力结合起来。它关系着这一有中国特色的社会主义政党制度能否更加巩固和继续发展，关系着中国共产党的执政党地位能否更加巩固和多党合作能力是否坚强有力。

(二)坚持、发展和完善多党合作制度，加强参政党的建设也十分重要

多党合作制度作为一个结构严谨、运行有序的政党制度，必然要求这一体制内的各个政党都能健康发展、共同进步，哪一个方面和环节表现薄弱，都是十分不利的，乃至影响到整个制度的发展和完善。从这个意义上完全可以说，多党合作制度的发展和完善是以参政党的健康发展为基础和前提的。因此，要把执政党的建设与参政党的建设紧密地结合起来，相互促进、共同发展。各民主党派要根据各自章程规定的参政党建设目标，按照坚持中国共产党的领导、发扬社会主义民主、体现政治联盟特点、体现进步性和广泛性相统一的原则，注意研究新情况、新问题，以思想建设为核心，以组织建设为基础，以制度建设为保障，不断提高政治把握能力、参政议政能力、合作共事能力和组织协调能力，同中国共产党一道，把多党合作制度建设好、发展好。

(三)坚持、发展和完善多党合作制度，要突出发展这个主题

判断一个政党、一种政党制度是否先进，最重要的标准就是这个党和这种政党制度能否推动国家的经济社会不断全面发展。只有能够不断推动国家的经济社会全面发展、与时俱进的政党制度，才会得到人民群众的欢迎和支持。多党合作制度建设要牢牢把握发展这个根本任务，执政党要把发展作为执政兴国的第一要务，参政党也要把发展作为参政议政的第一要务。在当代中国，坚持发展是硬道理的本质要求，就是坚持科学发展，更加注重以人为本，更加注重全面协调可持续发展，更加注重统筹兼顾，更加注重保障和改善民生，促进社会公平正义，实现中华民族的伟大复兴。同时，只有国家发展了、强大了，多党合作制度才能进一步稳定和发展。突出发展这个主题，既是多党合作的目标，也是发展和完善多党合作的保障，两者互相促进、缺一不可，从而使多党合作制度更具有吸引力和凝聚力，焕发出更多的生命力。

(四)坚持、发展和完善多党合作制度还需要在制度建设方面下工夫

制度建设是带有根本性意义的建设。经过多年的实践和摸索，我们已经形成了多党合作制度的基本框架，在制度建设方面奠定了重要基础，但是，相对于一种成熟的政党制度来说，还有许多工作要做，还有许多方面需要完善。例如，多党合作制度在不同层级的制度建设中还不够均衡，主要表现为：

中央高度重视，省市比较重视，在省市以下部分地区存在着不够重视的问题等。我们还要建立一整套行之有效的具体制度，要进一步推进多党合作制度在细节和操作层面的制度化、规范化和程序化建设。要不断研究新情况、新问题，积极探索多党合作的新机制、新方式，使多党合作制度内容更加丰富、机制更加健全、程序更加规范。

（作者：李燕奇　中共北京市委党校教授，《新视野》主编）

项目名称：公共危机中信息传播主体关系研究
项目编号：09BeKD070
项目负责人：李春华
项目信誉保证单位：中国人民公安大学

公共危机中信息传播主体关系重构的策略分析

一、政府：构建完善的危机传播机制

(一)转变危机传播观念，加强与媒体合作

我国政府正在由“全能型政府”向“服务型政府”转变，改革落后的危机传播理念势在必行。政府改革过去传统的行政干预的模式，着眼于公众的利益和安全需求，摒弃传统的类似于“内松外紧”、“报喜不报忧”、“危机出英雄”的习惯做法。政府对掌控的信息，要由控制向公开的方向转变，从信息的所有者到信息的提供者转变，尤其是涉及重大公共危机事件的信息，政府应及时向公众公布。同时，政府也要树立尊重公众知情权和人权的意识，及时为公众提供有效信息，还公众以重大事件的知情权。

在公共危机应对过程中，媒体作为政府的主要合作对象之一，在危机状态下，发挥着极其重要的作用。例如，1995年日本的阪神发生大地震，地震造成对外通讯网络全部中断，政府难以了解当地的灾情信息，因而无法采取救援行动，时间紧迫，如果一味的拖延，有可能错过救援的最佳时机，造成更大的人员和财产损失，在这种紧急情况下，媒体发挥了巨大的作用，出动了所有用来采访的直升机，在灾区上空拍摄，并将画面迅速地传递给政府危机管理部门和公众，为救援行动的开展争取了时间。接着，当地电视台又克服种种困难，连续播放抗震救灾特别节目，将灾区的受灾状况及时传递给政府和公众。正是媒体与政府的良性互动，灾区的协助和支持，日本的救灾工作才顺利进行。

政府应加强与媒体的合作。一方面政府要为媒体提供有价值的新闻素材，满足媒体的需求，而不是采取回避的方式。另一方面保持一贯的密切关系，使双方了解彼此，以便在危机中能够快速而准确地进行沟通，为危机的应对和解决争取到更多的宝贵时间。两者的良好关系会使媒体在进行新闻报道时带有明显的心理认同倾向，有利于维护政府的形象。此外，政府与媒体要坦

诚相待，建立政府和媒体的相互信任关系。如果政府部门向媒体传递的是不真实或者片面的信息，媒体发现后就会怀疑政府部门今后传递信息的真实性和全面性，媒体只有依靠自己来收集信息。这样一来政府便无法控制媒体获取的信息，媒体自己收集的信息不可能是全面和准确的，媒体对政府片面的，甚至是失实的报道会给政府带来不利的影响。

(二)建立常设性的危机管理协调机构

实践表明，一个强有力的专门机构对于危机的解决起着至关重要的作用。一些发达国家已经建立了完善的危机管理体系。这些体系制定了各种危机情形下的应对策略，一旦发生公共危机，可以自动选择最佳的危机应对方案。如美国成立了“美国联邦紧急事务管理署”，目的在于解决公共危机中所存在的沟通不畅与协作不力等问题，主要职能为负责处理自然灾害、恐怖袭击、战争等紧急事务；吸纳各种社会资源和力量，形成了全面应对危机的网络等。目前，我国正处于社会转型的关键阶段，各种公共危机频发，政府公共危机管理职能日益凸显。因此，政府有必要建立一个权威的、常设的、具有独立性的综合协调部门。危机管理协调机构的设立要直接受最高国家领导人领导，向其汇报，并对其负责。该机构的日常工作是制定长远的危机战略规划及政策；进行公共危机的风险评估和危机信息管理；邀请有关专家对潜在的公共危机进行预警分析；对公众和政府人员进行危机管理的教育和培训。一旦发生公共危机，该机构随即转为应对重大公共危机的指挥、领导和协调机构，负责资源的调度，部门间协调、监管工作等。

(三)建立和完善危机传播的法律和制度

1. 制定信息公开法

2006 年 1 月国务院发布了《国家突发公共事件总体应急预案》，其成为全国应急预案体系的总纲和指导、预防、处置各类突发公共事件的规范性文件。

2007 年 1 月，《中华人民共和国政府信息公开条例(草案)》由国务院常务会议原则通过，条例强调了“公开是原则，不公开是例外”的理念，并明确规定各级人民政府应当加强对信息公开工作的领导，各级人民政府及相关部门应当建立健全本行政机关的政府信息公开工作制度，有力推动政务公开在法制的轨道上开展，也彰显了中国建立透明政府和服务型政府的决心。

国务院从 1984 年就已经着手筹备《新闻法》。1997 年 4 月，国家新闻出版署公布了《新闻出版业 2000 年及 2010 年发展规划》，提出“积极推进新闻出版的法制建设，要加快立法工作，加强依法管理，加大执法监督的力度。”

《中华人民共和国紧急状态法》和《中华人民共和国政府信息公开条例》的出台为媒体和公众参与危机传播提供了法律层面上的保障，使信息公开走向制度化、法制化的轨道，为保障公众在危机传播中的知情权提供了法律依据。目前，我国的立法进程取得的很大的进步，但同时我们也要看到有关信息公开的根本性、总体性的法律还没有。如《中华人民共和国政府信息公开条例》仅仅是一部行政法规，还没有上升到法律层面。同时，它上面还有如《保密法》等上位法，按照立法的一般规律，应修改保密法，然后再制定《中华人民共和国政府信息公开条例》，然而目前是在未修改法律的情况下就实施了该条例。因此，必须加速信息公开立法进程。首先，修改和完善信息公开法的内容。如知情权的范围、发布信息的机关、所公开的信息内容、信息公开程度、信息公开争议的救济渠道、信息公开的豁免事由等。其次，补充和完善现有应急法律法规中关于信息公开的内容。如在《防震减灾法》、《突发公共卫生事件应急条例》、《传染病防治法》中增加政府信息的具体内容，如公开内容、程序、方式以及责任追究制度等。再次，完善《保密法》的有关规定，科学的界定保密的界限，让政府在危机传播中既能保障公众的知情权，又不会危害到国家安全。最后，制定公民参与危机传播的法律，明确设定公众参与的范围以及参与具体的程序。

2. 完善新闻发言人制度

新闻发言人制度是政府任命专职新闻发布人员，就一定时间内媒体和公众关心的问题举行新闻发布会或者接受记者专访，发布相关的政务信息、表明政府的观点或立场、阐释政府的政策，并代表政府对记者提出的问题给予回应的制度。它是政府公共关系的重要组成部分。

以传播学的视角看，新闻发言人制度就是通过议程设置影响公众，引导社会舆论。议程设置理论最早是由美国传播学者马尔姆·麦库姆斯和唐纳德·肖提出的。1968年，麦库姆斯和唐纳德·肖对美国总统选举期间传媒报道对选民所产生影响的实证研究发现，媒体自身的报道立场和报道量会影响公众对这些问题重要性的认知和判断。

议程设置是政府和媒体社会传播效果的重要理论之一。议程设置理论认为，媒体往往不能决定人们对某一事件或意见的看法，但是可以通过提供信息和安排相关的议题来有效的改变人们关注某些事情或意见以及对这些事情和意见的关注程度。或者说，媒体对事情和意见的关注程度与公众的关注程度是一致的。媒体所提供的议程会影响和左右公众对某一问题的判断，潜移默化中引导公众采取相应的行动，那么新闻发言人制度就表现了政府从自身立场出发，借助媒介设立议程，最终引导舆论导向的特点。作为一个比较权威的新闻传播和沟通的渠道，新闻发言人制度在危机传播中在政府与公众之间建立有效的、快捷的信息沟通渠道，能够最大限度地避免因为信息流通不畅而引起的谣言及恐慌，对社会稳定具有重要意义。

1983年我国开始实施新闻发言人制度。它对于推动我国政治文明，树立政府公信力，保障公民的知情权，起到了重要作用。但由于体制的原因，当时，新闻发言人制度还仅仅流于形式，比如，一些发言人在新闻发言时讲些套话、空话、官话，或者含糊其辞，一推了之，因此，它并没有充分发挥新闻发言人制度的优势，满足公众的信息需求，反倒变成了阻断信息流动的一个环节。完善新闻发言人制度除了借鉴国外成功的经验之外，还要让媒体和公众都积极地参与新闻发言人法律法规的制定，确保信息发布的权威性和真实性，使这项法规得到有效的社会监督。其中提高新闻发言人各项素质是完善这一制度的重要环节。

美国白宫发言人马林·菲茨沃特曾经做过一个比喻：好的发言人能够使政府、媒体和公众之间的紧张关系像水蒸气一样蒸发掉。新闻发言人是政府和组织的形象代表，与媒体和公众直接进行沟通，危机传播中的理念都会通过发言人得以体现。因此，提高新闻发言人的各项素质是十分必要的。在教育部第二期司局级新闻发言人培训班上，国务院新闻办公室副主任王国庆认为新闻发言人应具备以下素质："政治立场坚定，准确掌握和理解党和政府的方针政策；内知国情，外晓世界，有全局和世界的眼光；熟悉和了解自己所代表部门的业务和情况；风趣幽默，能言善辩，有相当的语言表达能力；熟悉新闻规律，有新闻敏感，会同记者打交道，有相当的亲和力。"这是对新闻发言人必备素质的一个非常精练的概括。美国著名的危机管理专家库姆斯(Timothy Coombs)还详细阐述了新闻发言人应该具有的知识和相应的技能，如下表所示[①]：

任务	知识	技能
在镜头面前自然	理解准确传递信息的重要性。	较强的信息传递技能。
有效地回答问题	理解长时间停顿的危险性；掌握有效倾听的步骤；理解"无可奉告"的危险性；理解和记者争论的危险性。	用别的语言替代"无可奉告"；能有效倾听、快速思考；在压力下保持冷静。
清晰地表述危机问题	理解和专业术语有关的问题；理解回应的必要性。	能避免使用专业术语；组织回应。
能处理复杂问题	理解复杂问题的特性。	能确认复杂问题； 能要求对方重复问题； 有技巧地处理复杂问题； 质疑不准确信息； 解释有些问题不能回答。

新闻发布会是面对面的人际传播方式之一，这种模式的传播效果往往与

① Timothy Coombs. Ongoing Crisis Communication: Planning, Managing and Responding. London: SAGE Publication, 1999. p65.

新闻发言人的素质和公众对发言人的直接印象感知有关。新闻发言人个人表现出的情感、形象、机智、分寸感等，往往能拉近双方的距离，使信息更容易被媒体和公众接受。如美国遭“9·11”恐怖袭击后，当时美国白宫的新闻发言人被问及最多的问题就是恐怖袭击中的伤亡人数，这位新闻发言人满脸凝重，沉痛地回答道“我不愿意知道这个数字，因为每次听到死亡人数的增加，我的心灵都会加上重负。”这种回答为媒体和受众留下尊重生命、敬畏生命的良好印象，不仅博得了媒体和公众的信任和理解，使公众对政府产生一种归属感和信任感，提高自己的责任意识，从而积极配合政府所采取的救援行动，而且这种人性化态度也树立了政府的公信力，巩固了其统治地位的合法性。

3. 建立和完善行政咨询制度

行政咨询制度指的是通过成立专门的委员会，就社会公共事务的具体政策和实施问题向政府提供意见、帮助政府进行决策的制度。委员会均由社会专业人员和政府人员构成，因此它不仅可以调动公众积极投身到社会管理中去的热情，而且政府中多部门共同议事，对于部门间的协调起着重要作用。该制度具有以下优点：(1)有利于政府对公共事务的管理做出正确决策，提高决策的科学性、民主性；(2)可以广泛吸纳公众意见，减少决策失误，消除政府与公众隔阂，增进彼此间的了解，提高公众参与社会公共管理的热情；(3)增强公众对政府的归属感和认同感以及自身的民主意识；(4)增加了公众参与社会公共事务管理的渠道，增强公众的主人翁意识和社会责任感；(5)有利于公众接受与认同政府的公共决策，提高政府的行政效率。目前，我国有些政府部门也在公共事务决策前进行咨询活动，但没有形成制度固定下来，随意性很大，咨询的内容、程序如何，完全取决于领导人的偏好。从创新政府公共信息机制出发，我国有必要建立和完善行政信息咨询制度。

另外，还有几项制度需要完善：一是听证制度，对于关系到公众切身利益的重大社会事务决策，要充分征求广大群众的意见，集思广益，合理采纳并在政策中有所体现。二是信访制度，积极回应信访人的合理诉求，合理处理群体上访，改革信访案件的处理评估和激励机制，保护和引导公众参与热情。三是公众举报制度，对举报人信息严格保密，保护举报人的安全，完善举报程序，缩短举报处理时间，并做好相应的备案。四是人事管理制度，实行严格的干部负责制，如果政府官员对事关公众生命、财产安全的信息存在谎报、缓报、漏报行为，要按照司法程序给予严惩。①

4. 重视危机传播中的公众反馈

危机传播的过程，实际上就是一个不断进行信息反馈的过程，是政府、媒体和公众相互沟通、相互影响的过程。危机传播的价值是在政府和公众的

① 梁庆银：《非典：反思与对策》，广州：中山大学出版社，2003年版，第275页。

相互作用中实现的，只有充分认识反馈环节的作用，才能真正认识完整的危机传播过程，才能科学的揭示危机传播的双向性，同时才能理解反馈是公众参与危机传播活动的主要方式之一，才能凸显公众主体性和主动性的一面。

但在现实生活中，公众接收信息的渠道较多，而反馈渠道较少。政府则恰恰相反。正是这种不对等的信息传播方式使危机管理者很难了解社情民意，导致决策无法真正满足公众的利益和需要，因此，要想提高危机传播效果，必须要重视公众反馈信息的渠道。比如：一些专家或学者对危机发表评论、公众的来电来信、政府的舆情分析以及同社区的“意见领袖”进行座谈等等。爆发危机，会引发公众心理的震荡，产生强烈的情感反应，他们需要通过各种手段获取信息和宣泄自己的不安情绪。政府应该在危机爆发后设立免费的公共信息热线，开通政府门户网站和电子邮箱，了解公众对于公共危机的反应，分析总结出公众舆情的发展趋势，并及时调整危机管理的策略，最大程度地满足社会公众的需要，从而有效地促进危机的解决。值得注意的是，随着网络技术的发展和普及，政府要及时了解网上的负面消息和谣言，对其中有较大影响的内容要做出积极回应。

5. 创新危机传播手段

随着科学技术的不断发展，信息传播的速度和广度空前提高，特别是现代通信、电视广播、互联网、卫星技术的飞速发展及应用，使人们获取信息的渠道越来越便捷、越来越多元化。这种多元化的传播渠道在给公众的生活和工作带来便利的同时，也给我国政府传统的危机传播管理提出了挑战。政府过去传统的“先处理，后报道”，“内松外紧”的做法已经不适应时代的要求，因此，政府要创新危机传播手段以提高信息的传播效果。多元化的传播手段是政府参与危机传播的重要基础。因此，政府要采取多种传播手段，如通过报纸、杂志、广播、电视等大众传媒报道危机事件的相关信息，合理组织引导公众，避免社会恐慌；借助于政府网站向公众发布最新的危机信息和善后工作情况，并接受公众对其危机处理工作的意见和建议；聘请专家学者从理论和实践两方面论证危机处理方案的可行性；通过社区、公共场所的宣传栏、印发小册子、制作电视宣传片等方式同样可以实现危机的传播。本文选取电子政府在危机传播中的功能来进行探讨。

电子政府是指政府有效利用现代信息和通信技术，通过不同的信息设备，在方便的时间、地点及方式下，对政府机关、企业、社会组织和公民，提供自动化的信息及服务，从而构建一个有回应力、有效率、负责任和有更高服务品质的政府。电子政府的信息发布与传递功能为社会公众了解危机治理提供了一个良好的信息平台。借助于电子政府，公众可以把对危机的反应、危机治理的效果等进行及时反馈，有利于提升政府公信力，增强政府自身的责任感，满足公众的知情权。电子政府作为公共危机发生时，政府发布信息和搜集信息、公众表达民意、了解危机信息的重要渠道，具有直接、高效、灵活、权威的特点，能够帮助政府更早更快地判断危机状况、发布信息、稳定民心，真正发挥电子政府应对危机的功能，因此，电子政府是保障危机传播顺畅的极好渠道。

6. 增强公众的危机意识，完善心理干预体系

公众的危机意识是衡量社会成熟度的重要标准，也是政府、公众和媒体建立良性关系的重要基础。理性的危机意识是有效防御公共危机的心理防线，是国家不可或缺的精神资源，也是危机管理的基础。在亚洲金融危机发生后，韩国民众捐出自己的金银珠宝和储蓄来支持政府。日本公众在发生地震后，立刻自发组织抗震救灾活动，分工详细。这些成熟的公民行为所形成的合力，是政府战胜危机最基础的支撑。[①] 公众危机意识的水平直接决定了危机治理的效果，直接决定着社会的承受力。增强公众的危机意识是一个系统工作，应该积极探索各种有效途径。比如，将危机意识教育纳入国民基础教育中，提高学生的危机意识和心理承受能力，将危机意识教育与爱国主义教育结合起来。同时还可以在大、中、专院校开设危机应对专业，培养应对危机人才等。通过网络、报纸、电视等多种形式宣扬危机的相关知识，在全社会形成良好的氛围。值得注意的是，危机宣传要注意宣传对象的全民性、多样性和长期性，根据不同年龄、文化、职业、地域，开展不同形式、不同程度的宣传，通过长期的潜移默化的宣传使公民增强危机意识。[②]

此外，还需建立完善的心理干预体系。公众在面对危机时的非理性行为往往会加剧政府处理危机的难度，增加应对的成本。在公共危机中，公众恐惧所造成的后果有可能比危机本身更严重，因此政府必须要致力于心理干预体系的完善，采取多种措施，密切关注社会公众心理，调整公众的情绪，帮助公众克服危机带来的心理阴影。如，设立专门机构对公众进行心理疏导；重视危机时期特殊人群的心理卫生治疗；借助社会心理实时监测系统，掌握危机情境下公众的心理规律，为下一步的心理干预提供依据。在危机情境下对公众心理进行积极的干预，对于提高政府危机管理能力具有重要意义。

二、媒体：自律

(一)增强自身责任感

危机传播不同于一般的信息传播，它是在极大的时间压力下对不确定状态做出的无章可循的传播。媒体在危机传播过程中任何出于自身利益考虑的

① 聂正安：《从SARS中领悟危机管理》，http：//www.chinarenform.org.cn/200356..shtml，2003年9月10日。

② 李经中：《政府危机管理》，北京：中国城市出版社，2003年版，第317页。

行为都有可能酿成无法弥补的后果。因此，媒体必须增强自身的责任感，树立国家大局意识，以良好的职业道德和社会良知，满足社会公众的信息需求。

强化媒体责任意识，就是要在危机报道中以最广大人民群众的利益作为根本出发点和价值取向，拒绝商业化行为。目前，新闻媒体之间的竞争异常激烈，商业利益最大化是生存和发展的内在要求，商业化成为新闻媒体运作的主要内容，这就容易使新闻媒体偏离自身的职业责任。而新闻媒体作为社会的公器，应该将最广大人民群众的利益作为根本出发点，自觉遵守新闻操守和职业伦理道德，强化自身的权利和责任意识，自觉地拒绝商业化运作。媒体除了将真实客观的消息及时地传达给公众、满足公众的知情权外，还要传授公众正确对待危机的方法，增加公众克服危机的信心，保障传播秩序，促进政府与公众良性沟通，为危机治理创造良好的传播环境和信息渠道。

（二）危机报道要理性客观，体现人文关怀

危机报道的客观性就是事实准确，不隐瞒负面因素，不夸大和缩小危机事件，把握适度的原则，不一味地追求商业利益，过分渲染公共危机的威胁性和破坏性。因为任何关于公共危机的不实报道都有可能导致社会大面积的恐慌和谣言的泛滥，从而造成社会的剧烈动荡。因此，媒体在危机报道中要注意危机传播的技巧，遵循新闻传播规律，积极引导公众从恐慌走向理性。同时在危机的报道内容、报道角度的选择方面严格把关，在报道的质、量、度上谨慎把关，使危机向好的方向转化。

危机报道还要体现人文关怀。人文关怀是一种从文化角度对人的关照，其核心是对人的生存状况和历史境遇的关注，对人的尊严、人的价值与符合人性的生活条件的肯定和对人类的解放与自由的追求等。[①] 危机事件尤其是重大危机事件以其强大的破坏性会给人们的心理造成严重的创伤。媒体要稳定社会情绪、防止舆论激化，建立良好的沟通关系，就必须在危机传播中强调人文关怀。在危机报道中体现人文关怀应注意以下几点：首先，人文关怀要考虑到对伤员和死者及其家属的尊重。在一些报道中，常有媒体在面对危机受害人及其家属时态度冷漠甚至幸灾乐祸，采取娱乐化的报道方式。这种背离人文关怀的报道会对受害人和受害人家属造成二次伤害，为本就痛苦的心情，又加层阴影。其次，避免渲染血腥场面。危机报道的基调应是理性的、人性的，而不是面对危机时极力地渲染灾难惨烈、恐怖、血腥的一面，这样只会误导公众，给公众造成心灵的伤害。“9·11”恐怖袭击后，美国各大电视台开始循环播放飞机撞击世贸大楼的血腥场面，但两周后，这些镜头就被删减了，原因是广播公司高层认为在播放上述画面时要采取谨慎的态度，以减轻人们的心理负担。因此，进行危机报道时要尊重伤员、死者及其家属，避

① 于文军：《新闻传播的人文关怀》，《新闻研究》，2002年第12期，第11页。

免血淋淋、惨不忍睹的画面，遵循伦理道德的要求，这是从更深层次对社会稳定的构建，同时也是媒体对传播负效应的抵御。

三、公众：主动理性地参与危机传播

公众的危机意识和危机防范能力直接影响到公共危机治理的成败，而公众理性的参与会促进信息在社会中的良性循环，为危机传播的良性运行创造条件，同时也会促进国家民主进程的发展，增强公众对政府的认同感。这也会进一步调动公众参与危机治理的积极性，实现危机治理目标，达到减少损失、维护公共利益和安全的目的。

（一）提高自我防范能力，树立现代公民意识

由于政府的资源和能力有限，不可能解救危机中的每一个人，也不可能弥补每个人或者每个家庭的财产损失，所以公众就要在公共危机发生时最大限度地实现自我保护。从日本东京大地震到我国的非典疫情等大量的公共危机事件都反复证明，公众危机的防范能力会直接影响危机治理和危机传播的最终效果。因此，公众要充分认识公共危机对于家庭或个人日常生活可能产生的危害，随时做好应对危机的准备，提前考虑可能遇到的紧急危机状况，在心理和物质上做好应对危机和灾难的准备，以防止在危机发生时束手无策而遭受无法弥补的损失。如可以适当的购买家庭财产或个人人身保险；制订应急计划并做好物资上的准备；尽可能减少住所内的危险因素等。

成熟的公民行为所形成的合力无疑是战胜危机最大的支撑，而这种合力源于现代公民意识。现代公民意识的核心是乐于承担社会责任，主要表现是主动地关心他人、关爱社会，尤其是当社会发生公共危机的时候，更要理解政府的行为，积极地配合政府，把整体的公共安全和社会秩序放到首位，把国家的安全视为最高的价值选择，承担起作为一名现代公民应当承担的社会责任。真正的公民在面对社会事务的时候，是具有责任感的，能够超越个人的利害，有所贡献。如果民众普遍缺乏现代公民意识，只能会加剧危机事件的破坏性后果。危机传播中，要以信任为前提，建构政府、媒体和公众的良好关系，公众要树立现代公民意识，积极参与危机治理，勇于承担公民责任，协助政府共渡难关。

（二）提高组织化水平

长期以来，政府管理与社会自主管理失衡。按照多元治理理论，应该将政府部分权力逐步地移交给社会，把一些社会管理与公共服务职能交给社会公众组织来管理和承担，支持并鼓励各种社会组织力量参与社会管理。同时，在应对公共危机时，国家的资源调动是有限的，国家的社会动员也很难到达基层的每个角落，而个人在公共危机的第一时间应对中往往是无力的，这就需要在政府的宏观管理下，实现社会的自主管理，使二者相互促进、有机的

结合。

如何提高公众的组织化水平，西方国家的成功经验值得我们借鉴。下面我们以社区自治组织和自愿者组织为例：一是社区自治组织。美国的“社区救灾反应团队”是由市民自愿组织起来进行灾难准备、社区互助、救灾服务的互助性机构。英国的“社区睦邻组织运动”是由教会及一些慈善组织、基金会发起的社区互助组织，主要是让社会工作者广泛深入地参与社区生活，调动并利用社区内各种社会资源，组织居民改善自己的环境，培养居民的自助和互助精神。对于我国而言，除了要加强社区组织的建设外，还要扩大危机治理中社会参与主体的多元渠道，以形成整合的危机应对网络，尽可能协调各种社会资源共同应对危机。二是自愿者组织。这种组织方式一方面可以提供物力和人力的支持，另一方面可以起到安抚民心、稳定情绪的作用。在现代社会危机应对中，除了“红十字会”等组织，新的自愿者组织形式也不断出现，成为危机治理应急响应的一支重要力量。例如以色列“国民自卫队”是以色列最大的民间自愿组织，该组织建于20世纪70年代，主要是为了协助警察打击恐怖犯罪与维护国家安全。在新加坡，有五万多人参加了民防志愿者队伍，每个区域有其对口的民防执行委员小组。

(三)主动参与，提高媒介素养

1989年，美国旧金山发生了里氏6.9级的大地震，造成许多房屋被毁并引发了火灾，但由于地震之前，美国联邦与州政府联合举行了大规模的地震模拟应急演习，所以震后，医疗救援和疏散工作能有序地展开，减少了地震带来的损失。无独有偶，2001年6月，南宁市政府举行了一次全民动员的防洪演练，直接参加演习的警、民约600人，参加单位21个，并筹措了冲锋舟等一批抢险物资和设备。演习刚过，两次台风接连袭击南宁市，南宁市面临着百年不遇的洪涝灾害，但由于前段时间的抗洪演习，使得南宁市民在这么严重的灾难面前应对自如、秩序井然。从上述两个例子可以看出，公众积极主动地参与公共危机管理，既是实现法定民权的客观要求，也是整合社会力量共同应对危机的现实需要。它在危机治理方面起着十分重要的作用：能够在参与管理中提高应对危机的责任感和对政府危机决策的宽容精神，增强危机管理的执行能力；能够在参与管理中充分表达意愿，反映社会心理状态，促进危机管理决策更加科学化和民主化；能够在参与管理中弱化恐慌心理和谣言传播，创造应对危机的良好社会心理基础；能够弥补政府在转型期调配资源能力不足的缺陷，形成危机管理主体多元化的格局等。

媒介素养是指人们对各种媒介信息的批判能力和解读能力以及使用媒介

信息为个人生活、社会发展所用的能力。[①] 它是人们面对媒体各种信息时的理解能力、质疑能力、选择能力、评估能力、创造和生产能力以及思辨的反应能力。目前，对于公众而言，在危机传播中，媒介素养较低，缺乏对危机信息的科学判断和理性分析，不知道如何利用媒体，轻信甚至传播来自各种媒介的流言，最终引发社会恐慌。要改善这种状况，关键在于提高面对危机信息的媒介素养。公众要提高自身媒体素养要从两个方面着手：一是通过学习媒体的相关知识，增加对媒体的了解，以理性的态度对待媒体所传递的各种危机信息；二是明确自身对媒体的需求，知道如何利用媒体为自我服务。学习媒体的相关知识是提高媒介素养的基础，其目的是掌握媒体的相关知识，尽可能地减少媒介的负面效应，后者是进一步提高媒介素养、提升公众利用媒体水平的重要途径。

（作者：李春华　中国人民公安大学警务实战训练部副主任，教授
张玉光　人民公安报社《公安内参》编辑部副主任，副编审
龙厚仲　重庆市公安局渝北分局民警）

① 张志安、沈国麟：《媒介素养：一个亟待重视的全民教育课题》，《新闻记者》，2004 年第 5 期，第 6 页。

项目名称：大国软实力比较研究
项目编号：09BaKD071
项目负责人：和　平
项目信誉保证单位：中国青年政治学院

美国的硬崛起与软辐射

无论是中国崛起还是中华民族复兴，美国都是一个绕不过去的因素。如果认为由于2008年前的金融海啸美国已经日薄西山，未免对其体制的活力太过低估。但金融海啸确实重创美国因而加重它对中国的疑虑，这个当今世界唯一的超级大国的对华政策正走在十字路口，它既可能成为中国崛起路上的拦路石，也可能成为中国进一步融入全球化的助力。因此，研究美国，认识真实的美国对我们来说太必要了。长期以来，我国大众传媒中的美国政治色彩太浓重，对其社会学、人类学方面的含义则缺乏研究。美国与历史上的其他帝国有何不同？为什么美国在硬实力崛起的同时软实力辐射全球？其中有哪些我们应汲取的教益？

一、美国奇迹的内涵

美国被历史学家视为一个奇迹。有学者形容美国的发展如同雨后春笋，荒原上的城镇仿佛一夜之间就冒了出来[①]；有学者认为，1995年获得奥斯卡六项大奖的美国影片《阿甘正传》某种意义上正是美国历史的缩影，主人公阿甘的身世，就像是美国的身世：没有父亲、双腿先天残疾、智商低于常人，在一群坏孩子的围堵下情急甩掉腿箍居然健步如飞。此后阿甘凭借简单的生活信念支撑，加之难得的好运气，不仅成为战场上的英雄，退役后还在捕虾经营中大获成功。功成名就之后他却陷入迷茫，生活的主要内容只有长跑。他一路奔跑，跟随者众多，最终领跑世界。像阿甘一样，美国没有父亲，北美大地如同母亲般接纳并哺育了千千万万的移民；同阿甘类似，美国“童年”时饱受歧视和欺侮，被逼无奈甩掉宗主国英国后才获独立；与阿甘相同，在国际竞争中，美国主要不是靠智力获胜，而是靠简单而执著的信念、脚踏实

---

① [英]艾瑞克·霍布斯鲍姆著，郑明萱译：《极端的年代》，南京：江苏人民出版社，1999年版。

地的干劲儿加上难得的好运气而取得成功[1]。还有一点美国也与阿甘相似，即领跑全球之后的困惑与迷茫。

美国奇迹的诞生至今值得我们认真思考：

这是一个上帝与资本在法律的框架中相互认识、磨合乃至妥协的过程，即传统与时代精神互动的过程，也是移民文化与土著文化长期磨合、多元互动的过程。历史已经证明：拘泥于传统，在时代变革关头不能与时俱进的民族必被时代惩罚；不珍惜自己的传统、对自己的传统文化搞虚无主义的民族很难避免大起大落的悲哀。历史还证明：多元文化相处应遵循“和而不同”的原则，而不是追求一味的同一。“和实生物，同则不继”不仅是古老东方智慧的精华，也是今天西方主流文明的软肋。

美国当今主流文化来自清教文化。清教是宗教改革中加尔文教的一支，在坚持“因信生义”同时，传承英语民族文化基因中的契约意识和法治精神，使美国有幸避免了上述两种不幸，创造了能兼容传统与时代精神的宪政政体，美国社会得以保持持久的活力。但清教虽然曾受英国国教的压迫，本身也存在暴力基因。当它成为占统治地位的宗教时，曾扮演过精神压迫者角色，以上帝的名义迫害异端，执著地将自己的信仰强加于人。

美国历史的是非成败似乎皆与此有关。

二、两种传统嫁接

2007年5月14日，美国隆重纪念美国第一个殖民点詹姆斯敦建城四百周年。时任美国总统的布什发表演说，称詹姆斯敦是美国民主的奠基之地。他的这一言论引发了争论。虽然詹姆斯敦是英国的第一个移民定居点，但许久以来，许多美国人只知道五月花号，而不知道詹姆斯敦，或者不愿提起它。因为詹姆斯敦的第一批移民以探险家、掘金者为主，他们步西班牙人的后尘到美洲，野心勃勃地寻找黄金，幻想发财致富。“这些人既无才干，又乏品德，他们暴躁而又喜欢闹事的性格给初建的殖民地带来混乱，并导致殖民地的发展忽快忽慢”[2]。最初几年，饥荒、疾病和与印第安人的战争使詹姆斯敦城变成了人间地狱，空气中充斥着掠夺、恶斗、欺骗和死亡，甚至有人吃人的血腥事件发生。1619年，前仆后继、源源不断来到这里的英国工农业者移民逐渐改变了这种状况，詹姆斯敦有了第一个殖民地议会。也是在这一年，一艘荷兰货船运来了20名黑人奴隶，使美利坚的起点不光彩地与奴隶制连在一起。

---

① 徐波：《美国历史和社会的夹心巧克方——美国电影〈阿甘正传〉解析》，《世界知识》，1995年15～16期。

② ［法］托克维尔著，董果良译：《论美国的民主》，北京：商务印书馆，1997年版，第34页。

五月花号比搭载詹姆斯敦移民的苏珊·康斯坦号到美洲的时间晚了13年，但其乘客主流不是凡夫俗子，而是当时最激进的清教徒——独立派清教徒。他们寻求从英国国教中分离出来，建立清廉的真正信仰上帝的教会。这些教徒是一些异常虔诚而勇敢的理想主义者。他们饱受迫害初衷不改、历尽磨难追求自由的事迹已成为传奇美谈，美国人当然更愿意视这些不平凡的人为先驱。但实事求是地说，两者都是美国人的源头。

五月花号的部分清教徒乘客属于一个紧密的宗教团体，其成员受文艺复兴、宗教改革一脉相承之自由精神启迪，认为自己有权力以自己的方式与上帝沟通，而不需通过贪腐堕落的教会。他们因此不见容于英国国教，17世纪初被迫远走荷兰莱顿。工商业蓬勃发展的荷兰虽然有教派自由，但浮躁的社会环境毕竟不是他们的理想之地。他们最担心的是在这样的环境中他们的后代会淡漠信仰，被世俗腐蚀。更何况西班牙正对荷兰虎视眈眈，而清教所属的新教是西班牙正统天主教不共戴天的敌人。于是他们决定远走新大陆，寻找一块净土建立以自己的方式自由地礼拜上帝的社区。他们称自己为“天路客”，认为自己肩负着传播上帝福音的使命。

天路客的领袖和骨干经济上属于中产阶级，教堂牧师和长老都是剑桥毕业生，堪称领时代精神之先的志士仁人。并非迫于生计、仅仅为追求理想而甘愿冒险犯难，这样的选择对于这样的人并不难理解。当时是中世纪末期，欧洲在精神上是基督教一统天下，虔诚主义是那个时代的显著特征，天路客社团尤其如此，荣耀上帝是他们生活的最高目的。

上述两类人共同成为美国人的祖先。一类以詹姆斯敦第一批移民为代表，另一部分则是五月花号的清教徒移民。前者代表对冒险和发财致富的狂热，这正是追求利润不惜任何代价的资本冲动。后者代表对纯净精神世界的追求，以及以自己的世界观统领世界的雄心。“詹姆斯敦让人联想贪婪、暴力和压迫，有如美国文明出生时的阵痛”，五月花则相反，给人一种灵魂净化的崇高，堪为后来美国人“天定命运”之雄心做注脚。

但是如果五月花传统不与詹姆斯敦传统嫁接，就不会出现美国这样的国家。美国是上述两种传统在北美荒原的砥磨中相互交融创造出来的，如果只有一种传统，美国南方可能出现第二个英国，北方则可能被清教原教旨主义主宰，出现“宗教霸权”。如果是这样，就不会有后来的统一的美国。

三、祛魅与返魅

纵览美国从殖民到建国的四百年历史，两条轨迹清晰可见：一条是从宗教权威中解放出来的轨迹，即马克思·韦伯所说的“祛魅”的轨迹，另一条是以市场理念为核心合众为一的轨迹，也可称为“返魅”的轨迹。一条呈发散状，一条呈集合状，两条轨迹相向而行，却相辅相成。从传统社会到现代社会似乎都要经历这样的过程。

美国早期移民以新教徒为主，清教和英国国教是新教的两大分支。在英裔移民艰难垦荒的岁月里，上帝是他们唯一的精神依托。但移民运动是一个长达百年的运动，新教是一个派别繁杂的宗教，移民带到新大陆的教派五花八门，加之美国最早建立的13个殖民地背景各不相同，互不相属，没有一个教派能成为所有殖民地的统治教派。无论一个教派的信徒如何虔诚，如何以自己的信仰为唯一真理，多元共存是他们必须接受的命运。但是在殖民早期，在一个殖民地内部则是一元独霸且多数殖民地当局带有政教合一的色彩。

美国东北各州通称新英格兰，建立了新英格兰联盟，是清教徒的天下；南部各州和纽约州则以英国国教为正宗。英国国教遵循的原则是，任何一个社会里只能有一种真正的、统一的宗教，任何反对这种被官方认可的信仰的行为都是不可容忍的。这正是英国国教迫害清教徒的理论根据。新英格兰的清教徒也反对宗教宽容，不仅禁止民众信仰罗马天主教，也禁止民众信仰新教的其他教派，并建立了严格的审查制度，异议者禁止进入新英格兰。曾有贵格教徒故意闯入宣示自己的宗教自由理念，其中4人被残酷地处以绞刑。

两相比较，英国国教虽法令严苛，但执行并不坚定；新英格兰清教徒更有“上帝选民”的使命感，坚持清教禁欲主义，生活的各个领域都有必须遵守的繁文缛节。例如，每周必须去教堂礼拜，安息日禁止劳动和玩乐，在教堂做礼拜不许打瞌睡。在政治上，只有清教徒中的有产者有选举权，有机会成为管理者，而所有定居者均需纳税养活他们。美国著名作家菲尔布里克在其著作《五月花号：关于勇气、社群和战争的故事》一书中叹道：“遗憾的是，清教徒也未能摆脱从被压迫者演变为精神压迫者的宗教宿命，至少早期是这样。”清教徒们坚信，只有他们自己的信仰才是正统的、独尊的信仰，他们强烈地反对宗教异端，在这里，清教徒们追求自由、反抗暴政与其自身的价值独断形成了鲜明的反讽。

在英属北美13个殖民地中，只有罗得岛和宾夕法尼亚自始至终实行政教分离和信仰自由。罗德岛的主要创建者罗杰·威廉斯1635年来到马萨诸塞定居。他是一个才华横溢的牧师，也是一个不惜为理念献身的思想家。他把殖民地当局与移民的关系比作船长和乘客的关系，认为船长无权干预乘客的信仰。他还认为国家官吏无权干涉教会，因为这将重蹈英国国教迫害清教徒的覆辙。殖民地当局认为他的言行颠覆了殖民地建立的根基，将他驱逐出境。他被迫逃到马萨诸塞附近的森林中，风餐露宿，九死一生，最后在印第安人部落中范找到了避难所。他的自由观也表现在对印第安人的态度上。他公开为其境遇鸣不平，认为殖民者不应该夺取印第安人的土地，从而得到印第安人的信任，卖给他一片土地，建立了普罗维登斯大农场。大农场对一切宗教信仰开放。他的一些志同道合者也买地自建殖民点，罗德岛殖民地就是由这些殖民点合并而成的。1639 年，他创立了北美殖民地中第一个浸礼会①教会，以后又接纳了来自巴西的犹太教徒，以及来自爱尔兰的天主教徒，使罗德岛成了浸礼会、贵格会、犹太教、天主教以及其他非官方信仰者的自由之地。罗德岛这个美国最小的州被称为美国宗教自由的故乡。

宾夕法尼亚的创立者威廉·宾(1644—1718)是一名贵格会②教徒，因拒绝英国国教、倡导宗教自由被牛津大学开除，先后四次被关进伦敦塔。他反对世俗权力闯入意识领域，创建宾夕法尼亚殖民地后，矢志将殖民地作为宗教自由的实验场。1682 年他参与制定的宾夕法尼亚大法(*The Great Law of 1682*)规定，凡愿意“在世俗社会里和平、公正地生活的人们”，“现在和自此以后任何时间将在宗教信仰和祈祷问题上不因教义或实践受到干扰或歧视，……将不会被强迫参加或支持任何宗教礼拜和牧师。”此后宾夕法尼亚果然成为教派荟萃之地，各国移民带来了贵格会、长老会、浸礼会、德国改革派教会、路德宗、英国国教会、罗马天主教、犹太教等各种宗教，使宾夕法尼亚呈现多种教派杂处的局面，甚至罗马天主教徒也可以担任公职。宾夕法尼亚成了一个众多教派的宗教避难所，是当时北美殖民地中教派最多、宗教最为自由的公共聚居地。

罗德岛和宾夕法尼亚之所以自始至终坚持信仰自由，秉承的正是 13 世纪文艺复兴、15 世纪宗教改革以来的人文主义传统。但是在大多数州，人文主义的太阳还隐藏在教派专制的乌云中，同属上帝的信徒，彼此竟视为异类，对土著印第安人的歧视更是可想而知。

亚当·斯密在比较大英帝国的两大殖民地——北美和印度时指出，北美殖民地之所以比印度发展快得多，是因为印第安人太善良、太容易让步，一件不值钱的工业品就能换来大片土地，而土地是资本主义发展必不可少的资源。的确，就文明发展阶段而言，美洲土著与英裔移民之间存在巨大落差，印第安人不仅有原始社会人的善良，还有原始社会人的狭隘短视。1620 年冬，当天路客在普利茅斯登陆时已是寒冬，由于偏离了目的地，面临饥寒交迫而无人接应的绝境，如果不是得到邻近的印第安万帕诺亚格部落的帮助，恐难逃奄奄待毙的命运。而后者决定帮助天路客的主要原因，竟是想与之结盟对

① 基督教的主要宗派之一，各地方的浸信会教会都是独立、自主和自治的，这是该教会的特色之一；各地区的浸信会联会(例如：中华基督教浸信会联会、香港浸信会联会、马来西亚浸信会联会等)，并不是管理各地方浸信会的组织，其目的在于协调及推动共同事工，各地方浸信会教会自由加入。

② 贵格会又称公谊会，由英国人乔治·福克斯创立于 1652 年。该派的教义主张极端的清教主义，认为“圣灵”(或称“基督之光”)永存于每个人心中，人人都可以通过圣灵与上帝直接交流，圣灵可以助人摆脱黑暗，进入光明。这种教义震惊了当时所有的教会，被视为荒谬至极的异端邪说，因而不论在英国本土还是在北美殖民地贵格会都受到了残酷迫害。在英国，成千上万的贵格会教徒被关进监狱遭受严刑拷打和虐待，许多人被折磨至死。残酷的迫害迫使大批公谊会教徒纷纷逃往北美避难。

抗自己的敌对部落。我们当然不能要求一个原始部落对自己民族的未来有战略眼光，但是面对强势文明的进逼，愤懑有余，谋略不足，最后寻求鱼死网破式的解决方式，其命运悲剧至今仍是当今世界弱势民族应记取的教训。

天路客潜意识中的资本人格不等于他们缺少人类的善良。对印第安人的帮助，第一代天路客衷心感激、诚心回报。1621 年丰收时节，他们大摆筵席，邀请印第安友人共同狂欢，美国一年一度的感恩节由此而来。当万帕诺亚格部落酋长突发重病生命垂危时，天路客紧急送医，诚心救治，将酋长从死亡边缘救回。就这样投桃报李，他们与印第安人的友谊维持了半个世纪。但是他们内心并没把印第安人真正当成同类，他们是有宗教洁癖的教派，如果不是生存之必须，很难想象会与“野蛮人”成为朋友。

第二代天路客很快淡忘了前辈与印第安人的患难之交，而印第安酋长的后代则因生存必需的土地所剩无几而产生越来越深的危机感，对英裔移民敌意倍增。1675 年战争终于爆发了，这场战争被历史学家称为“菲利普王战争”，战败的印第安人或被砍头，或被卖到海外做奴隶，留在新英格兰的所剩无几。菲尔布里克在《五月花号：关于社团、勇气和战争的故事》中有这样一段意味深长的描述：“1620 年 9 月 6 日，五月花号从英国普利茅斯港启程，横渡大西洋，为美洲带去 102 名移民。55 年后，同样是 9 月，一艘名为‘海上花’号的帆船从美洲的普利茅斯启程，乘客是 178 名美洲土著，目的地是加勒比海种植园。虽然都是乘船离开故土，但是不同在于：前面的 102 人自诩为天路客，要在新土地上按照他们自己对教义的理解建立人间天国，而后者却是战败后被贩卖的奴隶。”①但是战争也使天路客的后代付出了惨重代价：战后 10 年，新英格兰地区经受了一系列印第安战争的蹂躏，殖民地无力自我保护，只得求助英王，1686 年英王派来总督。“天路客后代在消灭了那些帮助过他们祖先的土著人的同时，也消灭了他们祖先的生活方式”②。

上述情况说明，北美殖民地毕竟不同于中世纪欧洲，族群间的竞争乃至战争虽然难以避免，但即使是强势族群，要想不受干扰地生活，必须给别人留活路。不管美国人如何美化他们的清教徒祖先，都难以抹去后者身上旧时代的烙印：他们的一只脚已踏进新时代，另一只还没离开中世纪的土地。

四、强有力的原则

1640 年清教徒克伦威尔领导的资产阶级革命推翻了专制暴虐的国王，揭

① [美]纳撒尼尔·菲尔布里克著，李玉瑶、胡雅倩译：《五月花号：关于社团、勇气和战争的故事》，北京：新星出版社，2006 年版，前言。

② [美]纳撒尼尔·菲尔布里克著，李玉瑶、胡雅倩译：《五月花号：关于社团、勇气和战争的故事》，北京：新星出版社，2006 年版，第 324 页。

开了人类历史的新篇章，也将清教的辉煌推向顶点。大批清教徒满怀热望移民北美，其领袖温斯洛普赴美途中的一段布道词似乎预示了美国日后的命运："我们必须经常意识到我们自己是一座山巅之城——全世界人民的目光都在注视着我们。如果我们在实现这一事业的过程中欺骗了上帝，如果上帝不再像今天这样帮助我们，那么我们终将成为世人的笑柄。"[①]这段话不仅表达了清教徒的心声，也是现代许多美国人的宏愿，至少两位美国总统——肯尼迪总统和里根总统，都曾引用过它。

但是上帝是人生活唯一目的的时代必将随着中世纪的落幕而过去，对上帝至高无上地位的挑战来自内外两个方面。1640 年之后的英国，克伦威尔在处死查理二世后重蹈了由被压迫者变为新的精神压迫者的覆辙，结果导致 1660 年斯图亚特王朝复辟，清教在英国随之衰落。但是新国王作为立宪君主，失去了专制的资本。经过 1688 年的妥协，大宪章以"王在法下"的传统得以光复，英国最终建立了政教分离、三权分立的政权，宗教和政治都从严苛走向宽容。

与此同时欧洲的科技革命拉开了序幕。哥白尼的日心说、牛顿的新物理学、洛克的自然神论相继发明。它们如同精神原子弹，不仅对欧洲人的思想形成冲击，对北美教会也产生了巨大影响，民众的宗教热情减退，新移民更专注在殖民地追求经济利益。在普利茅斯，连天路客的后代都不愿恪守苛严的教规。对清教冲击更大的是内部造反。罗杰·威廉斯对清教专制大无畏的反抗唤醒了许多有识之士，使清教遇到前所未有的危机。

危机最深刻的根源还需从殖民地的生产关系中寻找。清教徒虽然在新英格兰建立了政教合一的政权，但其经济关系却是资本主义式的，而不是封建式的。之所以如此，既有英格兰历史和民情原因，也是北美拓荒垦殖实践必然导致的结果。

英国作为地处欧洲西北边缘的岛国，其千余年历史是外族走马灯般入侵的历史。罗马帝国兼并过它，盎格鲁撒克逊人征服过它，法国人、丹麦人统治过它，作为英国正统历史的开端的金雀花王朝是诺曼人建立的。所幸的是，盎格鲁撒克逊征服者的社会发展程度与岛上土著凯尔特人相似，都处于原始社会末期，罗马帝国对这个边缘岛国缺乏重视，因而英国从未确立起欧洲大陆那样的专制制度，源自原始社会的土地私有观念和个人自由观念根深蒂固地保留下来。公元 7 世纪，基督教传到英伦三岛，英国人的自由意识与基督教中蕴含的平等意识相结合，成为主流意识形态的组成部分。中世纪的漫漫长夜也许使这一意识沉醉或沉睡，但一旦新时代大潮拍岸极易唤醒，英国得

---

① ［美］布尔斯廷著，时殷弘译：《美国人：殖民地历程》，上海：上海译文出版社，2009 年版，第 2 页。

以成为特立独行、敢为天下先的国家。早在1534年，英王亨利八世即宣布英国国教脱离罗马天主教，自任英国国教教主，与罗马教廷分庭抗礼。他这样做虽然主要是出于自私的目的，但毕竟在那个天主教作为唯一精神权威的世界中，这需要胆量。历史学家认为这标志着英国民族意识的形成。

以上情形加之英伦三岛三大民族长期处于敌对乃至战争状态，练就了英语民族既好勇斗狠、又善于妥协以寻求最大利益的灵活务实品格，由于这样的民族性，他们在国际竞争中既不甘落后，又不至于沉溺于空想。

股份公司是他们战胜西班牙后来居上的秘密武器。地理大发现时代，大帆船是非常昂贵的运输工具，因此到新大陆探险花费甚巨，且风险极大。英国、荷兰找到了股份公司这个新的融资方式，投资者共同投资、共担风险、共享利润，解决了资金源源不断投入的问题。充足的资金来源加上土地私有激发的劳动热情，正是北美殖民地如滚雪球般壮大的真正原因。西班牙、葡萄牙没找到这种方式，他们依靠国王投资，因此他们在中南美洲拼命搜刮黄金，搜来的黄金主要用于享乐而不是投入再生产，不但自己衰败下来，南美殖民地也远没有北美的活力。

詹姆斯敦和普利茅斯移民都是以商业股份公司的运作的结果。移民与公司签约，公司帮移民在殖民地落脚，移民则在其后7年间作为公司的合同工向公司上缴全部利润。七年之后移民可获得土地权，也可以投资股票，称为股民。英国最早投资移民的股东被称为投机家，是一些“不惧艰险的探索者，金钱利益疯狂的追逐者，今天美国实业家、政客和巨商的原型楷模”。

但是由于最初开发北美的困难超出想象，公司很难盈利。而且与之配套的土地公社制很难调动移民的积极性。7年契约到期后，1614—1629年，弗吉尼亚和普利茅斯先后完成了土地私有化改革，美国历史学家认为这一改革决定了美国经济发展的过程，1629年后成立的殖民地，如马萨诸塞、马里兰、宾夕法尼亚等都直接引入土地私有制度①。此后股份公司在新大陆的建设中普及开来，新建城镇所需的大量资金及繁杂的组织工作，都是通过股份公司这一形式运作的。

亚当·斯密指出，每一个人为改善他的状况而自然地作出的努力，当其具有施展的自由和安全时，就是一个十分强有力的原则。不需要借助其他，这种个人的努力就能给社会带来财富和繁荣。我们可以这样理解亚当·斯密这段话：当一个体制能保证劳动者自由、安全地追求自身经济利益时，就能给社会带来繁荣。美国政治经济体制即是以此为目标建立起来的。经过数百年努力，美国建立起典型的市场经济和与之相适应的宪政体制。

---

① 何顺果：《美国史通论》，北京：学林出版社，2001年版，第22页。

五、美国的宿命

与历史上其他帝国不同的是，美国在硬实力崛起的同时，软实力的全球辐射也创下历史之最。美国的电影、电视和流行乐的全球扩张所向披靡，以至于盟国法国政府都为如何保护法语不受英语侵犯大伤脑筋。想想法语曾在数百年前作为英国的官方语言，此举真是耐人寻味。美国的可口可乐、麦当劳成为名副其实的全球品牌，甚至在强烈反美的国家其标志也随处可见。冷战后美国一超独大，抨击它、揭露它、痛骂它的文章、书籍不计其数，却丝毫不影响美国的全球影响力。即使次贷危机引发全球性的金融危机累及全球经济，美国仍是吸金大国；即使反恐战争令美国社会处于高度紧张状态，移民美国仍被众多人向往，全世界的留学生半数以上首选地是美国。

美国吸引全球的，不仅是它无与伦比的物质文明，也是它独特的精神文明。我们称前者为硬实力，后者为软实力。长久以来，我们习惯于将美国与英国等其他发达国家通称帝国主义或资本主义国家，但是无论是盛极一时的"日不落"帝国，还是领一代风骚的法国都不具有美国式的吸引力。同为基督教传承的市场经济国家，英国虽有绅士风度却缺少美国人的大度；法国虽然风流倜傥，却是"买二等车票坐头等车"，缺乏内在力度。大多数美国人不是绅士，也少帅气，但随性大度，因而真实。而真实、大度加上力度最能打动人心。好莱坞大片中的美国英雄，几乎都以真实加力度打动人心，例如2008年风靡中国的《功夫熊猫》，主角阿宝由一只肥胖、贪嘴、懒惰的凡物成为救世英雄，全靠特殊境遇激发出他的能动性内核，与阿甘有异曲同工之妙。它们向观众传达的信息是：英雄不问出处，你也能。这就是人们通常说的"美国梦"。美国梦吸引人是不言而喻的。

现实中并不是所有人都能实现美国梦，但美国的政治经济体制、美国社会确实给人性发展留下较多的自由空间。这些自由提升了人的自信心，自然有助于提高人的创造力，同时也舒缓了社会贫富和等级鸿沟导致的人际关系的张力。大多数美国人身上有一种只可意会不可言传的独特气质，笔者将其概括为美式个人主义。

美式个人主义是美国自由的核心。抛开意识形态，个人主义并非是自私自利、自由散漫、贪得无厌、损人利己等负面价值的代名词，它实际上是一种个人权利观，它通过《独立宣言》、《美利坚合众国宪法》、《权利法案》等经典文件成为美国的立国之本，在美国立国和发展的过程中起了十分积极的作用。我们比较熟悉社会层面的美式个人主义：自尊、自立、自强、自爱；个人奋斗、个性自由。一句话，在自己的生命中打上鲜明的个性印记，自己对自己负责，过自己想要的生活。其实美式个人主义更实质的意义是对国家、对社会、对家庭、对周边其他人保持自己的独立性，一方面是自己的各种自由权利不容侵犯，另一方面是通过努力将自己的生命能量发挥到极致，实现自己的最大价值，并获取与自己价值相符的物质财富。崇尚竞争追求成功是美式个人主义的自然逻辑。美国人勇于竞争、渴望成功，认为个人价值的实现最终要靠竞争获胜。这样的个人主义人生，正面看是努力奋斗、自强不息、富于创造力的积极人生；从负面看，是我行我素、个人中心、颇具破坏力的消极人生。但不管怎样，人的自我被充分调动起来了，毕竟正面人生远远大于负面人生，人活起来了，社会也充满活力。

个人主义是市场的产物，欧洲人也信奉个人主义。美国与欧洲个人主义的一大区别是它蕴含的天命观。美国人的天命观来自天路客。正如天路客将移民北美看做是上帝的使命，今天的美国人以在全球普及民主为自己的道德追求。可见清教徒天路客虽然没有如愿在北美建立起上帝的天国，其后裔却继承了他们的虔诚和执著。据说五月花号的乘客虽然只有 102 人，其后代人数却占美国人口的十分之一①。

这似乎是个矛盾：市场化的过程是一个祛魅的过程，一切权威和崇高神圣的情感往往抵挡不住市场经济的物欲横流，今日美国不乏个性恶性膨胀的实例。但是清教传统并没有消失，它只是退出了上层建筑领域，却作为传统、形成习俗在美国社会扎下了根。

为什么如此？原因之一是清教面临种种挑战时既没负隅顽抗，也没消极颓废，而是积极应变，寻求新的角色定位。从 18 世纪 90 年代到 19 世纪 90 年代，清教发动了三次“大觉醒”运动，牧师们走遍穷乡僻壤，用民众最喜闻乐见的方式巡回布道，把人们的信仰拉回上帝的怀抱。从此上帝不再是精神统治者，而成为社会诚信的见证者。这一转型之所以成功，是因为市场经济不仅需要法律的约束，也需要道德约束。市场在释放人性潜能的同时，也为人性中的消极因素泛滥开辟了通道。如果说资金、技术、人的积极性是市场扩展的硬实力，诚信则是不可或缺的软实力。

在科学知识如此普及的今天，美国仍有 80％的民众自称基督教徒，令人不能不感叹传统的力量之大。英语民族是重视自己传统的民族，也是善于以妥协为发展开路的民族。上帝与市场妥协的结果是，美国既坚持了市场道路，又保留了民族的传统价值。

伊拉克战争后美国霸权主义屡屡碰壁，其天命观因此常常被人嘲笑。其实天命观是一个强势民族宝贵活力之所在。托克维尔在一百多年前就预见到美国和俄罗斯日后的崛起，这两个差别极大的国家有一点很相似：都认为自己担负着某种使命。它们分别成为两大阵营的盟主绝非偶然。中国历史上以

---

① ［美］纳撒尼尔·菲尔布里克著，李玉瑶、胡雅倩译：《五月花号：关于社团、勇气和战争的故事》，北京：新星出版社，2006 年版，第 333 页。

中央帝国自居，这也是使命感的一种表现。世界上如果没有具有使命感的强盛民族，并非幸事。

美国硬实力崛起之力度和软实力辐射之广度堪称历史空前，美国成功的秘密可以归纳为四个字：合众为一，即吸纳多元因素融为一体的能力与魄力。这一能力植根于日益完善的市场经济体制，借助于全球化浪潮由国内而国外。在可预见的将来这一过程仍将持续，但潜存在美国使命感中的霸权基因必定使之跌宕起伏。而美利坚，这个典型的资本主义民族，这个为世界贡献了最多公共产品的民族，同时也为这个世界带来战祸和灾难，这恐怕就是美国的宿命。

（作者：和　平　中国青年政治学院教授）

项目名称：公民教育：当代中国马克思主义大众化的新路径
项目编号：10AbKD091
项目负责人：高　峰
项目信誉保证单位：首都师范大学

公民教育作为当代中国马克思主义大众化新路径的学理依据

党的十七大报告提出要“开展中国特色社会主义理论体系宣传普及活动，推动当代中国马克思主义大众化”，而寻找有效的路径则是实现当代中国马克思主义大众化的关键。把当今世界各国广为普及的公民教育，作为当代中国马克思主义大众化的新路径，其原因在于公民教育在教育学理据、政治学理据、文化学理据以及传播学理据方面契合了当代中国马克思主义大众化的内在要求，是当代中国马克思主义大众化新路径的最佳选择。

一、作为一种大众普及教育：公民教育的教育学理据

在教育学领域，公民教育被视为一种大众普及教育。当代中国马克思主义大众化，是马克思主义基本原理从抽象到具体、由“深入”到“浅出”、由少数人理解掌握到广大人民群众理解掌握的过程。而公民教育与生俱来的基础性、全民性和终身性特征，彰显出公民教育在教育方面经验的广延性，为当代中国马克思主义大众化提供了教育学理据。

(一)作为基础性教育的公民教育

公民教育是现代社会的一项基础工作。公民之所以称为公民，首先是公民资格的获得，但不是获得了公民资格之后就是真正的合格公民。通过公民教育，公民才能由名义上的公民成为实际上的公民。公民教育的基本任务是：传播公民知识、培育公民意识、弘扬公民权利和呼唤公民责任。公民教育的基本内容包括：公民知识、公民技能、公民道德以及公民价值观。

“美国教育贯穿教育平等原则，普及公民教育，提出了《2001—2005战略规划》其中包括四个主要战略目标：(1)为所有儿童的学习建立一个坚实的基础；(2)改革美国教育体系，以帮助其成为全球最佳的体系；(3)确保人人有接受高质量中学后教育及终身学习的机会；(4)使教育部成为一个高绩效的行

政组织。"[①]

除了美国的公民教育注重基础性，德国和英国的公民教育同样具有此目标。"德国公民教育的目标不是寻求维护一个特定的现状，而是观察特殊历史背景下的事件，培养公民推动和改进当前社会事务状态的能力。"[②]德国公民教育内容包括以下五个方面：社会学习、文化学习、经济学习、历史学习、政治学习。2000 年英国政府将公民科引入中小学，公民科成为其国家课程体系中的一门基础学科。"在新近颁布的英国中小学国家课程中，公民的权利与义务作为一门基础学科，要求 5—16 岁的学生发展以下技能：调查和批判性思维、讨论和辩论、商谈与调解、参与学校和社区活动。而在所有的中学生(11—16 岁)中，公民的权利与义务成为法定的国家课程中的基础科目之一，每个学生都必须学习。"[③]

当代中国马克思主义大众化要求将马克思主义理论作为一种基础知识予以普及，让马克思主义大众化的理论融入到人民群众的思想认识之中，成为其共同的思想基础，而公民教育的基础性特点则符合了当代中国马克思主义大众化的具体要求。

(二)作为全民性教育的公民教育

公民教育作为一种面向大众的教育，致力于提高全体公民的综合素质，尤其促使广大民众提高本身知识水平。"加拿大的公民教育所要培养的加拿大公民要不断追求共同的国家认同，每一位公民要认识到国家文化多元性的维持是在一个共同的政体之下，需要有对国家公民身份概念的高度觉知，同时也要承认社会文化的多元性。多元文化主义在教育内容、方式等方面兼重国家文化认同与族群文化认同的教育主张，为公民教育理论的完善开辟了一个新的思考角度。"[④]

当代中国马克思主义大众化是一个群众性的实践活动，是受众人群理论联系实际的一个过程。在这个方面，全民性教育的公民教育对象与当代中国马克思主义大众化的受众群体相吻合。

(三)作为终身性教育的公民教育

20 世纪五六十年代以来，世界科学技术迅猛发展，这就使得传统的一次性学校教育已经不能满足人们的要求，所以人们需要不断地接受教育，不断地充实和提高自己。"我们再也不能刻苦地一劳永逸地获取知识了，而需要终

---

① 吴遵民：《教育政策国际比较》，上海：上海教育出版社，2009 年版，第 48 页。

② 刘常庆：《多元自由的德国公民教育》，《上海教育》，2011 年第 21 期。

③ 何齐宗：《当代教育新理念》，北京：高等教育出版社，2010 年版，第 92 页。

④ 何齐宗：《当代教育新理念》，北京：高等教育出版社，2010 年版，第 96 页。

身学习如何建立一个不断演进的知识体系——学会生存。”[①]法国的公民教育贯穿于每个学生受教育的全部过程，包括从幼儿园到大学都有相关的公民教育课程和实践活动。在中小学阶段，公民教育课程是必修课程，要求每个学校的公民教育时间都必须达到每周的 0.5～1 课时，由历史教师、地理教师担任。1984 年，日本为适应科技革新引起的社会生活条件的变化，设置临时教育审议会指出了教育深入改革的方向，日本的高中及大学教育不断向灵活化、个性化发展，并将建立终身学习体制提上议事日程。

随着社会政治、经济、文化环境的日益复杂化和多样化，人们开始认识到，全球性发展问题的产生与治理不仅是成年人的责任，也包括儿童和青少年在内。世界公民的意识、观念、人格、行为、能力等方面素养的养成不仅仅是阶段性的教育过程，更需要一个连续、持久的教育过程。因此，世界公民教育的实施走出了时间和空间的限制，成为贯穿现代人一生的终身性教育。

时代性是当代中国马克思主义大众化的基本要求，与时俱进是马克思主义大众化的理论品质，所以当代中国马克思主义大众化并不是一蹴而就的，而是需要一个长期的过程。终身性教育的公民教育恰恰符合当代中国马克思主义大众化的这一要求。

二、作为一种意识形态传播：公民教育的政治学理据

公民教育在政治学上主要是指通过政治社会化树立全体公民的公民意识，促使公民品格的养成，最后指导公民行为。

(一)在民主法治意识上的诉愿

“世界公民教育最初生成的本质是一种政治教育，具有鲜明的意识形态性，其根本任务是为了培育合格的公民，从而维持世界现存的社会政治、经济制度。”[②]公民和公民教育都是民主社会的产物。公民教育以公民的独立人格为前提，以权责互相统一为基础，以合法性为底线。也就是说：人民有权参与国家政治生活，国家权力来源于全体人民。公民教育的现代理念是国家的认同与责任，也就是要构建公民的国家意识。民主政治是与专制相对的政治体系，能够真正反映和维护社会大多数成员的利益，体现“人民当家做主”。

公民民主法治意识教育是公民教育的核心。公民意识作为社会意识的一种存在形式，是指公民个人对自己在国家中地位的认识，就是公民以自己的基本权利和义务为主要内容，以自己在国家中的地位为思想来源，把国家主

① 联合国教科文组织国际教育发展委员会：《学会生存——教育世界的今天和明天》，北京：教育科学出版社，1996 年版。

② 王海莹、吴明海：《论“多元文化主义”视阈下的世界公民教育》，《民族教育研究》，2011 年第 1 期。

人的权利义务观、责任感和使命感融为一体的自我认识。

从政治学的角度来看，当代中国马克思主义大众化属于政治灌输的范畴，包括政治理论的普及化，亦即其在政治领域的“大众化”。因此，当代中国马克思主义大众化也就是在民主法治意识上的夙愿。

(二)在公民道德建设上的追求

道德是调整人与人之间关系的一种特殊行为规范的总和，主要靠社会观念和社会舆论制约人的行为。道德与生俱来的大众性和普遍性，使公民道德教育成为马克思主义大众化的一种新路径。社会公德是人类在长时间的公共生活实践中积累起来的，要求全体社会成员在公共生活关系中必须遵守的公共生活准则。公民首先具有遵守公德的意识，才能真正将公德信念外化为合格的公民行为，但是合格的公民道德意识不是自发形成的，而是不断地对公民灌输公民教育的结果。公民教育虽然是外来理念，但是我国公民教育在道德文化传统中寻找到了恰当的切入点。中国古代的“三纲”“五常”通过伦理道德的形式深入到大众的日常生活中去，成为大众的生活准则，影响着人们的生活，这些经验，值得我们研究和借鉴。我国的公民教育特别要与儒家修身道德文化相结合。儒家文化传统中的“修身、齐家、治国、平天下”等修身之道可以在改造后成为我国公民教育的可用资源。

当代中国马克思主义大众化积极推进马克思主义理论研究和建设工程，切实把社会主义核心价值体系融入国民教育和精神文明建设全过程，因而公民道德建设上的追求与当代中国马克思主义大众化紧密联系。

(三)在核心价值体系上的规定

公民教育的基础任务就是让公民认同国家的基本制度和核心价值，其中核心价值观是国家的灵魂所在，是国家团结与统一的价值基础，在公民教育中居于支配地位。公民教育的核心价值在于：公民、民主、政府、国家。公民主要内容就是公民的基本权利和义务；民主主要涉及民主的性质、内容、意义；政府主要是指政府的构成和作用；国家主要包括国家、国家的构成和性质。新加坡的公民教育注重培养学生的品格，让学生掌握能够引导他们做出正确选择的价值观，从而决定对社会采取的态度和行为，最后使学生成为负责任的公民。党的十七届四中全会把“推进马克思主义中国化、时代化、大众化”和学习践行社会主义核心价值体系，作为建设马克思主义学习型政党的重要任务。这表明，公民教育在核心价值体系上的规定与马克思主义大众化具有内在的一致性。

三、作为一种时代常识普及：公民教育的文化学理据

2007 年中共十七大报告提出“加强公民意识教育，树立社会主义民主法

治、自由平等、公平正义理念”。[①]公民教育已经成为当代中国马克思主义发展的最新成果，是中国特色社会主义思想体系的组成部分，和马克思主义大众化共同构成了公共文明的基础。当代公民教育除了政治性教育之外，还关注生命，培养社会个体的理解、宽容、正义和参与等公共精神。世界公民教育在提升公民创新意识、合作意识等整体素质方面能够发挥其人文性教育的特殊作用。

(一)当代中国马克思主义发展的最新成果

公民教育是当代国家普遍推行的一项实践活动。在中国，人们也逐渐认识到公民教育的价值和意义。公民教育的现代理念契合了当代中国社会的发展要求，同时也彰显了马克思主义的时代精神。改革开放的逐步深化为公民教育创造了有利条件，改革开放的结果是社会经济的快速增长，公民思想文化高度活跃，因而公民拥有了更多的表达空间，也有了更多的渠道去表达自己的利益诉求以及争取自己的利益实现。

同时，社会主义市场经济的发展，使公民在道德取向上呈现多元化的趋势。公民道德问题成为当代公民道德建设的重点问题之一。2001年，国家颁布了《公民道德建设实施纲要》，用马克思主义观点回答了公民道德建设的新问题。现代社会要求公民具有一定的现代公民意识。公民意识的现代诉求成为当代中国马克思主义发展的题中之意。现代公民教育用主流价值引导社会大众的价值取向，有效整合各种思想意识和多元价值观念，最大限度地达成共识，增强全体社会成员的向心力，为社会主义建设奠定坚实的思想基础。

(二)中国特色社会主义思想体系的应有之意

中国特色社会主义思想体系主要内容包括以下四个方面：指导思想、理论基础、奋斗目标和党建学说。指导思想之中包含马列主义，如何将马克思主义大众化是目前摆在党和政府面前的重要任务。奋斗目标之中包含着建立学习型社会。21世纪是知识经济时代、信息时代，不断学习是时代的要求，也是提高人们素质的关键。江泽民同志倡导形成全民学习、终身学习的学习型社会，恰恰和现在推行的公民教育不谋而合，公民教育也旨在构建一种全民终身学习的教育体系。中国特色社会主义思想体系四个方面的内涵是内在统一的，学习型社会的构建有利于加速当代中国马克思主义大众化的进程。

(三)新的历史条件下公共文明的共同基础

我国公共文明的建设与世界其他国家和地区的公共文明建设必然具有一些共同的基础和基本的要求。“公共文明要有四个基本的维度，即公共空间的

---

① 胡锦涛：《高举中国特色社会主义伟大旗帜　为夺取全面建设小康社会新胜利而奋斗》，北京：人民出版社，2007年版。

文明、公共生活的文明、公共制度的文明和公务人员的文明。”[①]所谓公共空间，是指公共场所和公共环境。公共空间文明要求公民具有公共礼仪、遵守公共规范和制度，从而体现公民的道德素养和水平。所谓公共生活，是指公共的政治生活、经济生活和社会生活。公共生活文明是指个体参与公共生活的热情和积极性。公共制度文明是指制度的逻辑性、道德性、效用性和稳定性。公务人员的文明主要体现为公务人员构建合理的制度并且合理地执行制度、合法地运用公共权利。

“公共文明是衡量一个国家公民素质高低和社会风气是否优良的重要杠杆和标志。”[②]增强公民意识是建设现代社会公共文明的前提。现代公共文明的建设过程首先是从构建公民意识出发，培育公共精神，从而培养公民良好的公共行为习惯。加强公民教育是增强公民意识的有效途径。首先，公民教育会通过对公民的公德教育提高公民的公民意识。公民教育引导人们超越个人狭隘的自我利益，提升社会公德水平。其次，公民教育通过强化公民社会理念提高公民的公民意识。公民社会理念的强化，有助于公民积极参与社会生活，表现出其独立的人格。

公民教育作为公共文明建设的重要手段，其共同的基础不仅与马克思主义的价值理念不相冲突，而且恰恰是当代中国马克思主义所包含的基础内容，因而在我国的现实条件下，能够成为当代中国马克思主义大众化的有效路径。当代中国马克思主义大众化的任务是将马克思主义以生动形象的形式为大众所接受，而提高公民的公共文明意识也是马克思主义大众化的重要任务之一。从而，当代公共文明建设成为公民教育和马克思主义大众化的共同任务与基础条件。

四、作为一种内在机制要求：公民教育的传播学理据

公民教育是一种非常广泛并且具有包容性的教育活动，其广泛性已经远远超出学校教育所能涵盖的范围，其内在传播机制要求其传播的广泛性。作为现代公民养成教育的推进器，大众传播对于公民个人的政治社会化起着巨大的促进作用，因而现代公民的养成和大众传播的发展密不可分。

(一)大众传播的常规化和稳定性要求

公民通过大众传播获取社会信息，表达个人意见，大众传播影响着公民政治意识、思维形式、行为习惯的形成。与学校规范系统的教育不同，人们不可能在学校待一生，所以公民教育是一项社会性的活动，也因此，大众传

① 杨伟清：《公共文明的四个基本向度》，《中国人民大学学报》，2008 年第 6 期。

② 赵爱玲：《从公民意识到公共文明：基于社会公德建设视角的分析》，《学校党建与思想教育》，2008 年第 2 期。

播必然会成为公民教育的重要渠道。大众传播具有传播范围广、受众层次多和知识更新迅速等特点。在公民教育的过程中，大众传播发挥了它的辐射性强的特点。大众传播的有组织、有计划、有步骤的大量生产、复制、传播信息产品，为现代公民教育提供了有效支撑。

公民教育过程中这种大众传播的常规化和稳定性要求，为公民教育提供了广阔的途径，因而也为当代中国马克思主义大众化开辟了新的途径。

（二）有效避免传统思想政治工作弊端

我国传统思想政治工作为我国政治稳定、经济发展作出了它应有的贡献。当前我国政工队伍主流是好的，但也存在问题，主要表现在政工干部青黄不接、稳定性差方面。传统思想政治工作脱离人民生活，从实际情况看，"一手硬、一手软"的问题并未得到根本解决。而公民教育的常规化可以培养造就一支素质过硬的专业化理论宣传队伍，不断提高理论宣传者的理论修养和引导水平，使理论浅显易懂、简洁科学，可以有效地避免传统思想政治工作的弊端。

（三）当代中国马克思主义大众化新途径

目前我国正处在社会的转型期，市场经济的发展必然会给人们的思想带来冲击。思想政治工作也相应地面临着如何更新理念、转换方式方法的问题。我们要处理好以马克思主义为指导的社会主义意识形态占主导地位与兼顾多元化发展的问题。多种思想文化、道德观念和价值观念并存，但又必须弘扬社会主义意识形态主旋律。因此，党和政府高度重视实现当代中国马克思主义的大众化，同时要求实现思想政治教育工作方式、手段、途径等的创新。"社会主义公民教育体系的构建，既包括了思想政治教育的基本内容，又适应了新时期的历史要求；既符合思想政治教育的基本原则，又联系现实状况展开工作，应当成为当代中国马克思主义大众化的新路径。"①

（作者：高　峰　首都师范大学政法学院教授
刘青青　首都师范大学政法学院硕士研究生）

① 高峰：《关于公民教育的马克思主义解读》，《思想教育研究》，2010年第12期。

项目名称：后奥运时期的北京形象与政治公关
项目编号：10BaKD092
项目负责人：赵可金
项目信誉保证单位：清华大学

人文外交：兴起、理论与机制

一、导论：人文外交的提出

作为一个人文历史悠久的文明古国，中国历来重视国际人文交流，并对跨国人文交流采取兼容并蓄、包容开放的态度。历史上的陆路和海路丝绸之路，四大文明和瓷器、茶叶传入西方国家，佛教进入中国，一直到近代西方各种社会思潮的欧风美雨在中国铺天盖地，都是人文交流繁荣的重要体现。新中国成立以来，中国跨国人文交流步入一个新阶段，以文化部、教育部、国际旅游总局、国家体育总局、国家广播电影电视总局为代表的中外教育文化交流迈出新步伐。特别是 20 世纪 80 年代以来，中外文化交流日益密切，呈现出政府重视、民间为主、商业运作、产业化发展的特点，经历了由小到大、由浅入深、由点到面的过程，为增进中外人民之间的了解与合作发挥了重要作用。[①] 近年来，中国政府在俄罗斯、美国、法国等国家大力推行“中国文化节”、“中国年”等活动，面向广大普通公众，通过文化交流拉近距离，增进对彼此的了解。[②] 此外，孔子学院、中国文化中心、宋庆龄基金会、中国电影集团公司、中国国际电视总公司、中国对外文化集团公司、中国东方歌舞团等机构在中外文化交流中所起到的作用也在与日俱增，中国人文交流在全球化时代变得越来越活跃，影响也越来越大。

在推进中外人文交流的过程中，人文交流的外交意义和内容逐渐受到中国党和国家领导人的重视，人文外交逐渐成为中国外交工作中的一个亮点。2007 年，胡锦涛总书记在党的十七大报告中，从提升中国文化软实力的高度，明确提出“加强对外文化交流，吸收各国优秀文明成果，增强中华文化国际影

① 吴晶：《架起心灵对话的桥梁——中美文化交往 30 年》，新华网，http：//news. xinhuanet. com/misc/2002-02/14/content_279879. htm. 2002 年 2 月 14 日。

② “中华文化美国行”专门设立了网站，整个活动前后持续了近 1 个月。网络来源参见：http：//www. cctv. com/zhuanti/zm/zjzg/zjzg27. html.

响力”。[①] 在这一战略思想的指导下，在总结北京奥运会外交经验的基础上，2008 年 10 月，中国外交部部长杨洁篪在中共中央党校所作的题为“奥运后的国际形势与外交工作”报告中首次明确提出了“人文外交”的概念，认为奥运会是东西方文化的一次集中对话和交汇，人文奥运是北京奥运会的核心理念之一。“大力推进人文外交，加深人与人之间、民众与民众之间、民族与民族之间的相互沟通和友好情谊，对于增进国家与国家之间的信任与合作、促进世界的和平与繁荣，比以往任何时候都重要。”[②]2009 年 3 月 7 日，在全国“两会”期间举行的年度中外记者招待会上，杨洁篪部长再次将人文外交和安全外交、领事保护列为 2009 年中国三项外交工作之一。[③] 2009 年 7 月 20 日，胡锦涛主席在出席第十一次驻外使节会议时指出：“要加强公共外交和人文外交，开展各种形式的对外文化交流活动，扎实传播中华优秀文化。”[④]在此基础上，胡锦涛主席明确提出了“政治上更有影响力、经济上更有竞争力、形象上更有亲和力、道义上更有感召力”的目标。[⑤] 这是中国最高领导人首次从战略高度对人文外交及其目标进行了系统阐述，为中国人文外交发展指明了方向。随后，中美人文交流高层磋商机制在 2010 年建立，文化部在各国陆续推出的“中国文化节”、中国国际广播电台与俄多家媒体策划实施的“你好，中国!”、教育部主办的“汉语桥”俄罗斯大中学生汉语大赛、广电部门主办的“中国电影周”等一系列人文外交活动得以开展和发展，人文外交成为中国新外交的一道亮丽风景线。

然而，尽管中国开始倡导并探索实践人文外交，但在国际上并没有相应的提法。在西方国家，人文外交更多是与人民外交(People-to-People Diplomacy)、文化外交(Cultural Diplomacy)、公共外交(Public Diplomacy)等概念混在一起使用。比如人们把国家运用创造性表达、交换理念和信息以及增进相互理解等各种文化手段推进其对外政策实施的活动称之为“文化外交”(Cul-

---

① 胡锦涛：《高举中国特色社会主义伟大旗帜 为夺取全面建设小康社会新胜利而奋斗》，北京：人民出版社，2007 年版，第 36 页。

② 杨洁篪：《奥运会的国际形势与外交工作》，《学习时报》，2008 年 10 月 20 日。

③ 见新华网杨洁篪外长记者招待会文字实录，http://www.xinhuanet.com/2009lh/zhibo/wjbz/wzsl.htm.

④ 新华社：《胡锦涛等中央领导出席第十一次驻外使节会议》，http://news.xinhuanet.com/politics/2009-07/20/content_11740850_1.htm.

⑤ 新华社：《胡锦涛等中央领导出席第十一次驻外使节会议》，http://news.xinhuanet.com/politics/2009-07/20/content_11740850_1.htm.

tural Diplomacy)，[①] 把输出思想、传播信仰和交流文化价值观的活动称之为“思想外交”(Diplomacy of Thoughts)或者“观念外交”(Diplomacy of Ideas)[②]，其最终落脚点是塑造其他国家民众的文化认同和政治合法性支持。因此，人文外交迄今为止并没有获得学界的积极响应，甚至不少学者明确反对“人文外交”的提法，认为将人文交流上升为人文外交将混淆两者之间的界限，反而不利于人们对外交的理解和外交工作的开展。[③] 大多数已发表的同类成果基本上都是将此概念与中国外交的现实与未来结合，探讨这样一种外交形式对中国特色外交理论和实践所具有的创新意义，而没有将其提升到外交形态创新的高度来认识。即便是积极倡导人文外交的中国外交部，在推进人文外交时也不像公共外交那样积极，迅速设立了公共外交处并很快升格为公共外交办公室，而是对人文外交采取了倡导和探索的谨慎态度，交给外交部政策规划司进行研究和探讨。因此，如何定位人文外交？如何从人文交流、国际关系与外交三者之间的历史与现实关联着手，对人文外交概念内涵、本质特征及其实现形式作出明确界定，进而为人文外交的发展确立坚实的理论基础？此项研究不仅对于推进外交理论创新具有重要学术意义，而且对于指导中国人文外交战略的实施，提升人文外交影响力和实效性，都具有极强的现实意义。为此，本文力图在对人文差异与国际关系研究综述的基础上，对人文外交的概念内涵、理论研究、实现形式及其模式进行初步探讨，以抛砖引玉，就教于方家。

二、人文外交：含义与特征

尽管人文外交的重要性日渐突出，但人们对人文外交的理解还存在许多争议，关于人文外交的内涵和特征还莫衷一是。[④]为此，从不同文化背景关于人文和外交的含义入手，澄清人文外交的概念及其特征是人文外交研究的首要任务。

在汉语中，“人文”一词最早出现于《易经》中贲卦的彖辞：“刚柔交错，天

---

① Milton C. Cummings, “Cultural Diplomacy and the United States Government: A Survey”, Center for Arts and Culture, http: //www.culturalpolicy. org/pdf/MCCpaper. pdf (accessed 14 August 2006); cited also in Cynthia P. Schneider, “Diplomacy that Worb: ‘Best Practices’ in Cultural Diplomacy”, Center for Arts and Culture, http: //www.culturalpolicy. org/pdf/ Schneider. pdf (accessed 15 July 2006).

② Frank Ninkovich, The Diplomacy of Ideas: U. S. Foreign Policy and Cultural Relations, 1938—1950, New York: Cambridge University Press, 1981.

③ 北京大学国际关系学院袁明教授和清华大学外语系王宁教授的 2011 年 7 月 8 日在清华大学提升公共外交能力的发言。

④ 金正昆、唐妮娜：《当代中国外交的新路径：“人文外交”初探》，《教学与研究》，2009 年第 8 期，第 33—38 页。

文也。文明以止，人文也。观乎天文，以察时变；观乎人文，以化成天下。”《辞源》中把“人文”解释为“礼教文化”，意指与人、事相关的人伦道德文化。《辞海》把“人文”界定为：“人类社会的各种文化现象”，包括“人”和“文”两个方面。在汉语中，将“人文”和“外交”放在一起，无非强调以人员交流、思想交流、文化交流为主要内容的跨国交流现象。比如周恩来总理就把人文外交看做是渗透着人文精神的外交活动，将外交工作的落脚点放在人上，紧紧围绕人文精神开展外交工作，“外交工作者首先就是做人的工作，朋友越多越好”。[①] 在外交实践中，他紧紧抓住人这个主体，以理服人，以情动人，以德折人，以行化人，赢得朋友遍天下，友谊满人间。在学界，传统上，人们研究人文交流现象时更倾向于使用“文化外交“概念。如胡文涛认为，“文化外交是政府或者非政府组织通过教育文化项目交流、人员往来、艺术表演与展示以及文化产品贸易等手段为促进国家与国家之间、人民与人民之间相互理解与信任，构建和提升本国国际形象与软实力的一种有效外交形式，是外交领域中继政治、经济之后的第三支柱。”[②]这一概念在学界虽然界定不一，但基本上大同小异，都是强调外交工作中人的重要性和文化的重要性。[③]

在西方国家，“人文”泛指以观察、分析和批判来探讨人类情感、道德和理智的学科和知识总称，比如哲学、文学、艺术、历史和语言等。[④] 到了近代，人文特指人文主义(Humanism)，是不同于历史主义的哲学理论和价值观，强调以人尤其是个人的兴趣、价值观和尊严作为出发点，以理性推理为思想基础，以仁慈博爱为基本价值观，推崇个人的兴趣、尊严、思想自由、人与人之间的容忍和无暴力相处等等原则。[⑤]西方国家很少将人文和外交联系到一起，最主要的原因是把外交看做是职业外交官的智慧和机智，迄今为止的外交学界始终将外交等同于“谈判”。比如英国著名外交学家哈罗德·尼科尔森(Harold Nicolson)的解释为《牛津英语词典》所认可，“外交就是用谈判的方式来处理国际关系；是大使和使节用来调整和处理国际关系的方法；是外交官的业务或技术。”[⑥]大多数国际法学家、前苏联外长葛罗米柯主编的《外交辞典》、美国《韦伯斯特英语辞典》大百科全书版等均认可此种看法，认为外交是职业外交官的谈判艺术和技巧。将外交和人文结合在一起，也更多是将其

① 外交部、中央文献研究室：《周恩来外交文选》，北京：中央文献出版社，1990年版。

② 胡文涛：《解读文化外交：一种学理分析》，《外交评论》，2007年第3期，第55页。

③ 李智：《文化外交：一种传播学的解读》，北京：北京大学出版社，2005年版。

④ Albert William Levi, The Humanities Today, Indiana University Press, Bloomington, 1970.

⑤ Walling, Donovan R., Under Construction: The Role of the Arts and Humanities in Postmodern Schooling, Phi Delta Kappa Educational Foundation, Bloomington, Indiana, 1997.

⑥ [英]哈罗德·尼科尔森著，眺伟译：《现代外交学》，北京：世界知识出版社，1957年版，第23—24页。

看做是除安全保障、经济发展之外的"第三层面"，将其看做是新外交(The New Diplomacy)的一种形式，[①] 在使用时将其称之为"人民外交"(People-to-People Diplomacy)、"公民外交"(Citizen Diplomacy)和"文化外交"(Cultural Diplomacy)，[②] 而没有将两者结合在一起的"人文外交"(Humane Diplomacy)。

尽管东西方均没有明确的人文外交概念，但人文因素在国际关系中的重要性却早被各国所强调。比如美国哈佛大学教授入江昭(Akira Iriye)认为，外交、国际关系与文化有着密切的联系，因为无论属于哪一个国家的人都有其特有的国内普遍认同的历史和价值观，从这个意义上说，国家本来就是一个文化性的组织，国家之间的关系理所应当地含有文化的成分，也可以说文化联系是外交的根本和基础。[③] 古希腊和波斯都曾经利用文化作为战争的一个重要手段。罗马帝国更是特别重视人文因素(包括语言、学术、秩序、繁荣)在对外扩张中的巨大作用。在罗马人看来，罗马并不是一个地理概念，而是一个文化概念，作为一个罗马人的主要标志就是熟悉罗马文化，特别是拉丁语和罗马艺术，并为此感到自豪和荣耀。[④] 强有力的文化联系，成为维系罗马帝国统一的重要纽带。此种以文化界定国家身份的做法在其他地方也存在，比如在中国历史上向来以是否接受汉文化的礼制教化作为华夏和夷狄划分的标志；[⑤] 在中世纪也有以宗教加冕作为王权是否正统的关键。至于国家推动文化交流的现象就更是俯拾皆是，在亚洲、欧洲、非洲等地存在着不同程度的文化接触和传播，著名的玄奘高僧西游印度、日本向中国派遣十几批遣唐使、意大利人马可·波罗在元朝时来到中国、明朝郑和下西洋以及近代欧洲的全球传教运动等，都是国际人文交流的典范。

国际人文交流的频繁进行，为人文外交的兴起提供了坚实的基础和强有力的支撑。特别是19世纪之后，欧洲民族国家体系逐步建立，文化交流开始受到国家和政府的强力推动，外交权力开始进入非外交领域的人文交流。"文化交流逐渐采取了新的形式：对思想和文学、艺术、科学作品进行交流，在

① Abba Eban, The New Diplomacy: International Affairs in the Modern Age, New York: Random House, 1983, pp. 384—385.

② 2000年11月28日，克林顿政府在白宫举办了"文化与外交研讨会"，美国国务卿将"文化外交"看做是"外交政策的中心环节"。2009年以来，美国国务卿希拉里·克林顿更多次使用"公民外交"、"人民外交"的概念，在纽约大学、中美人文交流高层磋商机制对话会上频频使用类似的概念。

③ [美]入江昭：《文化与外交》，《外交论坛》(日本)，2000年版第4期。

④ [德]赫尔弗里德·明克勒著，阎振江等译：《帝国统治世界的逻辑：从古罗马到美国》，北京：中央编译出版社，2006年版。

⑤ 李云泉：《朝贡制度史论》，北京：新华出版社，2004年版；黎虎：《殷代外交制度初探》，《历史研究》，1988年第5期；黄枝连主编：《天朝礼治体系研究》(上、中、下)，北京：中国人民大学出版社，1992年、1994年、1995年版。

这方面，公共权力打算至少像对产品和商品的贸易那样行使控制权。”[①]民族国家的公共权力一旦介入国际人文交流领域，人文交流开始具有了外交意义和价值。法国是西方国家最早开展探索人文交流服务外交的国家之一，包括宗教、教育、慈善事业等活动，在地中海、东南亚、非洲等地区具有很大的影响。[②] 20世纪以来，英国、德国、西班牙、美国、意大利等国家也加入了人文外交的行列，英国文化委员会、法语同盟、歌德学院、塞万提斯学院、富布莱特项目、和平队等在各国外交中逐步声誉鹊起，在全球范围建立了由语言教学、教育文化交流、国际服务等分支机构构成的人文交流网络，致力于促进文化、教育、国际关系的拓展和交流。自20世纪90年代以来，随着全球化的发展，发达国家、新兴工业化国家和地区在角逐“安全高地”、“经济高地”的同时，又在“人文高地”展开了新一轮竞赛与博弈，美国、欧盟、日本、韩国、新加坡等国家都是这一轮人文实力竞赛的积极推动者，它们纷纷调整国际文化政策，制订国家人文发展战略，加大专项预算投入，吸纳社会志愿队伍，拓展海外人文影响力。[③] 将源自非外交领域的国际人文交流提升到外交高度，纳入国家外交大格局中，为本国外交开辟新空间。因此，不管人们是否接受人文外交一词的提法，人文交流服务外交，外交统筹人文交流，此种双向互动交流的格局已经确立，人文外交的历史舞台已经形成。

在人文交流外交意义不断凸显和各国外交统筹人文交流的双向互动趋势下，中国的党和政府领导人对人文外交的界定是比较宽泛的，大致上涵盖了思想交锋、人员交往、教育交流、科技合作、文学艺术、语言教学、图书出版、信息服务等内容，几乎所有跨国人员和社会交流都被纳入了人文外交的范畴。显然，对于人文外交的此种界定由于过于宽泛很容易将其导入一个十分混乱的境地，而且经常与国际文化关系混淆在一起，影响了人文外交的内涵准确性、逻辑严密性和具体操作性。因此，必须严格明确人文外交的界定，才能具有学术上的严谨性和实践上的可行性。据此，从外交本质和人文内容两个维度来看，人文外交应该具有四个本质特征：

（一）主体的权威性

作为一种精神文化领域中的跨国交往，人文外交的载体十分广泛，凡是存在人员互动的地方，诸如教育机构、科研机构、学术团体、宗教组织、民族族群、非政府组织、商业机构乃至政府机构，都可以在国际交往中成为人文交往的载体。在全球化和信息革命浪潮的推动下，正在出现一个人人都可

---

① ［法］路易斯·多洛著，孙恒译：《国际文化关系》，上海：上海人民出版社，1987年版，第4页。

② Ruth Emily McMurry and Muna Lee, The Cultural Approach, Chapel Hill: University of North Carolina Press, 1947, pp. 9—38.

③ 李怀亮：《当代国际文化贸易与文化竞争》，广州：广东人民出版社，2005年版。

以成为外交官的"外交泛滥"(diplomatic inflation)的时代。[①] 然而，作为一种外交形态，人文外交不能脱离代表国家的合法资格和身份，只有那些代表国家外交意图的机构和部门从事的人文活动，才能被视作人文外交的主体。从这个意义上来说，只有具有合法权威代表身份的各国政府机构和被国家授权和委托的非政府机构才是人文外交的主体，其他未经政府授权和委托的一切非政府机构所从事的人文交流，不能被视作人文外交活动。是否属于国家权威的代表者以及是否得到授权和委托，是区别人文外交主体和人文交流主体的根本标志。

(二)内容的人文性

作为与安全保障、经济发展并列的"国际关系第三维度"，人文外交是在人文领域开展的外交活动，涵盖了语言、宗教、民族、思想、文化、教育、科技、旅游、体育、人口等社会领域的跨国交流，交流的内容集中于意识形态、价值观、文化传统、社会模式以及生产生活方式等众多方面。比如法国推动的"保护法语运动"、英国外交部的"志奋领奖学金项目"、美国的"富布莱特项目"、瑞士的"达沃斯论坛"、意大利的"威尼斯国际电影节"、国际奥林匹克运动会、世界博览会等，所有涉及人文领域的交流活动，只要是由政府组织的，都是特定人文体系驱动的对外交往行为，都属于人文外交的范畴。在实践中，各国政府大多会采取政府直接组织，建立半官方的独立机构，授权非政府机构以及委托企业、媒体乃至个人开展跨国人文交流等方式，以项目制的方式开展。只要此种交流既不属于政府间的权威沟通，也不属于企业和个人之间的盈利活动，就可以视作人文外交活动。

(三)方式的灵活性

从本质上来看，人文外交是外交向人文领域发展的一种新向度，它是一种强调以人为本、为人服务的外交，是一种对以利益为轴心、以权力政治为原则的政治外交和以盈利为宗旨的经济外交的矫正。因此，在具体方式方法上，人文外交形式灵活，不拘一格，不太看重外交层次对等、外交礼仪严格、外交活动保密等职业外交原则，而是更加强调贴近群众、贴近生活、贴近实际，更加符合人际交往和文化规范的方式，注重从情感上上打动人，从艺术上感染人，从理论上说服人，从舆论上鼓舞人。当然，人文交流也必须遵守一定的规律，强调相互尊重，尊重各方的人文传统、风俗禁忌、情感吁求，也不可盲目胡来。因此，只要遵守相关国家的法律、制度、规范和习俗，只

---

① See Luc Reychler, "Beyond Traditional Diplomacy", Discussion Paper No. 17, Dip lomatic Studies Program (DPDSP), Leicester, U. K.: University of Leicester, 1996; Paul Sharp, "Who Needs Diplomats? The Problem of Diplomatic Representation", International Journal 52, No. 4, 1997, pp. 609—634. For responses, see Brian Hocking, "The Ends(s) of Diplomacy", and Andrew F. Cooper, "Beyond Representation", International Journal 53, No. 1 (1997—1998).

要有利于不同人文体系之间的理解和交流，一切形式和方式都可以，参与交流的各方喜欢用什么方式就运用什么方式，不拘泥于外交礼仪、国际惯例等规则。

(四)目的的战略性

与一般的国际人文交流不同，人文外交的目的具有战略性，从根本上是为了渐进性地实现一个国家的长远文明推广战略目的，提升一个国家所赖以立足的文明体系软实力。当然，各国在人文交流的目的上各有不同，有的人文外交极具进攻性色彩，在世界范围内寻求文化霸权，奉行“文化帝国主义”政策，推进整个世界的“麦当劳化”或“可口可乐化”[①]；有的则强调保持本民族认同，寻求文化自主性和“文化多样性”，支持开展“文化对话”，拒绝所谓的文化霸权及其在世界范围催生的“普遍的亚文化”现象。[②] 比如法国之所以长期重视在世界范围内推广法语，甚至将法国文化与外交政策挂钩，其根本目的是使海外法国人的后代可以接受法国式的教育，保持对法兰西的民族认同。[③]因此，人文外交绝非仅仅是进行文化对话，核心还是着眼于长远的外交战略目的，至少是为了在其他国家塑造良好形象，以获取国际舆论的理解、支持，从而为本国外交政策的实施铺路搭桥。

综合人文外交的本质特征，可以将人文外交概括为一个国家在思想、教育、科学、文化等领域，通过政府主导、授权和委托等多种方式，鼓励和支持持续性的人员交流、文化传播和思想沟通，以渐进性地实现提升国家软实力和实现文明推广诸目的的外交活动。权威性、人文性、灵活性和战略性是人文外交区别于其他交流形式的重要特征。首先，人文外交与公共外交存在差异。人文外交是公共外交的一个领域，是公共外交在人文领域中的展开和延伸。同时，人文外交又有着不同于公共外交的内容，有的人文外交活动并非是具有公共影响的外交活动，而仅仅具有思想沟通和人际交流的隐私性特点。其次，人文外交也不同于文化外交，人文外交要比文化外交涵盖的范围更广。文化外交更强调文化产品之间的交流，是更加成熟的人文外交形态。人文外交不仅包括成熟的文化产品、文化事业、文化精英之间的交流，而且涵盖了缺乏文化素养的普通百姓、草根大众以及纯粹的人际交往，不必然表现为具有一定文化层次和文化水平的交流。此外，人文外交还不同于一般的

---

① [美]马尔考尔姆·瓦特斯著，徐伟杰译：《全球化》，台北：弘智文化事业有限公司，2002年版。Jonsuk Chay ed., Culture and International Relation, New York: Praeger Publishers, 1990, pp. 1—17.

② [美]罗兰·罗伯森著，梁光严译：《全球化：社会理论和全球文化》，上海：上海人民出版社，2000年版，第144页。[日]平野健一郎：《国际文化理论》，《国外社会科学》，1997年第2期。

③ Ruth E. McMurry and Muna Lee, The Culture Approach: Another Way in International Relations, Chapel Hill, 1947, p. 14.

人文交流，它必须体现为国家权威的参与，任何没有政府参与的跨国人文交流活动，并不属于人文外交，人文外交更多体现的是外交逻辑和人文逻辑的交汇，没有外交逻辑影响的人文交流不能被视作人文外交。

三、人文外交：理论与图式

人文外交的兴起，开辟了国际关系理论和外交学研究的新领域。长期以来，传统的国际关系和外交研究习惯上仅仅盯着国家之间在安全、政治和经济领域中的折冲樽俎，对思想、文化、宗教、语言、科技、人口等人文领域的跨国互动关注不够。事实上，人文交流和互动与国家之间的互动并不完全重合，人文差异导致的矛盾分界线在更多情况下并非按照国家的界限而区分，人文差异导致的国际关系地震也一直存在。

尽管处于边缘地带，关于人文差异与国际关系的研究很早就产生了。从公元5世纪开始，随着航海技术的发展，携技术、武器和资本优势的西方普世主义在世界各地“横冲直撞”，各种文明不断碰撞，也引起了思想界的瞩目，以斯宾格勒、汤因比等为代表的思想家开始从文明的角度来思考历史和社会的发展，看到了文明间冲突和协调的关系问题。[①] 在中国，20世纪以来的新儒家以儒家心性之学为基，以“对话理论”为指导，调适儒释道诸家，并吸纳、融合、会通西学，在超越的层面上与基督教对话，在社会经济层面上与马克思主义对话，在深度心理学层面上与弗洛伊德对话，力图谋求人文价值与现代化的平衡，进而谋求中国文化和社会的现代化、世界化。[②] 此种强调文明对话的文化理路亦大致归属于国际关系研究中的人文范式。受制于冷战高压的限制，关于文明对话和推动人文外交的理论研究虽然稀缺，但一直顽强地存在着。法兰克福学派的批评理论，葛兰西的文化霸权理论，霍米·巴巴(Homi K. Bhabha)、萨义德(Edward Wadie Said)和斯皮瓦克(Gayatri C. Spivak)的后殖民理论，伯明翰学派的文化理论，福柯的话语权理论等都蕴藏着人文范式的丰富理论资源，只不过长期以来并没有受到国际关系理论研究的重视而已。

20世纪90年代，随着冷战的结束和全球化的发展，靠赤裸裸的军事侵略来征服世界不仅代价很大，而且很难行得通。因此，西方大国大力推行文化帝国主义和文化输出战略，关于输出民主、人道主义干涉、文明冲突、文化软实力、文化摩擦等问题的研究日益活跃，在学术界出现了大量的研究成果

---

① [德]斯宾格勒著，齐士荣等译：《西方的没落》，北京：商务印书馆，2001年版。[英]汤因比著，曹未风译：《历史研究》，上海：上海人民出版社，1997年版。

② [加]贝淡宁著，吴万伟译：《中国新儒家》，上海：上海三联书店，2010年版。陈来：《孔夫子与现代世界》，北京：北京大学出版社，2011年版。

阐释人文范式在国际政治中的意义。几乎思想家中的左翼、自由派、保守右翼乃至后现代理论家族中都有人涉足这一领域。

右翼首先挑起了关于文化和文明的论争。1989年，作为保守派一员的弗朗西斯·福山(Francis Fukuyama)因提出"历史终结论"而在世界思想界引起轩然大波，他断言自由主义取得了最后胜利，西方国家的自由民主制度也许是"人类意识形态发展的终点"和"人类最后一种统治形式"，大规模的国际冲突已经消失，自由民主主义和"民主市场资本主义"成为一个永恒模式，成为全球理论与实践的共同标准①。1993年，同样作为保守派一员的美国哈佛大学塞缪尔·亨廷顿发表了著名的"文明冲突论"，认为随着冷战的终结，冷战后的国际政治超越了自身的西方阶段，在全球范围内呈现为多文明的世界，全球政治正在沿着文明线进行重组，重新划分的政治界线越来越与种族、宗教、文明等文化的界线趋于一致，文明间的断层现正在成为全球政治冲突的中心界线②。此后，在施特劳斯保守主义哲学的指引下，右翼新保守主义在国际政治理论辩论中迅速崛起，提出了整套佐证在海外通过政权更迭和颜色革命输出民主的理论，甚至被认为引发了一场"外交革命"。③

相比右翼保守派，温和自由派尽管在自由民主的政治信念和输出民主的目标上如出一辙，但在方法上更强调多边主义、国际合作和文明对话。1990年，罗斯诺在《世界政治的动荡——变化和连续的理论》一书中提出了"全球文化"(Global Culture)的观点，认为全球性依赖的发展扩大了世界政治的文化基础，导致了规范的分享以及全球共同体对地域共同体的吸收，正在塑造一种由国际机制治理全球性事务的"全球文化"④。另一位自由派的旗帜人物约瑟夫·奈在冷战后重谈在20世纪80年代提出的"软实力"理论，强调文化价值观、政治制度和社会规范对一国外交的意义，认为在政治和经济上越来越无法遏止新兴大国发展势头的背景下，传统大国可以通过重视软实力和巧实力的运用，力图继续垄断国际规则的制定权，强化价值观同盟，掌握未来经济和产业竞争的先机，使之成为维系内部团结和分化新兴国家的重要工具。⑤ 更多的自由主义在约翰·罗尔斯自由主义思想的指引下，提出了国际制度、多

① Francis Fukuyama, "The End of History?" The National Interest, No. 16, Summer, 1989, pp. 3—18.

② [美]塞谬尔·亨廷顿著，周琪等译：《文明的冲突与世界秩序的重建》，北京：新华出版社，1999年版，第129页。

③ [美]伊沃·H. 达尔德尔等著，刘满贵译：《后外交时代：不受约束的美国》，北京：新华出版社，2004年版。

④ James N. Rosenau, Turbulance in World Politics: A Theory of Change and Continuity, Princeton: Princeton University Press, 1990, pp. 419—420.

⑤ Joseph Nye, The Powers to Lead, NY Oxford University Press, 2008; Joseph S. Nye, Jr., Soft Power: The Means to Success in World Politics, Colorado: Perseus Books Group, 2004.

边主义、文明对话等战略文化理论，以杜维明等为主力的哈佛—燕京学社在冷战后一直推动文明对话，尤其是推动东西方文明对话、文明多样性等研究，力图构建全球普遍伦理，在国际思想文化界影响很大。[①] 特别是普林斯顿大学伍德罗·威尔逊公共与国际事务学院在2006年推出的《铸造法治之下的自由世界》报告，认为美国应该采取一项新的大战略，即"通过支持受欢迎的、负责任的、尊重人权的政府来构建法治下的自由世界，建立自由的国际秩序，并且更新关于使用武力的法规。"[②]

左翼学派继承了以往对自由派和保守派批评的传统，但把重心放在文化帝国主义理论上。第一个系统阐述"文化帝国主义"理论的是美国左派传播学哲赫伯特·席勒(Herbert Schiller)。早在20世纪70年代，席勒就在《传播与文化支配》中就阐述了新兴民族国家的文化空间被发达国家传播机器、好莱坞等强势世俗文化严重挤压的现象，这些国家被迫接受该世界系统中的核心势力的价值，并使社会制度与这个世界系统相适应，此种文化帝国主义是现代帝国主义总过程的一部分。席勒的研究点燃了左翼学者和其他众多流派学者对这一问题的热情。1991年，英国诺丁汉大学的约翰·汤林森(John Tomlinson)出版了《文化帝国主义》一书，通过引入现代性批判对文化帝国主义做了全面的阐述，提出了不平等的信息流、民族国家文化认同(cultural identity)、消费文化、文化全球化和趋同化的问题。[③] 1993年，爱德华·萨义德出版了《文化与帝国主义》，探索隐没于小说、诗篇和闲暇情趣之下的帝国主义意识形态，同时注意了东方对西方霸权的抵抗，并且强调了后殖民主义知识分子的反权力话语的历史。[④] 目前，学术界对文化帝国主义理论的研究可以说是方兴未艾，一大批左派学者把大众文化批判与媒介帝国主义批判(或相关的后殖民主义、第三世界批评、多元文化主义、全球化等)结合起来，认为西方(尤其是美国)大众文化的跨国性、全球性的传播导致非西方或第三世界国家文化传统的丧失，导致全球文化的"美国化"，就是整个世界的"麦当劳化"或"可口可乐化"。[⑤] 著名社会思想家罗兰·罗伯森(Roland Robertson)则从文化的深层结构将这一趋势归结为特殊主义的普遍化和普遍主义的特殊化两者的互相渗透。在罗伯森看来，全球化可能并不是一个特别令人关注的问题，更重要

① 杜维明：《儒家传统与文明对话》，石家庄：河北人民出版社，2006年版。

② John Ikenberry and Anne-Marie Slaughter, Forging a World of Liberty Under Law: U.S. National Security in the 21st Century, The Princeton Project Papers, Published by The Woodrow Wilson School of Public and International Affairs Princeton University, September 27, 2006.

③ [英]汤林森著，冯建三译：《文化帝国主义》，上海：上海人民出版社，1999年版。

④ [美]爱德华·W. 萨义德著，李琨译：《文化与帝国主义》，北京：生活·读书·新知三联书店，2003年版。

⑤ Jonsuk Chay ed., Culture and International Relation, New York: Praeger Publishers, 1990, pp. 1—17.

的是全球化所造成的地方多元化，强调“地方根源”及“本土认同”对抗“西方印象和价值观”的全球化现象；强调“地方分权”及“区域治理”对抗国际组织或跨国规模的统治权能集中现象；强调“社区主义”对抗全球化带来的更抽象的疏离感。[①] 冷战后各种民族分离主义运动、各国国内的“文化战争”以及所谓的“新认同政治”，都是全球化带来多元文化和文明摩擦上升的标志。日本学者平野健一郎认为，这些现象与其说是一种文明冲突，还不如说是一种文化摩擦。[②]

此外，还有一批思想家关注文化在国际关系中上升的问题，他们对于文化对国际关系的影响抱一种折中的态度，从国际政治体系文化规范的层面理解国际关系的性质与变化，认为不同的体系文化决定不同的国际关系走向，这就是20世纪90年代以来国际关系理论中建构主义、英国学派、斯坦福学派等理论的兴起背景。建构主义以美国学者亚历山大·温特的结构建构论、彼得·卡赞斯坦的文化安全理论、巴里·布赞的安全化理论、克拉托赫维尔的规范建构主义、奥努弗的规则建构主义、玛莎·费丽莫的利益建构论为代表不同程度地强调了人文因素在国际关系中的意义。建构主义强调不同的文化规范决定着代理者(国家、社会行为体)的身份认同，特定的身份认同又决定着不同的利益界定，特定的利益界定又决定着不同行为体的行为，而不同行为体的行为又塑造着体系层面的文化规范。[③] “英国学派”强调国际社会、规范性权力、国际秩序等因素对国家行为的意义，更是把西方文明的国际秩序意义提高到一个新高度。[④] “斯坦福学派”强调存在全球性的共同观念和文化，承认民族国家之外存在一个依靠规范或观念建构而成的超越民族国家内部社会的全球社会[⑤]。

不管各家各派对人文范式的看法如何，其所围绕的核心问题无非就是探索为什么不同文明和文化之间存在裂痕，如何弥合不同文化价值观之间的“文化鸿沟”以及怎样认识人文差异对国际关系紧张具有的激发效应。综合各个学派对人文范式的研究，不难发现人文外交作为国家之间人文因素与外交因素在跨国社会交流中的互动，从根本上取决于人文敏感性、外交脆弱性、社会合法性三个因素(如图所示)。

---

① [美]罗兰·罗伯森著，梁光严译：《全球化：社会理论和全球文化》，上海：上海人民出版社，2000年版，第144页。

② [日]平野健一郎著，黄东兰译：《是文明的冲突，还是文化的摩擦——亨廷顿论文批判》，《国外社会科学》，1997年第2期。

③ [美]亚历山大·温特著，秦亚青译：《国际政治的社会理论》，上海：上海人民出版社，2000年版。

④ 张小明：《国际关系英国学派——历史、理论与中国观》，北京：人民出版社，2010年版。

⑤ Chris Brown，“World Society and the English School：An International Society Perspective on World Society，” European Journal of International Relations，Vol，7，No. 4，2001，pp. 434—435.

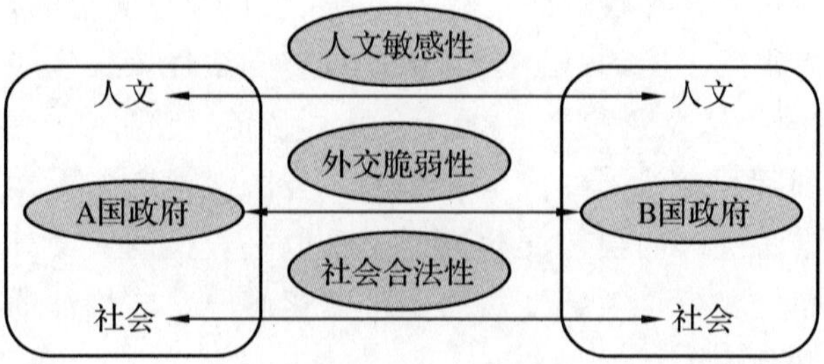

人文外交分析图式

一是人文敏感性。在跨国交流中，一国接触另一国的人文体系必然会受到冲击并发生有代价的变化，该国人文体系对来自他国人文体系冲击所发生的变化有多快，变化有多大，可以用罗伯特·基欧汉和约瑟夫·奈在《权力与相互依赖》中提出的敏感性(Sensitivity)指标来衡量，敏感性指一国对外依赖效应的大小与快慢，用来描述体系中某个部分的变化会在多短的时间内导致其他部分也发生变化。[①] 一国人文敏感性越高，抗干扰能力越低，越依赖该国政府在外交领域实施干预，人文外交的紧迫性就越高。一般而言，一个国家人文敏感性与信息流动自由程度呈现正相关关系，信息流动越自由，人文敏感性程度越高，外交介入越积极。

二是外交脆弱性。罗伯特·基欧汉和约瑟夫·奈在提出敏感性的同时，还提出了脆弱性(Vulnerability)的概念，用来指在一定时间内，一国改变相互依存体系所带来的代价。[②] 我们可以借用这一概念考察一国外交脆弱程度与人文外交的关系。一般而言，一国外交脆弱程度与人文外交呈现反相关关系，一国外交脆弱性越大，越不愿意因卷入人文交流而制造麻烦。一个外交上立足不稳的政权(特别是小国)，更希望保持高度集权的外交，不允许国内民众与海外私自开展人文交流。反之，一个外交强国更倾向于推进文化交流，通过拓展人文交流提升权力辐射范围。

三是社会合法性。除了人文敏感性和外交脆弱性之外，一国人文体系和外交的社会合法性也是影响人文外交的重要因素。合法性(又叫正统性，Legitimacy)是衡量某一事物具有被承认、被认可、被接受基础的程度。[③] 哈贝马

---

① ［美］罗伯特·基欧汉、约瑟夫·奈著，门洪华译：《权力与相互依赖》，北京：北京大学出版社，2002 年版。

② ［美］罗伯特·基欧汉、约瑟夫·奈著，门洪华译：《权力与相互依赖》，北京：北京大学出版社，2002 年版，第 3—15 页。

③ ［德］尤尔根·哈贝马斯著，陈学明译：《合法性危机》，台北：时报文化，1994 年版，第 12—16 页。

斯说，合法性意味着某种政治秩序被认可的价值以及事实上的被承认[①]。人文体系和外交只有得到了国内外社会承认才具有合法性。衡量一国社会合法性的指标有两个：(1)人文外交与一国社会基本价值、信仰的一致性程度；(2)人文外交得到国际社会认同的广度和深度。合法性程度与人文外交能力呈现正相关关系，合法性高的强势文化倾向于采取进攻性的人文外交，人文是主角，外交是配角。相反，敏感性高的弱势文化倾向于防御性的人文外交，外交是主角，人文是配角。

四、人文外交：形式与模式

从外交形式来看，面对国家之间复杂的人文差异，每一个国家无论采取何种路径，都应在外交上积极努力以控制不同人文价值之间的张力，决不能任由文化矛盾恶化蔓延，制造人类社会冲突和斗争的悲剧。对于这一行为，西方国家特别是英、法往往称之为"文化外交"，最早可以追溯到欧洲早期传教士到国外宣传基督教的传教活动，现在已经变成了"国家手里的一张王牌和外交政策的一种赌注。"[②]在全球化时代，人文外交需要从各种学派和理论中扬长避短、推陈出新。以外交介入人文领域的程度大小为标准，人文外交的实现形式可以划分为以下三种类型：

(一)思想外交(Ideological Diplomacy)

思想外交是指国家之间在意识形态和价值观领域的跨国互动，涵盖了外交政策制定、外交活动开展和跨国民间交流的各个层面，一方面向海外拓展本国意识形态和核心价值观，另一方面方面捍卫本国意识形态的安全和价值观的独立。

作为一种"观念的科学"，意识形态是指向某种社会制度和生活方式目标和理想的、把一种特定的社会立场合理化或正当化的思想观念体系，旨在"为世人确定意义"和行动指南，[③] 帮助人们将纷繁复杂的社会现象进行梳理组合，奠定世界和社会的意义和价值基础。在外交活动中，意识形态具有指导行为合理化和社会整合的功能，[④] 国家在意识形态领域中的外交纷争，说到底是为了争夺真理高地和价值观的标准，把本国的意识形态视作为"普世价值"必然

① [德]尤尔根·哈贝马斯著，张博树译：《现代国家中的合法化问题》，见《交往与社会进化》，重庆：重庆出版社，1989 年版，第 184 页。

② [法]路易·多洛著，黄建华译：《国际文化关系》，上海：上海人民出版社，1987 年版，第 34 页。

③ [英]戴维·米勒、韦农·波格丹诺主编，邓正来等译：《布莱克维尔政治学百科全书》，北京：中国政法大学出版社，1992 年版，第 345 页。

④ 任晓、赵可金、成帅华：《意识形态与外交政策》，《世界经济与政治》，2003 年第 2 期，第 4—10 页。

会赢得话语权的优势。德国前总理施密特就曾在《全球化与道德重建》一书中提醒要警惕有人用全球化来侵蚀别国的文化和语言，迫使人们接受西方的文明观念，把西方价值标准强加于人。① 在国际关系史上，向来不缺乏意识形态外交的先例，近代西方殖民者在所谓"白种人的责任"、"上天的使命"、"神圣的委托"的意识形态旗帜下，拿着枪炮和商品向有色人种"传布基督教的福音"。② 第二次世界大战期间，希特勒的"种族优越论"、西方的"白人至上论"和日本军国主义的"大东亚共荣圈"论和"武士道"精神，都带有类似的使命，成为侵略他国的意识形态依据。③ 冷战期间，美、苏两个超级大国都高喊着意识形态的口号贬斥对方的不合法性，为本国外交寻找道义依据。④ 冷战后，"人道主义干涉"、"华盛顿共识"、"普世价值论"等口号不断涌现，各国都提出了新理念、新主张、新概念，加紧争夺国际话语权和"道义高地"，意识形态外交从来没有停止过。

(二)文化外交(Cultural Diplomacy)

文化外交是人文外交中最重要的组成部分。与思想外交强调政府主导传播价值观和意识形态的真理标准争夺相比，文化外交更偏重于教育、科学、文化艺术领域中的国际交流，在运行机制上也更倾向于政府隐身幕后，由文化团体和组织充当文化交流和对话的主角。

为配合外交目标和政策变化需要，一国政府通过设立国际人文交流项目与政府呼应。比如美国政府设立的"富布莱特项目"旨在推动美国和各国的校际交流，资金由各国积欠美国政府的部分战争债务支付，资助美国学生到国外学习、研究、讲课或者从事其他教育活动，并支付外国学生来美国大学学习的交通费用。⑤ 二战结束后，美国的教育文化交流活动一直持续发展，规模日益壮大，主要包括富布莱特项目、学术交流项目、国际访问学者项目以及夏威夷东西方文化技术交流中心、美国驻世界各地新闻文化处的图书馆及其各种图书项目、举办讲座以及研讨项目、文化展览、英语教学、对双边文化中心的资助和对海外大学及其他机构美国研究项目的支持。⑥所有这些项目均

---

① ［德］赫尔穆特·施密特著，柴方国译：《全球化与道德重建》，北京：社会科学文献出版社，2001 年版。

② ［美］迈克尔·H. 亨特著，诸律元译：《意识形态与美国外交政策》，北京：世界知识出版社，1992 年版。

③ 刘国柱：《希特勒与知识分子》，北京：时事出版社，2000 年版；林庆元、杨齐福：《大东亚共荣圈源流》，北京：社会科学文献出版社，2006 年版。

④ Alan Cassels, Ideology and International Relations in the Modern World, London and New York: Routledge, 1996.

⑤ Jr., William Fulbright Foreign Scholarship Board, Fulbright 1997: Jr., William Fulbright Foreign Scholarship Board 34th Annual Report, p. 39.

⑥ http: //www. publicdiplomacy. org/9. htm.

在美国国务院教育和文化事务局的直接负责下进行，由驻外使领馆具体负责实施。

有些项目虽然并非政府主管，但通过提供政策、资金、人员等方面的支持，调动大学、思想库和非政府组织的文化交流活动的积极性，开展多种形式的学术外交和文化交流。与赤裸裸的意识形态外交不同，学术界和思想库推动的学术外交更具客观性和互动性。作为非官方专业人士之间围绕官方外交政策开展的国际对话形式，学术外交又被称为第二轨道外交(Track II)，这一形式最早可追溯到 1907 年成立的“泛太平洋联盟”(Pan-Pacific Union)和 1925 年成立的“太平洋研究院”(Institute of Pacific Research)，这一制度形式是太平洋经济和安全合作的前身。[①]相较政府官员开展的正式外交谈判，“第二轨道外交”的目的在于通过非官方的专家对话，提供战略策略，影响公众舆论和组织人力物力资源，帮助解决这些团体和国家之间的冲突。[②] 在实践中，人们往往将那些有官方背景的思想库或者专业人士之间开展的一些对话、研讨会、跨国沙龙等活动统称为第二轨道外交活动。比如由东盟各国思想库联合组建的东盟战略与国际研究所(ASEAN-ISIS)，由亚太 20 个国家联合组建的亚太安全合作理事会，由东盟 10 国和中日韩 3 国民间思想库联合成立的东亚思想库网络等举办的政策论坛活动，都被视为第二轨道外交。吴建民就曾经指出，为了促进东亚共同体的建立，该网络的作用就是要认清共同利益，分享信息，激活思想，提出政策建议。[③] 作为第二轨道的学术外交有自己的独特优势，比如讨论自由、专业性强，可以为外交开辟新思路，甚至锻造各方共识，有助于跨越利益和价值观的障碍。因此，国际学术外交越来越受到各国的重视，包括 1.5 轨和第二轨的外交对话活动也日益活跃。

除了专业性极强的第二轨道学术外交外，与外交联系更为松散的宽泛的文化交流是文化外交的主力。法国学者多洛在研究了美国的文化外交后发现，美国文化外交更多地依赖三个方面的组织：一是通过个人，比如大学生、传教士、实业家、在外国的美国侨民，还有旅游者等；二是美国的大学，特别是最有名望的哈佛大学、耶鲁大学、普林斯顿大学、哥伦比亚大学、芝加哥大学、斯坦福大学等，这些学校举世闻名且极为开放，对于世界各国青年和

---

① Lawrence Woods, Asia Pacific Diplomacy: Nongovernmental Organizations and International Relations, Vancouver: University of British Columbia Press, 1993, p. 39. Brian L. Job, “Track 2 Diplomacy: Ideational Contribution to the Evolving Asia Security Order”, in Muthiah Alagappa, ed. , Asian Security Order: Instrumental and N ormative Features, Stanford, CA. : Stanford University Press, 2003, p. 254.

② William D. Davidson and Joseph V. Montville, “Foreign Policy According to Freud,” Foreign Policy, No. 45, Winter 1981—1982, pp. 145—157.

③ 吴建民：《东亚区域合作与第二轨道外交》，《外交学院学报》，2004 年第 4 期，第 6—7 页。

学者的影响比较大；三是遍布美国的各种基金会，比如洛克菲勒基金会、福特基金会、卡内基基金会等，为其他国家研究美国以及美国研究世界都提供了大量的资助[①]。不仅美国如此，其他国家也广泛采取此种做法，比如法国推动保护法语运动提升法国在海外的影响力，挪威充分利用诺贝尔和平奖影响某些地区的局势，韩国利用“韩流”文化塑造良好的海外形象，加拿大政府支持国际禁雷运动推动渥太华进程，都是文化外交的重要例证。

(三)人民外交(People-to-People Diplomacy)

如果说思想外交和文化外交更多以一种自上而下的方式进行，过于偏重于政府官员、社会精英和文化名流在一个相对狭小的范围发挥作用，人民外交则以一种自下而上的方式进行，侧重社会各界人士和普通民众之间的大规模往来。在实践中，各国都从自己的资源优势出发，创造了各具特色的人民外交模式。

1. 族裔外交模式

作为一个地理位置存在于阿拉伯世界内部的小国，以色列在外交中注重依靠海外犹太人特别是美籍犹太人的力量，开张广泛深入的族裔外交，支持美国犹太人建立严密的组织，带领广大犹太人为促进以色列的利益而努力，将影响力拓展到财经、金融、媒体、政府等众多领域，对美国的内政外交施加影响，确立了美国政府在中东问题上采取亲以色列的立场，并利用他们在美国政治中的地位和力量，促使美国中东政策朝着有利于以色列的方向发展。[②] 很多学者的研究表明，以色列此种插入美国心脏的族裔外交模式，不仅左右了美国的中东政策，甚至伤害了美国的国家利益，足见影响力之大。[③]除了以色列外，爱尔兰、希腊、波兰、南非、安哥拉、印度、泰国等国也都十分重视发挥海外族裔群体在外交中的作用，拓展外交的海外族裔基础。[④]

2. 宗教外交模式

从近代西方开展的传教士外交开始，[⑤] 宗教外交就成为一些国家外交的重要战略，此种外交形式通过宗教动员宗教徒和普罗大众，开展所谓“以信仰为

---

① [法]路易斯·多洛著，孙恒译：《国际文化关系》，上海：上海人民出版社，1987年版，第4页。

② David Howard Goldberg, Foreign Policy and Ethnic Interest Groups, New York: Greenwood Press, 1990.

③ [美]保罗·芬德利著，吴秉仁、戴克伟译：《美国亲以色列势力内幕》，北京：中国对外翻译出版社，1990年版，再版绪言。

④ 王国璋：《压力集团的游说与美国外交》，《当代美国政治论衡》，台北：三民书局，1993年版，第527页。David D. Newsom, The Public Dimension of Foreign Policy, Indiana University Press in early 1996.

⑤ 西欧国家的传教士外交及沙特支持下的伊斯兰传教，可参赵可金：《公共外交的理论与实践》，上海：辞书出版社，2007年版，第380—394页，第465页—478页；沙俄东正教使团参与外交事务，参见乐峰：《东正教史》，北京：中国社会科学出版社，1999年版，第303页。

基础的外交"(Faith-based Diplomacy)。[①] 比如美国建立了专门管理宗教外交的机构，支持宗教界的海外传教活动，走上组织化、系统化和规范化的轨道。在1994年朝核危机中，葛培理福音协会成为克林顿政府与金日成之间的信使。[②]此外，梵蒂冈[③]、伊朗、沙特阿拉伯等国家利用宗教组织拓展外交空间，也显示出强大的影响力。

3. 商贸外交模式

借助跨国公司、旅游组织的海外经营活动，鼓励跨国商界群体、劳工、游客之间的大规模交流，在对话和互动中增进理解，提升互信，扩大共识，也是各国推动人民外交的重要形式。日本是商贸外交大国，历来重视以日本的跨国公司为依托，通过市场运作的方式，在动漫外交、企业社会责任、商业公关等领域取得了巨大进展。[④] 美国也是一个注重发挥商界外交作用的国家，从可口可乐、麦当劳、肯德基到CNN(美国有线电视新闻网)、谷歌搜索、Face Book、推特，一直到迪斯尼、好莱坞、NBA，美国商业化运作的世俗文化已经成为不折不扣的"强势文化"，以其通俗性、大众性和多元性，正在成为世界其他地方人们特别是年轻人模仿的对象。美国学者斯蒂芬·沃尔特认为，"当今的全球化本身在一定程度上就是美国文化力量的典型产物。"[⑤] 行业标准、社会规范和生活方式，无处不在折射着美国商贸外交的影子，这成为人民外交最强有力的例证。

4. 大众外交模式

这一模式注重普通大众之间的友好交往，是中国创造的人民外交典范。

---

① Douglas Johnston, Faith-Based Diplomacy: Trumping Realpolitik; Christopher A. Hall, Truth, "Pluralism, and Religious Diplomacy: A Christian Dialogical Perspective", in Robert A. Seiple & Dennis R. Hoover eds., Religion and Security: The New Nexus in International Relations, Rowman & Littlefield Publishers, INC., 2004. David R. Smock ed. Religious Contribution to Peacemaking: When Religion Brings Peace, not War. Washington DC: United States Institute of Peace, Peaceworks No. 55, 2006. Alex Bigham ed., Having Faith in Foreign Policy. London: The Foreign Policy Center, 2007.

② 涂怡超:《美国基督教福音派及其对国际关系的影响——以葛培理为中心的考察》，复旦大学博士论文，2007年，第161页。

③ 如长达十四年的禧年减债游说中，教宗与世界银行行长及国际货币基金会主席进行过数次会晤；世界银行高级官员与国际货币基金组织高级官员均与梵蒂冈进行了一系列会晤；梵蒂冈还组织各国主教与世行、国际货币基金组织顶级官员会晤。Robert B. Shelledy, Legions not Always Visible on Parade: The Vatican's Influence in World Politics, pp. 114—121.

④ Pat Choate, Agents of Influence: How Japan's Lobbyists in the United States Manipulate America's Political and Economic System, New York, Alfred and Knopf, 1990; John H. Makin and Donald C. Hellman, Sharing World Leadership?: A New Era for America and Japan, Washington, DC: American Enterprise Institute, 1989; William J. Holstein, The Japanese Power Game: What It Means for America, New York: Scriber's, 1990.

⑤ Stephen M. Walt, American Primacy-Its Prospects and Pitfalls, Naval War College Review, Spring 2002.

新中国成立后，以周恩来为代表的中国领导十分强调外交依靠两国人民来进行，并戏称为“3958部队”(三教九流、五花八门)。[①] 在中国，从事民间外交的机构很多，包括工会、共青团、妇联、教科文团体、体育代表团、卫生组织等，其中最主要的人民外交机构是中国人民对外友好协会、中国人民外交学会、中国对外文化交流协会和中国国际友好联络委员会等。中国注重从普通民众着手推进外交的做法最典型的例子是中日之间“以民促官”、中美之间的“乒乓外交”，周恩来后来把这一过程归结为“民间先行，以民促官，以官带民，官民并举。”[②]

五、结论：夯实国家人文基石

2008年10月26日，中国科学院中国现代化研究中心在北京发布《中国现代化报告2009——文化现代化研究》。该报告依据2005年世界各国的各项指标数据，认为中国的文化影响力指数在全世界排名第七，居于美国、德国、英国、法国、意大利、西班牙之后。[③] 报告的发布引发了社会各界对中国文化影响力的高度关注，如何实现从工业文化向知识文明转型的第二次现代化成为关乎中国战略全局的重大课题。

毫无疑问，实现文化现代化既需要实现人文自身的现代化，也离不开中华文明与世界文化的交流和对话。人文外交就是推进这一交流和对话的重要战略工具，它以全民为主体，以人文为核心，通过不拘一格的灵活形式，充分焕发人文在外交中的优势，致力于提升一国人文体系的世界影响力，拓展一国外交的人文空间，是夯实国家人文基石的重要战略。尤其是在全球化时代，如何妥善化解不同文明和文化价值观之间的矛盾和摩擦，防止陷入文明冲突乃至战争的泥潭，是人文外交的一项重要使命。任何国家只有在维护和平和促进发展的同时，牢牢确立文明对话的战略，大力开展人文外交，才能在未来世界激烈的国际竞争中赢得优势，才能将该国的战略优势保持长久。

中国是一个有着五千年历史的文明古国，具有极其丰富的人文资源，在全球文明交流和碰撞中具有潜在优势。然而，长期以来中国并没有将丰富的人文优势转化为外交优势，根本原因在于缺乏人文外交化和外交人文化的战略，缺乏将人文优势转化为外交优势的战略平台和体制机制。近年来，随着中国全面加入国际主流社会，随着北京奥运会、上海世博会、博鳌论坛、太湖文化论坛等众多人文外交平台的建立，中国人文外交正在焕发出前所未有

① 裴默农：《周恩来与新中国外交》，北京：中共中央党校出版社，2002年版，第280页。

② 姚仲明、杨清华：《周恩来总体外交的基本特征及其影响》，转载于裴坚章主编：《研究周恩来——外交思想与实践》，北京：世界知识出版社，1989年版，第44页。

③ 中国科学院中国现代化研究中心：《中国现代化报告2009——文化现代化研究》，2009年1月17日。

的生机和活力。展望未来，中国外交应该准确研判国际国内形势，明确以人为本和人文搭台、外交唱戏的指导思想，着手制定、实施统揽全局的人文外交战略，全方位推进思想外交、文化外交和人民外交，为实现中华文明的伟大复兴作出更大的贡献。

（作者：赵可金　清华大学国际关系学系副教授）

项目名称：民意表达与社会矛盾化解的根本途径探究
项目编号：10AbKD097
项目负责人：周长鲜
项目信誉保证单位：北京联合大学

人大代表联系社区制度建设的实践探索①

自20世纪90年代以来，伴随着城市化进程与住房商品化的改革，我国城市社会的管理模式急剧变化。就当代中国社会整体转型变迁的进程而言，单位社会的终结实际上是中国改革开放，建立社会主义市场经济进程中不可逆转的必然趋势。这些变化最终集中体现于城市社会组织管理在空间上的最小单元——社区。单位制的逐渐解体和社区制的逐步确立，给我国基层民众的自治提出了新的更高的要求。在这个过程中，人大代表作为民意代言人，逐渐成为新型社区制管理体制中的重要民意沟通桥梁。许多地方都建立了人大代表联络社区工作站，搭建了一种新型的社会管理与民意表达的有效通道。

一、社区制的确立与人大制度的新发展

作为一个行政区域概念，社区是指固定的地理区域范围内的社会成员以居住环境为主体，行使社会功能、创造社会规范物，与行政村同一等级的行政区域。从人类社会历史演变的进程来看，早在社会学者形成社区这一概念之前，人类社会生活的重要区域偏向就已存在。人类社会群体的活动离不开一定的地理区域，具有一定地域的社区就是社会群体聚居、活动的场所。“社区”一词在20世纪30年代被引入中国，而作为一个广泛使用的名词则始于1986年。当时，民政部为推进城市社会福利工作改革，争取社会力量参与兴办社会福利事业，并将后者区别于民政部门代表国家办的社会福利，就另起了一个名字，称之为“社区服务”，由此引入了社区概念。1991年，民政部为了开拓民政工作又提出“社区建设”的概念。1998年，国务院确定民政部在原基层政权建设司的基础上设立基层政权和社区建设司，意在推动社区建设在全国的开展。2000年11月，国务院办公厅转发了民政部关于在全国推进城市社区建设的意见，由此带来了社区建设在全国各大城市的广泛深入开展。

社区管理体制背后透视着国家与社会关系的变迁。中国城市基层的社区

① 本文曾发表于《新视野》2012年第4期。

管理体制改革，反映着政府包办社会的一元管理体制转向政府—公民社会—非政府组织多元社区治理体制，国家自上而下的单向管理逐渐改革成为政府与社区相协作的双向管理模式。改革开放以来，社区制之所以能够代替单位制并成为现代城市的管理模式，主要原因在于：

第一，国家与社会管理职能发展的需要。改革开放前，国家几乎取代了社会，在体制外几乎不存在任何自由流动资源和自由活动空间，随着社会的转型，单位制逐步走向解体，单位人转变为社会人、社区人，人们越来越多地要靠市场和社区，而不再完全靠单位来解决生活需求问题。另外，现代企业制度的改革使原有的企业单位确立了追求效益的基本职能，单位原有的过于沉重的社会职能只能逐渐向社会转移。

第二，党的执政能力建设的需要。在计划经济体制下，党的落脚点主要在单位，在很长一段时间内，党几乎扮演了无所不包的"全能者"角色，不仅发挥领导核心的作用，还直接从事行政事务、经济事务和社会事务等工作，由此加大了党的政治成本、经济成本和社会成本，社会矛盾都要靠党组织来解决，无形中增添了党的风险。而社区制的建立，可以大大提高党科学执政和民主执政能力的建设。

第三，新的社会阶层结构变化的需要。由于国民经济和改革开放的发展，近20多年来，原来的"两个阶级一个阶层"(工人阶级、农民阶级和知识分子阶层)的社会结构发生了显著的分化，一些新的社会基层逐渐形成，各基层之间的社会、经济、生活方式及利益认同的差异日益明晰化，以职业为基础的新的社会阶层分化机制逐渐取代过去的以政治身份、户口身份和行政身份为依据的分化机制。这些迹象表明，社会经济变迁已导致了一种新的社会阶层结构的出现。与此同时，中国城镇居民的收入水平和生活水平都得到了极大提高，这使得人们对生活质量的要求不断提高，居民对社区环境、社区服务有了更高的期待。

第四，这是推进基层民主建设的需要。改革开放以来，历届党代会都将加强基层民主建设列为重要内容。党的十三大指出，基层民主生活的制度化，是维护全社会安定团结的基础；十四大明确要求在加强基层民主建设中发挥居民委员会和村民委员会的作用；十五大指出要健全民主选举制，让群众参与讨论和决定基层公共事务和公益事业；党的十六大首次提出了"政治文明"的概念，将政治文明、物质文明与精神文明作为新时期的三大文明建设，社区制正是顺应推进基层民主进程需要的大背景下产生的。

总的来说，社区制的确立是城市现代化发展的必然要求。也正是由于社区制的确立和发展，社区逐渐成为以居住地为标准产生选区进而产生人大代表的重要路径。公民在居住地选举，选出来的代表直接与社区事务有关，就构成一种有效的利益联结。从长远看来，这也有利于确定以居住地为选区划分的统一标准，进而逐步实现单一选区制。尤其是随着改革开放的深入发展，基层政府迫切需要改革传统的、不合理的“条块分割”体制，而进一步发挥人大代表在国家权力机关和人民群众之间的桥梁纽带作用，社区对接人大制度就成为历史发展的必然选择。这样，更有利于使国家管理体制深入到基层，将人民群众的利益需求和矛盾化解在最初的萌芽状态，为国家社会政治、经济的发展提供稳固的政治保证。

二、由社区对接人大制度的典型模式

现阶段，我国正处于社会转型期，城市社区管理体制也面临着新旧体制共处的局面。基于社会结构的转变而产生和发展起来的人大代表联系社区制度，从总体上而言，还难以摆脱单位制的深远影响。最主要的问题就是受选举制度的影响，人大代表的产生既有基于社区居住状况而产生的，又有基于代表所从事的生产单位和事业单位而产生的。因而，在人大制度与社区管理体制对接的过程中，由于代表产生方式的不同而具有不同的方式，目前还处于单位制和社区制博弈的体制阶段。

（一）小单位大社区：沈阳模式（三级联动）

社区特点：社区具有较强的组织动员能力，单位的影响比较分散；

地域特点：老工业基地，经济发展模式由计划经济向市场经济转型较早的区域；

人员特点：有大量的经历了计划经济管理体制的人员由单位转向了社区。

沈阳市近几年出现了大规模、大范围的人口和社会的变迁，这也是产生沈阳市社区对接人大代表制度的一个重要原因。据统计，1999 年沈阳市总数近 300 万人的“社会人”占沈阳市人口总数的 40％多，而沈阳市的“单位人”的数量这几年在急剧减少。正是这种社会基础的变化，成为沈阳市社区对接人大代表制度产生的深刻的社会原因。

从 1998 年开始，在启动了社区民主和自治的改革以后，沈阳市就开始试行社区和人大代表的对接制度。1998 年，沈阳市和平区在开始进行社区改革以后，就发现原有的居委会合并成为社区以后，原来由居委会所选举出来的区人大代表已经无法和成立了社区以后的居民相衔接，因此为了进一步发挥社区居民的民主，就开始进行人大代表联系选民的改革，建立了有关的规定，并在这个规定的基础之上，正式形成了有关的制度——《和平区人大代表联系选区（社区）选民制度（草）》。1999 年 9 月，对这个制度进行了修改以后，由区人大常委会正式下发施行。这个制度规定，街道代表组的区人大代表要和社区联系，全区 144 个社区都要至少有 1 名人大代表进行挂钩，并尽量与原选区挂钩，每年人大代表深入社区的次数要不少于 4 次。这个制度建立以后，和平区的社区居民建立了一个通过人大代表所实现的意见表达渠道，居民的要求和意见可以通过人大代表直接向政府或者人大反映，解决了相当多的实际问题，改善了政府和老百姓的关系。

由沈阳市所倡导的这种社区对接人大代表联系制度的做法并没有局限在区一级。这个活动也从一开始就得到了市一级人大的支持。和平区有市人大代表61名，区人大代表247名，从1998年开始，就建立了市人大代表与区人大代表组的固定联系制度。从1998年进行的第一个试点开始，就要求市级人大代表要和区级人大代表一起回市区，建立固定的联系制度。在实践当中，人大代表联系社区的制度还发展到了省一级，一些产生于沈阳市的省级人大代表，也参加到了沈阳市的市区和人大代表对接的制度中来，从而形成了省、市、区三级人大代表联动，甚至是与社区基层民主共同行动的“四级联动”的局面。但是，相对来讲，由于对省一级人大产生的影响要小。故切实地讲，沈阳市所进行的社区和人大代表的对接制度，真正起到作用的还是在社区、区和市人大之间的“三级联动”。

通过和平区的实践，社区对接人大代表制度在沈阳全市不同程度地得到了推广，也探索出了一些颇具改革意味的新做法。如，沈河区人大常委会于1999年11月讨论通过了沈河区《关于聘请社区人民联络员办法》。这样，社区人民联络员就具有了“准人大代表”的地位，能够更切实地进行社区居民与人大代表之间的民情民意沟通。

以上这些发生在社区的变化，深刻反映了群众对经由人大代表沟通的社会直接民主的渴求，而沈阳市社区对接人大代表制度正是这种社区自治和民主的直接反映。从沈阳的社区对接人大代表制度的实践中，可以明显地看出对于完善和改革人民代表大会制度的要求。这个要求是积极的，是带有前瞻性意义的，虽然还只是初步的，但是意义深远。

(二)大单位小社区：海淀模式

社区特点：社区内大单位比较集中，单位的组织能力比较强，社区的组织能力比较薄弱；

区域特点：政治中心区域；

选民特点：受单位制影响比较深，单位归属感比较强，对社区事务不太关注。

与全国很多区县相比较，北京市海淀区、西城区、宣武区、朝阳区等行政区，都有一种特有的城市微观布局，就是以大型的党政军机关、事业单位、高等院校、科研院所等相对独立的区域所形成的半封闭性质的社区结构。这种社区结构被俗称为“大院”，比如，“军区大院”、“住建部大院”、“空后大院”等。基于历史原因，这些大院处于一种相对独立的自治空间，政府对大院内部事务基本上是应请求而被动介入。因此，大院与政府之间的社会管理工作一直以来没有很好的衔接，造成部分社会管理职能不到位。[①]

海淀区目前共有社区 610 个，社区规模一般在 1000—3000 户，规模适当，便于管理。海淀区在理顺社区与上级主管部门之间关系、完善社区服务职能方面，进行过许多探索，2002 年出台《海淀区关于进一步理顺社区建设管理关系的意见》，明确了社区居委会与区政府职能部门、街道办事处之间的基本关系。社区服务方面，海淀区目前有区级社区服务中心一个，街道级社区服务中心 22 个，开设了社区教育、社区文化、社区医疗、社区体育、法律援助、便民利民、时尚休闲等 8 大系列 40 多个服务项目，为社区居民提供全方位的服务。但是，现阶段社区建设依然存在许多困境和难题。社区居委会仍然没有摆脱政府部门"腿"的状态，行政事务负担过重；社区居委会的自治意识不够，自治能力薄弱，居委会对街道存在一定的依赖习惯；社区自治的办公经费不足，财政状况需要改善；社区服务体制还不够健全，居民对社区认同度不够，参与社区建设的积极性还没有被充分发挥出来。[②]

这种社区结构不仅对海淀区城市形态有重大的影响，而且对人大代表联系社区(选区)的制度建设也具有深刻的影响。从代表的产生来看，海淀区百万庄社区，由于有国家部委单位、高校的存在，该社区所产生的人大代表也自然就是该部委单位的主要负责人。因而，对于"大院社区"的人大代表而言，如举办选民见面会，也主要是本部委内部的选民(职工)的内部会议格局。对于社区选民选举出来的"草民代表"，在很大程度上需要靠代表自身的努力和魅力才能成功述职。在课题调研中，通过选民自主推选产生的一区人大代表坦言，当前由于选民的民主意识还比较薄弱，在很大程度上还不能认识到人大代表的履职与自身利益有何相关性，代表主动向社区选民述职，很大程度上是代表单方的自觉自愿行为，在选民对此类行为还不能给予很好地理解与支持的情况下，代表只能找机会进行述职，甚至是利用大家在食堂就餐的时间和空间而进行。

总的来说，对于像海淀区百万庄社区这样的"大院"大于社区的情况而言，由于目前社区选民民主意识薄弱，自治功能相对较差，区政府应当与区人大机关相配合，进一步完善社区的公民参与机制，增强社区民主自治功能。通过建立民主选举、民主决策、民主管理、民主监督等机制，充分发挥以人民代表大会制度为根本的社区居民在城市管理中的主体作用。

(三)单位制与社区制的协调：宝安模式

社区特点：社区制逐渐确立，单位制逐渐让位；

---

① 海淀区政府曾对课题组建议，在未来的工作中，面临政府与大院之间工作衔接与协调的问题时，采用大社区制，将大院作为一个大的社区进行管辖。

② 建立了社区工作准入制度，这是特别针对社区行政性工作负担过重而提出来的一条对策性措施。

区域特点：早开放、早发展的经济发展区域；

选民特点：选民基本实现由“单位人”向“社会人”的身份变迁。

由于我国经济发展的不平衡性，早在 20 世纪 90 年代前后，我国沿海地区、珠三角经济区等地区经济享受到国家政策的优惠而率先实现了较好的发展，经济结构的变迁和发展模式的变化，也带来了地区社会结构的重要变化。这突出的表现为“单位人”向“社会人”的身份变迁，以及从全国各地涌来的民工潮。在这种情况下，社区与人大代表的对接机制也在实践需要的基础上应运而生，人大代表的社区联络站成为新经济环境下的重要体制平台，这形成了广州、上海和深圳等地区的独特模式。①

深圳宝安区在这方面的探索很有成效，形成了一套比较适合当地情况的可行办法。人大代表社区联络站以选区为基本单位，可以一个选区设一个，也可以几个选区合并成立一个。合并成立的，接访日一般采用轮流到各选区去接访的方式进行。每个联络站的代表人数，市里规定至少有 3 名，有的区要求是 2 名以上，但没有上限规定。接访代表以区级为主体，全国、省和市级的人大代表是否参与接访，市人大常委会未作硬性规定，有的区也没有安排。但宝安区明确规定，无论是全国或省、市级的人大代表，必须与区代表一起参加接访。他们认为各级代表一同接访有助于了解社情民意，便于督办涉及上级机关和多部门的疑难问题。

联络站的设立，为人大代表建构起闭会期间主动履行职责、联系选民、倾听和化解民众诉求的社区平台。以前，闭会期间人大代表活动几乎是组织包办，很少主动去接触选民居民、倾听他们的诉求；同时代表个体其行为也难以规范化。而社区联络站的设立，改变了代表被动履职、与社区问题脱离的困局，有了主动履职的地点、对象和目标。同时代表的个体行为在组织化的前提下形成了规范。当市人大常委会再次接到居民询问人大代表的电话时，只需问清在哪个社区，即可告知到哪个联络站。

三、社区对接人大制度的现有问题与改进措施

通过在社区建立人大代表联络站并建立健全相关制度，这使代表有了履职的法治平台，但“徒法不足以自行”。代表联系社区制度的运行还需要履职

① 全国人民代表大会，http://www.npc.gov.cn/npc/xinwen/dfrd/gzdt/2010-09/03/content_1594622.htm。2011 年 3 月 12 日访问。比如说上海。2010 年 4 月，上海市人大常委会组织开展代表联系社区活动，目前已有 700 余名市人大代表通过走访、调研等多种形式，广泛听取了 7800 余名居(村)委会干部和居民群众的意见和建议，收集意见和建议多达 1100 多条，并汇编成 18 期代表联系群众动态信息。上海市人大对群众反映的突出问题，归纳整理为三大类 17 个方面，陆续交由市住房保障局、市公安局等 8 个部门处理，并规定必须在三个月之内答复代表，再由代表将办理情况及时与群众沟通，做到件件有反馈。

平台、民众参与和代表行权保障之间的协同运作。代表履职平台与机制的建构产生了多重功效，因而从有序、规范和高效运作方面来深入考察，社区联络站仍存在一些亟待改进和完善的方面：

首先，需健全基层人大常设机构。目前，普遍存在居民对人大基层工作不甚了解和难以联络到代表的情况，故还需进一步加强和健全基层人大常设机构。尤其是绝大多数人大代表都是兼职的，若社区选民要联系人大代表，如能通过基层人大常设机构的联络并提供专门场所，那将会大大提高代表与选民沟通的积极有效性。当然，这种健全的具体模式，可以根据各地具体情况的不同而具体设计，可以是山西省太原市小店区的人大街工委，也可以仿照设在杭州市西湖区珊瑚沙社区的代表联络工作室。

其次，需明确人大代表联络站的主体性质。社区管理体制建立起来之后，在形式多样的配套举措中，区、街道和联络站都不约而同地采取了代表接访与信访和法律服务相结合，代表接访与人民调解和司法调解相结合，以及信访专员兼任联络员等做法，这是从现代管理的协调理念出发，对相近职责职能进行资源统筹利用的有益探索。然而，当信访、人民调解、司法调解等与代表接访协同后，由于政府处于强势地位，往往容易做大信访而致联络站向信访靠拢，使信访成为实际主导。而设立社区人大联络站的目的并非做大政府，而是突破人大代表闭会期间难以自主发挥作用的局限，使代表履职具有施展空间。换言之，在代表接访、信访、法律服务、人民调解等协同上，主导和主体应是代表接访。只有将人大代表社区联络站做强做实，才能使社区制健康发育，承接起疏通民意表达、化解民生诉求的重任。

最后，需积极推进社区联络站的制度化建设。由于人大代表联络站不具有直接处理问题的职权，从而使得绝大多数社区联络站被认为形同虚设，还存在部分代表、联络员和居民参与度不高，部分作为人大代表的领导干部参加接访少，问题办结率偏低和政府部门缺乏配合，联络站内站长与代表、联络员之间权利、义务尚未细化，有的区尚缺乏街道承接机构等制约代表联络站常态化、规范化管理的问题。这些问题给联络站工作成效带来了影响，也给其进一步成长带来了困扰。因而，有关主管部门还需从地方立法入手，创建促使政府部门包括多级多部门配套的制度机制；明确政府部门接函的办理程序和规制，将政府部门是否及时办结闭会期间代表函作为政府绩效考核的内容之一；同时强化对代表履职、督办职责的考核，对认真履职的代表给予表扬和表彰，不认真履行职责的代表给予批评通报。这样，也有利于形成对政府部门和对代表履职的双重制约和促进作用。

参考文献

[1] Finnerty，S. Pete，Jencius，Marty. Building a Personal Model of Wellness. Counseling

Today，2011，(7).
[2]汪波、苗月霞、梁莹：《城市社会创新体制研究——行政、统筹、自治之三元复合体制》(民政部基层政权和社会建设司2008年中标课题项目)，国家民政部，http：//mzzt. mca. gov. cn/article/hxsqyth/200810/20081000020653. shtml.
[3]顾建健：《转型中的社会治理——和谐社会构建与城市社会发展研究》，上海：上海交通大学出版社，2006年。
[4]李春玲：《当前中国社会各阶层的社会经济政治地位状况分析》，《新视野》，2002年第3期。
[5]王纪芒、肖灵：《浅议人大代表选举中的选区划分及其改革路径》，《社会科学战线》，2009年第10期。

（作者：周长鲜　北京联合大学助理研究员）

项目名称：首都高校建设马克思主义学习型党组织研究
项目编号：10AbKD102
项目负责人：谭振亚
项目信誉保证单位：北京航空航天大学

高校学生政治社会化与学习型学生党支部建设

高校青年学生政治社会化是当今世界各国政府普遍关注的问题，也是政治学中一个亟待深入研究的问题。当前，我国正处于社会变革的关键时期，大学生的思想观念、价值取向和行为模式呈现出新特点，他们政治社会化的状况如何，关系到我们党主流意识形态的传承与创新。高校党组织是青年大学生政治社会化的专业政治组织，它具有其他学生组织所不具有的优越性。着眼于高校党组织的政治社会化功能，探讨学习型党支部建设对于优化高校学生政治社会化的价值，具有现实意义。

一、高校学生党支部是学生政治社会化的专业政治组织

政治社会化是伴随着政治生活的一种普遍现象，作为一个专门的研究领域，它形成于20世纪50年代的美国，主要研究政治文化的形成与传播，社会成员通过社会政治生活和政治实践活动，逐步获得政治知识和能力，形成和改变自己的政治价值观，完善政治人格的过程。青年时期是政治价值观和政治人格形成的关键时期。高校学生是政治社会化的重点人群。

（一）高校学生政治社会化的必要性

1. 政治社会化是高校青年学生全面发展的内在需要

在《关于费尔巴哈的提纲》中，马克思通过批判费尔巴哈抽象的人性观，提出了考察人的科学方法论，即要从社会关系的总和中考察人的现实性。现实中的人是存在于社会中的人。政治系统构成了重要的社会子系统。形成正确的政治价值观，对纷繁复杂的政治现象能够做出科学的判断，并胜任自己所承担的政治角色，这是青年大学生顺利适应社会生活的必要条件。政治社会化具有教育功能。王沪宁在《政治学的逻辑》中将政治社会化的核心内容归纳为“政治教育，即将占统治地位的思想观念，通过教育和传媒，分配给社会

的每一个成员，从而使他们成为‘合格’的社会公民。”[①]通过给青年学生系统地灌输政治知识，传授政治规范，并采取种种形式让学生感受政治生活，参与政治活动，培养学生的政治价值观，有利于提高他们的政治能力，使他们成为合格的社会主义建设者和接班人。

2. 高校学生的政治社会化有利于强化政治认同，维持政治稳定

美国当代政治学家戴维·伊斯顿指出，一个政治体系要得以维持，必须与它所处的社会环境进行必要的能量交换，这种能量交换在输入方面主要表现为求得社会成员对这一政治制度的普遍认同和支持。而这种对政治制度的普遍认同和支持正是通过政治社会化来获得的。青年大学生思想活跃，队伍庞大，是社会主义事业的接班人，他们能否接受并内化社会主义价值观和政治规范，对我国政治的稳定有重要影响。

3. 高校学生的政治社会化是弘扬主流意识形态的需要

主流意识形态构成了政治文化的重要内容，并引领着特定时代政治文化的发展方向。随着全球化和信息化的发展，西方各种文化思潮凭借着种种渠道进入我国，渗透到高校中，对我国主流的社会主义意识形态安全构成了挑战。列宁说过，先进的社会主义意识形态不会自动从头脑中产生，它需要从外部灌输进去。通过政治社会化，让青年学生内化主流意识形态，自觉抵制各种不良社会思潮的侵蚀，这是弘扬主流意识形态的需要。

高校学生政治社会化的实质在于将学生纳入到我国主流的政治文化系统中，让他们成为政治系统中的一个构成纽结。政治文化系统和个体学生作为两个要素，它们需要借助于中介才能发生关系。高校党支部是学生政治社会化的专业政治组织，在高校学生政治社会化的诸多中介中具有特殊的优越性，发挥着不可替代的作用。

(二)高校党支部是高校学生政治社会化的重要媒介

根据中国教育统计年鉴的统计，至 2007 年底全国大学生党员总数已近 234.5 万，占大学生总数的 8.26%(《中国教育统计年鉴》)，除此之外，还有数量庞大的入党积极分子。很大部分的高校学生都是自愿加入中国共产党，并递交了入党申请书。已经入党的党员一般都是班级中比较优秀的学生，他们的先锋模范作用对作为同辈群体的其他学生具有很大影响力。目前，高校每个班基本都设有党小组，每个专业都设有党支部。组织设置的密集型和成员的先进性使党的影响力延伸到每一位大学生，成为大学生政治社会化的重要媒介。

1. 高校党支部通过政治教育，传播政治知识和政治规范

在高校林立的各种组织中，党支部具有鲜明的政治性，它肩负着给大学

---

① 王沪宁：《政治的逻辑》，上海：上海人民出版社，1995 年版，第 518 页。

生进行思想政治教育的任务。各高校通过各种层次和级别的党课、多样的党员组织生活，向大学生宣传党的执政理念和社会主义意识形态，提高他们的政治认知水平。

2. 通过同辈群体的相互影响，高校党支部传播政治价值观和政治信念

在《公民文化》一书中，阿尔蒙德和维巴描述了同辈群体发生作用的机制，"对政治的态度可能通过接触其他人的政治态度而形成，不论这种态度的形成是有意识的还是无意识的。这种基于政治经历的态度形成一定会增添通过从非政治向政治领域的态度转化所发生的态度形成。"[①]高校学生党支部是高校先进知识青年的组织，共同的校园环境和相近的年龄构成使其易于相互影响。一方面，在群体感染的作用下，一些被强化的政治思想和政治行为容易被迅速传递和扩散，对大学生政治态度的形成和政治价值观的确立产生影响。另一方面，由于学生党员的先锋模范作用和基层学生党支部的政治核心作用，党的影响力在大学生中得到了巩固和提高，强化了政治情感的形成。[②] 政治情感是政治社会化的重要内容，它奠定了大学生政治信念的情感基础。

3. 高校党支部通过政治专业训练，提高学生党员的政治能力和政治素质[③]

高校党支部不仅肩负着传播主流意识形态、建设政治文化的任务，同时也在发展党员、培养政治骨干方面发挥着重要作用。高校各种优秀党员培训班、积极分子培训班、党员干部培训班为此创造了平台。通过这些专业的政治培训，大学生了解了政治规范、技巧以及政治规则，提高了他们的政治参与能力和政治素质。

二、高校学生政治社会化障碍以及学生党建工作的困境

高校党支部以特有的优势，成为高校学生政治社会化的专业政治组织。然而高校学生党建工作的现实困境却导致党支部应有的政治社会化功能没有完全发挥出来，高校学生政治社会化存在着种种问题。

(一)高校学生政治社会化障碍表现

1. 政治兴趣缺乏，政治情感冷漠

部分党员学生表示他们虽然已经入党，但并不等于他们对政治有兴趣。根据调查，部分学生入党的动机并非源于他们的政治信仰，而是出于对评优、个人发展以及就业等问题的考虑。虽然经历了党校的系统教育，但并没有改

① [美]加布里埃尔·A. 阿尔蒙德、西德尼·维巴著，徐湘林等译：《公民文化——五个国家的政治态度和民主制》，杭州：浙江人民出版社，1989年版，第357页。

② 彭海：《政治社会化视野下的高校学生党建研究》，《学校党建与思想教育》，2010年第5期，第24—26页。

③ 孙景福：《高校基层党团组织与大学生政治社会化》，《广西青年干部学院学报》，2007年第1期，第18—19页。

变他们的政治冷漠，不参加政治生活，以及对政治理论学习缺乏兴趣的态度。

2. 缺乏一些基本的政治技能

政治社会化不仅要使社会个体通过政治生活的认知而形成一定的政治情感、政治态度和政治信仰，而且要使其掌握参与政治生活的知识和技能。高校学生党建工作人员在对学生进行政治社会化的过程中，注重引导学生确立正确的政治方向，并开设党史国情方面的专门课程，然而对于一些直接关系到学生政治生活和实践的技能，却没有给予应有的重视。这导致一些学生缺乏基本的政治技能。如，部分党员学生虽然热爱民主，然而他们却不能真正理解民主的内涵以及选举的严肃性，在推选学生干部、选举学生代表以及评优评先时，往往凭感情用事。

3. 对社会主义信念存在困惑，缺乏坚定正确的政治方向

这种困惑主要表现在四个方面：首先是对马克思主义信仰的困惑。有的党员学生认为马克思主义是19世纪的产物，随着时代的变化，马克思主义已经过时。其次是对社会主义制度的优越性表示怀疑。他们着眼于社会主义与资本主义的横向比较，认为一些资本主义国家的福利制度、社会公正、自由民主似乎比社会主义要优越，从而对社会主义制度产生怀疑。再次是对现行的一些制度和政策困惑。部分党员学生不理解我国社会目前的贫富差距问题，认为这是由于改革开放政策的失误导致。最后是对共产主义历史必然性的困惑。他们在西方一些学说的影响下，提出资源的有限与生产力无限发展之间的矛盾，对共产主义实现的历史必然性产生怀疑。

(二)高校学生党建工作存在的问题

虽然大学生政治社会化障碍的产生有着社会、文化、历史等各方面原因，但高校学生党建工作所存在的问题同样具有不可推卸的责任。

1. 忽略对党员的再教育，导致党员学生政治社会化障碍

思想政治工作是我们党的法宝和一大优势。中国共产党是在一个幅员广大、人口众多，尤其是农民、小资产阶级占人口绝大多数、情况复杂、经济文化落后的半殖民地半封建社会里诞生并进行革命斗争的。要形成与无产阶级先锋队相符合的政治价值观，需要克服各种非无产阶级与非马克思主义思想的影响。为此，第一代领导集体对如何进行思想教育进行了有益的探索和实践，提出了着重从思想上建党的原则，并将思想政治工作提高到生命线的高度。通过持之以恒的思想政治教育工作，我们党克服了种种非共产主义思想，确立了马克思主义理论作为党的主流意识形态地位。在当今的社会形势下，大学生党员思想趋向多样化，甚至产生了一些与主流意识形态不相符合的东西。如何改变这些党员学生已有的思想，让他们坚定中国特色社会主义理想，形成正确的政治价值观，这是当前高校学生党建面临的新挑战。思想政治教育工作作为我们党的优良传统，为我们回应时代挑战提供了法宝。然

而，由于高校的扩张，申请入党的学生数量激增，高校学生党建将主要精力放在了入党积极分子的教育上，忽略了对已经入党学生的再教育，这客观造成部分学生党员思想中所残存的非党性的东西死灰复燃。

2. 高校学生党支部组织不能为学生党员提供组织归属感，致使部分党员学生游离于党支部组织之外

高校学生党支部作为党的基层组织，在高校思想政治教育工作中，起着上传下达的作用，按照学校和院系的党建要求开展活动，然而对于来自基层党员学生的意愿关注不够。这表现在很多方面：首先，组织生活的教育功能不够。目前高校学生党支部的组织生活形式一般都采取参观、民主评议、集中学习等形式，其内容陈旧，不能满足学生党员的需求。这导致部分学生党员将参加组织生活视为一种负担，却积极参加其他社团的各种活动。其次，高校学生党支部缺乏民主机制。组织活动的开展根据上级党组织的安排按部就班，不能深入基层创造性地开展党支部建设工作，其结果是学生党支部变成了几个支部委员的党支部，他们组织策划活动，撰写活动报告，其他党员学生的积极性却没有被调动。

3. 高校学生党支部的开放度不够，缺乏与高校其他组织的交流沟通

根据阿尔蒙德的研究，对特定信息的持续性影响直接关系到政治社会化的效果。假如社会专业机构给公民灌输一定信息，然而他们在实践和日后的生活经历中所接受的信息与此不一致，这将削弱灌输的效果。当前高校存在着种种学生社团组织。2006 年高校学生思想政治状况滚动调查显示，68%的学生至少参加了一个学生社团。高校学生社团组织对学生政治社会化的影响具有二重性。某些社团组织通过调动学生对公共事务的关注与参与，提高学生政治参与的热情，促进学生的政治社会化。然而某些社团组织，在大学生同辈群体的长期交往中形成了自己的亚文化，有自己的一套价值体系，它可能偏离社会主流文化和主流价值观，对大学生政治社会化产生不利影响。甚至有部分高校学生社团，被一些别有用心的人操纵。高校学生党支部不仅仅是高校学生组织中的一种，它还应该对高校学生社团在政治方向上进行引导，然而在当前高校学生党建工作中，高校学生党支部并没有发挥出对其他高校社团应有的引导作用。这使高校学生党建的思想政治教育功能被削弱。

三、以学习型党支部建设优化高校学生的政治社会化

学习型学生党支部是把学习型组织理论运用到支部建设上，以学习建设为契机实现支部的思想、组织、制度以及作风建设，结合我们党政治上的先进性与学习型组织管理中的科学性，把党支部建设成为政治型的学习组织。与传统党支部相比较，学习型学生党支部具有独特内涵。

1. 拥有全员主动学习、全面学习的理念与机制

学习建设是我们党的优良传统，我们党八十多年的历史就是一部重视学习、善于学习、不断创新的历史。学习型党支部不仅继承了我们党重视学习的优良传统，而且还确立了新的学习理念和机制保障，改变传统的被动学习为主动学习。在传统党支部建设中，学习常常被视为完成组织任务，学生党员被动参与学习。学习型党支部强调学习成为党员的一种内在需要，全体党员主动积极地自觉学习，成为学习的主体。全面学习不仅指参与学习的主体具有广泛性，而且学习内容也具有全面性，不仅重视专业知识的学习，还重视政治理论学习，改变过去重专业轻政治理论的局面。为了实现上述新的学习理念，党支部确立与学习内容、形式相符合的学习激励机制、学习交流机制、学习保障机制、学习考核机制，通过完善的机制促进先进的学习理念变为现实行动。

2. 拥有民主、开放的组织结构

学习型党支部实现了党员的主体地位，提升了党员的学习能力，使每个党员都成为党支部的活跃分子。这必然改变党组织的结构，化科层制的组织结构为民主开放的组织结构。民主主要体现在党员主体地位的实现和保障、对党支部建设的参与上；开放则体现在党支部与组织内部成员、党支部与高校其他组织处于一种信息交流和有序沟通的局面。党支部的开放性使它能够吸纳更多真正想加入到我们党的优秀学生进入到党组织，使真正想参与到党支部建设活动中的党员有参与的机会，凝聚他们的智慧和才华。此外，党支部以开放的心态融入到高校各种社团组织的建设活动中，在政治方向上指导这些组织的发展，在管理方法和运行机制上吸纳这些组织的优点，这对于增加党支部的凝聚力和战斗力具有重要作用。

3. 拥有以人为本、开拓创新的工作模式

当前高校学生党支部工作模式大多是由上级党组织布置任务，全程监督工作执行情况，是单纯的执行性组织，仅仅将工作定位于完成上级布置的任务。学习型学生党支部则不仅要求上级党组织改变工作模式，将自己的角色由监督者转变为引导者，同时也需要学生党支部改变工作观念，将完成任务视为体现支部凝聚力和战斗力、体现党员价值的重要过程，在执行上级布置的任务的同时，创造性地工作，由单向性的执行机构变为双向性的参与式的高校学生党建平台。

学习型学生党支部在学习理念、制度以及组织结构等方面，具有传统党支部所不具有的优越性。它对于大学生政治社会化具有优化作用，具体表现如下：

1. 以新的学习理念重塑政治社会化的动力机制

长期以来，高校按照中央文件精神和要求，设置了政治社会化的系统目

标和实施步骤，通过课堂教育、组织活动等渠道给大学生系统灌输主流意识形态、社会主义价值观和政治规范。学生长期处在一种被动接受的状态，这造成他们对政治理论学习的冷漠态度。学习型党支部建设拓宽视野，立足于信息化社会和知识经济的时代背景，强调以学习求发展，采取个人学习与组织学习相结合、学习与实践相互促进的形式，使学习变为大学生发展成才的内在需要。这重塑了政治社会化的动力机制，使学生自觉地加强学习，提升自己的学习能力。

2. 以人为本、开拓创新的工作模式保障学生政治社会化的主体地位

我国社会目前正处在由传统社会向现代社会的转型过程中。根据马克思在《1857—1858年经济学手稿》中对人类发展历史三阶段的划分，传统社会中，人处于对人的依赖状态，个人隶属于更大的整体；在现代社会，个人从对整体的从属依赖状态中摆脱出来，成为独立的个人，在哲学史上，这表现为主体性的发展和成熟。传统的政治社会化，简单地将高校学生视为客体，利用各种专业机构从外部灌输意识形态，造成大学生政治社会化的障碍。学习型党支部改变传统的工作模式，由单纯的执行组织变为沟通上级党组织和基层学生的中介，它不仅聚智聚力、保质保量地完成任务，而且还发挥着基层青年学生利益代言人的角色，维护本组织成员的各种合法权益，从根本上保障学生党员的政治参与热情，使学生成为政治社会化的主体，提高他们内化社会主义政治价值规范的积极性。

3. 以学习坚定社会主义理想信念

在《第五项修炼：学习型组织的艺术与实践》中，彼得·圣吉提出学习型组织建设的核心在于改变思维方式，由知性的注重部分的个人主义思维方式转变为注重整体的系统论思维方式。学习型组织理论对以学习改变思维方式的强调具有借鉴价值。市场经济利益原则的影响、多元文化思潮的渗透，使当代大学生思考问题的立脚点在于个人的发展，分析问题也习惯从局部片面出发，无法形成宏观系统的思维能力。通过持续不断地学习，特别是学习哲学人文知识，可以使当代大学生逐渐形成正确的世界观、人生观和价值观，超越小我有局限的视阈，确立系统思维方式，认识到集体主义价值原则和共产主义理想的崇高性，坚定他们的理想信念。

4. 以民主开放的组织结构提升学生的政治能力

政治能力不仅影响人们参与政治生活的质量，而且影响着个人的政治情感、政治方向和政治规范意识。由于高校学生的主要任务是学习，参与政治生活的经验不丰富，致使他们的政治能力总体水平不高。[①] 学习型党支部建设

---

① 李斌：《青年组织与青年的政治社会化》，《中国青年政治学院学报》，2003年第2期，第40—45页。

从理论和实践两个方面提高学生的政治能力：一是通过塑造浓厚的学习氛围，确立以学习求发展的理念和制度规定，使学生内化主流意识形态，培养和提高他们的政治辨别力。二是通过民主的参与机制，提高他们的政治参与能力。学习型党支部可以通过组织学生参与到党支部的各项活动和社会政治事件中，让他们了解政治运行的过程，掌握并能合理有效地运用政治参与的渠道、形式和手段，让学生在参与中习得政治知识和技能。

高校学生政治社会化是一个重大的政治问题，同时也是一项复杂的系统工程。以学习型党支部建设实现高校学生政治社会化内化与外化、理论与实践的统一，是一项行之有效的探索，具有重大的实践价值。

参考文献

[1] 王冠中：《大学生政治社会化研究中的若干热点难点问题探析》，《理论与改革》，2008年第1期。
[2] 李斌：《青年组织与青年的政治社会化》，《中国青年政治学院学报》，2003年第2期。
[3] 程同顺：《比较政治学理论》，天津：南开大学出版社，2001年。
[4] 李元书：《政治社会化：涵义、特征、功能》，《政治学研究》，1998年第2期。
[5] 秦燕、张啸川：《基于政治参与视角的大学生政治社会化问题探析》，《当代世界与社会主义》，2001年第3期。
[6] 郭爱枝：《对高校建设学习型党组织的思考》，《学校党建与思想教育》，2010年第4期。

（作者：王代月　北京航空航天大学思想政治理论学院副教授
谭振亚　中国航空工业经济技术研究院分党组书记兼发展中心党委书记）

项目名称：中国特色社会主义的时代特色
项目编号：11KDB021
项目负责人：辛国安
项目信誉保证单位：中共北京市委讲师团

积极扬弃资本是科学发展观的重要特征

科学发展观是以胡锦涛同志为总书记的党中央提出的中国特色社会主义的发展观，这是在发展社会主义市场经济条件下的发展观。资本在市场经济中是一个重要的资源。在社会主义初级阶段，由于生产力还不够发达，还不能过早消灭资本。社会主义市场经济还必须利用资本，但同时也必须对资本产生的消极作用进行限制。这实际上就是对资本的积极扬弃。马克思在《资本论》中论述了积极扬弃资本的理论。现在有必要在新的形势下认真学习马克思的积极扬弃资本的理论，并运用这一理论指导我国社会主义市场经济的发展。在学习贯彻科学发展观的过程中，要通过学习、继承和发展马克思的积极扬弃资本的理论，进一步增强贯彻落实科学发展观的自觉性和坚定性。

一、积极扬弃资本：马克思的一个重要理论

马克思认为，股份制是从资本主义社会走向共产主义社会的过渡形式，资本主义股份制是资本主义生产方式在资本主义生产方式本身范围内的扬弃，因而是一个自行扬弃的矛盾。而工人自己的合作工厂，则是对资本的积极扬弃。

(一)股份制：从资本主义社会走向共产主义社会的过渡形式

马克思在《资本论》第三卷中论述了一个重要的观点：股份制是从资本主义社会走向共产主义社会的过渡形式。马克思说，股份公司的成立，使生产规模惊人地扩大了，个别资本不可能建立的企业出现了。同时，这种以前由政府经营的企业，成了公司的企业。那种本身建立在社会生产方式的基础上并以生产资料和劳动力的社会集中为前提的资本，在这里直接取得了社会资本，即直接联合起来的个人资本的形式，从而与私人企业相对立。这是作为私人财产的资本在资本主义生产方式本身范围内的扬弃。马克思说，在股份公司中，实际执行职能的资本家转化为单纯的经理，即别人的资本的管理人，而资本所有者则转化为单纯的所有者，即单纯的货币资本家。经理的薪金只是某种熟练劳动的工资。这样，资本所有权就同实现再生产过程的职能完全

分离，因而劳动也已经完全同生产资料的所有权和剩余劳动的所有权相分离。资本主义生产极度发展的这个结果，是资本再转化为生产者财产所必需的过渡点，不过这种财产不再是各个互相分离的生产者的私有财产，而是联合起来的生产者的财产，即直接的社会财产。[①]

(二)资本的消极扬弃

马克思认为，资本主义股份制是资本主义生产方式在资本主义生产方式本身范围内的扬弃，因而是一个自行扬弃的矛盾。这个矛盾首先表现为通向一种新生产形式的单纯过渡点。它作为这样的矛盾在现象上也会表现出来。它在一定部门中造成了垄断，因而要求国家的干预。它再生产出了一种新的金融贵族，这是一种没有私有财产控制的私人生产。这种股份制度是在资本主义体系本身基础上对资本主义的私人产业的扬弃，它越是扩大，越是侵入新的生产部门，它就越会消灭私人产业。

马克思进一步指出，信用为单个资本家或被当做资本家的人提供在一定界限内绝对支配别人的资本、财产以及劳动的权利。对社会资本而不是对自己资本的支配权，使他取得了对社会劳动的支配权。在这里，一切在资本主义生产方式内多少还可以站得住脚的辩护理由都消失了。进行投机的批发商是拿社会的财产，而不是拿自己的财产来进行冒险的。在这里，剥夺已经从直接生产者扩展到中小资本家自身。这种剥夺是资本主义生产方式的出发点。实行这种剥夺是资本主义生产方式的目的，而且最后是要剥夺一切个人的生产资料，这些生产资料随着社会生产的发展已不再是私人生产的资料和私人生产的产品，它们只有在联合起来的生产者手中才能是生产资料，因而还能是他们的社会财产，正如它们是他们的社会产品一样。

为什么说这是对资本的消极扬弃呢？马克思说，在股份制度内，已经存在着社会生产资料借以表现为个人财产的旧形式的对立面。但是，这种向股份形式的转化本身，还是局限在资本主义界限之内，因此这种转化并没有克服财富作为社会财富的性质和作为私人财富的性质之间的对立，而只是在新的形态上发展了这种对立。[②]

(三)资本的积极扬弃

马克思接着指出，在股份公司发展的同时，还存在着另一种生产形式，即工人自己的合作工厂。这是在旧形式内对旧形式打开的第一个缺口，自然它在自己的实际组织中，到处都再生产出并且必然会再生产出现存制度的一

① 马仲良主编：《世界现代化进程中的社会主义》，北京：同心出版社，1997年版，第52—53页。

② 马仲良主编：《世界现代化进程中的社会主义》，北京：同心出版社，1997年版，第53—54页。

切缺点。但是，资本和劳动之间的对立在这种工厂内已经被扬弃。虽然起初只是在下述形式上被扬弃，即工人作为联合体是他们自己的资本家，也就是说，他们利用生产资料来使他们自己的劳动增值。这种工厂表明，在物质生产力和与之相适应的社会生产形式的一定发展阶段上，一种新的生产方式怎样会自然而然地从一种生产方式中发展并形成起来。没有从资本主义生产方式中产生的工厂制度，合作工厂就不可能发展起来；同样，没有从资本主义生产方式中产生的信用制度，合作工厂也不可能发展起来。信用制度是资本主义的私人企业逐渐转化为资本主义的股份公司的主要基础；同样，它又是按或大或小的国家规模逐渐扩大合作企业的手段。资本主义股份企业，也和合作工厂一样，应当被看做是由资本主义生产方式转化为联合的生产方式的过渡形式，只不过在股份企业那里，对立是消极地扬弃的，而在合作工厂那里，对立是积极地扬弃的。

所以，信用制度加速了生产力的物质上的发展和世界市场的形成；使这二者作为新生产形式的物质基础发展到一定的高度，是资本主义生产方式的历史使命。同时，信用制度又是转到一种新生产方式的过渡形式。①

从马克思的这些论述中我们可以认识到，马克思认为从资本主义生产方式到共产主义生产方式的过渡，将经历一个股份公司和合作工厂的不断发展的过程，股份公司和合作工厂本身是资本主义生产方式的产物，但是它们又包含着否定资本主义生产方式的因素。在现代社会中，股份公司和合作工厂的发展，必然具有积极的意义。

二、建设社会主义市场经济：在经济体制方面对资本的积极扬弃

中国特色社会主义的经济运行形式处在社会经济运行形式发展的市场经济阶段，而马克思设想的共产主义社会(包括它的第一阶段社会主义社会)的经济运行形式处在市场经济消亡以后，即实行社会对整个社会生产进行自觉的有计划的控制阶段。因此，我们不能简单地照搬马克思设想的社会主义模式，而应该运用马克思主义基本原理，创造性地探索中国特色社会主义的发展模式。

在中国特色社会主义建设过程中，如何对待资本，始终是一个关键的认识问题和实践问题。资本作为一种社会经济关系，是人类文明的产物，具有二重性。在《共产党宣言》中，马克思、恩格斯指出，资产阶级在不到100年的时间里创造了比人类此前创造的生产力总和还要大的生产力。但同时资本又是对工人创造的剩余价值的占有，又是产生经济危机的重要根源。在资本促进生产力发展的同时，也产生了无限追逐剩余价值、残酷剥削劳动者、竞

① 《马克思恩格斯全集》第25卷，北京：人民出版社，1962年版，第493—499页。

争中唯利是图、不择手段等弊端。随着生产力的不断发展，资本必然会走向灭亡。但是在资本彻底消亡之前，必然有一个消极扬弃和积极扬弃的过程。资本主义制度下的资本扬弃只是一种自发的消极扬弃过程，而社会主义要走一条能够积极扬弃资本的道路。学习马克思的扬弃资本的理论，无疑具有极其重要的现实意义。改革开放三十多年的实践证明，发展社会主义市场经济既要充分发挥资本促进生产力发展的积极作用，又要抑制资本不利于社会和谐的消极作用。也就是说，我们要走一条积极扬弃资本的道路。

中国特色社会主义在经济制度上的重要特征是通过建立社会主义市场经济体制，把市场经济机制与社会主义基本制度有机结合在一起，利用资本的作用不断扩大再生产，不断用积累的财富改善民生，实现对资本的积极扬弃。中国特色社会主义以社会主义公有制为主体，多种所有制形式并存，推行现代企业制度，发展股份制经济，实行对外开放，大力吸引外资，充分利用资本在发展生产力方面所具有的积极作用，同时采取多种方式抑制资本可能给劳动者和整个社会带来的无序竞争、唯利是图等消极作用。在分配制度上，以按劳分配为主体，同时也实行按资分配等多种分配方式，允许一部分人通过勤奋劳动与合法经营先富起来，先富带后富，逐步实现共同富裕。运用各种调节手段，兼顾效率与公平，既鼓励先进，调动各方面积极性，促进创新，提高效率，又合理拉开收入差距，防止出现贫富两极分化。这种以公有制为基础，以实现人民共同富裕为目标的社会主义市场经济体制，就是一种有别于资本主义消极扬弃资本的道路，是体现马克思所说的积极扬弃资本原则的社会主义市场经济发展之路。

资本主义市场经济秩序的建立经历了一个自发成长的过程，而社会主义市场经济秩序的建立必须依赖于政府的自觉培育。这种自觉培育表现为社会主义国家实行的宏观调控比资本主义国家更强而有力，能够更自觉地、更好地克服市场的自发性弱点和消极方面。在宏观调控时，社会主义国家作为人民利益的代表，能够把人民的当前利益与长远利益、局部利益与整体利益结合起来，更好地发挥计划和市场两种手段的长处。通过合理确定国民经济和社会发展的战略目标，搞好经济发展规划和总量调控，集中必要的人力、财力和物力进行重点建设，综合运用经济杠杆，促进经济又好又快地发展。这都突出地体现了社会主义市场经济对资本的积极扬弃。

三、科学发展观：在发展观方面对资本的积极扬弃

社会主义市场经济是中国特色社会主义的经济体制，这种经济体制与科学发展观紧密相连，只有坚持科学发展观，才能实现对资本的积极扬弃。

(一)“以人为本”是对“以资为本”的积极扬弃

党的十六届三中全会将科学发展观概括为“坚持以人为本，树立全面、协

调、可持续的发展观，促进经济社会和人的全面发展”①。科学发展观的核心是坚持以人为本，就是要以实现人的全面发展为目标，从人民群众的根本利益出发谋发展、促发展，不断满足人民群众日益增长的物质文化需要，切实保障人民群众的经济、政治和文化权益，让发展的成果惠及全体人民。科学发展观强调以人为本，人既是发展的根本依靠力量，又是发展的根本目的，必须做到一切发展都依靠人民，一切发展都必须为了人民。一方面，人是发展的依靠力量，人民群众是历史的创造者，社会主义现代化建设事业需要靠人民群众的力量来完成。另一方面，人是发展的目的。人的全面发展是经济社会发展的本质，也是经济社会发展的根本目的。这就要求我们必须始终把人民利益放在第一位，把实现好、维护好、发展好最广大人民根本利益作为一切工作的出发点和落脚点。“以人为本”是科学发展观的核心，它克服了资本主义发展模式中“以资为本”的弊端。马克思说，资本主义的本质特征就是发展的根本目的是资本利益最大化，为了资本利益的最大化，使人全面异化。发展的根本目的是“以人为本”还是“以资为本”，是科学发展观与资本主义发展观的本质区别。科学发展观从本质上扬弃了“以资为本”的发展观。

科学发展观的全面发展要求经济、政治、社会、文化全面发展；协调发展要求城乡一体化发展、东中西部协调发展；可持续发展要求时间上不断地延续，在发展中加强环境保护，这种发展要通过转变经济方式、发展社会主义民主政治、推动社会主义文化大发展大繁荣、加强以民生为重点的社会建设来实现。

(二)转变经济发展方式是在发展方式方面对资本的积极扬弃

胡锦涛总书记在党的十七大上提出了加快转变经济发展方式的战略任务，强调由主要依靠物质资源向主要依靠科技进步、劳动者素质提高、管理创新转变。主要依靠科学进步，从主要依赖物质资源本身变为更加依赖人的创造性劳动；劳动者素质的提高本身更是强调人在发展中的能动作用；管理创新强调充分发挥管理这种高级劳动的作用。因此，无论是依靠科技进步，还是劳动者素质提高、管理创新，都是更加强调人的劳动在发展中的主体地位，突出体现了以人为本，克服了以资为本的发展片面依赖资本要素的弊端。资本主义的发展方式虽然随着生产力的发展其本身也在不断重视科技的作用，重视劳动者素质的提高，重视管理创新，也在扬弃资本，但这种扬弃正如马克思所说的是消极扬弃，还摆脱不了强大的资本的控制。美国出现的金融危机，就是因为在资本的控制下，为了追求资本高额回报搞所谓的金融创新造成的，并危害全球。我们用科学发展观来指导发展，提出转变经济发展方式，

---

① 中共中央文献研究室：《十六大以来重要文献选编》(上)，北京：中央文献出版社，2005 年版，第 465 页。

这种经济方式的转变是对资本的积极扬弃，更加有力地保证了发展中的以人为本。

(三)发展社会主义民主政治是在政治制度方面对资本的积极扬弃

科学发展观强调的发展包括政治发展，通过推进社会主义民主政治建设，实现人民当家做主，从政治上保证以人为本的发展。科学发展观的政治发展，是在中国共产党领导下，在马克思主义理论自觉指导下，以民主集中制为原则，以协商民主为基础，选举民主与协商民主相结合，通过充分的民主协商，维护人民的根本利益、整体利益和长远利益，兼顾个人利益与集体利益、眼前利益与长远利益、局部利益与整体利益的统一。科学发展观的政治发展，要求我们不断扩大人们的民主权益，积极稳妥地推进政治体制改革，通过协商来充分反映各方面的利益诉求，在党的领导下进行协调、决策。这种政治发展的目的是为了让人们的合法利益得到切实的保证，从政治上保障科学发展的成果由人民共享。资本主义的竞争性民主政治不能摆脱垄断资本集团的强势控制，实际上是保护强势资本的利益。以资为本的政治发展，很多时候是通过不同利益集团的剧烈冲突甚至暴力实现的。科学发展观的政治发展，坚持加强党的领导、依法治国和人民当家做主的统一，避免发展中可能出现的社会动荡，是对资本的积极扬弃。

(四)推动社会主义文化大发展大繁荣是在文化建设方面对资本的积极扬弃

科学发展的根本目的是实现人的全面发展。人的全面发展不仅包括物质生活水平的提高和政治上保证人民当家做主，还包括丰富人们的精神生活，满足人们不断增长的精神需求，所以要推动社会主义文化大发展大繁荣。要通过文化发展提高人的素质，提高人的创造性，使我们的发展建立在以人为本的基础上。在发展市场经济背景下，通过社会主义核心价值体系建设，弘扬集体主义、爱国主义、社会主义价值观，形成全社会的共同理想，增强社会的凝聚力，提升国家文化软实力，建设社会主义文化强国，用强大的精神、文化的力量来激励人、约束人，有力地克服拜金主义、极端利己主义、享乐主义价值观的影响，克服社会发展过程中的盲目性，避免市场经济自发性可能导致的各种弊端。因此，科学发展重视社会主义文化大发展大繁荣是对资本的积极扬弃。

(五)大力改善民生是在社会建设方面对资本的积极扬弃

科学发展观要求把改善民生作为发展的重要任务，强调发展为了人民，使人民共享改革发展成果，突出体现了以人为本。因为很多民生问题不能给资本所有者带来高额利润，市场经济的自发发展不能直接解决教育、卫生、住房、公共交通、弱势群体就业等民生问题，不能解决公共服务均等化。当前西方资本主义国家虽然也强调对人的重视，也大力提高人的社会福利，但这种重视还摆脱不了资本的控制，本质上还是为资本利益服务的，还是对资本的一种消极扬弃。科学发展观在指导思想上强调以人为本，要求在经济发展的基础上，更加注重社会建设，采取多种方式解决民生问题，加大政府自身在民生事业方面的投入，建立面向民生的公共财政体制，坚持民生事业的公益性、非营利方向，体现了对民生问题的高度自觉性，是对资本的积极扬弃。当前，以民生为重点的社会建设取得了突出的成效，城乡一体化得到逐步推进，公共服务均等化程度逐步提高，人民群众普遍得到实惠，随着科学发展观的进一步深入贯彻落实，民生建设必将取得更大的成果。

通过以上分析论述，我们可以深刻体会到，积极扬弃资本是科学发展观的重要特征。科学发展观有着深厚的马克思主义理论基础，是对马克思积极扬弃资本理论的继承和发展，充分体现了社会主义本质的要求和社会主义制度的优越性。我们应该认真学习马克思积极扬弃资本的理论，进一步加深对科学发展观的理解，更加自觉地贯彻落实科学发展观，早日实现中华民族伟大复兴。

（作者：马仲良　北京市社会科学界联合会原正局级干事、研究员
北京市马克思大众化研究基地特邀研究员
谢启辉　北京互联社会组织资源中心研究部主任
北京市马克思大众化研究基地特邀研究员）

项目名称：社会主义核心价值体系与当代中国的国家认同问题研究
项目编号：11KDC032
项目负责人：吴玉军
项目信誉保证单位：中共北京市委讲师团

现代化过程中人际关系的重塑

人是一种社会性的存在者，处在一定的社会关系网络之中，具有相互依靠、相互扶持的群居本能。人总是希望自己能够成为某个群体的一员，被其他成员接纳与认可，获得他人的支持与认同。归属的需要是人的一种基本需要。按照心理学家马斯洛的需要层次理论，归属需要是在生理需要与安全需要满足后，主导人们生活的优势需要。如果个体能够从群体当中获得强烈的归属感，就会觉得自己在该群体中获得了肯定和激励，会促使个体认同群体的总体特性，并加倍地为实现这一总体目标而努力，甚至在特定的条件下做出牺牲。相反，如果这种需要得不到满足，个体将会感到强烈的孤独感，个体也不会形成为集体奋斗或献身的决心与勇气。在这一意义上说，个体对某一社会的认同感强烈与否，在很大程度上取决于个体能否从中获得稳固的归属感，进而获得心灵上的慰藉和本体上的安全。

一、共同体庇护下的人际温情

在传统社会中，那种以血缘、地缘、职缘等关系为纽带建构起来的“共同体”或社群总是给人一种亲切、温馨和宁静的感觉。作为一种典型的血缘共同体的“家”就是如此。“家”不仅重视成员之间生物学意义上的关联，更是强调他们之间的社会学和心理学意义上的关系，细载列祖列宗的家谱不仅表征了个体的成员资格，更体现了他（她）的归属所在。不仅如此，亲属之间有一种无限的责任和义务。父母和子女之间是依靠亲情维系的关系，彼此之间是不能用金钱、权利义务关系来衡量的。“亲属关系的价值——有时也是它的责任，在于这种关系是独立于个人的意志而存在的，并且在很大程度上可以用理所当然的态度对待之。”[①]传统的村落或村庄也是一种典型的共同体。“我们生于斯，长于斯，而且时常是即使我们在成人时期离开过最后还愿意终了天年

---

① ［美］罗伯特·N. 贝拉等著，翟宏彪等译：《心灵的习性：美国人生活中的个人主义和公共责任》，北京：生活·读书·新知三联书店，1991 年版，第 170 页。

的地方。”[①]朝夕相处的人们彼此帮助和关怀，形成一种难以割舍的真挚情感，个人也愿意将这个地方称为自己的“家”。

具有上述亲密关系的群体兼具“心理性社群”和“记忆性社群”功能。在当代社群主义思想家丹尼尔·贝尔看来，一个心理性的社群的成员参与到共同的活动之中，“并且在追求共同目标时感受到一种心理上的‘共生共存感’”[②]。记忆性社群“提供了一种道德传统，有助于表述我们生活中的一致性，使我们有义务来促进我们的历史中所记忆和期望的理想，把我们的命运与我们的前辈同时代的人以及后代联结在一起。”[③]空间上的现有成员之间的休戚与共之情，以及现有成员与自己祖先之间的共通感，有助于个体超越一己私利，而关注成员的共同利益。如此一来，共同的血脉把人们的“过去”、“当下”和“未来”有机联结起来，使家成为一个关系紧密的伦理共同体：逝去的列祖列宗、当下生活的人们以及尚未降临世间的子孙后代，成为了家族共同体缺一不可的构成要素，人们在共同血缘感受和信仰体悟中维系着共同体的点点滴滴。这样，在共同体中，人与人之间的亲密交往、兄弟手足情谊、稳固的世俗礼仪，使得个人能够从共同体当中获得一种稳定的归属感和安全感。齐格蒙特·鲍曼用近乎诗化的语言描绘了共同体的这种温馨：“在共同体中，我们能够相互依靠对方。如果我们跌倒了，其他人会帮助我们重新站起来。没有人会取笑我们，也没有人会嘲笑我们的笨拙并幸灾乐祸。如果我们犯了错误，我们可以坦白、解释和道歉，若有必要的话，还可以忏悔；人们会满怀同情地倾听，并且原谅我们，这样就没有人会永远记恨在心里。在我们伤心失意的时候，总会有人紧紧地握住我们的手……我们的责任，只不过是互相帮助，而且，我们的权利，也只不过是希望我们需要的帮助即将到来。”[④]

在共同体之中，每个成员通过与其他成员的全面互动充分展示自身，将自己的思想、感情、性格、品德、兴趣、爱好等人格因素全部投入到互动中，成员之间由此增加了彼此了解，建立了浓厚的感情。同时，每个公民由于处于一种稳固的关系之中，“经常意识到在自己之上有一个一定能够庇护他的人，在自己之下又有一个他有义务扶助的人。”[⑤]这种紧密的联系既有助于个体

---

① ［美］丹尼尔·贝尔著，李琨译：《社群主义及其批评者》，北京：生活·读书·新知三联书店，2002年版，第96页。

② ［美］丹尼尔·贝尔著，李琨译：《社群主义及其批评者》，北京：生活·读书·新知三联书店，2002年版，第176页。

③ ［美］丹尼尔·贝尔著，李琨译：《社群主义及其批评者》，北京：生活·读书·新知三联书店，2002年版，第124页。

④ ［英］齐格蒙特·鲍曼著，欧阳景根译：《共同体》，南京：江苏人民出版社、凤凰出版传媒集团，2003年版，第4—5页。

⑤ ［法］托克维尔著，董国良译：《论美国的民主》(下)，北京：商务印书馆，1988年版，第626页。

形成对共同体成员的奉献之情，同时也使个体能够从其他成员那里得到帮助和支持。共同体成员之间的这种亲密交流为个体的心理找到一种家园感。

二、现代社会人际关系的疏离

现代化的进程，是人际关系重塑的过程。现代社会的发展，将传统的、情感的纽带和地域的纽带侵蚀掉，那种以血缘和地缘为纽带建构起来的人际关系，逐步被抽象化的、制度化的规则所取代，模糊的、情感化的交流被理性的、审慎的思考所代替。对于现代社会的个体而言，“亲属关系、宗教同道和公民友谊均已无法或不足以提供精神支持了。各种传统关系不足以向负担过重的个人提供支持……”①人们所面对着的是一个理性控制下的追求利益的社会，人与人之间温情脉脉的关系代之以理性化的计算和比较。因此，如果说生活地域相对狭小和封闭、人与人之间的亲密交流表征了传统社会的人际关系的话，那么人际交往的契约化则构成了工业社会和后工业社会条件下的人际关系的基本特征。

(一)初级群体的式微

社会化大生产将生产要素从各个层面聚集起来，劳动力作为生产力的重要因素，被从农村集中到城市，从共同体汇集到广大社会之中。全国性市场剥夺了家庭、村落、乡镇和地区性城市的有效独立性，把越来越多的人投向一个以工作、教育、竞争为基础的全国性的市场之中。在集中化的过程中，那些依靠血缘、地缘而建立起来的小群体，例如家庭、氏族、村庄、部落等被摧毁了。原来由这些群体所承载的功能，例如群体之间的救济、安全的保障、子女的养育等被推至个人，依靠个人自己去解决，这无疑给人们造成很大的压力。同时，在现代社会中，人和人之间的关系，甚至包括婚姻关系主要是依靠契约的方式建立起来的。清晰的权利和义务关系，在客观上降低了人和人之间的温情。人和人之间的交往是一种表面的、短暂的，因此也只是部分性的接触。人们在隔着一层面纱的情况下进行交往，大多数人不会将自己真实的内心世界展示给对方。个体的内心世界是孤独的。“陌生人”式的关系造就了精神流浪汉，使人产生“无家可归”的感觉。原先充满温情的家，现在几乎成为了一个单纯生活的领域。它照顾孩子，满足夫妻之间的情感和性需要，“家慢慢地降格为一个家庭总部，一个供吃饭、睡觉和消磨闲暇时间的地方。家变成了一个纯粹的地址，一个供家庭成员存放他们不想带在身边的

---

① ［美］罗伯特·N. 贝拉等著，翟宏彪等译：《心灵的习性：美国人生活中的个人主义和公共责任》，北京：生活·读书·新知三联书店，1991 年版，第 180 页。

什物的地方。”[①]

工业社会的发展与市场竞争之间有着密不可分的关系。自由竞争是市场经济遵循的基本原则，“物竞天择，适者生存”是它的基本表现，为了防止在竞争中被淘汰出局，积极地应对和适应各种挑战，不断地进取，不断地攀升成为人们唯一的选择。这一点从中产阶级现象中可以明显看出。按照伯顿·J. 布莱德斯坦的分析，“中产阶级”一词在19世纪后半叶经过了一个变化过程。在此之前，它主要指处于穷人和富人之间的中间阶层，是一种稳定社会的平衡力量，正因为它自身的稳定性，才使得社会整体保持一种稳定状态。但是，19世纪以后，这一概念不再是与中和、均衡、稳定等紧密相关了。相反，中产阶级成为了一种变化的力量，是一个心思缜密、雄心勃勃、不断进取的人群。对于这些群体而言，职业的成功并不仅仅是与“天职”相关，而是与事业相关。事业的魅力在于它的无限性、增殖性和开放性，事业的成功是永无止境、没有限度的。[②]

当全国性的市场剥夺了初级群体的地位时，越来越多的人就需要借助自己的力量而非群体的力量来应对各种挑战。在现代社会中，人们比以往任何时候都难以只靠亲属关系、地方社区来料理自己和他人的关系了。表面上看，个体的能力提升了，自主性增强了，但事实并非完全如此。从传统共同体中解放出来的个人让周围的环境给淹没了，个人面对着巨大的非人格化的公司，与各种组织而非其他个人发生着联系。多数人不是在为自己工作，也不是与他人合伙，而是为大公司工作，成为公司的雇员。“在这样的情况下，个人遭到大组织的‘吞噬’，陷入了‘各种复杂处境构成的让人困惑的巨大链条之中’，面对庞大的权力结构而感到‘无依无靠’。”[③]可以说，现代个体相对于另外的个体取得了平等、自主的地位，但是，相对于庞大的公司组织，他并没有真正实现自主，反而在各种社会事务中变得无足轻重。

这种个体的无力感之所以形成，是因为现代性在把个体从传统的共同体中解放出来的同时，也切断了他们与这些地方自治单元之间的联系，自由与自治分离开来了，自由被定位在了“一种不受自己未选择之道德或共同体纽带约束的、独立的自我的意志之中”[④]。这样的自我尽管摆脱了各种外在东西的

---

① ［美］弗·斯卡皮蒂著：《美国社会问题》，北京：中国社会科学出版社，1986年版，第52—53页。

② ［美］罗伯特·N. 贝拉等著，翟宏彪等译：《心灵的习性：美国人生活中的个人主义和公共责任》，北京：生活·读书·新知三联书店，1991年版，第178—179页。

③ ［美］迈克尔·桑德尔著，曾纪茂译：《民主的不满：美国在寻求一种公共哲学》，南京：江苏人民出版社，2008年版，第238页。

④ ［美］迈克尔·桑德尔著，曾纪茂译：《民主的不满：美国在寻求一种公共哲学》，南京：江苏人民出版社，2008年版，第237页。

束缚，尽管享有福利国家所带来的一系列的权利，但当他们凭借自身而面对这个复杂的世界时，他们竟然发现自己实际上已变得不堪一击。

(二)集体性结构的削弱

如果说工业化、都市化、集中化、契约化等表征了现代化第一波浪潮的基本特征的话，那么随着以知识化、网络化、全球化、个性化、信息化为特点的后工业社会的来临，现代人际关系又出现了诸多新特点。在此，我们可以用“后福特主义”来刻画后工业社会结构的最新发展。

后福特主义是相对于福特主义而言的。“福特主义”以细化的劳动分工和以生产机械化、自动化和标准化形成的流水线作业为基本特征。“这种生产模式需要固定的劳动方式，从而奠定了在劳动场所形成的如工会等共同体中所表现出来的集体性行为方式。”[①]与福特主义相比，后福特主义是指以满足个性化需求为目的，以信息和通信技术为基础，生产过程和劳动关系都具有弹性的生产模式。

集中化是工业时代的基本特征，它将能源、资金、人口等因素集中在一起，将农村人口集中在城市之中，并安置在工业中心地区，进而实现劳动的集中。成千上万的工人集中在一起，在工厂操作间中劳动。与之相比，以信息技术和通讯技术为基础的后工业社会，生产的分散化特征越来越明显。特别是个人电脑、互联网等技术的发展，可以使越来越多的人实现居家办公。这种新的工作方式，有着显而易见的好处。对于个体而言，可以减少上下班的劳顿，可以实行弹性的工作方式，灵活地安排自己的工作时间，进而实现有效的自我管理。对于公司而言，可以减少厂房或办公场所的租赁费、运营费等各项成本，从而提高利润水平。

社会的进步似乎总会伴随着某种程度的退步，创造价值的过程似乎总是伴随着某种程度的代价。居家办公的方式尽管能在一定程度上挽回工业社会条件下失去的家庭温情，但却导致了一种集体性情感，即工人组织内部之间共同感的缺失。工业化大生产促成了工人之间面对面的生产、生活，甚至是极其密切的情感、思想、信念的交流。工会组织作为工人的家园，为维护工人的利益而与资方进行经常性的谈判，工人在工会组织之下也团结一致，彼此之间具有兄弟般的情感。相反，居家工作方式，使得原有的工人之间经常性的、有规律的接触变得异常困难，同事之间缺乏密切的互助与合作。对于普通员工而言，他们很难参与到公司的日常决策之中。雇员的工作越来越偏离集体的行动，“雇员们各自分散在各地，于是，那些来自同一个工作场合的共同体验和稳定感就逐渐消失，组建工会等共同体并发挥其作用就变得更加的

① [美]保罗·霍普著，沈毅译：《个人主义时代之共同体重建》，杭州：浙江大学出版社，2010年版，第6页。

困难。需要大量从事‘远程工作方式’的行业，也就缺乏在雇员中组建工会等共同体的共性。”①

工作流动性的不断增强，使得人们为了达到共同的目标而互相支持和集体行动的做法日益受到挑战。每个人更多地寄希望于自身素质的提高来改善生活状况。在后工业社会，一个人身兼数职，并从多个工作中获得薪水的情况已是司空见惯。为了工作的需要，人们会不断变化工作，从一个地方转移到另一个地方。经常性的工作流动，必然会使人们与原有的工作环境疏离，人和人之间难以保持持续的面对面的互动，难以与自己的同事保持密切的交流。“后福特主义的转型，迫使人们做出个体性的应对行为，而不是集体性的或群体性的应对行动。”②

同时，在后工业社会，社会分化情况日益严重，单单在劳动力阶层内部就出现明显的分化。后工业社会强调人与人之间的知识竞争，科技精英成为统治社会的人物，他们的权利来自于所受的专业教育与技术专长。后工业社会条件下，企业的生产方式更加灵活多样，为了提高企业的竞争力，企业通常将一些非核心的工作进行外包，或者将企业内部的员工划分为核心劳动力和非核心劳动力两种类型。对于那些拥有多种出色技术的员工而言，他们将被归入核心劳动力之中。由于他们对于公司有极高的价值，因此他们工作的职位往往比较稳定，拥有良好的培训和深造机会、完善的社会保障、有很强竞争力的工资待遇。因此，他们对企业拥有比较强的归属感，并且能够从自己所从事的工作中获得持久而稳定的意义感。与之相反，对于那些以合同外包的形式而加入该企业的员工而言，他们属于非核心劳动力，他们的工作往往不是企业的核心工作，而是一般的成员都可以承担的工作。与那些“全日制”的核心员工相比，他们的工作往往是短期的、合同制的，他们也得不到定期职业培训的机会，不能够享受企业的各项福利待遇，他们从企业当中所拿到的只是清晰明确的工资。

核心劳动力和非核心劳动力的划分，使得在企业中真正参与到集体行动之中的往往是核心员工。出于攻关的需要，这些核心员工往往在企业中要组成技术团队，团队成员之间在技术研发上通力合作。尽管这种协作关系使得成员之间能够获得某种程度的共同感，但是与建立在固定职业和阶层基础上的集体性协作行动相比，这些团体之于个体的身份感是不太强烈的。缺少了与资方这一他者在利益方面的显见差别，成员内部的休戚与共感是难以和工

① ［美］保罗·霍普著，沈毅译：《个人主义时代之共同体重建》，杭州：浙江大学出版社，2010年版，第8—9页。

② ［美］保罗·霍普著，沈毅译：《个人主义时代之共同体重建》，杭州：浙江大学出版社，2010年版，第13页。

业化早期工会成员之间的亲密关系相比拟的。而对于那些非核心劳动者而言，他们之间尽管也保持着一定的互动，“但很少有证据表明，他们的交往会使他们在企业内为了达到某种共同的目的而采取某种联合行动，或使之成为产业行动。”①

这样一来，集体性行动的弱化，休戚与共感的缺乏，劳动力阶层之间的分化，自我与他者之间界限的模糊，使得人们再依靠某种特定的基点寻求认同的做法难以奏效。当阶级的划分不再那么绝对，当个人在私人领域所扮演的角色甚于在公共领域的利益，当个人越来越超出国家的界限而成为全球化的切身参与者和体验者时，人们的认同感就开始失去焦点。

共同体的式微给个体造成的影响是十分巨大的，人与人之间的信任感、个体的安全感大大降低。既然共同体不能给人们提供安全保障，那么就只能依靠自身来规划自己的未来。对此鲍曼就指出：“眼前的一切，似乎与那些所谓的长远目标、一生的规划、持久的义务、永久的盟友、不变的认同等都已相去甚远，以至于使一个人无法与人合伙筹划未来。家庭关系也是如此，在‘爱河交汇’的时候，相互聚集在一起无非是为了各有所图，往往始于美丽的承诺而‘终于可怕的伤害’，今天的亲密结合很有可能增添了明日的怨恨。”②

三、人际关系的合理化

现代性绝不应以人际关系的冷漠为代价换得。现代社会的良性发展，一方面体现为个体自由权利的充分保障和实现，另一方面体现为人际关系的不断融洽。现代性虽然以其强大的力量摧毁了氏族、村落等原有的机构，但是现代性的维系和发展，同样也需要在新的基础上重构新型的人际关系。现代人需要在工业主义逻辑和骚动不安生活中寻求精神的慰藉，寻求一个稳固的“阿基米德点”，以便克服精神上的不安。在这其中，家庭美德的强调、社区建设的重视、各种结社组织的培育，就是实现这一目标的重要举措。

(一)营造温馨的家庭

家庭是最富有感情色彩的社会初级群体，它与我们每个人的生活密切相关。每个人自降生之日起便生活在一个家庭之中，并受到养育、教育，慢慢长大。家庭以特有的方式为我们提供了安全庇护，使我们找到情感的皈依。在现代社会，随着社会流动和地域流动的加剧，加之资本对社会各个领域的全面入侵，作为初级群体的家庭受到了严重挑战。生产、社会功能渐渐从家

① ［美］保罗·霍普著，沈毅译：《个人主义时代之共同体重建》，杭州：浙江大学出版社，2010年版，第13页。

② ［美］保罗·霍普著，沈毅译：《个人主义时代之共同体重建》，杭州：浙江大学出版社，2010年版，第55页。

庭中剥离出来，即使生育、性活动甚至是短暂的精神上的温存这些本属家庭领域的私密活动也遭到了科技和资本的侵蚀，而成为某种程度上可用货币和金钱换来的东西。在这种情形下，家庭作为情感寄托、衣食来源、颐养天年之所的意义降低了，相反倒是太多的婚姻悲剧、家庭悲剧困扰着人们，使人们怀疑婚姻和家庭本身的合理性。

同时随着个体主义观念的日益强化，血缘纽带在维系家庭成员关系方面的作用日益松弛，相反，理性化的契约越来越发挥着作用。即使在婚姻中，人们也开始签订契约，以确保婚姻关系中的平等地位。婚前协议、财产公证已越来越被现代人采纳。契约性关系是非人格化的、短暂的、分离的和理性的，在此关系中，人不是作为一个整体性的人参与其中；相反，只因各自具备某种属性或社会功能特质而互相关联。社会团结的来源不是家庭制度，而是专业化的和高度个人化的成员之间相互依赖性以及地位和生活经验的互补差异性。在现代社会中，婚姻的破裂和新的家庭的组建，不再为人诟病；相反，在一些激进观点的持有者看来，这恰恰是自由的真正体现。相拥至死、不离不弃的爱情忠贞被闪婚、闪离淹没。那种千年相守、相濡以沫的爱情也只能在牛郎织女的传说中显现。这一点在德·波伏娃的观点中得到了印证。在她看来，婚姻是已消亡的生活方式的一种遗风，人们结婚只是为了找到一个栖身之所，但并不想让自己在那里受到限制；他们希望既有一个家庭，又可以随时从那里逃亡；他们虽然已有住处，可实际上仍是个流浪者；他们并不蔑视家庭幸福，但又不把它当做目的本身。重复使人们厌倦，他们喜欢猎奇、冒险、反抗，喜欢找能使他摆脱孤独的伙伴和朋友，生活对他们来说在别处。①

的确，从个体自由的角度来看，家庭成员之间以理性的契约加以组合，夫妻双方之间根据各自的理解决定婚姻的存续与否，这在某种程度上体现了社会的进步，表明了个人自由和追求幸福的愿望获得了实现。但是，有一个不容忽视的事实是，现代性条件下家庭的这种剧烈变动也代表了一种失落感，而且这种失落是真实的：婚姻破裂可能会使对方找到自己新的归属，但必然会累及家庭的破碎，事实已经表明，婚姻解体和新的家庭的组建，对于原有的双方而言，都是一次剧烈的心理波动和调适过程，特别是对于子女的心理影响，无疑是伴随其终生的。也正因如此，现代性的解放力量必须受到一定程度的规约，资本和市场的影响力必须被限制在一定的范围内。无论如何，家庭是一个不容资本、金钱殖民的领域。在骚动不安的市场中，在追逐金钱、实现资本增值的现实生活中，家庭始终以其特有的魅力和独特的方式抚慰着

---

① ［法］西蒙娜·德·波伏娃著，陶铁柱译：《第二性》，北京：中国书籍出版社，1998年版，第346页。

个体的心灵，驱除其内心的孤寂，为漂泊的心灵提供一个宁静的港湾。市场上的竞争是残酷的，但是家庭的生活应该是温馨的；日常生活中的人们是戴着面纱的，但夫妻之间应该是敞开心扉的；雇主和雇员之间更多是通过劳动—货币的方式联系起来的，但父母和子女之间的养育和赡养关系无论如何是不能通过投入和产出比来衡量的……家庭成员之间绝不是一种工具化的关系，家庭之于个体绝不是实现自己利益的一个工具，家庭本身具有一种内在的善，它寄托着祖辈的期望，包含着晚辈的体贴。家庭成员之间，毋宁是一种构成性的关系，它给每个成员提供了进行思维、行为和判断的基本背景，塑造了他们的精神归属：它不仅规定家庭成员拥有什么，“而且规定了他们是谁；不只提供了他们像在自由结社可以选择建立的关系，也提供了可以让他们慢慢去发现的相互关系；不只成为个体的一个特征，也成了他们认同的构成部分。”①

正是基于这一考虑，不少人在反思“家庭革命”和“性自由”的利弊得失中，发出“返回家庭”、“拯救性道德”和“救救孩子”的呼声。人们在看到种种家庭问题出现，甚至有家庭发生质变和解体迹象的情况下，重新思考家庭的意义。20世纪80年代以来，在欧美以及日本等国家兴起了“重新认识家庭”的运动。这一运动的倡导者认为，脆弱的家庭只会塑造脆弱的、自我毁灭的、反社会的个体，他们提倡性贞洁，主张把家庭作为一个爱的关怀场所，强调同甘共苦、荣辱与共的责任伦理，强调爱、关怀的重要性。的确，家庭是成员之间共同分享收入、分担责任、共享价值和目标、自始至终遵守彼此承诺的港湾。在这里，是爱，是彼此的交流和沟通成为连接成员之间的稳固纽带，“亲密关系归根结底是情感交流的问题，在人际间平等的语境中与别人、与自己交流情感。”②彼此分享身体、分享思想，不扭捏造作，坦诚相见，互谅互让，理解、认可和支持彼此的过去和现在，渴望彼此信赖，共同抵御生活中的困难和挫折，共同享受生活中的成功与快乐，彼此分享爱，塑造出让人“回家”的感觉，营造出了同甘共苦、荣辱与共的亲情网络。这是家的本义。

(二)增进社区的归属感

在现代生活中，社区恐怕是除家庭、工作单位以外，个人身处其中最为长久的场所了。一般说来，社区是指一固定的地理区域范围内的社会团体，其成员有着共同的兴趣，彼此认识且互相来往，行使社会功能，创造社会规范，形成特有的价值体系和社会福利事业。社区的维系和发展依赖多种因素：

---

① Michael Sandel, Liberalism and the Limits of Justice, Cambridge University Press, 1982, p. 150.

② ［英］安东尼·吉登斯著，陈永国等译：《亲密关系的变革——现代社会中的性、爱和爱欲》，北京：社会科学文献出版社，2001年版，第169页。

第一是物质要素，也就是社区的物理空间环境；第二是社会要素，也就是社区成员的交往互动程度；第三是心理要素，这是指社区成员对社区的认同和归属程度。

在构成社区的诸要素中，关键性要素是社区成员在共同生活基础上形成的对自己社区的强烈归属感。所谓社区归属感，是指社区居民把自己归入本社区地域或人群集合体的心理状态。这种心理既有对自己社区身份的确认，也带有个体的感情色彩，包括对社区的认同、投入、喜爱和依恋。社区成员的归属感，是社区最本质的特征，是社区的核心，是将地理区域与人群等构成社区的要素连接起来并形成社区的纽带。正是基于社区居民的社区归属感这一纽带，才能形成类似于迪尔凯姆所谓的“有机团结”，或者滕尼斯所谓的共同体。离开了成员的归属感，社区的地域性和群体性将变得毫无意义。也正因如此，在现代性充分发展、个体权利极度膨胀的美国社会，在20世纪80年代出现了社群主义思潮和社群运动，认为自由的个体需要一个社群来保护他们免受政府的威胁，个体需要借助亲属、朋友、邻居以及其他社群成员友善的激励来保持自己的德性。作为一种引导性的行为，这种道德激励要远胜于政府的控制，也远胜于对权威的恐惧。

在当代中国，社区功能的有效发挥对于解决人们归属感的匮乏有着特殊意义。众所周知，计划经济时期我国城市居民的基本组织形式是单位制，单位制是一种借助于一系列的身份制度、户籍制度、劳动人事制度等行政手段使成员依附于单位、单位以纵向隶属的方式最终依附于国家的社会结构。单位是一种小而全的社会，它对个人的生老病死、衣食住行无所不包。随着市场经济体制的逐步确立，越来越多的单位开始改变了企业办社会的历史状况，政府也不可能事无巨细地承担起一切工作，而只能发挥宏观调控作用。“单位制”解体，大量的城市人口已由“单位人”变成了“社区人”，因此，原有的很多由单位、政府来实施的整合功能，变为由社区来承担。强烈的社区归属感，降低了居民在社区生活中的孤独感和离群感，为居民提供了一种除家庭之外的情感寄托，易使社区居民间形成守望相依、关系融洽的共同体。

正是基于文化心理因素在社区发展中的重要作用，在社区建设当中，我们必须将人的因素放在突出的位置，以人为本，充分体现人文关怀。无论是社区硬件的建设，还是管理规章制度的建立都要善于倾听居民的心声，尊重他们的意见，关注他们的精神需求。基于这一原则，当代社区的完善和发展，决不能采取一种管理和被管理的方式，要改变自上而下的管理模式，真正将社区居民的积极性调动起来，使其具有一种主人翁的感觉，从而使其参与社区公共事务，进而增进彼此了解、消除隔膜，建立共享化人际关系的强烈意愿。在这一问题上，托克维尔一百多年前谈到美国新英格兰乡镇时所作的阐述对我们不无启发意义。在他看来，新英格兰乡镇的居民与乡镇之间保持着一种良好的互动关系，居民是乡镇的成员，而乡镇也值得他们精心管理。人们积极参与乡镇的公共事务，每时每刻都感到自己与乡镇休戚相关，人们依恋其乡镇的理由，同山区居民热爱其山山水水类似："居民依恋他们的乡镇，因为乡镇是强大的和独立的；他们关心自己的乡镇，因为他们参加乡镇的管理；他们热爱自己的乡镇，因为他们不能不珍惜自己的命运。他们把自己的抱负和未来都投到乡镇上了，并使乡镇发生的每一件事情与自己联系起来。他们在力所能及的有限范围内，试着去管理社会，使自己习惯于自由赖以实现的组织形式，而没有这种组织形式，自由只有靠革命来实现。他们体会到这种组织形式的好处，产生了遵守秩序的志趣，理解了权力和谐的优点，并对他们的义务的性质和权利范围终于形成明确的和切合实际的概念。"①

(三)发挥结社的功能

如果说家庭、社区作为初级群体在人际间亲密关系的建构中发挥着重要作用的话，那么现代人必须面临一个基本的事实，那就是在今天类似村落、大家族等初级群体所给予人们的影响作用逐步下降，自由的个体所面对的是庞大的社会。也正是在这个意义上，自由的个体同时也是无助的。人作为一种合群的动物，在自然界中孤身一人往往难以生存，人们只有共同生活、彼此合作才能更好地适应自然，更好地生存下去。

人是一种能够突破既有限制，创造新可能的存在。现代人尽管丧失了原有的以家族、村落为单位的人际交往圈，但创造了以行业、兴趣、利益的不同所产生的新的聚合，也就是各种各样的自由结社。在今天这个生存竞争日益激烈、生活节奏越来越快、人情越来越淡漠的社会，自由结社可以在很大程度上满足人们交往的需要，有助于个体获得某种归属感。人们通过结社认识新伙伴，结识新朋友，获得友谊，交流感情；在社团里，个体可以寻找到自己事业和情感寄托的地方，通过社团成员之间的交流而营造一个精神的家园，成为个体之间分享情感、成功经验的地方。

通过结社，个体的力量得到了扩展，解决问题、追求美好生活的愿望也更容易实现。在现代社会，任何人只要在没有触犯法律的前提下，都有按照自己的意愿追求幸福生活的权利，但是任何个体的力量都是有限的，如果不借助与他人的联合难以实现这一目标。在托克维尔看来，"在民主国家里，全体公民都是独立的，但又是软弱无力的。他们几乎不能单凭自己的力量去做一番事业，其中的任何人都不能强迫他人来帮助自己。因此，他们如不学会

① ［法］托克维尔著，董果良译：《论美国的民主》(下)，北京：商务印书馆，1988 年版，第 76 页。

自动地互助，就将全部陷入无能为力的状态。”①而在结社中，通过与他人结成稳定的联合并共同参与群体性的活动，便成为个体改变现实、特别是不公平的现实的有效选择。借助社团组织的相关活动，个体可以依靠集体的力量，与他人以集体的方式解决生活中遇到的问题，可以有效地消除来自外界的对自身的不公正现象。正因如此，托克维尔认为，结社所具有的优越性在于，“社团成立之后，他们就不再是孤立的个人，而是一个远处的人也可以知道和行动将被人们仿效的力量。这个力量能够发表意见，人们也会倾听它的意见。”②因此，在结社的过程中，个体不仅能够找到精神的归属，还能够体会到自己能力的扩大。

在现代社会，力量微小的个体与强大的国家之间的空白、骚动不安的社会与个体内在精神虚弱之间的空白，必须要由家庭、社区、结社等各种各样的居间性团体加以填补。这些居间性的团体为自由而孤独的个体构筑了一个保护带，在个体与社会、国家之间起到缓冲作用。否则，社会发展的剧烈变革、生活方式的急剧变化将会给脆弱的个体造成直接的、巨大的冲击，将会引发个体精神的不适、无所适从，进而带来社会的动荡。自由的个体需要一个社群来保护他们免受政府、社会的威胁，个体需要借助亲属、朋友、邻居以及其他社群成员友善的激励自己保持发展自己的德性。缺少了这些社群，人们之间难以沟通、相识，难以思考他们的共同价值，难以为了共同的美好生活而奋斗。也正因如此，现代性在摧毁旧有的人际关系、摧毁一些传统群体部落的同时，必须要营造起新的能够使个体皈依的群体。家庭、邻里、社区等各种群体，以及各种各样的合法的社团组织，它们在现代社会中应当而且必须发挥重要的作用。现代人需要精心呵护、认真培育这些群体。

（作者：吴玉军　北京市马克思主义大众化研究基地特邀研究员）

---

① ［法］托克维尔著，董果良译：《论美国的民主》（下），北京：商务印书馆，1988年版，第636—637页。

② ［法］托克维尔著，董果良译：《论美国的民主》（下），北京：商务印书馆，1988年版，第639页。

经济·管理学科

J I N G J I G U A N L I X U E K E

项目名称：国际金融危机对北京入境国际旅游者消费行为影响分析与旅游市场拓展研究
项目编号：09BaJG253
项目负责人：赵晓燕
项目信誉保证单位：北京联合大学

金融危机对北京入境游客旅游认知的影响研究

一、国内外学者旅游认知综述

认知也被称为"认识"，是现代认知心理学的一个重要概念，人类的认知活动是认知心理学的主要研究对象。从广义上讲，认知是指人的认识活动，包括知觉、记忆、思维、想象、学习、语言理解和产生等心理现象。游客的旅游认知即是一种心理活动，游客通过大脑对外部信息加以接收、整理、加工和存储，形成旅游目的地形象或服务的认知，进而引发旅游行为。面临着多种旅游方案，游客作为一个决策者，需要依据自己的主观判断从中选择一个满足其需求的方案。除了游客自身的因素以外，对旅游目的地的认知是非常重要的影响因素。旅游认知可细化为游前认知、旅游过程中的认知和游后认知，即旅游认知过程会贯穿旅游活动的整个过程，旅游者会不断地认识、判断，直至消费结束，形成一个对旅游目的地的总的认识和评价。

国外学者对旅游认知研究较多，起步较早。梳理国外学者有关旅游认知差异的研究，主要从以下几个方面开展：Philip L. Pearce (1982)对去希腊和摩洛哥的游客进行了小样本的研究，结果发现游客在旅游前后对这些国家的形象感知有所不同。此外，他还提出了一系列影响旅游认知形成的因素。虽然这些研究结果只适用于一种特定类型的有限的游客数量，但这种研究方法为更多的研究游客的态度变化提供了思路。D. J. Walmsley and J. M. Jenkins(1992)认为认知映射是探讨旅游者对他们所访问地区的一种认知方法。作者通过对去澳大利亚科夫斯港旅游的游客调查发现：旅游者对旅游度假胜地的认知是受其经历影响的。即旅游者在一个地区逗留的时间长短和旅游者习惯的生活方式都会对旅游认知产生影响。另外，作者认为旅游者对一个不熟悉的环境的认知是相当复杂的。Paul K. Ankomah 和 John L. Crompton (1992)提出在旅游方面的认知距离和如何造成认知距离扭曲的问题，并指出距离扭曲是因为出现失真的编码或解码的信息。Joseph D. Fridgen(1987)调查了在密歇根州旅游信息中心停留的自驾车旅客。在认知映射测试中，受访者指出他们认为密歇根州的哪些地区是娱乐和旅游区。该数据已被纳入旅游地点评估系统中用于比较游客对不同旅游地区的感知。作者还讨论了沿海区域的规划和旅游促销与发展问题。Paul K. Ankomah，John L. Crompton 和 Dwayne Baker(1996) 研究了认知距离与个人选择度假地的关系。调查数据被用来测试旅游假说。Joar Vitters，Marit Vorkinn，Odd Inge Vistad and Jorid Vaagland(2000)引入了一个流程作为一种替代方法来提供有关旅游经历不同的信息。来自现场经验的数据是通过 6 个挪威景点的问卷调查收集到的。调查结果显示游客对 6 个景点整体满意度只有较小的差异。该流程揭示了人们对这些景点有意义和有区别的情感反应模式。同时结果还表明，来自不同国家的游客对同一景点有不同的认知，并证实了认知理论中有关认知与影响之间关系的基本假设。D. J. Walmsley 和 J. M. Jenkins (2000) 用个人建构理论研究了访问新南威尔士州北部海岸的游客的评价感知。主成分分析表明，不同年龄和性别的游客对该旅游地的形象感知非常相似，但游客对该旅游地的形象感知和旅游业员工的形象感知略有差异。此评估建构为了解游客的感知提供了一个基础。Beerii 和 D. Martin (2004)提出了一个模型来验证影响游客访问目的地后认知形象变化的不同因素，分析了旅游者的旅游动机、旅游经历、社会人口统计因素与旅游者旅游认知形成的关系。

国内学者对旅游认知差异的研究多侧重于旅游目的地研究。肖洪根(2001)对旅游社会学进行了文献综述与理论归纳。林美真、李祝舜 (2003)认为：旅游者对旅游目的地印象的形成是建立在对目的地综合评价的基础上的。在旅游目的地的全部感受是旅游目的地印象好坏的基石，旅游目的地印象的形成伴随着旅游认知的全过程。李君轶、马耀峰 (2004)在对我国六大旅游热点城市——北京、上海、广州、西安、昆明和桂林入境游客市场调查的基础上，分析探讨了入境游客获取旅游信息的方式以及入境游客对我国旅游城市和旅游景点的认知状况。马耀峰、胡晓虹 (2005)根据上海入境外国人市场结构和游客行为的抽样调查资料，运用旅游地理学基本原理、心理学分析和比较分析法等研究方法，重点探讨了不同国家的旅沪外国游客对旅游资源、旅游方式、旅游饮食、旅游住宿、旅游购物和旅游娱乐项目的选择偏好和旅游行为规律。马耀峰、张佑印等 (2006)提出了旅游服务的感知框架模式及评价模型，并以西安入境游客为例做了实证分析。马耀峰、李创新等 (2008)通过建立数学模型，运用 EXCEL 和 SPSS 统计软件，归纳分析了各个文化群体入境游客的文化表象以及特征，对来华游客的旅游认知评价行为的一般模式进行了理论上的研究；分析了旅游认知评价行为的规律，探讨了来华不同文化群体游客的认知评价的差异性。

国内外学者关于旅游认知差异的研究较多，但采用对比分析的方法对旅京入境前五位国家的游客旅游认知差异的研究并不多见。

二、研究方法

本研究是基于调查问卷展开的，主要针对 2008 年北京入境旅游人数前五位客源国游客，这五个客源国为美国、日本、韩国、英国、俄罗斯。调查内容涉及入境游客的旅游决策、行为模式、旅游认知、旅游偏好、旅游体验及评价。问卷翻译为英语、日语、韩语、俄语。调查时间为 2009 年 9 月到 2010 年 9 月，选取的调查地点为入境游客比较集中的首都国际机场。同时在北京市几家国际旅行社的协助下，对北京入境游客(以美国、英国、日本、韩国、俄罗斯为主要抽样对象)进行了历时一年的随机抽样调查。此次调查共发放调查问卷 2143 份，回收问卷 1792 份，有效问卷 1455 份，有效回收率为 81.2%。在 1455 份有效问卷中，美国游客为 340 份、日本游客为 221 份、韩国游客为 310 份、俄罗斯游客为 237 份、英国游客为 265 份以及其他国家的游客 82 份。五个国家发放与回收的样本数量比较均衡，有利于进行对比分析。

三、研究过程及分析

(一)旅京入境旅游者认知水平分析

北京市旅游局对 2010 年北京入境旅游者人数的统计结果表明，接待入境旅游人数 490.1 万人次，增长 18.8%，增幅提高 10.0 个百分点。其中，接待外国游客 421.6 万人次，增长 23.0%；接待港澳台同胞 68.4 万人次，下降 1.7%。实现旅游外汇收入 50.4 亿美元，增长 15.8%。

从三大主要客源国接待量来看，2010 年，累计接待美国、日本、韩国入境游客占全市入境游客总数的 35.3%，依然位居我市接待入境游客的前三位。其中，接待美国游客 70.0 万人次，增长 20.8%；接待日本游客 52.6 万人次，增长 13.7%；接待韩国游客 50.6 万人次，增长 43.9%。

从洲际客源市场来看，2010 年，累计接待各大洲的入境游客数量均实现增长。其中，亚洲增长 25.8%，欧洲增长 14.6%，美洲增长 23.3%，大洋洲增长 11.8%，非洲增长 17.1%。

位于前十位的客源国涉及亚洲、欧洲、北美洲、大洋洲四大洲。这些来自洲际和洲内的入境游客受地域环境、文化程度、兴趣爱好、宗教信仰、职业、年龄等因素的影响，在认知水平上具有明显的差异。利用 SPSS17 统计分析发现，五个国家入境游客的性别与年龄没有显著的差异，受访者男性为 53.5%，女性占 46.5%，其中俄罗斯男女比例各占一半，韩国女性比男性多 6.6 个百分点，日、英、美三国男性均超过女性。年龄结构为：受访者 14 岁及以下为 8.39% 、15—24 岁为 18.87%、25—44 岁为 42.08%、45—64 岁为 25.74%、65 岁及以上为 4.92%。这当中各个国家排在第一位的年龄段均是 25—44 岁，其次是 45—64 岁。

受访的五国入境游客的职业、学历存在着明显的差异。在职业调查中，排在前五位的职业分别是：商贸人员占 17.1%，学生占 16.8%，职员占 14.6%，专业技术人员占 12.8%，政府人员占 10.4%。在这一项上，不同国家有所差异：俄罗斯政府工作人员比例最大，占 25%，其次是商贸人员，占 14.2%；并列第三位的是专业技术人员和学生，均占 9.4%。韩国排在前三位的是：学生、职员和商贸人员。受访的 270 名韩国游客中，学生的比例最高为 27%。日本职员的数量最大，其次是学生。受访的 209 名日本旅游中，职员为 35.9%、学生为 14.8%。美国与英国的受访入境游客的职业无明显差异，排在前三位的依次是：商贸人员、专业技术人员和学生。旅京旅游者的就业状况是：全职工作占 59.4%，兼职工作占 17.4%，无工作占 17.4%，退休占 5.8%。从旅京旅游者的学历看，日、韩两国的游客学历多为大专及本科学历，其中韩国的为 57.8%、日本则为 61%；而美国、英国、俄罗斯的游客学历状况与日、韩有较大的不同，三国的高学历(硕士及以上)游客比例较高，俄罗斯高学历游客的比例 28.5%，英国 40.5%，美国甚至达到了 48.1%。可见北京入境主要客源国游客的文化程度较高，特别是西方发达国家的游客。因此，在对他们进行旅游目的地营销时应着重采用适合他们需求特点的营销方式。

(二)旅京入境游客旅游认知差异比较分析

1. 旅游目的地认知准备差异分析

旅游者对旅游目的地的认知在旅游行程开始之前就已经进行。此时游客还没有与旅游目的地发生现实的接触，甚至没有产生明确的旅游出行决策，只是不经意间通过互联网、媒体新闻或是旅游目的地广告宣传了解到旅游信息，这是旅游交往中的潜交阶段，也是旅游者了解旅游目的地的文化特点、社会经济的准备阶段。

在世界各国和地区互联网普及情况的排名中，韩国、美国、英国、日本、俄罗斯均为高度或较高度普及。作为经济发达国家，通过互联网搜集和加工信息已经成为这些国家潜在或现实游客的一种行为模式。以美国、英国为例，两国网民对北京的关注度都很高，特别在 2008 年前后尤其明显。这一点在谷歌公司推出的一项名为 Insights for Search 的免费搜索服务中可以得到印证。将“Beijing”作为搜索词条进行受访客源国家在谷歌的 insights 中对比搜索发现，英国、美国对北京奥运会、北京机票、北京酒店等信息更加关注，搜索数量明显偏高。由此可见，旅游目的地可以通过关注旅游者咨询和搜集的内容，明确旅游者的需求内容，完善旅程前服务体系，缩短认知心理距离，使潜在旅游者转化为现实的入境游客。

2. 旅游目的地认知途径差异分析

对于旅游目的地来讲，入境游客对旅游目的地的认知来自于旅游目的地的营销、推广与传播。常见的途径为传统广告、宣传品、公共关系、旅游优惠促销、口碑传播、网络广告等。这些方式都有助于与目标市场现实和潜在的消费者进行沟通，促使其了解、信赖并购买，以达到扩大目的地旅游产品的销售目的。了解入境游客对北京的认知途径，将为旅游目的地有针对性地开展旅游宣传和市场拓展提供重要的依据。从调查结果可知，入境游客认知北京这一旅游目的地旅游资讯途径的前三位是：亲朋推荐(25.6%)、网络信息(22.2%)、公司安排（20.8%)。由于北京的五个主要入境客源国均为发达国家，信息化发展水平比较高，网络普及度很高，信息收集方式的简便性和信息内容的丰富性使网络显示出与众不同的优势。由此可见，旅游行业将逐步成为信息密集型产业，信息化势在必行。旅京入境游客旅游认知渠道比较请见表1。

表1　旅京入境游客旅游认知渠道比较

	渠道1		渠道2		渠道3	
美国	亲朋推荐	26.5%	公司安排	22.4%	网络信息	20.1%
英国	亲朋推荐	28.8%	公司安排	22.7%	网络信息	21.2%
日本	亲朋推荐	21.3%	公司安排	20.8%	旅游指南	14.9%
韩国	网络信息	28.3%	旅行社或代理商推荐	23.8%	旅游指南	13.0%
俄罗斯	亲朋推荐	39.8%	网络信息	30.9%	报纸、杂志	30.5 %

在众多的信息渠道中，除了韩国游客之外，其他外国游客收集北京旅游信息的最主要渠道是亲朋好友，其次为公司安排、网络、旅行社或代理商推荐、旅游指南等。尽管受访的入境游客在旅游目的地认知渠道上具有共性，但也显示出一定的差异性。在本次调查中发现，网络信息和亲朋推荐这两个认知途径成为西方国家(美、英、俄)来京旅游的主要渠道，可见无论是西方国家还是东方国家，口碑对于旅游目的地营销都非常重要。

3. 旅游目的地旅游资源认知分析

从旅游目的地品牌管理的角度来看，对于旅游目的地品牌认知的问题，不只是简单地处于“知晓”或“听说”阶段。一般来说，旅游目的地品牌的认知包括两方面：一方面是核心认知，也就是旅游目的地最独特、最与众不同的旅游资源认知；另一方面则是延伸认知，也就是与核心资源认知密不可分、相辅相成的资源认知。

北京是世界历史文化名城和古都之一，金、辽、元、明、清五朝曾建都于此，留下了丰富灿烂的历史文化遗产。北京以丰富的名胜古迹闻名于世，使得名胜古迹也成为吸引入境游客最主要的旅游项目。调查数据显示，有超过一半(53.3%)的受访入境游客最想游历文物古迹，这与北京主要的旅游吸引物相吻合，说明北京的文物古迹在外国游客中具有较高的认知度和知名度。可见，入境游客对于北京旅游品牌的核心认知情况很好。

为了了解北京文物古迹在入境游客中的认知度排序，问卷中还设置了相关的问题，结果表明长城(64.1%)、故宫(42.2%)、天坛(23.9%)是游客最想游览的三个文物古迹，有关文物古迹的认知情况五个国家没有明显的差异。

表 2　旅京入境游客旅游项目认知比较

	项目 1		项目 2		项目 3	
美国	文物古迹游	56.0%	山水风光游	28.9%	饮食烹调游	24.1%
英国	文物古迹游	52.2%	山水风光游	43.1%	饮食烹调游	31.4%
日本	文物古迹游	70.2%	山水风光游	33.9%	文化艺术游	28.4%
韩国	文物古迹游	39.4%	文化艺术游	26.0%	山水风光游	32.7%
俄罗斯	文物古迹游	47.2%	饮食烹调游	39.9%	山水风光游	35.8%

虽然五国入境游客对文物古迹游认知度最高，但也存在着选择强度上的差异(见表 2)。此外，俄罗斯、美国和英国游客还对北京的饮食烹调非常感兴趣。美国、英国、俄罗斯与中国属于不同的大洲，地域文化与饮食风俗的差异，使这些国家的游客更愿意来中国一饱口福。到北京享受美食一直是各国旅游者来京旅游的重要目的之一，此次调查使这一事实进一步得以印证。同时，受历史名城的影响，山水风光、文化艺术也成为这五国主要入境游客的认知热点。

4. 京城老字号认知分析

与北京核心旅游资源密不可分的是，入境游客对老字号的认知状况可以称其为对北京旅游资源的延伸认知。建筑、餐饮、中医药、服饰等从不同角度承载着历史文化名城的文化魅力，代表传统商业文化的北京老字号则是展示这些文化精髓的重要窗口之一。京城老字号在技艺和服务以及习俗方面具有厚重的文化积淀，凸现了北京传统文化特色，在对外交流中发挥着重要的作用，也是外国游客体验京城文化的独特渠道。“越是民族的，越是世界的”，这些彰显京城魅力的老字号正在成为北京又一张城市名片，吸引着国际友人。

此次调查中，有 33.0%的受访者表示听说过“全聚德”。1864 年成立的全聚德，有着“不到万里长城非好汉、不吃全聚德烤鸭真遗憾”的评价，高居榜首的认知度说明了这种较高的国际知名度。可见“全聚德”在北京旅游客源国中均具有较高的认知度，不存在明显的地域和民族的差异，而位居京城老字号认知度第二位的同仁堂则存在着明显的认知差异，有64.3%的受访韩国游客听说过同仁堂，只有14.1%的英国游客、23.3%的日本游客、44.7%的俄罗斯游客以及11.4%的美国游客对同仁堂有所认知。同仁堂在全球华人中久负盛名，韩国的韩医韩药与中国的中医中药同根同源，韩国人信奉中医中药，2006年北京同仁堂在韩国首尔开设了合资企业，中韩具有共同的药物文化传统，这对同仁堂打开韩国市场具有重要的作用。而同为欧美文化的美国、俄罗斯、英国，东西方文化间的沟壑是中药不被接受的一个重要“病灶”，这也是同仁堂在不同国家游客中认知度呈现明显差异的主要原因。除此之外，内联升、瑞蚨祥的认知度不到10%。可见，提高国际认知度，京城老字号还有很长一段路要走。

四、结 论

(一)旅京入境游客认知水平有所差异，但总体来说认知能力较高

本次调查的五个客源国入境游客的学历水平较高，西方国家硕士及以上学历的受访游客比例(美国48.1%、英国40.5%、俄罗斯28.5%)高于东方国家(日本24.7、韩国15.4%)，但总体来说这五国入境游客认知能力较高。文化程度与游客花费、旅游频率、停留时间都有密切的关系，这些因素会对旅游目的地的旅游接待量、旅游外汇收入等产生深远的影响。另外，文化程度偏高的入境游客旅游认知水平也较高，认知水平的高低对于旅游决策、旅游满意度以及对旅游目的地评价都会有影响。旅游目的地旅游管理部门及旅游企业需要考虑北京主要入境客源国游客的认知差异，有针对性地进行旅游宣传、服务等一系列策划与准备工作。

(二)旅京入境游客认知途径以亲友推荐、公司安排和网络信息为主，无明显差异

由于这五个国家网络普及度均很高，网络信息成为游客认知北京的重要渠道。同时，无论是哪种文化背景的游客，亲友推荐都是非常有效的认知方式。可见，完善网络宣传、加强网络营销、关注游客满意度、做好口碑营销对于开拓海外旅游市场非常重要。另外，奥运会对于北京旅游形象的宣传与推广作用不可小觑，这一点在本次调查中有数据作为印证。

(三)旅京入境游客对北京文物古迹的认知度最高，其他旅游资源的认知略有差异

对于北京旅游资源和项目的认知调查显示，游客对北京的文物古迹的认知度较高。随着北京对外开放的发展、旅游形象的宣传以及奥运会对于北京形象提升的井喷效应，中国东方文明大国、北京历史文化古都的形象深入人心，对于古老文明的向往是入境游客游历北京的主要原因。除此之外，由于北京旅游资源的丰富和历史文化的悠久，重游京城的游客数量不断增加，烹

调饮食、自然风光也是吸引外国游客的旅游资源，也具有较高的知名度和认知度。因此，北京应该拓展宣传内容、提高宣传质量，根据国家文化和游客兴趣的不同，向海外游客展示多面而精彩的京城旅游，使游客能够在北京找到自己喜欢的旅游项目。

参考文献

[1] Goodrich, J. N, A New Approach to Image Analysis through Multidimensional Scaling. Journal of Travel Research. 1977, 16(3).

[2] Calantone, R. A di Benedetto, A. Hakam and D. C. aojamic. Multiple Multinational Tourism Positioning Using Correspondence Analysis. Journal of Travel Research. 1989. 28(2).

[3] Milman A. and A. Pizam. The Role of Awareness and Familiarity with a Destination: The Central Florida Case. Journal of Travel Research. 1995. 33(3).

[4] Philip L. Pearce. Perceived Changes in Holiday Destinations. Annals of Tourism Research, 1982, 9(2).

[5] Joar Vitters, Marit Vorkinn, Odd Inge Vistad and Jorid Vaagland . Tourist experiences and attractions. Annals of Tourism Research, April 2000, 27(2).

[6] Beerli & Martin, Factors Influencing Destination Image. Annals of Tourism Research, 2004, 31(3).

[7] Beerli & D. Martin. Tourist's characteristics and the perceived image of tourist destinations: a quantitative analysis—a case study of Lanzarote , Spain. Tourism Management. 2004, 25(5).

[8] 黎洁、赵西萍:《美国游客对西安的感知研究》,《北京第二外国语学院学报》,2000 年第 1 期。

[9] 马耀峰、李创新:《不同文化群体来华游客认知评价的差异性研究》,《地域研究与开发》,2008 年第 4 期。

（作者：赵晓燕　北京联合大学旅游学院教授
孙梦阳　北京联合大学旅游学院副教授）

项目名称："绿色北京"视角下促进节能减排的财税政策研究
项目编号：09BaJG261
项目负责人：丁 芸
项目信誉保证单位：首都经济贸易大学

发达国家促进节能减排的经济政策借鉴与启示

20世纪五六十年代以来，世界各国的环境污染问题越来越明显，在促进经济增长、实现工业化的过程中，注重减轻环境污染、加强环境保护、促进经济与社会的可持续发展，已成为世界各国的共识，发达国家的节能减排政策也逐渐发展并成熟起来。

一、国外促进节能减排的财税政策措施

(一)美国促进节能减排的财税政策

1. 鼓励企业节能减排的措施

美国的《能源新法》提出，在未来10年内，政府将向全美能源企业提供146亿美元的减税额度，以鼓励其采取节能措施；提供50亿美元的补助，鼓励企业提高能效；对能耗高的交通运输、建筑、钢铁等部门，政府每年提供10亿美元的资金支持和鼓励相关研究部门开发高能效的运作系统。另外，《能源新法》还明确提出对可再生能源的支持，即减税27亿美元鼓励可再生能源生产。同时，对研究污染控制的新技术和生产污染替代品的企业予以减免所得税；对购买循环利用设备免征销售税；对净化水的设施建设援助也不计入所得税税基；对防治污染的专项环保设备可在5年内加速折旧完毕，并且对采用国家环保局规定的先进工艺的企业，在建成5年内不征收财产税。

2. 鼓励家庭、个人使用节能、洁能产品的措施

对私人住宅更新取暖、空调等家庭大型耗能设施，政府将提供税收减免优惠，甚至更换室内温度调控器、换窗户，维修室内制冷制热设备的泄漏等，也可获得全部开销10%的税收减免。规定购买太阳能设施30%的费用可用来抵税。另外，各州政府还根据当地实际情况，分别制定了地方节能产品税收优惠政策。如加州节能型洗碗机、洗衣机、水加热设备，减税额度在50—200美元之间。此外，对购买环保电动车等新型车辆的消费者给予抵税优惠：根据车速、轻重型、车全重，给予1000—40000美元的免税额。同时，美国政

府还设立联邦政府车队购车专项款，专门用来购买电动汽车，并给予电动汽车在城市市区内停车的便利。对于电动汽车免收停车费，通过高速公路等免收养路费、过桥费、关费等。

(二)德国促进节能减排的财税政策

德国政府以征税、收费和税收优惠政策为杠杆，通过实施产品责任制以及制定明确的定量目标建立了比较完善的激励与约束机制；通过征税和收费等限制性措施，要求造成环境污染的企业承担相应责任；同时，通过税费减免等激励性措施，鼓励企业积极参与环境保护。

1. 开征“燃油税”

为节约能源和提高能源利用率，大力发展可再生能源，德国在1999年实施了生态税改革，即采取“燃油税”附加的方式，收取“生态税”。通过征收生态税，使化石燃料对气候和环境所造成的危害的治理成本内部化，即治理费用纳入消费者购买化石燃料产品的价格中。

2. 制定相应的税收优惠政策

通过税收优惠鼓励企业和公民减少污染，提高资源的利用效率。当企业排放的废水达到低标准时，可以减免税款。对于安装环保设施的企业，免征三年环保设施的固定资产税，并允许企业每年度环境保护设施所提折旧比例超过正常设备的折旧比例。对于实施环保项目的研发，允许企业将研发费用计入税前生产成本。德国政府对于积极承担环保责任的企业，给予一定的信贷优惠或直接给予补贴。从2000年开始，政府对国内太阳能企业实行“税收返还”政策，企业每生产1000瓦时的电力就会得到约50欧分的补贴。

对消费者购置新型、清洁和高能效汽车，政府都给予税收减免甚至补贴；如果购买高排量的汽车，则要缴纳“绿色拥有”税。

(三)荷兰促进节能减排的财税政策

1. 税收优惠

荷兰是经济合作与发展组织(Organization for Economic Co-operation and Development，简称“OECD”)国家中环境税开征较早的一个国家。荷兰环境税大都属于特定目的的税收，特点是以小税种为主，各种环境税的税率规定得十分明确和详细，税种繁多并且深入到国民生活的方方面面。随着荷兰环境税制的完善和迅猛发展，环境税收收入占全部税收收入的比重不断加大，从1996年的1.22%已上升到2004年的14%，占GDP的3.5%。同时，荷兰环境税大都是专门目的税，所以专用基金专款专用，全部用于环境保护方面的开支。另外，荷兰在制定环境税时考虑到对同一种产品的不同消费行为征税将对环境产生不同的影响，对环境影响不大的进行减免税。荷兰特别为环境保护目的而设置的税种主要包括：燃料税、能源调节税、铀税、水污染税、地下水税、废物税、垃圾税、噪音税、超额粪便税、狗税等。从实践看，该国基于中央政府和地方政府在征收目的和条件方面的不同，在环境税的征收管理上赋予了地方政府很大的灵活性，并充分协调了税务部门和各环境、资源部门的配合，保证了荷兰环境税征收的高效率。

2. 政府补贴

政府实施家庭补贴计划和一般企业部门补贴计划，通过资金扶持、咨询建议来帮助他们克服技术能力、信息条件方面的不足。低收入家庭面临节能方面的两个障碍，一是资金，二是有效信息的缺乏。补贴计划由当地管理部门，或者能源及其他类型公司，或者居民组织负责实施，由他们向低收入家庭提供节能信息、节能技术支持。比如说节水龙头的安装、管道绝缘的维护等。交通部门补贴计划对运输公司或其他与交通相关节能减排项目提供资助，包括两类项目：一是货物运输，二是旅客运输。每减少 1 吨二氧化碳的排放补贴 10 荷兰盾。在 2006 年以前的 4 年中，有 4 个交通部门的补贴计划被实施，每个计划的预算为 600 万荷兰盾，这些项目分别为“清洁技术和车辆”、“运输效率”、“轨道变换”、“私人小汽车的替代”。荷兰发电部门补贴计划也取得了相当成效。在经历一段停滞期后，荷兰可再生电力占总发电量的比例已经从 2003 年补贴计划刚开始时的 3.3%增加到 2005 年的 6%。依照此进度，2010 年 9% 的目标很可能实现。荷兰 2010 年可再生电力生产将达到 11.718GwH，其中大约 10. 518GwH 是通过补贴计划来促成的。

二、国外促进节能减排的排污交易权措施

(一)美国的排污权交易制度及其实施

美国最初有关限制污染排放量的法律主要集中在技术方面，要求企业用最佳实用技术来控制污染物的排放。这种技术性的规定很少考虑限制排放的成本，而且是根据每一种污染物的特点专门制定，结果是执行成本过高，从而使法律难以贯彻。经过实践探索，美国又制定了在总量控制下对个别排污企业灵活调整、变通的政策。这一政策最初只限于同一企业内不同排污口之间的调整，只要总量不增加，某一排污口多排一点或少排一点是容许的。后来，随着总量控制的范围不断扩大，又制定了允许在同一区域内不同工厂之间调整的政策。经过政府多年的努力，成效一直不尽如人意。到 20 世纪 70 年代末，美国环保局局长威廉·K. 赖利指出“到了考虑运用市场激励来防止污染的时候了”。在此基础上产生了排污权交易的构想，并作为一种正式制度加以实施。美国 1977 年通过，并于 1990 年修改的《清洁空气法》鼓励公司参与市场买卖污染权。为了贯彻这一法律建立了排污权交易制度，并首先在控制二氧化硫排放方面实施排污权交易，取得了成功。

美国根据《清洁空气法》的要求规定：排污权交易的对象是交易者所排放的问题污染物。由于企业依法进行排放的污染物多种多样，合法的污染物排

放权也多种多样，所以，规定适用于排污权交易的污染物质的范围十分必要。最初，美国规定纳入排污权交易的只是二氧化硫，这是由当时美国消减污染物排放费用决定的。当时美国削减1吨二氧化硫排放的费用是600美元，而削减1吨氮氧化物需要的费用则是2000—3000美元，远远高于前者的费用。为有效实施排污权交易制度，仅将二氧化硫作为排污权交易的对象，对氮氧化物排出量的控制采取由各州依法自行灵活处理的办法。之后又规定了一定时期内二氧化硫削减的总量控制指标：2000年开始全美国发电厂的二氧化硫容许排出总量每年为890万吨，与1980年相比应削减1000万吨。这样二氧化硫的排放每年都在递减。同时又对削减对象二氧化硫排出的设施和“容许排出量”做了具体规定。所谓容许排出量就是政府规定的享有排污权的设施一年间所排出的二氧化硫的总量。政府依法规定各有关企业的容许排出量，对超出容许排出量的企业，强制其支付罚金，并于次年填补其超额排出的数量，以有效控制全国的排放总量，达到降低环境负荷的目标。对由于技术、设施落后不得已超过容许排出量的，可以与其他容许排出量保有者进行交易，并规定了具体交易时间。

美国就是通过这种容许排出量系统的设置和不断完善，使各企业在最大范围内有效控制二氧化硫的排出量。为了将二氧化硫的排出量控制在规定的范围内，各企业要么采取措施控制排污量，要么改进技术、更换设施削减排污量，要么购买容许排出量的权利。由于容许排出量的取得是昂贵的，而不得已购买容许排出量就是对其造成的负的外部性的代价。在美国这样市场经济发达的国家，市场是按生产过程由私人支配的原则来运行的，而私人对市场力量做出反应时只考虑利润的最大化。企业为了追求利润会设法改进技术和设施，最大限度地控制二氧化硫的排放量。所以实施排污权交易制度有利于企业自觉减排。

(二)德国的排污权交易制度及其实施

德国作为发达的工业化国家，能源开发和环保一直走在世界前列。目前，环保已成为其经济、社会可持续发展的重要内容；保护气候、减少温室气体排放的具体指标也列入了可持续发展的总指标体系中；环保方面的法律制度也非常完善。

为有效进行环保，2002年初德国法律规定实施碳排放权交易制度。当时德国环保局组建专门管理机构，对企业机器设备进行全面调查，研究建立与排放权交易相关的法律事宜。目前已形成了较全面的法律体系和管理制度，这些法规包括排污权取得、交易许可、收费标准等。同时还建立了管理排放权交易事务的专门机构，负责发放排放许可证、核实企业报送的排放申请报告、以账户形式对每个企业进行登记、与欧盟和联合国进行合作等事宜。这些奠定了排放权交易在德国的法律地位。

根据《京都议定书》和相关法规要求，在参与企业的选择上，德国对国内所有二氧化碳排放的机器设备进行调查，对于排放量达到一定数量以上的设备，企业要在与联邦环保局达成自愿协议的基础上，经审核方可取得一定的污染排放权并可进行交易。在 2002 至 2003 年期间，德国共调查了 3909 家企业，其中 1849 家企业经审查参与了 2005—2007 年排放权交易。同时，严格规范排放权交易的申报程序，在申报过程中，生产企业要按其归属逐级申报。联邦政府环保部门是唯一受理并分配排放权的部门。权利的高度集中有利于排污权的管理。

(三)荷兰的排污权交易制度及其实施

在《京都议定书》有效期间整个荷兰被分配到的排污指标大约为 9000 万吨。70%以上的产业排污量和 100%的发电厂排污量都被规定了上限，从而有效地限制了这些部门的排污量，并且激励这些部门减排。荷兰排污指标的分配过程也进一步激励各个部门减排。产业设施依据上一年度的历史排放量可以免费获取一定的排污指标。这其中包括额外的增长额度，以及一个效率额度，以补偿早期的节能减排努力和激励更好的环保表现。另一方面，对于电力生产部门而言，指标分配时涉及两种减排额度，一种减排额度来自生物燃料的有效利用；另一种减排额度与排污权交易成本降低有关。电力部门减少的排污额度大多数被转移给了产业部门，其余部分用作拍卖或者转售。总体来说荷兰排污交易计划制订时允许产业界一定的排污量增加，但要求电力部门采取措施减少 15%—20%的排放量。

(四)全球排污权交易市场的不断发展完善

国际碳排污权交易市场有阿姆斯特丹的欧洲气候交易所、德国的欧洲能源交易所、法国的未来电力交易所，此外日本、加拿大、俄罗斯、澳大利亚也有自己的排污权交易市场。其中，芝加哥气候变化交易所是全球首家国内气候交易所。2006 年交易所经手的碳交易量达到 5.53 亿吨。在所有通过交易所结算交割的碳交易量中，欧洲气候交易所占 82%，其全部碳融资合同都在伦敦跨洲期货交易市场进行电子交易。2006 年，全球排放贸易额已达到 280 亿美元。目前，国际排污权交易价格行情上涨，其中欧洲气候交易所 2006 年中旬创下每吨 30 欧元的记录。

三、国外促进节能减排的其他辅助经济措施

(一)自愿协议(Voluntary Agreement)

自愿协议指的是政府(或授权机构)与企业间达成的一种协议。在协议中，企业主动承诺达到一定的节能抑或环保目标，政府则提供相应的支持和激励措施，其评估审计由第三方实施。自愿协议是国际上常用的一种非强制性节能措施，它可以有效地弥补行政、法律手段(强制性节能措施)的不足。自愿协议通常为 5—10 年的长期协议，它能够将各参与方的注意力都集中到能效和二氧化碳减排上，因而被认为是促使工业部门节能减排的一种既创新又有

效的措施。自愿协议主要有两类：一是经磋商达成协议型自愿协议，这类自愿协议是指工业界与政府部门就特定的目标达成的协议，谈判时双方有一个约束条件，即如果协议没有达成，政府将会采用其他的政策措施来限制企业；另一类是公众自愿参与型自愿协议，在这类协议中，协议制定者规定了一系列需要企业完全满足的条件，企业根据自身条件选择是否参与。

在 1992 年，荷兰政府与工业部门签订了自愿协议。到 2000 年，最终的能效提高到了 22.3%。例如：《用煤协议》的签订是在自愿的基础上，荷兰的发电厂自我承诺，通过更多地采用生物燃料，减少 20%以上的煤炭使用量，从而减少 300 万吨的 CO_2 排放量。美国的自愿协议有绿色照明计划、能源之星、气候之星计划等，大部分由环保局和能源部主导，参加的行业要承诺采纳政府的特定方案，并达成特定的减量目标，政府则提供相应优惠措施，如认证并授予标志、技术和信息支援、教育培训、资金支持等。

(二)押金—退款制度

押金—退款制度包括了对特殊项目的收费和对退还的补贴。简单的机理就是符合要求退押金，否则不退。押金—退款制度最显著的特征就是，它有一个灵敏的现实机制：通过潜在的排污者退还带有退款的物品显示服从，从而使得对不合法处置的监测变得不必要了。押金—退款制度在许多国家的回收环节都通过法律得以强制执行。

为了提高包装品的回收率，德国《包装法》明确规定，如果一次性饮料包装的回收率低于 72%，则必须实行强制性押金制度。自实行此制度以来，顾客在购买所有用塑料瓶和易拉罐包装的矿泉水、啤酒、可乐、汽水等饮料时，均须支付相应的押金，1.5 升以下为 0.25 欧分，顾客在退还空瓶时领回押金。

据统计美国纽约在实施饮料瓶押金制度的两年中节约了 5000 万美元的清洗费用和 1990 万美元的固体废弃物处理费用，以及 5000 万—1 亿美元的能源费用。押金—退款制度不仅提高了包装品的回收率，更让消费者改变了使用一次性饮料包装的消费习惯。

(三)设立基金

美国建立节能公益基金，主要通过提高电价的 2%—3%来筹集资金。基金由各州的公用事业委员会负责管理，相关部门、单位可申请并利用该基金开展节能活动。

(四)设立法律

美国先后制定了《固体废弃物处置法》、《2005 年国家能源政策法》。现行节能法规主要体现为后者。在美国的法律法规中，针对能源消耗和污染标准进行了严格、详细的限制，任何企业如有违规行为，该企业和政府执法部门都将面临非常大的社会压力。

德国的《废弃物处理法》最早制定于 1972 年，之后又相继出台了《废弃物限制及废弃物处理法》、《循环经济与废弃物管理法》、《节省能源法案》、《国家持续发展战略报告》，并且在《战略报告》中专门制定了“燃料战略——替代燃料和创新驱动方式”。德国“燃料战略”的目的是减少化石能源消耗，达到温室气体减排。“燃料战略”共提出四项措施：优化传统发动机、合成生物燃料、开发混合动力技术和发展燃料电池。

(五)制定相关配套服务

政府制定的节能目标和出台的政策措施，如果没有专业的服务平台，是很难在企业和社会进行实施的。节能咨询机构正是为企业和社会提供了这个平台。德国政府非常重视节能减排咨询机构建设，2002年成立的德国能源局，其主要工作之一就是为企业和公众提供节能减排咨询。为满足企业和公众节能减排咨询量不断增加的需求，政府鼓励发展小型的节能咨询机构，凡新组建的节能咨询机构都可得到政府资助。为提高咨询人员的素质，政府每年要对咨询人员进行专业培训，不合格的将取消其咨询资格。目前，全德国节能咨询机构有近400家，极大地满足了企业和公众的需求。

(六)提供金融优惠政策

发达国家对于节能、环保企业的金融贷款给予一定的优惠政策，使其降低生产成本，更好地利用资源再生资源。例如：对于投资新能源的企业，通过德国复兴与开发银行以低于市场利率1%—2%的优惠政策向其提供相当于设备投资成本75%、长达12年的优惠贷款。

四、发达国家促进节能减排的经济政策经验借鉴

(一)注重奖励和惩罚税收政策

1. 激励性的税收政策

第一，税收减免。对节能产业和节能产品减税或免税，以鼓励企业购买使用节能产品和设备，扶持节能产业的发展。第二，对节能减排相关技术的税收优惠。对节能减排技术的推广和利用给予一定的税收优惠政策，分担一定的技术研发的风险，引导节能减排技术的发展方向。第三，对从事节能减排技术推广、信息传播的相关宣传机构、咨询机构、研发机构和科研院校，给予一定的经费资助和税收优惠措施，以促进节能减排技术的推广、节能减排信息的传播和普及。

2. 惩罚性的税收政策

第一，开征燃油税。开征燃油税可以有效控制高油耗和高污染机动车的发展，同时间接鼓励了节能和低污染排放汽车产业的发展，对不同能耗的燃油车辆按不同的税额予以征收。第二，开征一些促进节能减排的新税种。开征环保性税种：开征大气污染税；为控制二氧化硫的排放量和二氧化碳的排放量，可以根据能源产品的含硫量和含碳量，征收硫税和碳税；对垃圾、废水的排放征收垃圾税、水污染税；征收固体废弃物税等。

(二)通过补贴使税收中性化

在大多数的西方国家，一般的税收水平已经很高，推行任何一种新的税种都可能遇到较多的来自于政治上和社会上的阻力，那么就通过补贴来解决。税收中性是指国家通过对纳税人进行补偿、补贴等形式，或者以减少其他类型的税收的方式，以使纳税人获得与其所支付的环境税等值的款项。其目的就是在不增加纳税人税收负担的总体水平的基础上增加环境税。

例如：荷兰1996年开始征收的能源税主要由最终的消费者(包括家庭和小型商业机构等)负担，而政府则通过改革个人收入税，如减少课加于第一收入等级之上的税率，提高免税额度，提高对老年人扣税的标准等方式，将税收收入返还给纳税的家庭；通过减少雇员工资结构中由雇主负担雇员的社会保险费部分的额度，提高小型独立商业机构的扣税标准，减少公司税率等方式，将税收收入补偿给商业机构。

(三)制定提高能效与节能方面健全而严格有效的法律法规

西方国家在环境上的专门税种在不断地完善，建立了一个有法可依、有法可循的法定规则，使得污染环境、浪费资源的现象得到遏制，使得遵守环境法规的人得到法律保障，让资源能源企业有了一个合法的有效竞争的生存环境。

(四)关注民生，加大宣传，用财税政策引导扶持家庭节能减排

一是对节能住宅的购买和改造给予减免税及直接补贴的优惠；二是对绿色车辆和传统车辆采取不同的购买与使用税费政策；三是引入对家庭和单位的能耗审计制度；四是注重能源教育，从细微之处灌输节能减排理念。

(五)优良的排污权交易市场和完备的监督管理体制

排污交易通过市场手段来解决环境问题，良好的交易市场是其顺利实施的前提。发达国家市场经济发育较好，体制较为完善，为排污交易政策的成功实施打下了坚实的基础。

同时，还建立了较完备的排污交易监督管理体系，从交易参加者的确定到许可证的分配，再到许可证交易和审核各个环节，都制定了一系列制度来保障政策的实施。

参考文献

[1] 刘助仁：《部分发达国家推动节能减排的主要经验及对我国的启示》，《中国发展观察》，2007年第11期。

[2] 窦义粟：《国外节能政策比较及对中国的借鉴》，《节能与环保》，2007年第1期。

[3] 广海峰：《德国循环经济研究》，北京：科学出版社，2007年。

（作者：丁　芸　首都经济贸易大学教授）

项目名称：北京奥运会遗产旅游开发研究
项目编号：09BaJG266
项目负责人：李炯华
项目信誉保证单位：中华女子学院

北京奥林匹克公园游客满意度调查分析

游客满意度是游客对于目的地的期望与游客访问的体验结果进行比较而产生的一种心理状态。游客满意度取决于游客感知质量与游客期望值之间的差异，而游客的感知质量受较多因素影响。如何切实提高自身的服务质量，提高游客对旅游产品的满意程度已经越来越值得关注。了解游客的需求，为游客提供更优良、更完善的服务，可以提高游客对旅游产品的满意度和忠诚度，进而可以提升旅游地经营利润和旅游形象，创造一个良性循环，使旅游经营者和游客获得双赢。

北京奥林匹克公园在 2008 年北京奥运时期为奥运会的顺利举办作出了突出贡献，赛后秉着“赛时服务奥运，赛后服务大众”的原则，现在奥林匹克公园已经作为旅游景点对外开放，游客人数一直处于北京旅游景点人数排名的前列。本文基于旅游业的“食、住、行、游、购、娱”等要素特点，选择北京奥林匹克公园内餐饮、住宿、交通、景点秩序和卫生、旅游标识、交通状况、门票价格等作为满意度评价因子，对公园进行分析评价。从北京奥林匹克公园实际情况出发，结合国外关于奥运场馆赛后管理、利用的经验，一方面为公园的后续开发利用提供必要数据，另一方面通过对北京奥林匹克公园的研究，推动奥运遗产的保护和开发。

一、研究区概况

北京奥林匹克公园位于北四环中路的北部。北至清河南岸，南至北四环中路，东至安立路、北辰东路，西至林翠路与北辰西路。森林公园占地 680 公顷，国家体育中心占地 405 公顷，共 1085 公顷，在行政区划上归属于北京市朝阳区的大屯乡与洼里乡。奥林匹克公园中心区是举办北京 2008 年奥运会的主要场地，拥有亚洲最大的城区人工水系、亚洲最大的城市绿化景观、世界最开阔的步行广场、亚洲最长的地下交通环廊。2008 年奥运期间，击剑、足球、网球、射箭、游泳、花样游泳、跳水、体操、蹦床等项目在奥林匹克公园举行，并获得圆满成功。赛后北京奥林匹克公园作为 2008 年北京奥运会开幕式和闭幕式的举办场地，早已经成为2008奥运精神的代表，同时，依托奥运会场馆和各项配套设施，便捷的交通，良好的市政基础条件，齐备的商业、文化等配套服务设施，奥林匹克公园成为目前世界上最大的综合性奥林匹克文化展示区。

二、研究目的与方法

旅游满意度的量化评估可以客观反映出旅游目的地的整体形象和各组成部分在游客心目中留下的印象。通过对游客满意度的调查研究，景区可以更好地设计旅游形象和进行有效的市场跟踪改进。体育场馆与设施为本地人口和游客提供日常服务，并提供体育事业健康发展和与各方面交流的平台。本文旨在通过对奥林匹克公园游客满意度的研究，为公园今后发展研究提供相关数据，并为当前公园健康发展提出可行性意见，促进后奥运时期北京体育产业的蓬勃发展，更好地为社区群众服务，实现社会效益和经济效益双丰收。

本文采用问卷调查法，问卷内容包括游客到公园旅游之前对公园的了解、参观评价、游客基本信息等26个问题，采用封闭式问题和开放式问题两种题型。调查时间为2011年5—7月，调查对象为期间到公园旅游的游客。调查组分为三个小组，每组四人，采用偶遇抽样法，随机抽取遇到的游客，对其进行调查，并在旁立等，以方便对游客的问题进行现场解释。同时，在与游客的交流中获得更多游客调查信息。本次调查共发放问卷506份，收回有效问卷500份，有效率为98.8%。调查结果采用直接登记标注法，对调查数据录入计算机并进行处理分析。

三、结果分析

(一)客源结构

根据调查，在奥林匹克公园的游客中，男性占了52%，女性占了48%，男性比例略大于女性，但二者相差不大。与往年来京游客男女比例相比，女性游客数量和在游客总数中的比例有了明显提高。妇女旅游市场呈现出良好的发展势头，逐渐成为国内旅游市场不可忽视又具有典型特点的一个亮点，奥林匹克公园要发展必须抓住女性旅游这一新兴市场。北京奥林匹克公园的游客以大陆其他省份游客最多，达到78.4%，其次为北京市居民达到17.8%，港澳台和境外游客比例还相对较低。由此不难看出，奥林匹克公园的赛后利用和运营与国内旅游业的发展有着密切的关系，而港澳台和境外旅游还有待进一步发展。调查中我们发现，奥林匹克公园的游客多数是18—40岁的中青年人，其中18—25岁的青年人占了47.8%，26—40岁的人占了36.4%，以学生最多，其次为企事业管理人员、专业技术人员、科教文人员，他们的学历大多在高中以上，文化程度较高。这部分人多数有较稳定的经济来源，有固定的假期，身体素质好，且求知欲强烈，渴望了解外部世界，奥林匹克公园对他们有强烈的吸引力。此外，调查显示以之前来京旅游人员学历、职业为参考，高中以下学历的游客来奥林匹克公园旅游的比例有很大提升，工人和农民在游客中的比例也有很大提高，国内旅游正在全民化。

（二）游客映像评价

调查显示，电视、互联网和报纸、杂志是游客了解奥林匹克公园的主要途径，比例分别占到了 48%、30.2%和 20.4%。公园宣传应该充分发挥电视、互联网等新兴媒体的作用，同时不可忽视报纸、杂志等传统媒体在人们生活中的影响力。根据调查，大部分游客在来奥林匹克公园之前对公园了解比较少，对于公园来讲做一定公园内部宣传、讲解有助于游客加深对公园的印象和了解。

（三）游客对公园设施和服务满意度的量化评估

表 1　游客对奥林匹克公园设施和服务质量的评价

	很好	较好	一般	差	很差
餐饮	0.180	0.298	0.400	0.096	0.026
住宿	0.206	0.348	0.384	0.044	0.018
交通	0.456	0.364	0.164	0.008	0.008
景点秩序与卫生	0.486	0.336	0.150	0.026	0.002
文化娱乐	0.316	0.400	0.250	0.030	0.004
购物	0.190	0.280	0.410	0.094	0.026
旅游标识、标牌	0.452	0.380	0.144	0.018	0.006
休息座椅	0.420	0.330	0.222	0.024	0.004
旅游价格	0.246	0.300	0.370	0.060	0.024

为了更为直观地显示游客对各因素的评价结果，调查数据采用李克特量表分析法进行分析。李克特量表分析法由美国社会心理学家李克特于 1932 年在原有指数形式的基础上改进而成，它由一组对某事物的态度或看法的陈述组成，回答问题被分为五类，这里引为“很好、较好、一般、差、很差”，然后对此五类进行赋值，5 分表示很好，4 分表示较好，3 分表示一般，2 分表示差，1 分表示很差。据此，本文建立了旅游感知评价模型，该模型的数学公式为：

$$M_j = \sum_{i=1}^{5} \frac{n_i}{N} \cdot m_i$$

其中 M_j 表示第 j 项评价内容的评价结果，m_i 表示该影响因素在李克特量表下的评价(1—5 分)，n_i 表示选择该评价 m_i 的人数，N 表示填写问卷的总人数。n_i/N 表示某一影响因素在李克特量表下某一得分的人数占所有评价总人数的比例。

表 2　奥林匹克公园各项设施和服务游客感知得分

因素	餐饮	住宿	交通	景点秩序与卫生	文化娱乐
得分	3.510	3.680	4.252	4.278	3.991
因素	购物	旅游标识、标牌	休息座椅	旅游价格	总体评价
得分	3.514	4.254	4.138	3.684	4.082

1. 餐饮

从表 1 可以看出，游客对公园的餐饮服务评价相对于其他因素得分较低，这里主要是针对就餐点有限，无法满足游客多层次就餐要求方面。由于公园在奥运期间没有设置专门、固定的餐厅，赛后观赏游客较多，公园管理压力较大，暂时没有考虑设置固定的大型餐饮设施。而在公园周围多为大型写字楼，很少有饭店，游客如果想要就餐就需要离开景区寻找餐厅。不过，现在在公园的休息区，已经设置了临时食品卖点，虽然食品的品种不是很多，但是可以满足游客的基本餐饮需要，而且管理也较规范，相信在不久的将来这里的餐饮服务问题会得到更好的解决。

2. 住宿

调查显示，住宿也是奥林匹克公园游客感知的低板，公园内部没有专供游客住宿的设施，但是距公园较近的有北京世豪国际大酒店、北京张裕爱斐堡国际酒店等大型酒店，附近还有经济型小宾馆及小区租房，住宿条件较好。此外，调查显示 95%的游客计划在公园逗留时间为一天以内，所以解决住宿问题就有很多选择，有的住在亲朋好友家，有的选择其他景区附近的宾馆。所以奥林匹克公园几乎不存在大的住宿问题。

3. 交通

交通是调查内容中游客对奥林匹克公园最为满意的项目之一，得分达到 4.252。奥林匹克公园毗邻北四环路，亚运村西侧，交通便利。公交运输有运通 113，386，407，656，737，740，753，804，827，939，944，983 等到北辰桥西，或者 510，839 到国家体育馆等多路公车。地铁八号线奥林匹克公园站的开通，使游客可以乘坐地铁直接进入公园。除此，还有多条奥运公交专线从东、南、西、北四个方向聚集此处，无论乘坐地铁、公交车、奥林匹克公交专线、出租车、旅游巴士，或自行驾车，均十分方便。可见，通达度好，感知距离短，是公园吸引游客一大优势。

4. 景点秩序和卫生

景点秩序和卫生是本次几个调查因素中得分最高的因素，达到了4.278的高分。自公园开放以来，朝阳公安分局巡警支队担负着奥林匹克公园中心区的巡逻防控任务。此外，还成立了朝阳区城市管理监察大队奥林匹克公园分队，奥林匹克公园有自己的常驻城管队伍专门负责维护公园的秩序。卫生上北京奥林匹克公园管理委员会按照市领导关于将奥林匹克公园打造成5A级旅游示范地的指导精神，结合园区实际，提出了园区道路管理工作规则、市容环境卫生管理工作规则、公共卫生间管理工作规则以及河湖水环境管理工作规则等六项规划措施，加强园内环境卫生监督检查和考评，专聘人员负责园内清洁工作，卫生良好。

5. 文化娱乐

文化娱乐方面，得分也相对较高。奥运结束后，公园多次举办不同类型的会展、演出、体育赛事等活动，无论是大型演唱会还是重大体育赛事，无论是场馆内收费项目还是场馆外免费参观项目，公园都坚持“高品质产品、高质量服务”的原则，得到了游客的好评。除此之外，公园主体场馆外围大型场地设有旱冰场地，供居民娱乐，每年冬季还会修建溜冰场，成为北京的又一滑雪胜地。

6. 购物

购物条件在游客的理解中有两个概念，一个是旅游纪念品的选购，另一个是生活物品(包括旅游物品)的选购，被调查游客的理解多以后者居多。由上表可看出，游客对公园购物条件的评价不是很理想，奥林匹克公园位于北京市最大的商业区——朝阳区，邻近望京商业中心，但是由于这些购物区并非在公园周边，还有一定的乘车距离，加上宣传不是很到位，许多外地游客不了解，使得公园购物条件满意度相对较低。为了改善购物条件，公园计划开发下沉广场购物中心。对于小部分将购物条件理解为旅游纪念品选购的游客而言，他们大多认为公园旅游纪念品品种丰富，但是质量和价格参差不齐，正规纪念品店商品价格昂贵，小摊兜售纪念品价格低廉但质量差。

7. 标识、标牌和休息座椅

由表中数据可看出，游客对景区标识、标牌及休息座椅满意度较高。奥林匹克公园开放的主要宗旨是服务民众，所以，奥林匹克公园管委会很注重公园硬件设施的建设，在标识、标牌的安装上注重人性化，力争做到清晰、细致、准确。随着公园参观人员的增多，公园多次增加休息座椅的数量，方便游客休息。

8. 旅游价格

旅游价格得分居中，赛后奥林匹克公园的规划将着眼于城市的长远发展和市民物质文化生活的需要，使之成为一个集体育竞赛、会议展览、文化娱乐和休闲购物于一体，空间开放、绿地环绕、环境优美，能够提供多功能服务的市民公共活动中心，为此国家控制场馆的参观价格，鸟巢的门票价格为50元，水立方30元，对儿童、学生都有优惠。如果仅在场馆外围观赏或拍照则免费。这样，价格明确，对大多游客来说都支付的起，属于中档水平。旅游纪念品有专卖店，明码标价，不同价格档次的商品都有，游客对公园的旅游价格持肯定态度，随着经济的发展、人们收入的增加，预计价格评价得分也会有相当提升。

(四)游客对奥林匹克公园的总体评价

调查数据显示游客对奥林匹克公园的总体评价比较统一，较好占了46.6%，很好占31.2%，一般占21.4%，游客感知总体得分也较高，达4.082分。由于不同游客生活环境、习惯等存在差异，他们的评价有所不同是比较正常的现象。因为公园旅游项目、设施设备、服务人员的态度等整体形象较高，游客对公园的整体评价较高，这些说明奥林匹克公园在各项设施和服务上比较到位。但是鉴于游客满意度仍有很大上升空间，公园还要在市场调查前提下继续开发。

(五)游客对公园存在问题的评价

调查显示，有相当一部分游客对公园还是很满意的，这说明公园的总体管理还是值得肯定的。但是我们更应该关注不足之处，以便于思考公园今后努力的方向。位居存在问题首位的是公园旅游项目的开发力度不够，对这方面存在不满的游客达到了40.2%，加强旅游项目的开发成为公园改善的重点。此外，市场监督力度也是游客关注且认为需要改进之处，认为市场监督力度差的人数达到了调查人数的18.8%，值得关注。

四、对策建议

(一)整合资源，加强整体形象宣传

旅游资源经过整合能够强化旅游主题，使旅游形象更加鲜明，还有利于发挥规模效应，提升整体档次，增强产品竞争力。调查显示，大部分游客认为奥林匹克公园仅仅是鸟巢、水立方两大体育场馆，而忽视了国家体育馆、中华民族园、下沉公园、射箭场等公园景点，有的游客甚至不知道有这些景观，故而部分游客认为公园虽然在设施和管理等方面达到了体育旅游的典范标准，但是场馆内景观少，旅游价值有待进一步开发。为了强化奥林匹克公园的主题，形成强大竞争力，带动公园内相关景点的发展，必须将内部旅游资源重新优化整合，形成新的整体形象，打造具有鲜明特色的旅游品牌；实现景区互相联系、互相带动，规模化经营，为景区的整体发展创造新路子；通过互联网、电视、报纸、宣传册等多种渠道，尤其是互联网这一新兴媒体，扩大宣传范围和深度；加强公园活动的宣传，特别是可以借助公园知名度打造对社会有益的团体或个人的形象，形成公园和社会双宣传。

(二)完善设施，提高游客满意度

游客是旅游活动的主体，一个旅游目的地是否能够延长生命周期，实现可持续发展，很大程度上取决于景区是否取得了游客的信任和好评。奥林匹克公园虽然是一个体育旅游景点，在奥运期间其知名度飞速上升，但是作为旅游目的地，其发展依然受到生命周期的束缚，要想实现公园的长久发展，必须尊重游客的感知，把游客的满意度放在首要的位置上。旅游设施作为旅游目的地的一部分，直接决定了旅游接待能力。对奥林匹克公园来讲，要特别重视游客感知得分较低的餐饮、购物、住宿和旅游价格等因素的提升，慎重考虑，完善设施，提高游客感知得分。

(三)继续坚持高质量标准，提升旅游档次

景区的持续发展在于改善和坚持不懈的维持。改善是改良不好的设施和服务，维持是坚持好的作风和原则。继续做好游客感知得分较高的项目，采取适当措施优化管理，降低管理成本是提高旅游发展层次的重要因素。对于游客满意度较高的交通、景点秩序与卫生、道路标识、休息座椅等方面要总结经验，为以后开发、建设积攒宝贵财富。做好交通疏导和安保工作，保证公园良好治安。加强公园秩序的维护，保持公园秩序和卫生。专业设计公园内部设施，保证安全可靠。

(四)找准定位，旅游项目多样化

奥林匹克公园作为奥运遗产是中国人的财富，其作为运动场馆的主要功能不应随着奥运会的结束而画上句号，公园的一切开发首先要尊重其奥运遗产的地位。无论北京奥林匹克公园今后的发展模式怎样，都要坚持为体育事业服务的精神不动摇，开发中立足定位不改变。要在尊重公园定位的基础上建立多样化文娱、体育设施，开展多样化的文化娱乐项目，增加公园活力。

(五)探索建立标准化的场馆服务体系，实施规范化管理

提高奥运场馆的服务质量，是提升游客满意度的重中之重。为此，北京奥运场馆制定了“标准化、规范化、国际化”的运营管理原则。20 世纪 90 年代以来，国家体育总局、国家建设部等部门先后制定了数十个体育场馆建设、服务、安保、环保等方面的标准，这些标准在奥运场馆的运营管理过程中都得到了严格贯彻执行。此外各场馆还努力按照 ISO9000 质量管理体系的标准规范体育场馆的管理，在场地管理、设备维护、人力资源管理、客户服务、物业管理等方面形成了科学的业务流程，赛后场馆的有效利用和良好发展已经证明了规范化管理的成效。奥林匹克公园赛后管理和服务更应该以场馆定位为依据，结合游客旅游感知，与时俱进，探索系统化、标准化服务体系，实施规范化管理，不断满足游客需求，在实践中寻找长久发展之路。

(六)加强奥运场馆运营管理人才的培养力度

奥林匹克公园作为体育场馆，与一般景区有所不同，对于体育场馆无论是管理还是场馆后续建设，都必须由相应的专业人才实行。而要提升游客满意度，更需要专门人才对公园进行专业管理。目前，体育场馆专业管理人才的缺乏已经成为制约北京奥运场馆开发与利用的瓶颈，对此有关部门已经提出了相应的要求并做出了对应政策。特别是有关教育机构一直对此给予重视，尤其是北京体育大学、北京师范大学、首都体育学院等院校，已经设置体育场馆运营管理专业或专业方向。在条件成熟的高校也应该设置体育场馆运营管理研究生专业或专业方向。在体育场馆专业人才培养过程中必须注重人才培养的针对性和实践性，培养掌握体育场馆运营管理基本理论与技术、了解国际体育产业运作规则与规范的高级应用型人才，为体育场馆的建设和发展输送高素质专业人才，保证我国体育旅游事业的国际化发展，为建设游客满意的奥运场馆旅游而努力。

参考文献

[1] [美]菲利普·科特勒著，梅汝和等译：《营销管理：分析、计划、执行和控制》(第九版)，上海：上海人民出版社，1999年。

[2] 刘旭玲、杨兆萍、李欣华：《喀纳斯游客旅游感知调查研究》，《干旱区地理》，2006年第3期。

[3] 张佑印、顾静、胥娜娜、胡巧娟：《国家级文化产业示范园区国内游客旅游感知分析》，《社会科学家》，2011年第1期。

[4] 胡迎春、蔡君：《京郊休闲果园游客满意度调查研究》，《四川林勘设计》，2007年第1期。

[5] 李偲、吴纯渊：《新疆天山天池风景区游客满意度调查研究》，《新疆教育学院学报》，2009年第4期。

[6] 姚俊、耿元元：《北京奥运场馆的赛后利用问题研究》，《体育世界》(学术版)，2007年第1期。

[7] 徐宝洋、雷海英：《天津盘山旅游景区游客满意度调查研究》，《绿色科技》，2011年第7期。

(作者：李炯华　中华女子学院管理学院副教授)

项目名称：北京市中小企业集群融资模式创新设计与研究
项目编号：09AbJG290
项目负责人：王一鸣
项目信誉保证单位：北京大学

合同违约、执行难与合约期界无限化效应
——对全国法院执行案件信息管理系统的威慑效应经济学分析

一、引　言

（一）问题的提出

自1978年改革开放以来，我国市场经济得到了快速的发展，人们的经济活动也日益频繁。作为交易活动中一种重要的协调机制，合约安排在人们的经济生活中发挥着越来越突出的作用。但由于目前尚未具备健全的信用体系，交易者在制定和执行合约的过程中缺乏充分的法律和经济意识，我国出现了大量的合同违约现象，即所谓的“合约有限可执行性”，合约纠纷屡见报端、电视等媒体，合同违约成为严重的经济和社会问题。据有关数据统计，每年在我国各级法院里立案诉讼的有关案件就达上百万起，更不用说还有大量的案件在法庭以外协调解决。然而，尤其值得注意的问题是法院的判决往往难以执行[①]。一起案件本来就耗时、费力，但是当当事人经过千辛万苦得到了判决结果，却由于最后的执行环节难以落实，结果等于是让人拿到了一纸无法兑现的法律白条。这种状况几乎成为一种社会公害，严重损害了有关当事人的权益，同时也给司法机关的权威和公信力造成了负面影响。

执行难是多年来人民群众反映较为强烈、也是人民法院下大气力解决的重点问题之一。为了解决当务之急，加大“执行难”的治理力度，国家最高人民法院正在运用现代电子信息技术手段，开发“全国法院执行案件信息管理系统”，试图探索建立一种国家执行威慑机制。该信息管理系统的建立就是把全

① 仅以2005年为例，全年共新收申请执行案件2052835件，旧存360445件，执结2036717件，执行标的金额3120亿元。其中当事人自动履行及达成和解协议的1007432件，采取强制措施执行的431803件，因当事人确无财产或下落不明而终结执行的597482件。由此可见，在各级人民法院执结的案件中，只有约50%是当事人自动履行和达成和解协议的，而强制执行和无法执行的案件分别占到约20%和30%，说明在我国当前的司法过程中，经济案件判决的“执行难”问题十分严重。

国各级法院每年 200 多万件执行案件，从立案到终结的每一个步骤、程序、措施都及时录入到执行案件信息管理系统的数据库中，这些数据包括案号、执行法院、执行法官、执行依据、执行当事人、执行标的额、执行进程和委托执行、中止执行、暂缓执行、结案方式、实际执行到位款项、债权凭证发放等内容。在该系统提供客观、全面、权威信息的基础上，将通过与银行的征信系统相链接，并借助与工商登记、房地产管理、工程招投标管理、出入境管理、车辆管理等部门建立联动机制，最终形成一种执行威慑机制。

该信息管理系统能够在多大程度上对那些欠债不还的人形成一种威慑？它能够解决“执行难”问题或者能使“执行难”的状况得到缓解吗？如能，其作用机理是什么呢？本文将对其进行理论上的探讨和分析。在实际经济活动中所产生的合同纠纷往往存在诸多因素导致司法执行难，其中包括：(1)社会因素。被执行人难找、被执行的财产难寻、协助执行部门难求、查扣的财产难动、特殊被执行人难碰、执行受阻难解、违法阻碍和抗拒执行的责任人难究等问题突出。(2)政治因素。地方和部门保护主义、司法权力地方化、领导干部以权压法等现象存在。(3)经济因素。社会经济转型时期大量企业脱钩、重组、改制、关闭、停业、兼并、破产等导致被执行人悬空，市场经济主体风险意识不强、规避风险的手段短缺等问题明显。(4)法院管理因素。执行工作规范化水平不高，久拖不执、消极执行现象严重，暂缓执行、中止执行、终结执行随意性大，执行款物和卷宗管理混乱，执行信息不公开，执行过程缺少监督等。凡此种种已影响到了司法制度效能的发挥，削弱了法院判决的公信力。尚未建立健全的信用体系也是大量合同违约事件与“执行难”问题出现的重要原因，但关于“执行难”问题，国内目前还没有学者从信息经济学的角度来进行研究，因此本文拟从博弈论和信息经济学的角度对案件信息系统缓解“执行难”问题的机理进行经济学的分析与论证。

（二）相关文献与研究思路

本研究的主要工具是博弈论和信息经济学。信息经济学研究的是非对称信息情况下的最优交易合约，故有时又被称为合约理论。在契约理论的早期文献中，大都有一个隐含的假设就是存在一个公正的法庭执行契约，并且这种执行是无成本或成本被忽略不计的。在现有文献(主要是国外文献)里，由于研究人员所处环境多为发达资本主义国家，他们有较为健全的信用制度和较为完备的司法制度，合约的可执行性在这样的制度环境中不是一个非常重要的问题，因而合同的可执行性问题长期以来在理论界并没有得到关注。然而，无执行成本假设却并不一定能得到保证。一般条件下，在执行合约时是有成本的，而且成本的高低在很大程度上依赖于司法制度的完备性。值得注意的是，近来的文献已经开始讨论有执行成本的情形，Laffont 和 Meleu (2000)分析了存在内生惩罚和固定执行成本的情形，他们的研究表明，由于存在合约的固定的执行成本，自持的契约[①]可能是最优契约。Krasa 和 Villamil (2000)分析了带有执行成本的最优金融契约。上述讨论带有执行成本契约问题的文章关注的是契约的执行需要花费一定的资源时对委托—代理双方的影响，这些文献并没有考虑到即使愿意花费资源契约也很难执行甚至根本得不到执行的情形，而它恰恰是发展中国家实际经济活动中较为普遍的问题，已成为一个不容忽视的现象。

在博弈论的文献里，信誉机制也是解决违约问题的可能的有效方法之一。最早的声誉模型当属泽尔腾连锁店博弈模型(Selten，1978)，稍后的 Kreps 和 Wilson(1982)、Milgrom 和 Roberts(1982)在连锁店博弈模型基础上进行了关于声誉效应研究。Kreps 等人(Kreps et al.，1982)证明了在 T 阶段重复囚徒博弈中，若囚徒具有正概率采取针锋相对或冷酷战略，则囚徒在起初一些阶段会采取合作方式，而后选择不合作。这正是我们在现实的经济生活中所观察到的现象，在建立起长期合作关系的生意伙伴之间，在开始的很长时间的经济交往中，双方都会信守承诺，但是当一方预计以后不大可能和另一方做生意时，得知生意即将终止的一方就会有违约的冲动，如果拟违约方处于执行难的经济环境中，违约的冲动就会变为现实，也就没有了维持良好信誉的动力。更一般地说，当声誉在一定程度上是私人信息或者是需要成本才能获得的信息时，声誉机制也不能有效地解决违约问题，特别是在即使违约发生后法院执行判决困难的社会环境中。如果合约的缔结双方原本就没有长期的稳定关系，那么声誉机制更不可能保证违约的现象可以杜绝，并且如果存在众多潜在的、相互之间很难传递信息的生意伙伴，且违约后被实际惩罚的程度不是足够重的话，那么违约就基本上是一个占优策略。我们这里讨论的是一般合同当事人，他们与他人合作签约随机性较强而没有一个相对稳定的范围或环境，因而他们就不那么注意自己的声誉，建立声誉的动力可能会不足。基于我国市场经济过程中出现大量合同违约的现象和法院案件执行难的背景，最高人民法院最新开发了“全国法院执行案件信息管理系统”，而在我国目前还没有建立完善的企业和个人信用体制，该案件信息系统虽然在一定程度上可以使人们注意到自己的信用记录，但是否就能完全形成真正的个人声誉机制仍值得怀疑，然而可以肯定的是若有人一旦列入黑名单，则别人查询到后不会再与其合作。因此，我们主要是使用了博弈论里的“冷酷战略”假设(当然，这个“冷酷战略”假设似乎有点强，但与我国实际生活情况基本相符。本文做了假设，对减弱为有限次不合作的惩处情形将来再进一步研究)，而没有使用声誉模型。我们认为前者在我国现实环境里更为接近实际、更合理，因为目前我国的个人信用市场环境还没有建立和完善起来。本文通过建立一个

---

① 自持契约是指在所有状态下代理人的参与约束都满足的契约。

简单的模型框架，来探讨该信息管理系统对解决合同违约现象和执行难问题可能发挥功效的经济学机理，论证建立国家执行威慑机制的有效性和必要性。

二、模　型[①]

考虑一个T期合约，由于经济纠纷中很少有合约双方同时违约的案例，故我们合理的假定该合约是单边有限承诺的合约，即假定缔约方A是完全承诺的，缔约方B有限承诺。每一期的总收益我们标准化为1，为方便起见，我们假定双方均分收益，缔约双方的贴现因子均为δ。每期中B的违约概率为p，若违约发生，则合约中止，且违约方B得到全部收益1，但是面临一个惩罚η（一般大于$\frac{1}{2}$），惩罚被执行的概率为q[②]，则第一期B的预期收益为$\frac{1}{2}(1-p)+p(1-\eta q)$。

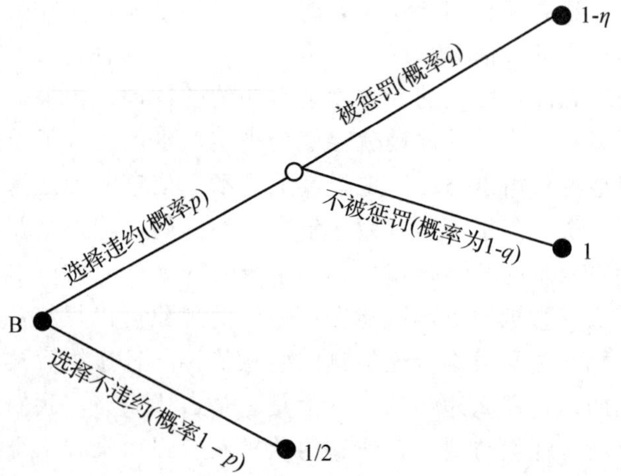

图1　缔约方B的支付

这里采用囚徒困境重复博弈模型假设——冷酷战略，即一旦违约，除了以上惩罚外当事人还面临以后合约的中止作为报复，那么B第二期的预期收益的现值为$\delta(1-p)\left[\frac{1}{2}(1-p)+p(1-\eta q)\right]$。余下各期类推，这样可得有限承诺者B面临的问题是选择违约概率p，以最大化各期收益的贴现

① 本文模型是我们基于重复囚徒博弈的“冷酷战略”思想，在此基础上根据案件信息管理系统的独有特征进行模型重构，如法院判定结果存在执行难问题，最终能否得到执行，我们用随机来描述，对应这里加入q变量，另外若执行的话，执行程度又如何，对应这里加入惩罚变量η。

② 执行难则意味着概率q减小。

和①，即：

$$\max_{p}\sum_{t=1}^{T}\delta^{t-1}(1-p)^{t-1}\left[\frac{1}{2}(1-p)+p(1-\eta q)\right] \quad (1)$$

理论上，我们可以解上述问题的一阶条件以及二阶条件求出有限承诺者B的最优违约概率 $p^{*}=p^{*}(\delta,\eta,q,T)$，是四变量参数的减函数。但是有一个很清晰的逻辑可以在不求解上述问题的情况下讨论上述合约。当惩罚 η 不是很大(通常不会超过项目全部收益1)时，在合约的最后一期，只要违约被执行惩罚的概率小于某个值($\eta q<\frac{1}{2}$)，有限承诺的缔约方一定选择违约；并且如果这个执行概率是公共知识的话，那么理性的A会知道B在最后一期违约，由逆向求解知道该合约是不可能缔结的，也就是说执行概率过低会使得经济中很多获利的机会被浪费掉。这种现象在我国的经济生活中是非常普遍的，因为在本文的前面我们已经对我国的判决执行问题做了一个描述性的介绍，我们知道事实上很多违约当事人并没有受到惩罚，原因并不是没有独立公正的司法力量来对这种违约行为进行裁定，而是司法判决之后得不到执行。没有被执行的惩罚在一定意义上等于没有惩罚。

三、执行案件信息管理系统效应：合约期界无限期化

(一)无限期界效应

要使上述问题得以解决，从上面模型中可知违约概率受 δ、η、q、T 四个变量参数影响，我们认为在理论上有四个可能的方案：一是使违约被惩罚的概率 q 变大，也就是加大执行的力度，这正是我国现实中要努力的方向。在一个 T 期合约中如果缔约人是风险厌恶的，那么要保证合约得以缔结的违约惩罚概率 q 要很大才行，这样做一方面考虑到了执法成本问题，另一方面也考虑了可行性问题。在现实经济生活中，执法力度不可谓不大，但还是出现“执行难”问题。所以在短期内通过加大执法力度以期使违约惩罚执行概率得以大幅度提高的方案事实上是有较大难度的。二是加大惩罚严厉程度 η，在民事合同纠纷中一般来说最大的处罚额度为项目的全部收益，一些造假、破坏环境等造成公害的事件惩罚力度更大。加上在当前执行难比较普遍的情况下导致违约被惩罚的概率 q 很小，该方案可行性大打折扣。三是增大贴现因子 δ，在短期内也显然较为困难。四是增加合同的期限 T 至无限期界②。如果能

① 违约者受到两部分可能的损失，第一部分是对方不再与你合作的报复惩罚，第二部分是面临大小为 η 及执行概率为 q 的惩罚。

② 其实根据完美子博弈均衡，除非执行惩罚且处罚较大(即 $\eta q>\frac{1}{2}$)，否则只要合同是确定性有限期界的，由逆向递推知选择违约是理性的。

够将一个有限期界的重复博弈扩展到无限期界，那么在有限期界博弈中出现的诸多问题都能得到很好的解决。我们先来考察把有限期界博弈扩展到无限期界情况下合同会出现什么样的变化，然后再讨论在我们的现实经济生活中怎样才能实现这种扩展。

当 $T \to \infty$时，上述问题的解为：

$$\max_{p} \sum_{t=1}^{\infty} \delta^{t-1} (1-p)^{t-1} \left[\frac{1}{2}(1-p) + p(1-\eta q)\right] \tag{2}$$

这里 $V(p) = \sum_{t=1}^{\infty} \delta^{t-1} (1-p)^{t-1} \left[\frac{1}{2}(1-p) + p(1-\eta q)\right] = \frac{0.5 + p(0.5 - \eta q)}{1 - \delta + \delta p}$。

对 $V(p)$ 关于 p 求微分，可得 $\frac{dV(p)}{dp} = \frac{0.5 - \delta - (1-\delta)\eta q}{(1-\delta-\delta p)^2}$

因此，当 $\delta > \frac{1}{2}$ 时，$\frac{dV(p)}{dp} < 0$，意味着价值函数 $V(p)$ 是违约概率p的减函数[①]；也就是说，对于对未来的重视程度比较高的当事人来说，有限承诺的缔约当事人的最优违约概率是0[②]，即不违约是最优选择。当 $\delta \leqslant \frac{1}{2}$，且 $q < \frac{1-2\delta}{2\eta(1-\delta)}$ 时，$\frac{dV(p)}{dp} \geqslant 0$，意味着价值函数 $V(p)$ 是违约概率 p 的增函数，也就是说，当当事人对未来的重视程度比较低时，若违约被惩罚的概率大于临界值 $\frac{1-2\delta}{2\eta(1-\delta)}$ 时[③]，有限承诺的当事人不会选择违约。比较有限期界合约与无限期界合约，我们可以知道在无限期界合约中，违约惩罚被执行的概率的临界值要求要大大低于有限期界合约中的临界值要求。一般而言，在无限期界的合约中，只要违约被惩罚的概率大于某个比较低的临界值 $\frac{1-2\delta}{2\eta(1-\delta)}$，那么即使是有限承诺的缔约当事人的最优违约概率也会是0。

(二)建立信息披露机制以实现合同的无界期化

现实生活中有这种无限存续的合约吗？回答是否定的。现实经济生活中

---

① 这里临界值为$\frac{1}{2}$，该临界值与合约两方的协议分成比例有关，等于1减潜在违约者的分成比例或者说等于对方分成比例数。因此，当自己分成比例越大，违约性越小。

② 对于 $\delta > \frac{1}{2}$（即比较注重远期未来）的人来说，即使没有第二部分惩罚即 $\eta = 0$ 或 $q = 0$，但遭受对方不再与其合作的第一部分惩罚是非常严重的事情。对于 $\delta \leqslant \frac{1}{2}$（相对缺乏远视的人）的人来说，则仅有第一部分惩罚是不够的，还要第二部分惩罚且要达到一定的程度。

③ $\frac{1-2\delta}{2\eta(1-\delta)} < \frac{1}{2\eta}$，表明无限期界确实可以改善有限期界下的违约状况。

的所有合约都是有到期时间的，并且所有合约的到期时间都是在缔约时就明确知道的，那么是不是在“执行难”的条件下我们就对违约问题束手无策呢？当然不是。我们在上面的分析中没有考虑一个很重要的因素，那就是信息披露形成的信誉价值。在一个可以确知结束时间的多期合约中，如果没有惩罚或者惩罚约束为软约束的话，那么该合约中有限承诺的一方将一定在第一期就选择违约。这时如果能够引入第三方强制措施的话，能够解决这个问题，这就是司法活动的重要性。但是遗憾的是，在我们的现实经济生活中，即使有独立公正的司法裁决，这个裁决也得不到有效的执行。

加入信息披露机制可以有效解决这个问题，因为历史行为的信息披露会对未来活动造成影响，从而对事前的行为产生约束。如果合约是在双方之间不断的缔结，那么信息披露可以确使有限承诺的参与方选择不违约，因为违约只能得到当期的收益，但是损失的却是未来收益的现值，只要参与人的贴现率不是特别小，也就是说只要参与人不是完全不在乎未来的受益的话，那么一个扩展的重复博弈中未来的收益的现值会大于当期收益，即参与人会选择不违约。但是，市场经济的一个主要特征就是匿名性(即生人市场)，如果在一个匿名的市场中具有有限承诺特征的缔约方能够和不同的人缔结合约的话，那么较容易造成违约或执行难问题。在匿名的市场中，要使合约得以执行的先决条件是存在某种市场逐出机制，比如公正独立的司法力量，或者行业仲裁机构。然而我国的市场机制还不完善，表现之一就是我们的司法裁决得不到有效的执行，没有得到有效执行的裁决等于没有裁决。再次回到我们设定的简单的 T 期合约中，在成熟的市场经济中，由于违约惩罚被执行的概率 $q \to 1$，合约中违约问题不存在，或者即使违约，违约方也会受到惩罚。而在存在“执行难”的市场环境中，违约被惩罚的概率很小，于是具有有限承诺特点的参与人会选择违约。

如果合约在“熟人市场”或成熟市场里不断缔结，那么守信的声誉是有价值的，但是遗憾的是，如果市场传达历史信息不畅或搜集成本很高，具有有限承诺的参与人能够在“生人市场”或不成熟市场里缔结合约的话，那么违约就是具有有限承诺特征的参与人的最优选择①，这也和我们在现实经济生活中观察到的现象是吻合的。如在上下游关系比较固定的行业中违约事件发生的次数要大大少于没有比较固定的上下游关系的行业。那么，如何在一个“生人

① 这里所谓“熟人市场”是指信息传递通畅或搜寻成本低。在“熟人市场”与“生人市场”情形下的缔结合约不同之处在于前者里下一期合约签定概率及收益与此前历史路径有关，因为历史信息是已知的，可以把这种情形视成熟人市场；后者里下一期合约签定概率及收益与此前历史路径无关，因为历史信息是不知的或需要极高的信息搜寻成本，可以把这种情形视成生人市场。后者的长期合约是单期或短期合约的简单延展，每次合约都是有限期界的，并且如果上一合同违约，仍有签定合约的可能，而不会受到永远再签不到或很难再签到合约这一非常严厉的惩罚。

市场”或不成熟的市场环境中解决这个问题呢？一个可行的方法就是建立起有效的信息披露机制或减少信息搜寻成本。在匿名的市场中市场参与者是没有动力提供这种具有公共品性质的信息的，原因很简单，收集信息是有成本的，且很多时候成本高昂，但是却可以很容易的成为免费搭乘者(free rider)。如果市场的容量足够小，获利机会不多，那么市场参与者自身会有动力去发送信号，使得潜在的交易者可以根据信号发送者发送的信号判断参与者的类型，并且在一个小的经济体中市场参与者很容易建立声誉。但是，在一个规模足够大，且获利机会足够多的经济中，要建立声誉是困难的，而成为违约者的成本却非常低。要解决这个问题，我们就需要加大具有有限承诺的参与人的违约成本，如果市场参与人能够以很小的成本得到关于对手的一些关键信息，那么，违约就不再是具有有限承诺特征的市场参与人的最优选择了。最高人民法院建立的“全国法院执行案件信息管理系统”就是把全国各级法院每年 200 多万件执行案件，从立案到终结的每一个步骤、程序、措施都及时录入到执行案件信息管理系统的数据库中，这些数据包括案号、执行法院、执行法官、执行依据、执行当事人、执行标的额、执行进程和委托执行、中止执行、暂缓执行、结案方式、实际执行到位款项、债权凭证发放等内容。这个系统在事实上起到了信息披露的作用，在该系统提供客观、全面、权威信息的基础上，将通过与银行的征信系统相链接，并借助与工商登记、房地产管理、工程招投标管理、出入境管理、车辆管理等部门建立联动机制，最终形成一种执行威慑机制。这样，具有有限承诺特征的经济参与人就不大可能以很低的成本违约，一旦违约，且发生诉讼的经济参与者会被“全国法院执行案件信息管理系统”记录在案，与该违约者可能发生交易的潜在的经济参与人可以很容易并且以很低的成本获得该违约者的记录，减缓信息不对称性。有了这种信息披露机制，违约者的违约成本大幅度上升，即使在一个规模足够大的经济体中，有不良记录的参与人也会失去与其他经济参与人缔结下一个合约的机会，从而带来较高的违约成本。也就是说，当我们建立起这种有效的信息披露机制之后，我们事先确定合约中止日期的合约中存在的违约问题被有效地克服了。这种有效的威慑机制使得经济参与人面临的是一个无限期界的合约，因为无论经济的规模如何，一旦信息可以有效地被披露出来，参与人在考虑是否违约时要顾及的就不仅仅是正在进行中的合约，而是以后和别的参与人缔结合约的机会问题。

(三)案件管理系统的效应分析

创建执行案件信息管理系统成为一种有效的信息披露机制，致使合约无界期化，从而它在一定条件下能够有效地解决或减缓合同的违约和执行难问题。具体地，我们根据前面模型知道，对于比较注重远期未来的人($\delta > \frac{1}{2}$)

来说，它立足于制约这类人可能选择违约的冲动，因为永不与其合作的第一部分惩罚对他来说是非常严重的结果。但是，对于缺乏远视的人，仅信息披露机制也即产生第一部分惩罚是不够的，还需要第二部分惩罚且要达到一定的程度才能产生效果。因为如果经济参与者的主观贴现因子 δ 比较小，价值函数 $V(p)$ 是违约概率 p 的增函数。也就是说，对于比较短视（如 $\delta \leqslant \frac{1}{2}$）也即不是太注重未来的人，若违约被惩罚均值 ηq 不小于 $\frac{1-2\delta}{2(1-\delta)}$ 时，有限承诺的当事人也不会选择违约。而这里被惩罚均值 ηq 是可以大大提高的，因为最高人民法院在建立执行案件信息管理系统的同时，还配套地推出了案件执行惩罚措施和机制，即人民法院联合公安、工商、银行、出入境管理、房地产管理等部门，对拒不履行生效裁判确定的给付财产义务的被执行人，通过限制工商登记、限制贷款、限制出境、限制购房等办法给予惩处，这实质上提高了惩罚概率或判决执行率 q 和处罚力度 η，能促使比较短视的当事人不选择违约①。

在建立了有效的信息披露机制之后，我们还可以预期这种机制能够在一定程度上影响主观贴现率的形成。在现实经济生活中，通常只有那些认为自己在未来可以不和现在环境中的成员做交易的经济参与人的主观贴现率才是比较低的，但是一旦"全国法院执行案件信息管理系统"与海关等职能部门联网，形成信息的有效披露的话，那些试图通过离开中国从而对未来重视程度很低的潜在的违约者会因为这个系统而不能出国，从而使得该潜在的违约者的主观贴现率上升，也能使得 $\eta q \geqslant \frac{1-2\delta}{2(1-\delta)}$ 更容易成立，从而违约不再是其最优选择。

另外，信息管理系统对"执行难"问题的解决或缓解更重要的是体现在事前的威慑效应上。事前的威慑效应体现在交易双方签订合约之前以及执行法庭判决之前，是以事后的声誉损坏为基础的。但在一次性博弈中，声誉没有任何意义，因为当事人在某时期是否违约不会对其以后的交易活动产生任何影响。正如前面简单的模型所示，当处于交易关系持续有限的 T 个时期时，B 在时期 T 的遵守合约程度仍为零，即 B 无须继续考虑声誉问题。可见，要使声誉损坏效应总能发挥作用，关键是将博弈的期限拓展到无限期，而信息管理系统的作用就在于此。需要指出的是，这并不是说在执行案件信息管理系

① 比如，对于 $\delta=\frac{1}{3}$ 的人来说，当他选择违约，若对其惩罚为 $\eta=1$（即相当于其项目的全部收入），这时判决执行率只要不低于 25％就能促使其不选择违约。当然也可反过来看，如再能提高多一些判决执行率，惩罚程度则不需要那么严厉，即 $\eta<1$；如判决执行率能达到 50％，则只需 $\eta=\frac{1}{2}$。

统建立之后，被告B与某一个特定的市场参与者的博弈次数从一次拓展成无穷次，而是说信息管理系统的信息披露机制使得被告“违约并拒绝执行”这一原本属于其私人的信息成为公共信息，导致B在进行下一桩交易的时候，新的交易对象能够通过这种共享的“污点记录”获知B的违约背景，从而使得B与A进行的博弈在时间阶段上能够得到延续。在被告从事的交易比较正规、公开、执行案件信息的传递比较广泛的情形下，可以认为这种信息披露机制构造了一个无穷次重复博弈。由于B是完全理性的市场参与者，他能够预期到博弈形式改变之后违约所带来的这部分经济损失，因而这部分损失在A与B签订合约之前就已经对B产生了一种威慑作用，使其自动遵守合约。并且，在充分竞争的市场上，这种信息披露机制还能够大大降低A类市场参与者的搜寻成本，因为他们可以将拥有“污点记录”的参与者直接排除出自己所选择的交易对象的名单。

四、结　论

从本文模型可以得到，对于比较注重未来的人（$\delta > \frac{1}{2}$）来说，合同期限无限化足以制约这类人选择违约，对于比较短视（$\delta \leqslant \frac{1}{2}$）也即不是太注重未来的人，当违约被惩罚均值$\eta\rho$不小于$\frac{1-2\delta}{2(1-\delta)}$时，当事人也不会选择违约。这里的结论强于现有的冷酷战略博弈模型所能获得的结果，并且在一定条件下甚至可以使所有类型当事人不会选择违约策略。我们将这一结果应用于我国“执行难”问题，可以证明最高人民法院通过建立法院执行案件信息管理系统，以及与工商、银行和海关等部门寻求合作建立执行威慑机制，有可能从根本上缓解或解决“执行难”问题。

本文从理论上证明了最高人民法院执行案件信息管理系统对缓解“执行难”问题的有效性，但以上结论是基于信息管理系统将信息完全披露给公众的假设上，而在实际的运作过程中还存在一些疑点和难点。比如：(1)这套执行案件信息管理系统目前仍然只是面向内部，主要供领导制定决策用，实现完全的信息对外公布和共享还需假以时日，并且由于我国的信息传递网络尚不健全，执行案件信息覆盖的广度将受到限制；(2)威慑机制最终生效需要依赖于法院和银行、工商等部门的合作，但目前较为严重的地方和部门保护主义、金融机构与当事人合谋等消极因素将可能使这种合作搁浅；(3)在执行案件信息管理系统正式建立和数据库得到完善之后，这些极具经济价值的信息记录的储存和处理将由某些个人掌握和控制，由此可能引发司法部门内部的腐化现象。因此，最高人民法院建立执行案件信息管理系统在总体方向上是正确的，但在具体的实施过程中还有诸多困难需要克服。

参考文献

[1] Akerlof, G. , The Market for Lemons: Quality Uncertainty and the Market Mechanism. Quarterly Journal of Economics, 1970, No. 10.

[2] Barro R. and Gordon, Rules, Discretion and Reputation in a Model of Monetary Policy. Journal of Monetary Economics, 1983, No. 12.

[3] Barro R. , Reputation in a Model of Monetary Policy with Incomplete Information. Journal of Monetary Economics, 1986, No. 17.

[4] Cremer J. , Arm' s Length Relationships. Quarterly Journal of Economics, 1995, No. 110.

[5] Cukierman A. , Central Bank Strategy, Credibility, and Independence: Theory and Evidence. The MIT Press, Cambridge, Massachusetts, 1992.

[6] Dewatripont M. , Renegotiation and Information Revelation over Time in Optimal Labor Contracts, Ph. D Dissertation, Harvard University, 1986.

[7] Dewatripont M. , Renegotiation and Information Revelation over Time: The Case of Optimal Labor Contracts. Quarterly Journal of Economics, 1989, No. 9.

[8] Dewatripont M. and E. Maskin, Contract Re-negotiation in Models of Asymmetric Information. European Economic Review, 1990, No. 34.

[9] Dewartripont M. and E. Maskin, Credit and Efficiency in Centralism and Decentralized Economics. Review of Economics Studies, 1995, No. 62.

[10] Fama E. , Agency Problems and the Theory of the Firm. Journal of Political Economy, 1980, No. 2.

[11] Friedman J. , A Noncooperative Equilibrium for Supergame. Review of Economics Studies, 1971, No. 8.

[12] Hart O. and B. Holmstrom. The Theory of Contracts. In T. Bewley ed. , Advances in Economic Theory. Cambridge: Cambridge University Press, 1987.

[13] Hart O. and J. Tirole, Contract Renegotiation and Coasian Dynamics. Review of Economic Studies, 1988, No. 55.

[14] Holmstrom, B. , Managerial Incentive Problem-A Dynamic Perspective. Swedish School of Economics, 1982, No. 4.

[15] Krasa, S. , and A. Villamil, Optimal Contract When Enforcement is a Decision Variable. Econometrica, 2000, No. 68.

[16] Kreps D. , P. Milgrom, J. Roberts and R. Wilson, Rational Cooperation in the Finitely Repeated Prisoners' Dilemma. Journal of Economic Theory, 1982, No. 27.

[17] Kreps D. and R. Wilson, Reputation and Imperfect Information. Journal of Economic Theory, 1982, No. 27.

[18] Milgrom P. and J. Roberts, Predation, Reputation and Entry Deterrence. Journal of Economic Theory, 1982, No. 27.

[19] Laffont J. and D. Martimort, The Theory of Incentives I: The Principal-Agent Model.

Princeton University Press, 2002.

[20] Laffont, J. J., and M. Meleu, Enforcement of Contracts with Adverse Selection in LDCs, Mimeo. IDEI, Toulouse, 2000.

[21] Meyer M. and J. Vickers, Performance Comparison and Dynamic Incentive, mimeo, Nuffield College, Oxford University, 1994.

[22] Rasmusen E., Game and Information: An Introduction to Game Theory, Cambridge: Blackwell Publisher, 1994.

[23] Rosen S., Implicit Contracts: A Survey. Journal of Economic Literature, 1985, No. 17.

[24] Selten R., The Chain-Store Paradox. Theory and Decision, 1978, No. 9.

[25] Spence A. M., Market Signaling: Information Transfer in Hiring and Related Processes, Harvard University Press, 1973.

[26] 陈钊:《信息与激励经济学》,上海:上海人民出版社,2005年。

[27] 刘秀丽:《民事案件执行难问题分析》,《甘肃农业》,2006年第1期。

[28] 肖扬:《最高人民法院工作报告——2006年3月11日在第十届全国人民代表大会第四次会议上》,http://www.court.gov.cn/qwfb/gzbg/201003/t20100310-2611.htm,2006年。

(作者:王一鸣 北京大学经济学院金融系教授
李敏波 中国人民银行总行金融稳定局助理研究员)

项目名称：北京陆运口岸发展研究
项目编号：09AbJG298
项目负责人：郝玉柱
项目信誉保证单位：北京物资学院

北京内陆港发展现状及对策探讨

内陆港(Inland Ports)又称陆运口岸或无水港。这一术语源于美国，最初指代内河港口，以区别于海港。随着集装箱运输的发展，内陆港已发展为地处内陆、具有海港功能的内陆节点。在我国，内陆港是指建在内陆地区，以陆上集装箱运输为连接港口的运输载体，依托高科技网络信息技术和多式联运技术，实现口岸监管查验、货运场站服务和其他服务功能的现代国际物流的通道和平台①。北京是我国内陆地区内陆港发展建设最早的地区，其建设规模及运营情况也一直处于领先地位。北京内陆港主要由北京朝阳口岸、平谷国际陆港和通州马驹桥国际陆港组成。

一、北京内陆港发展现状

(一)北京朝阳口岸发展现状

北京朝阳口岸(以下简称“朝阳口岸”)是我国内陆地区最早建设的专门从事国际海运集装箱进出口业务的内陆港。该口岸位于北京东南四环路与京津塘高速公路交汇处，毗邻北京经济技术开发区，通过京津塘高速公路与天津港相连。朝阳口岸的前身是北京国际货物流通中心，1987 年 9 月经北京市计委立项审批，1992 年 6 月开工建设，1994 年 11 月北京市人民政府以京政发(1994)63 号文件形式发出《关于建立朝阳口岸的通知》，正式批复成立了朝阳口岸，定位为天津至北京直通的二级陆运口岸。

朝阳口岸有北京注册备案从事进出口业务的企业近 30000 家，实际开展进出口业务的有 12000 余家，目前通过朝阳口岸办理海运集装箱进出口通关业务的企业 1900 多家。北京市具有“属地申报，口岸验放”通关资质的企业 177 家，其中在朝阳口岸开展业务的企业共有 131 家，占北京关区总数的 74%。长期在朝阳口岸从事海运集装箱进出口通关代理服务的企业 70 余家。近年来，朝阳口岸主要处理的是海运集装箱进口业务，而且大部分均通过区

① 孙家庆等：《集装箱内陆港理论与实务》，北京：中国物资出版社，2011 年版，第 25 页。

域通关方式完成。朝阳口岸近年来相关业务情况如表 1 所示。

表 1 2005—2010 年朝阳口岸业务情况统计表

项目 年份	箱量 （标箱）	货运量 （吨）	进出口额 （亿元）	关税 （亿元）	增值税 （亿元）
2005	85551	612811	212	19.41	44.46
2006	93094	704673	234	25.77	53.35
2007	84435	738494	264	24.51	56.62
2008	91785	1006444	228	23.34	54.07
2009	89270	3321037 （含散货）	216	23.29	59.03
2010	125103	885918	244	27.20	75.30

注：2009 年货运量中含散货，其他年份均系集装箱进出口货运量。

由表 1 可见，自 2005 年之后，朝阳口岸集装箱处理量基本保持在 8—9 万标箱左右。特别是 2009 年金融危机的影响，朝阳口岸业务出现一定程度下滑，但从 2010 年全年数据来看出现好转，进出口海运集装箱量达到 12.5 万标箱，首次突破 10 万标箱，海关税收超过 100 亿大关，各项指标均创历史新高。但从整体看，近年来由于受到地理位置及营业场所等方面的限制，特别是随着北京市进出口贸易的增长，朝阳口岸不堪重负，趋于饱和，朝阳口岸通关业务受到很大影响，发展后劲明显不足。

（二）平谷国际陆港发展现状

平谷国际陆港地处北京平谷马坊物流基地，是北京市“十一五”期间重点建设的物流基地之一。平谷国际陆港主要服务顺义、怀柔、平谷、密云京东四区县，是北京东部发展带的重要物流节点和京津发展走廊上的重要通道。目前京东 4 区县有各类外向型企业近 2000 家，货运量占了整个北京关区货运量的 25%左右，进出口物流需求旺盛。

为了尽快实现朝阳口岸部分功能平移，2010 年北京平谷国际陆港正式投入使用，海关、检验检疫等相关部门已相继入驻，开始进行相关的业务经营活动。由于运营时间较短，加之平谷本地国际货运代理企业少，致使业务增长缓慢。

（三）马驹桥国际陆港发展现状

马驹桥国际陆港地处北京通州物流基地，也是北京市“十一五”期间重点建设的物流基地之一，2011 年开工建设，建设期 2 年，为实现朝阳口岸功能平移创造条件。马驹桥国际陆港建成启用后，将极大地促进北京地区物流资源的整合，改善北京城市交通，同时也将进一步强化与天津港的合作，提高口岸通关效率，为促进北京外向型经济发展发挥更加积极的作用。

二、北京内陆港通关模式比较分析

北京地区企业进出口货物较多，但大部分进出口货物是以海运方式进行的，且大都在天津口岸清关，只有少量以集装箱运输为主的海运货物在朝阳口岸以区域通关模式通关(平谷国际陆港通关模式与朝阳口岸相同)。区域通关具体来说包括“转关”和“属地申报，口岸验放”两种模式。

(一)北京海运进出口货物的通关模式

1. 在天津口岸清关

即北京进出口货物通过海上运输的，直接在沿海口岸结关。由于北京海运货物主要是通过天津口岸进出口，因此，大部分进出口货物直接在天津口岸申报，办理海关及检验检疫规定的各项手续，履行各项法规规定的义务。

2. 在天津口岸与北京朝阳口岸之间转关

转关一般采取提前报关及直转两种方式。即转关货物的收、发货人或其代理人，可采取以下两种方式办理转关手续：①在指运地或启运地海关和检验检疫以提前报关、报检方式办理；②在进境地或启运地海关和检验检疫以直接填报转关货物申报单的直转方式办理。

3.“属地申报，口岸验放”

这是对符合海关和检验检疫规定条件的守法水平较高的企业，在其货物进出口时，可以自主选择向其属地海关进行申报，向其属地检验检疫机构办理相关手续，口岸海关及检验检疫给予实货查验放行的一种通关方式。

第 2、3 种通关模式均属于“区域通关”的范畴。“区域通关”适用企业有两种：“简化和规范转关运输监管”对所有进出口企业都适用；跨关区“属地申报，口岸验放”仅对经过海关和检验检疫部门批准 A 类以上进出口企业适用。

(二)不同通关模式成本及便利性比较分析

笔者通过实地跟单、企业走访、召集座谈会、问卷调查及电话访谈等方式，汇总了各类企业对各类通关方式所反映的情况及相关信息，对不同通关模式进行成本分析。

1. 通关时间比较分析

表 2 可见，“属地申报，口岸验放”通关方式所用时间最短，平均 2 天，总体评价为“优”。主要原因是这种方式一般不需查验，而且天津新港海关设有区域通关专门窗口，缩短了企业通关时间，通关效率提高近 50%，物流成本下降 30%，真正实现了“一次申报、一次查验、一次放行”。转关方式时间最长，平均 3.5 天，总体评价为“中”。主要原因是转关需要在北京朝阳口岸海关及天津新港海关两次申报，另外，转关方式需要在指定集装箱监管场地施加海关封志，而天津新港施加封志的方式、程序不尽合理。以天津新港集

装箱货物进口为例，货代办理完转关手续后，监管车队提取集装箱运至新港海关指定场地施加封志，但每天施加封志的次数及时间非常有限，施加封志的场地也很有局限性，经常造成大量的集装箱车辆排队等待现象，影响了转关效率。在天津口岸清关时间介于两者之间，平均 3 天，总体评价为“良”。但如果天津口岸清关过程中需要查验，则程序非常烦琐，时间也会大大延长，一般需要 4—6 天才能完成。

表 2　天津口岸清关及朝阳口岸区域通关所需时间对比

通关模式 / 服务内容	天津口岸清关	北京区域通关	
		转关	属地申报，口岸验放
不查验	2—3(天)	3—4(天)	2(天)
查　验	4—6(天)	3—4(天)	2—3(天)
平均通关时间	3(天)	3.5(天)	2(天)
总体评价	良	中	优

2. 通关费用比较分析

在天津口岸清关及朝阳口岸区域通关的各类费用如表 3 所示。表 3 所列费用系笔者通过天津口岸及朝阳口岸实地跟单收集整理的数据。

表 3　天津口岸与朝阳口岸各类费用明细表

费用类别	项　目	20 尺集装箱	40 尺集装箱	40 尺高箱
天津口岸费用	船舶检疫费	100 元/箱		
	港建费	120 元/箱		
	港务费	80 元/箱		
	保安费	30 元/箱		
	港杂费	300 元/箱	400 元/箱	
	疏港费	450 元/箱	700 元/箱	700 元/箱
	码头装卸作业费	370 元/箱	560 元/箱	610 元/箱
	港区费(提货费用)	400 元/箱	700 元/箱	700 元/箱
集装箱费用	压箱费(押金)	1 万元/箱	2 万元/箱	
	滞箱费	5 美元/天(11—20 天)	10 美元/天(11—20 天)	15 美元/天(8—17 天)
		10 美元/天(20 天后)	20 美元/天(20 天后)	30 美元/天(17 天后)

续表

费用类别	项　目	20 尺集装箱	40 尺集装箱	40 尺高箱
仓储费用	出入库	15 元/立方米·次		
	仓储费	1.2 元/立方米·天		
代理费用	换单费	200 元/票		
	报关费	300 元/票		
	报检费	200 元/票		
	转关申报单	30 元/票		
	卡封费	20 元/票		
朝阳口岸费用	运输费用	按通关方式及路程远近收取		
	通道费	50 元/箱	100 元/箱	
查验费用	天津新港开箱费	130 元/箱		
	天津新港掏箱费	400 元/箱	600 元/箱	600 元/箱
	北京朝阳口岸开箱费	50 元/箱		
	北京朝阳口岸掏箱费	300 元/箱	500 元/箱	500 元/箱

注：特种集装箱(冷冻箱、油罐箱、框架箱)等费用单独计算，查验费用为可能产生费用，如无查验不产生。

通过对表 3 中天津口岸与朝阳口岸费用分析对比，可以对天津口岸及朝阳口岸整体通关成本作出客观评价，如表 4 所示：

表 4　天津口岸清关及朝阳口岸区域通关成本对比

通关模式 / 服务内容	天津口岸清关	北京区域通关	
		转关	属地申报，口岸验放
通关费用	中	高	低
运输费用	低	高	低
总体评价	良	中	优

由表 4 可见，朝阳口岸通关“属地申报，口岸验放”成本最低，总体评价为“优”；转关方式“双高”，原因主要是因为转关货物需要有海关监管资质的集装箱车辆承运，运费较高，二次申报增加了通关费用，但朝阳口岸查验方面费用低于天津口岸；天津清关介于两者之间，总体评价为“良”；转关成本最高，总体评价为“中”。

3. 便利性比较分析

表 5 是有关通关便利性的对比，从表中内容可见，“属地申报，口岸验

放”便利性最好，总体评价为“优”；清关与转关各有优劣，总体评价均为“良”。天津清关查验效率低，手续烦琐，朝阳口岸查验及时，当日随查随放。转关需二次申报及施加海关封志，而其他两种方式均是一次申报，不需施加海关封志，且运输车辆、时间、线路均无限制。

表 5　各类通关模式便利性对比

通关模式 服务内容	天津清关	北京区域通关	
		转关	属地申报，口岸验放
申报次数	1	2	1
查验效率	低	高	一般不查验
施加关锁	否	是	否
运输车辆	非监管	监管	非监管
综合评价	良	良	优

三、北京内陆港发展中存在的问题

北京内陆港发展虽然起步较早，但发展速度还不能满足北京市对外贸易发展的需要，如表6所示。通过北京内陆港的进出口货物除2005年外，其他年份均不足北京市进出口货物总额的2%，不论是占整个北京市进出口的份额，还是增长速度(整体上在不断降低)，都难以适应北京市经济与对外贸易发展的需要。“属地申报，口岸验放”通关成本最低，便利性最好，但北京地区多数外贸企业，特别是出口企业舍近求远选择在天津口岸清关，这既有地理位置及历史原因，也有北京内陆港发展中的问题。

表 6　2005—2010年北京市及内陆港货物进出口情况(单位：亿美元)

项目 年份	北京市货物进出口总额	同比增长(%)	内陆港进出口总额	同比增长(%)	内陆港货物所占比例(%)
2005	1255.0643	—	26.2695	—	2.09
2006	1580.3663	25.9	29.9665	14.1	1.89
2007	1929.9976	22.1	36.1416	20.1	1.87
2008	2716.9290	40.8	33.3597	−7.7	1.23
2009	2147.9103	−20.9	31.6335	−5.2	1.47
2010	3014.1000	40.3	36.8429	16.5	1.22

注：表中北京内陆港进出口总额即朝阳口岸的进出口额(见表1)，人民币与美元汇率折算依据国家统计局2005—2010年各年度统计公报“年末人民币汇率”计算。

资料来源：北京统计信息网，2010北京统计年鉴—北京地区对外经济贸易(1980—2009年)、北京市2010年暨“十一五”期间国民经济和社会发展统计公报，http://www.bjstats.gov.cn/.2011-02-21/2011-05-12.

(一)缺乏沿海、沿边口岸的天然优势

1. 内陆港无海运功能，航班信息不对称，综合运费缺乏优势

北京内陆港属于内陆口岸，因无海运功能，班轮公司办事机构少，海运订舱程序烦琐且不确定性因素多，订舱能力无法与天津竞争，一旦遇到出货高峰，频出爆仓、甩箱现象，并形成连锁反应，使北京地区企业对北京本地货代信心不足。

2. 北京地区进出口企业长期习惯做法以及外商指定口岸或货代

朝阳口岸建设之前，北京地区进出口企业长期通过天津货代办理海运业务，与天津口岸的船公司、货代等港航单位形成了较好的合作关系。同时，天津的许多货代都在北京设立了分支机构，由于具有长期合作的基础，两地外贸业务相互依存的局面已经固化。另外，我国出口货物大多以 FOB 价格成交，由外商订舱并支付海运费，外商往往指定在天津口岸出口货物。据对北京地区 50 家进出口企业调查统计，外商指定从天津口岸出口货物的比例超过 25%。

3. 诸多因素影响北京地区进出口企业区域通关的数量

在朝阳口岸办理海运集装箱出口业务时，除“属地申报，口岸验放”通关模式外，大部分企业货物必须运至朝阳口岸内指定监管区域，增加了运输距离，而且需要二次申报，增加了运输费用及通关费用。而“属地申报，口岸验放”通关模式仅 A 类以上企业经审批才可以享受，B 类及以下进出口企业可望而不可即，因此，这种便利的区域通关模式受惠面非常有限。另外，尽管海关总署明确提出：“规范和简化转关监管，实现转关货物的计算机自动审核放行，应转尽转”，但出于对征缴关税的考虑，天津口岸海关也会不时“提醒”企业或货代，不能将货物进出口通关业务全部以区域通关方式放到北京去，要适当照顾天津口岸税收。对此，北京进出口企业及货代一般都会综合平衡这种关系，在天津口岸适当做些清关，这在一定程度上减少了北京区域通关数量。

(二)发展中自身存在的问题

1. 北京内陆港体系尚待完善

北京市 2009 年颁布的《北京市调整和振兴物流业实施方案》要求“完善平谷马坊国际物流中心设施及功能，通过海陆联运发展国际物流，为我市外向型企业拓展新的海运通道；加快推进马驹桥内陆港建设的各项工作，为实现朝阳口岸功能平移创造条件”，但从目前规划及建设的情况看，内陆港整体布局有待进一步科学论证；各组成部分功能分工不尽明确；现已在建的内陆港进展缓慢，业务发展极不平衡。

2. 内陆港发展受地理位置严重制约

朝阳口岸位于四环路与京津塘高速交汇口，各种车辆混杂，流量大，早

晚高峰时间段异常拥堵。随着城市化进程的加快，大多数的生产型企业均外迁至北京六环一带，货物运到朝阳口岸通关后，还要折返运输到位于六环附近的工厂，额外增加了运输距离，加大了企业物流成本。随着北京主城区的快速发展及扩张，朝阳口岸离城市经济中心区距离越来越近，口岸周边地区建设了大量居民住宅及生活配套设施，越来越呈现出主城区的一些特点，朝阳口岸无法也不适宜再向周边发展。

3. 口岸区域规划未完全实现，物流功能单一

朝阳口岸作为我国最早建设的内陆港，发展速度缓慢，主要表现在：国际海运集装箱中转站建设严重滞后，不能提供集装箱拼、拆箱服务，基本就变成了集装箱堆存场地；班轮公司及货代入驻数量少，海运集装箱订舱、货物实时跟踪等服务功能缺失，未形成航运物流服务业集群效应；国际海运集装箱出口货运未能开展起来，影响了朝阳口岸业务量；无法建设B型保税物流园区，企业享受不到"境内关外"保税及退税优惠政策，企业不能方便地进行出口退税，缺乏对北京地区企业的吸引力；朝阳口岸建立之初就遗存了许多体制上、股权上的问题，致使朝阳口岸运营主体未能完全按照市场化模式运营，严重制约了内陆港的发展。

4. 缺少统一开放的内陆港公共信息服务平台

基础网络和信息系统建设滞后，信息资源得不到充分的利用，业务应用系统的功能得不到有效发挥，进驻口岸的监管部门及运营单位之间各自为政，不能方便获取信息，无法实现互联互通。缺少统一开放的内陆港公共信息服务平台，天津新港与北京朝阳口岸监管部门之间、天津口岸与朝阳口岸之间、进出口企业与货代之间缺少互通业务信息的渠道，电子商务等方便快捷的信息化服务模式没有得到广泛应用，在某种程度上浪费了运输能力和行业资源，影响了朝阳口岸整体运营效率。

5. 政策支持力度不够

朝阳口岸自建设运营以来，缺少政府及相关主管部门实质性政策支持，进驻朝阳口岸的航运、物流企业更是享受不到税收等有利于企业自身发展的优惠政策，致使朝阳口岸从事航运、物流等相关行业的企业数量较少，口岸集装箱业务增长缓慢，由于缺乏竞争，服务质量也受到了影响。属地海关与口岸海关、属地检验检疫与口岸检验检疫、海关与检验检疫之间均存在信息不能及时共享、协调不畅等问题，在一定程度上影响了口岸通关效率。

四、北京内陆港发展对策

(一)建设以铁路集装箱中心站为支撑的内陆港体系

根据北京城市总体规划及北京市国民经济和社会发展第十二个五年计划发展纲要编制内容，参照《北京市物流业调整和振兴实施方案》要求，尽快制

订北京“十二五”期间内陆港发展规划。

根据国外发达国家经验及我国铁路集装箱发展现状，以铁路集装箱中心站为支撑的内陆港将是未来几年我国内陆港发展的主要方向。“十二五”期间我国将重点发展铁路集装箱运输。北京是全国规划中的25个物流一级节点城市之一，也是铁道部18个集装箱中心站之一。北京未来新的铁路货运口岸应该设立在铁路集装箱中心站区域，以铁路集装箱中心站为依托的内陆港将成为北京内陆港的重要组成部分。建议北京市口岸发展相关部门积极与铁道部规划部门联系，密切关注北京铁路集装箱中心站选址及建设规划，及时调整北京内陆港战略布局，大力发展集装箱海铁联运及国际大陆桥多式联运业务，为科学构建北京内陆港体系及丰富北京内陆港功能打下坚实的基础。

(二)尽快实现朝阳口岸功能平移

2009年9月，北京市政府及各相关部门就加快推进北京内陆无水港建设的有关工作进行了研究部署，同意《建设北京内陆“无水港”方案》，确定“北京东北、东南方向各有一个口岸的布局。北京内陆无水港建设分两步，先建设平谷马坊口岸型物流基地，再建设通州马驹桥口岸”。将朝阳口岸功能尽快平移，形成以通州马驹桥国际陆港为主、平谷国际陆港为补充的新型现代化的内陆港体系。

从某种意义上来说，内陆港是准公共产品，是社会效益和经济效益明显的物流综合服务平台，因此应加大对内陆港建设的支持力度，赋予内陆港建设主体一定的优惠政策。一是在土地征用、税费减免、争取扶持资金、银行信贷等方面给予优惠；二是可以设立产业扶持基金支持内陆港相关产业发展；三是采取多种融资方式，政府扶持与市场运作相结合。

(三)打造北京内陆港公共信息服务平台

内陆港公共信息服务平台建设对北京内陆港体系建设意义重大。必须整合现有平台资源，实现与天津港物流信息平台的对接；提供海运集装箱订舱功能、班轮公司航线信息、船舶及集装箱实时动态查询、集装箱动态信息查询；采取合理手段与监管部门实现信息共享，内陆港货物申报尽早推行电子申报并实现一发多收功能；推进区域物流信息一体化进程，建设包含公共信息服务、电子商务服务、供应链管理、货运管理等专业信息服务功能的区域性内陆港公共信息服务平台，打造北京数字化内陆港品牌；实现跨区域及区域内口岸监管部门之间以及物流企业之间的信息资源共享和无缝衔接；健全本市内陆港物流统计监测体系及行业发展评价体系，为市政府口岸职能管理部门决策、引导内陆港物流企业发展提供信息支持。

(四)加快B型保税物流园区建设

北京内陆港建设一定要与保税物流园区(B型)建设紧密结合起来，通盘规划，周密设计，将保税区的功能优势和国际陆港的区位优势充分整合，拓展国际中转、国际配送、国际采购、转口贸易等功能，构筑起“区港协同联动”新框架，实现进口货物的入港保税和出口货物的入港退税、使北京进出口企业能够真正享受到“境内关外”的保税及出口退税优惠政策，促进内陆港更好更快地发展。

（作者：郝玉柱　北京物资学院经济学院教授
刘振峰　北京陆港国际物流有限公司教授级高级工程师）

项目名称：北京高新技术企业国际化经营与财务状况质量关系研究
项目编号：09AbJG302
项目负责人：钱爱民
项目信誉保证单位：对外经济贸易大学

我国高新技术企业国际化经营与资本结构质量关系研究

近年来，随着国际竞争的日益激烈，越来越多有实力的企业加入国际化经营的行列，众多高新技术企业更是在这股国际化经营热潮中率先示范，诸如联想、海尔、格力、首钢、中国移动等都给我们带来了国际化经营的成功经验。一方面，这些企业开拓了广阔的海外市场，丰富了企业的利润来源和组成结构，拓展了企业生存和发展的空间；另一方面，高度的复杂性和风险性以及金融危机等诸多不确定性因素，致使高新技术企业在国际化进程中更容易因发展节奏失控而导致资金链断裂，甚至陷入财务危机的境地。因此，在全球一体化背景下，如何更好地应对挑战和把握机遇，在保持高速增长的同时有效防范各种风险，真正走出一条可持续发展的道路，是当前高新技术企业国际化经营中面临的一项非常重要的研究课题。

国内外学术界针对企业经营国际化和经营绩效之间的关系已经进行了三十多年的广泛研究。先前的研究分别提出了五个模型，即正线性(Masaaki，Kotabe & Preet S.，2002)、正的但逐渐递减的收益(Gomes，1999)、U形(Ruigrok W. & Wagner H.，2003)、倒U形(Hoskisson & Ireland，1994)和S形(Jane W. Lu & Paul W. Beamish，2004)。但是，专门针对资本结构质量的研究相对较少。国内学术界对于资本结构质量的研究主要集中在某些行业的实证领域。洪锡熙、沈艺峰(2000)对于我国上市公司资本结构影响因素进行了实证分析，发现企业规模和盈利能力两个因素对企业资本结构的选择有显著的影响，而公司权益、成长性和行业因素对企业资本结构则没有显著的作用。张新民(2001)在国内率先提出了资本结构质量分析体系的框架，认为资本结构质量是指企业资本结构与企业当前以及未来经营和发展活动相适应的质量。这具体包括四个方面：其一，企业资金成本的水平与企业资产报酬率的对比关系；其二，企业资金来源的期限构成与企业资产结构的适应性；其三，企业财务杠杆状况与企业财务风险、企业财务杠杆状况与企业未来融资要求以及企业未来发展的适应性；其四，企业所有者权益内部的股东持股构成状况与企业未来发展的适应性。概括来说，以上四个方面分别是从赢利能力、资产结构、财务弹性及股权结构等不同角度对公司的资本结构质量做出的整体评价。

本课题集中探讨我国高新技术企业国际化经营与资本结构质量的关系问题，对我国高新技术企业国际化经营与资本结构质量关系从资本成本、期限结构、财务弹性、股权结构四个方面进行实证检验。研究结果表明：高新技术企业国际化经营与资本结构质量存在正相关关系。国际化经营在一定程度上会完善企业的资本结构质量，同时，完善企业的资本结构质量可以推进企业的国际化进程，提高公司的国际化经营程度。这一研究结果将为我国高新技术企业修正发展战略和调整经营策略提供理论支持，进而对我国高新技术企业“走出去”战略的顺利实施具有重要的现实和指导意义。

一、理论分析及研究假设

针对高新技术企业的资本结构质量，本课题分别从资本成本、资本期限结构与资产期限结构比较、资本结构的弹性分析以及股权结构四个方面进行分析和评价。

根据一般理论，资本结构质量越高，对于公司发展战略、经营成长的积极作用越大。国际化经营是企业针对市场开拓的一项重要发展战略。因此，我们可以认为资本结构质量对于国际化经营存在积极的作用。据此，本课题提出第一个假设：高新技术企业国际化经营与资本结构质量存在正相关关系。

(一)资本成本与资产报酬率的比较

从成本效益的角度来看，只有当公司的资产报酬率大于加权平均资本成本时，公司才能够在向资金提供者支付报酬之后获得盈余，从而使公司的净资产增加、规模扩大。因此，只有公司的资本结构所带来的加权平均资本成本小于资产报酬率，才能够保证公司有足够的支付资本成本的能力，从而将公司的财务风险控制在较为安全的范围之内。反之，如果公司的资本结构会带来较大的财务风险，这时的资本结构质量便是较差的。

从原则上讲，公司资本成本与资产报酬率的比较应当是用加权平均资本成本与资产报酬率之差来体现的。但是，考虑到公司的加权资本成本很难获得，可以用资产报酬率的高低代替，即资产报酬率越高，公司的收益率达到投资者要求的回报率的可能性就越高，公司的资本结构质量就越好。据此，本课题提出第二个假设：国际化经营与资产报酬率存在正相关关系。

(二)资金来源期限构成与资产结构的配比关系

企业所筹资金按占用时间长短，可分为长期资金和短期资金。按照财务管理理论，企业筹集资金的用途即投资结构决定筹集资金的类型。当企业资本的期限构成与企业资产结构相适应时，企业的资本结构表现为较好的质量；

否则，要么会增加企业短期偿债的压力，要么会使企业效益的下降。据此，本课题提出第三个假设：国际化经营与资本资产期限结构差异率存在负相关关系。

(三)资本结构的财务弹性

所谓资本结构的财务弹性分析，就是考察公司在所能承受的财务风险范围内，通过进一步举债等方式来改变现有资本结构，以扩充资本规模、解决意外资金的可能性和难易程度。

根据财务管理理论，企业财务杠杆比率越高，表明企业资源对负债的依赖程度越高。在企业过高的财务杠杆比率的条件下，企业在财务上将面临以下压力：一是不能如期偿还到期债务的本金和利息；二是在企业发生亏损的特殊时刻，可能存在由于所有者权益的比重较小而损害企业债权人利益的情形；三是企业由于财务杠杆比率较高、负债比率较大，导致财务风险过高，从而可能使得企业很难再从潜在的债权人那里获得新的资金投入。因此，财务杠杆比率较高的企业，其财务风险相对较大。较高的财务杠杆比率对企业未来融资和发展的影响都会很大。所以，如果一个企业具有良好的财务杠杆状况，与当下以及未来融资要求和发展战略相适应，那么该企业便拥有一个质量较好的资本结构，进而会对其国际化经营产生积极影响；反之，企业的资本结构质量则较差，会对企业国际化经营产生消极作用。据此，本课题提出第四个假设：国际化经营与公司财务弹性存在正相关关系。

(四)股权结构对资本结构的影响

股权结构是公司治理的基础，公司治理结构则是股权结构的具体运行形式。近年来，针对股权结构对公司财务风险的研究得到很多一致的研究结论。钱忠华(2009)认为股权结构是影响公司财务风险、可能导致公司陷入财务困境的关键因素。姜秀华(2001)通过建立财务预测模型对上市公司陷入财务困境的原因的研究发现部分股权结构因素对公司财务风险有显著的影响。因此，股权结构也是影响公司资本结构和财务风险的重要因素之一，应当将对股权结构的研究作为对公司资本结构质量研究的一项重要内容。由于中国的制度背景比较特殊，同时考虑到数据的可得性，本研究采用股权集中度以及控股股东的性质作为衡量股权结构对资本结构质量影响的两个指标。据此，本课题提出第五个假设：国际化经营与第一大股东持股比例存在正相关关系。

二、样本选择与数据来源

(一)样本选取

本课题研究的样本来源于2007—2009年沪深两市上市公司的数据。为保证数据的有效性，消除异常样本对研究结论的影响，根据以下原则对原始样本进行了筛选：

(1)研究样本均为沪深两市上市的高新技术企业，考虑到数据的可得性以及取数的方便，本课题选定国家统计局发布的我国高新技术产业年鉴中的行业作为高新技术产业研究对象。这些行业主要包括航天航空器制造业、电子及通信设备制造业、电子计算机及办公设备制造业、医药制造业和医疗设备及仪器仪表制造业五大行业。

(2) 根据研究的目的，选取的研究对象均为国际化经营的高新技术企业，排除了无海外经营业务的企业，此外，剔除了部分地区披露主营业务收入的公司。

(3)为保证数据的完整性，剔除了未披露相关数据等数据不全的公司。

(4)剔除ST(Special Treatment，特别处理)以及PT(Particular Transfer，特别转让)公司，避免极端值对研究结果的影响。

根据以上原则对沪深两市高新技术企业进行筛选，最终选定了195家上市的高新技术企业作为研究样本。

根据数据的可得性，研究样本企业的原始数据主要来源于中国证券监督管理委员会提供的各企业的年度报告以及企业官方网站所提供的年报、中国上市公司资讯网提供的资料等。

(二)变量描述

1. 被解释变量(因变量)

由于现阶段我国高新技术企业的国际化经营主要处于从事出口贸易阶段，因此，本研究将境外主营业务收入与销售收入之比(Foreign Sales to Total Sales，简称FSTS)作为对国际化经营程度的描述，采用这一指标也是很多相关实证研究的通用做法。该指标越高则国际化经营程度越高；反之亦然。计算公式如下：

国际化经营程度＝当年境外主营业务收入/当年总销售收入

2. 解释变量(自变量)

(1)资本成本与资产报酬率的比较。

资本成本的计算惯用的计算方法是加权平均资本成本(Weighted Average Cost of Capital，简称WACC)。其计算公式如下：

加权平均资本成本＝权益权重×权益成本＋债务权重×债务成本

其中，关于权益成本的测算，目前为止财务研究中普遍认可、占主流地位的是资本资产定价模型(Capital Asset Pricing Model，简称CAPM)，根据这一模型权益成本由无风险收益率和风险收益率两部分组成。其具体计算公式如下：

权益资本＝无风险收益率＋β×(市场年收益率－无风险收益率)

其中，无风险收益率是指国债的年收益率；β是指系统风险系数。

资产报酬率(Return on Assets，简称ROA)是衡量公司自身赢利能力的重要指标，它不仅反映了在经营过程中公司全部资源的利用效果，还体现着管理层利用现有公司资源创造价值的能力。不考虑公司资本结构和税收因素对公司赢利造成的影响，其计算公式如下：

资产报酬率＝息税前利润/总资产平均余额×100％

从原则上讲，公司资本成本与资产报酬率的比较应当是用加权平均资本成本与资产报酬率之差来体现的。但是，考虑到公司的加权资本成本很难获得，为方便起见，在实证部分，用资产报酬率的高低代表加权平均资本成本与资产报酬率的比较结果，即资产报酬率越高，公司的收益率达到投资者要求的回报率的可能性越高，公司的资本结构质量就越好。

(2)资金来源期限构成与资产结构的配比关系。

本课题所指的资金来源期限构成与资产结构相匹配，是指资本期限结构比率与资产期限结构比率大致相同。其计算公式如下：

资本期限结构比率＝(长期负债＋所有者权益)/资产总额×100％

资产期限结构比率＝非流动资产/资产总额×100％

资本资产期限结构差异率＝｜资本期限结构比率－资产期限结构比率｜/资产期限结构比率

(3)财务弹性。

通常描述公司财务弹性的指标主要有资产负债率、产权比率、流动比率、速动比率、现金比率(CAR)等。由于资产负债率、产权比率等指标高低应为多少通常没有定论，为方便起见，本课题选择将现金比率设为描述财务弹性的指标，将其作为此处的解释变量。一般认为，现金比率越高，资本结构质量越好。其计算公式如下：

现金比率＝(货币资金＋现金等价物)/流动负债×100％

(4)股权结构。

对于股权集中的测量，本课题选用第一大股东持股比例这一指标。其计算公式如下：

第一大股东持股比例＝第一大股东所持股份/总股本×100％

3. 控制变量

本课题选取股权性质(SEP)作为回归模型中的控制变量。

股权性质对公司财务风险存在影响。国有控股企业通常拥有更大的规模、更高的财务杠杆比率等，并且较容易获得国家的政策优惠和政府的支持；非国有控股的企业则较难获得这样的优惠。而高新技术企业作为创新型企业往往需要大量的研发(R&D)投入，可能需要大量的外部融资。因此，股权性质对于高新技术企业开展创新活动存在一定的影响。因此将样本的股权性质作为控制变量。本课题虚拟(0－1)变量来衡量股权性质变量，即：1表示国有控股；0表示非国有控股。

三、实证结果与分析

(一)相关性分析

在进行回归分析之前，首先应当对各解释变量、控制变量之间的相关关系进行分析。结果如表 1 所示：

表 1　变量间相关系数表

	ROA	DCA	CAR	SRB	SEP
ROA	1.0000	0.0001	0.0000	0.0007	0.0000
DCA	0.0001	1.0000	0.0000	0.0001	0.0000
CAR	0.0000	0.0000	1.0000	0.0001	0.0000
SRB	0.0007	0.0001	0.0001	1.0000	0.0002
SEP	0.0000	0.0000	0.0000	0.0002	1.0000

根据上表可以发现，各变量之间相关系数均很小，分布在 0 左右，故各个变量之间是不相关的，即不存在共线性。据此，我们可以继续进行下面的回归分析。

(二)回归分析

在前面的两部分中，我们对各指标进行了描述统计和相关性的分析，本部分将根据前文提到的指标建立回归模型，进行回归分析，进一步说明各自变量对因变量的影响。

回归模型建立如下：

$$FSTS_t = \beta_0 + \beta_1 ROA_t + \beta_2 DCA_t + \beta_3 CAR_t + \beta_4 SRB_t + \beta_5 SEP_t (t=1, 2, 3)$$

其中：FSTS 表示境外主营业务收入占总销售收入的比例；ROA 表示当期的资产报酬率；DCA 表示资本资产期限结构差异率；CAR 表示现金比率；SRB 表示第一大股东持股比例；SEP 表示企业的控股权性质。

在进行回归分析之前，首先剔除了异常值样本，最终回归模型进行回归的企业有 156 家。回归分析采用普通最小二乘法，结果如表 2 所示：

表 2　实证回归结果

变量名称	回归系数	标准差	T 统计量	P 值
ROA	0.1586	0.0665	2.3846	0.0174
DCA	−0.0237	0.0116	−2.0437	0.0414
CAR	0.0661	0.0110	5.9933	0.0000
SRB	0.4362	0.0306	14.2413	0.0000
SEP	0.0188	0.0200	0.9386	0.3483

由回归分析结果可以看出，除股权性质外，其他所有自变量与因变量之间的相关关系是显著的。将股权性质变量排除出回归模型，得出标准化的回归方程如下：

$FSTS=0.1586ROA_t-0.0237DCA_t+0.0661CAR_t+0.4362SRB_t$ （t=1，2，3）

下面针对得出的回归模型，对回归方程作出分析。

首先，通过对回归方程中各个自变量回归系数的观察发现：相关系数最大的变量是第一大股东的持股比例，为0.4362，P值为0，与因变量成显著正相关关系，这与前面的第四个假设相符。这一结论与预计结论一致，即第一大股东持股比率越高，资本结构质量越好，对于国际化经营的正面作用越大。因此，适当提高第一大股东持股比率和公司股权集中度，有利于推进企业的国际化经营。这在股权结构层面验证了资本结构质量与国际化经营之间的正相关关系。

其次，资产报酬率相关系数为0.1586，P值为0.0174，与因变量成显著正相关关系，这与我们的第一个假设是一致的。这说明我国高新技术企业资产报酬率与国际化经营之间存在正相关关系，即对于国际化经营的高新技术企业来讲，资产报酬率越高，国际化经营程度越高。因此，资产报酬率是积极影响国际化经营程度的一个重要因素。这也表明，从资本成本与资产报酬率差异方面来讲，资本结构质量与国际化经营存在正相关关系。

此外，现金比率的相关系数为0.0661，P值为0，说明现金比率与因变量国际化经营之间存在显著正相关关系。这也验证了我们前面的第三个假设。现金比率是反映资本结构财务弹性的重要指标，根据理论研究成果，现金比率越高财务风险越小，资本结构的质量越好。因此，对于开展国际化经营的高新技术企业来讲，现金比率会在一定程度上积极地影响其国际化经营。因此，高新技术企业在一定范围内合理地提高现金比率，减小财务风险，会促进其国际化经营的开展。这一结果表明在财务弹性上，即高质量的资本结构对高新技术企业国际化经营有积极的推动作用。

另外，资本资产期限结构比率差异与因变量的相关系数为−0.0237，P值为0.0414。这一回归结果表明，资本资产期限结构差异率与国际化经营程度之间存在显著负相关关系，即资本资产期限结构差异率越小，国际化经营程度越高，这与前面的第二个假设是一致的。资本期限结构比率与资产期限结构比率之间差异越小，说明资本期限结构与资产匹配程度越高，资本结构质量越好，所以，资本资产期限结构差异率与国际化经营之间的负相关关系表明，在期限结构方面，资本结构质量与国际化经营之间存在正相关关系。

最后，关于控制变量即控股股东性质，回归结果显示P值为0.3483，所以这一自变量与因变量之间的相关关系是不显著的。这一研究结果从常理上讲似乎难以理解，因为国有控股与非国有控股在融资、财务风险等方面的不同理应影响到公司的资本结构，进而影响到国家化经营程度。但是换一个角度来讲，由于高新技术产业是一个比较特殊的行业，近年来国家对于高新技术企业的鼓励和扶持力度越来越大，尤其是对于民营高新技术企业给予大力支持，使得高新技术企业无论性质是否为国有，在各方面所享受的待遇都趋于一致。因此，我们可以认为，高新技术企业作为政府和国家大力支持和推进的一个行业，控股股东的性质对其影响相比其他行业较小，故可以将这一变量排除出回归方程。

四、研究结论

本课题的研究目的旨在发现我国高新技术企业国际化经营与资本结构质量之间的某种关系。本课题将资本结构质量的构成要素分为资本成本与公司资产报酬率的差异、期限结构、财务弹性、股权结构四个部分，并对这四个要素分别进行了理论介绍和分析，并通过选取2007－2009年沪深两市上市并且从事国际化经营的高新技术企业作为样本，通过实证研究考察了资本结构质量各构成要素对国际化经营的影响。通过分析，得出以下结论：

第一，衡量股权结构的第一大股东持股比率与国际化经营程度存在显著正相关的关系。股权结构是衡量资本结构质量的一个重要方面。第一大股东持股比率体现公司的股权集中程度。已有研究表明，股权集中程度越高，越有利于降低公司财务风险，提高公司的资本结构质量。本课题的研究结论基于这一观点，通过实证研究，发现高新技术企业国际化经营与第一大股东持股比率存在显著正相关关系。因此，我国国际化经营高新技术企业可以适当提高股权集中度，优化资本结构质量，进而推进自身的国际化进程。

第二，替代资本成本的资产报酬率与国际化经营程度存在显著正相关关系。本课题的一个研究前提便是将资产报酬率的高低作为替代资本成本与资产报酬率比较结果的替代指标。研究发现，资产报酬率是影响高新技术企业国际化经营的一个重要方面。二者成显著正相关关系。因此，通过提高资产报酬率，可以优化资本结构质量，并积极影响未来的国际化经营。

第三，反映财务弹性的现金比率是影响国际化经营程度的重要因素，二者是显著正相关的。现金比率越高，财务弹性越好，进而资本结构质量越好。研究结果表明，现金比率会积极影响高新技术企业国际化经营。根据逻辑关系，这进一步表明公司的资本结构质量与国际化经营存在正相关关系。

第四，资本资产期限结构差异率与国际化经营程度存在负相关关系。资本期限结构差异率指的是资本期限结构与资产期限结构的配比程度，与资本结构质量存在负相关关系。本课题的研究结果表明，资本资产期限结构差异率与国际化经营程度存在负相关关系。这也表明，在这方面，资本结构质量与国际化经营成正相关关系。

根据以上结论，我们可以得出本课题研究的整体结论，即资本结构质量与国际化经营程度之间存在正相关关系，即本课题的研究结果最终支持了第一个假设，佐证了我们的研究假设。不难理解，优异的资本结构质量必然对企业的各个方面有积极的影响，对于企业的重要发展战略——国际化经营也必然有积极的作用。因此，从事国际化经营的高新技术企业可以通过优化其资本结构质量进而加快其国际化步伐，实现海外扩张，提升企业自身的国际竞争力。

参考文献

[1] 洪锡熙、沈艺峰：《我国上市公司资本结构影响因素的实证分析》，《厦门大学学报》(哲学社会科学版)，2000 年第 3 期。

[2] 钱爱民：《公司财务状况质量综合评价研究——基于增长、盈利、风险三维平衡视角》，北京：北京大学出版社，2010 年。

[3] 王春梅：《上市公司资本结构质量评价实证分析——基于房地产类上市公司的实践》，《财会通讯》，2007 年第 2 期。

[4] 王玉冬、何晓燕：《高新技术企业资本结构优化研究》，《哈尔滨工业大学学报》，2009 年第 2 期。

[5] 肖作平：《资本结构影响因素和双向效应动态调整模型——来自中国上市公司面板数据的证据》，《会计研究》，2004 年第 2 期。

[6] 于敏：《上市公司财务管理中的资本结构质量分析》，《财会研究》，2005 年第 4 期。

[7] 张新民、王秀丽：《对资本结构质量的思考》，《中国经济评论》，2003 年第 10 期。

[8] 张兆国、陈华东：《试析我国上市公司资本结构的效应》，《会计研究》，2004 年第 10 期。

[9] Alexandros Benosa & George Papanastasopoulosb. Extending the Merton Model：A hybrid approach to assessing credit quality. Mathematical and Computer Modelling，2007，Vol. 46，NO. 1—2.

[10] Cummins J. D. & Danzon P. M. Price，Financial Quality，and Capital Flows in Insurance Markets. Journal of Financial Intermediation，1997，Vol. 6 ，No. 1.

[11] Guriev Sergei & Kvasov Dmitriy. Imperfect competition in financial markets and capital structure. Journal of Economic Behavior & Organization，2009，Vol. 72，No. 1.

[12] Ivan E. Brick，Michael Frierman & Yu Kyung Kim. Asymmetric Information Concerning the Variance of Cash Flows：The Capital Structure Choice. International Economic Review，1998，Vol. 39，No. 3.

[13] Kailan Caia，Richard Fairchildb & Yilmaz Guneyc. Debt maturity structure of Chinese companies. Pacific-Basin Finance Journal，2008，Vol. 16，NO. 3.

[14] Liang，Pierre Jinghong & Zhang，Xiao-Jun. Accounting Treatment of Inherent Versus Incentive Uncertainties and the Capital Structure of the Firm. Journal of Accounting Re-

search, 2006, Vol. 44, No. 1.

[15] Mittoo Usha R & Zhang Zhou. Bond Market Access, Credit Quality, and Capital Structure: Canadian Evidence. The Financial Review, Vol. 45, No. 3, 2010.

[16] Robert Heinkel & Josef Zechner. The Role of Debt and Preferred Stock as a Solution to Adverse Investment Incentives. The Journal of Financial and Quantitative Analysis, 1990, Vol. 25 , No. 1.

[17] Robert W. Klein, Richard D. Phillips & Wenyan Shiu. The Capital Structure of Firms Subject to Price Regulation: Evidence from the Insurance Industry. Journal of Financial Services Research, 2002, Vol. 21, NO. 1—2.

（作者：钱爱民　对外经济贸易大学国际商学院教授）

项目名称：北京建设世界城市背景下的总部农业发展研究
项目编号：10AaJG327
项目负责人：马俊哲
项目信誉保证单位：北京农业职业学院

对北京依托农业科技园区发展科技型总部农业的研究

总部农业是农业发展到一定阶段所出现的新模式。它是指某城市以其特有的资源优势吸引农业企业将总部设在该城市，并通过极化效应和扩散效应形成农业企业总部的集群布局，而将农业生产或者农产品加工基地布局安排在其他具有比较优势的区域，从而使企业价值链与区域资源实现最优空间耦合的一种农业发展新模式。其中，农业企业总部集群布局的城市区域，称为农业总部基地。简言之，总部农业是在农业的市场资源与生产资源相分离的情况下而形成的一种新的发展模式，它常使城市的科技、人才、资本、信息、市场等资源优势和农区的劳动力与土地、水、气候等自然资源优势得以有效组合和充分发挥。在实践中，许多农业企业把集团总部、行政总部、研发总部、营销总部等设在城市中心区或者近郊区，而在农区建基地、办工厂、设窗口，不断拓展农业发展空间，以实现生产要素的科学合理配置，推进现代农业的建设和发展。北京市作为特大型国际化城市，依托独特的科技和人才优势，建成了一大批农业科技园区，为发展科技型总部农业奠定了坚实的基础。为了有效推进北京市总部农业的建设和发展，我们在北京市科学技术委员会对全市农业科技园区进行调研的基础上，依托其发展科技型总部农业的有利和不利条件进行分析，以进一步明确北京发展总部农业的思路、方向和重点。

一、北京农业科技园区的基本情况

从 20 世纪 80 年代初期开始，随着世界农业科技革命的迅速推进，农业生产方式逐步由传统粗放型向现代集约型转变，农业科技园区作为现代集约型农业和高新技术应用示范的窗口应运而生，并呈现快速发展的趋势。纵观北京农业科技园区的发展历程，其主要经历了初创探索（1993—1999 年）、规范发展（2000—2009 年）、成熟提高（2010 年至今）三个阶段。目前，由于农业科技园区的建设和运行，构建起新的科技投入转化机制，实现了高新技术成果向农业领域的有效转移，加快了高新技术改造传统农业的步伐，推动了现代农业的快速发展。

(一)北京市各区县的农业科技园区分布情况

据北京市科学技术委员会于2012年3月所组织的调查，全市共有各级各类农业科技园区52个，其分布如表1所示。

表1　北京市农业科技园区分布与类型一览表　（单位：个）

区　县	农业科技园区数	研究创制型	中试开发型	应用示范型
朝　阳	2	—	1	1
海　淀	2	—	—	2
丰　台	2	—	—	2
门头沟	4	—	1	3
房　山	2	—	—	2
通　州	6	2	—	4
顺　义	2	—	—	2
昌　平	4	1	—	3
大　兴	15	3	2	10
怀　柔	6	—	—	6
平　谷	2	1	1	—
密　云	2	2	—	—
延　庆	3	3	—	—
合　计	52	12	5	35

(二)北京市农业科技园区的科技创新、技术研发及应用推广情况

据北京市科学技术委员会2012年3月的调查，北京市各农业科技园区的科技创新、技术研发及应用推广情况如表2、表3所示。

(三)北京市农业科技园区的社会效益情况

据北京市科学技术委员会2012年3月的调查，北京市各农业科技园区的社会效益情况如表4所示。

表 2　北京市各农业科技园区的科技创新情况一览表

序号	园区名称	所在区县	主持项目(个)	2011年主持经费(万元)	主持经费累计(万元)	参与项目(个)	2011年参与经费(万元)	参与经费累计(万元)	科技人员(人)	科技人员占就业人员比例	研究生学历的科技人员	本科学历的科技人员	大专学历的科技人员	高级职称的科技人员	中级职称的科技人员	初级职称的科技人员	合作单位	每月聘请专家次数	每月学术交流次数	研发经费(园区投入,企业投入,累计投入)(万元)
1	朝来农艺园	朝阳				2	5	25	7	14%		1	6	1	1	2	北京市农林科学院、朝阳区农业综合服务中心	3	1	10(10,0,80)
2	蟹岛种植养殖园区	朝阳				17	10	690	21	0.03%	4	9	8	2	5	7	中国农业大学、北京市农林科学院	4		1770(0,1770,1770)
3	四季青果林所观光采摘园	海淀	2	100	125	2	100	130	5	26%			2		2	3	北京市农林科学院、中国农业大学			20(20,0,20)
4	一品香山都市现代农业园区	海淀				2	30	120							2	10	北京市农林科学院	5	1	30(30,0,0)
5	南宫世界地热博览园	丰台							4	5%			2		1	1	北京市农业技术推广站	1	3	0
6	北京农作物品种试验示范展示基地	丰台							12	14%							北京市农业技术推广站			
7	北京山人养殖中心园区	门头沟	2	17.5	27.5				2	10%			2		2	1	中国科学院动物研究所	1	1	10(2,8,10)
8	绿纯生物蜂蜜科普旅游文化基地	门头沟							2	20%	2	2	3	2	1			3		
9	孟悟生态园	门头沟							30	35%			2					6		

续表

序号	园区名称	所在区县	主持项目(个)	2011年主持经费(万元)	主持经费累计(万元)	参与项目(个)	2011年参与经费(万元)	参与经费累计(万元)	科技人员(人)	科技人员占就业人员比例	研究生学历的科技人员	本科学历的科技人员	大专学历的科技人员	高级职称的科技人员	中级职称的科技人员	初级职称的科技人员	合作单位	每月聘请专家次数	每月学术交流次数	研发经费(园区投入,企业投入,累计投入)(万元)
10	妙峰山玫瑰花国家级农业标准化示范区	门头沟			52.5				13	10%			4	2		7	北京农学院、门头沟区科学技术委员会	1	1	
11	房山区食用菌现代集约化聚集园区	房山															房山区种植业服务中心			60(0,60,60)
12	韩村河农业技术开发中心园区	房山							9	25%	3	1		4	1	4	北京市农林科学院	4		
13	北京金福艺农农业科技园区	通州				5	489.42	519.42	16	4%	3	4	9	1			中国农业大学、国家农业信息化研究中心、国家设施农业工程技术研究中心、北京市农林科学院、北京市农业技术推广站、北京市植保站等	5	1	
14	北京金篮子生态种植园	通州	3	30	30				20	10%		7	13	3	10	7	北京市农林科学院	3	3	
15	北京瑞正园农庄	通州				1	10	10	17	8.50%	2	6	8	2	6	10	中国农业科学院、中国农业大学、北京林业大学、北京科技大学、北京农学院	2	1	700(0,700,1600)
16	北京国际都市农业科技园	通州	3	50	60	4	30	40	21	30%	6	8	4	6	8	4	中国农业大学、中国农业科学院、北京市农林科学院、北京林业大学	2	2	90(50,40,120)

续表

序号	园区名称	所在区县	主持项目(个)	2011年主持经费(万元)	主持经费累计(万元)	参与项目(个)	2011年参与经费(万元)	参与经费累计(万元)	科技人员(人)	科技人员占就业人员比例	研究生学历的科技人员	本科学历的科技人员	大专学历的科技人员	高级职称的科技人员	中级职称的科技人员	初级职称的科技人员	合作单位	每月聘请专家次数	每月学术交流次数	研发经费(园区投入,企业投入,累计投入)(万元)
17	通州区低碳现代农业示范园	通州				1	500	800	19	25%	3	5	11	2	4	13	农业部规划设计研究院、中国农业大学、北京市农林科学院、中国农业科学院	1	0.5	80(0,80,120)
18	北京通州国际种业科技园区	通州																		
19	北京顺义三高科技农业试验示范区	顺义	18	300	9000				117	25%	15	79	21	7	73	37	中国农业科学院、北京市农林科学院、中国农业大学、北京农学院	2	1	200(200,0,3000)
20	北京国际鲜花港	顺义	1			2	2000	4000	86	27.30%	4	36	20	2	2	6	中国农业科学院、中国农业大学、北京林业大学、北京市农林科学院、北京农业职业学院	2	1	800(0,800,1000)
21	北京特莱大观园	昌平	8	320	800	5	60	150	9	6%		3	2		1	4	中国农业大学、北京市农林科学院	2		50(50,0,400)
22	北京昌平国家农业科技园区	昌平	325	2000	8000				342	20%							中国科学院、北京市农林科学院、北京农学院、北方国家级林木种苗实验室			
23	北京金六环农业园	昌平	4	100	500	6	300	1000	18	20%	2	8	8	1	5	7	中国农业大学、中国农业科学院、农业部规划设计院、北京农学院、北京市农林科学院	1	1	200(100,100,500)

续表

序号	园区名称	所在区县	主持项目(个)	2011年主持经费(万元)	主持经费累计(万元)	参与项目(个)	2011年参与经费(万元)	参与经费累计(万元)	科技人员(人)	科技人员占就业人员比例	研究生学历的科技人员	本科学历的科技人员	大专学历的科技人员	高级职称的科技人员	中级职称的科技人员	初级职称的科技人员	合作单位	每月聘请专家次数	每月学术交流次数	研发经费(园区投入,企业投入,累计投入)(万元)
24	北农科技园	昌平	14	600	1200	27	380	810	47	23.50%	8	14	8	3	12	10	中国农业大学、中国农业科学院	3	8	140(20,120,780)
25	北京碧海林果园区	大兴	2	30	110	5	15	60	12	25%		5	5	2	1	7	中国农业大学、河南果树研究所、辽宁兴城果树研究所、北京市农林科学院	2	1	3(3,0,20)
26	大兴区农业技术示范站示范园区	大兴	1	30	120	1	30	200	5	10%	0	2	3	0	2	3	北京市农林科学院、北京市农业技术推广站	1	1	5(5,0,50)
27	北京圣泽林生态果业园区	大兴	7	3	50	2			5	15%	1		3	4	1		北京市农林科学院、中国农业大学	0.5	0.5	65(65,0,105)
28	巴园子有机食品采摘农业园区	大兴							3						3		大兴区农科所、大兴区农业技术推广中心	1	1	10(10,0,10)
29	北京亮民绿奥农业园区	大兴				2	6	14	10	22%		2	8	2	4	4	中国科学院植物研究所、北京林业大学、北京市农林科学院、中国香草产业联盟	1	1	6(0,6,35)
30	北京夏至农业科技园区	大兴	5	50	80	3	10	20	30	70%	1	25	4	6	10	14	中国农业科学院、北京市农林科学院、北京市农业技术推广站、北京市土肥工作站			
31	北京庞各庄御瓜园	大兴							6	17%	2	4		2	4					40(40,0,60)

续表

序号	园区名称	所在区县	主持项目（个）	2011年主持经费（万元）	主持经费累计（万元）	参与项目（个）	2011年参与经费（万元）	参与经费累计（万元）	科技人员（人）	科技人员占就业人员比例	研究生学历的科技人员	本科学历的科技人员	大专学历的科技人员	高级职称的科技人员	中级职称的科技人员	初级职称的科技人员	合作单位	每月聘请专家次数	每月学术交流次数	研发经费（园区投入，企业投入，累计投入）（万元）
32	大营宏光北京鸭生态养殖科技示范园	大兴	6	50	300	3	10	50	10	30%		2	5	1	3	5	中国农业科学院、中国农业大学、北京农业职业学院、北京市农林科学院	4	2	50(30,20,100)
33	设施樱桃新品种新技术示范基地	大兴	1	670	670	1	5	5	15	20%	2	1	12	7	5	3	中国农业大学、北京市农林科学院	1	2	25(15,10,25)
34	北京融青千亩生态农业观光示范园	大兴							50	40%	2	30	18	2	10	20	中国农业大学、北京农学院、北京市农林科学院	3	2	1000(0,1000,1000)
35	北京肉鸽养殖科技示范园	大兴	6	5	150				16	57%		2	1			3	北京市农林科学院、中国农业大学、北京市畜牧兽医总站	2	1	80(5,75,300)
36	北京安鑫农业科技示范园	大兴							2	25%		2			1	1	北京市农林科学院信息所	0.5	0.2	
37	北京桃花园农业科技示范园	大兴							10	20%		5	5		5	5	中国农业科学院、中国农业大学	2	1	50(0,50,50)
38	北京老宋瓜园	大兴				4	120	120	3	10%	1	2		1	2		北京市植保站、中国农业科学院	4	4	5(5,0,10)
39	大兴区苗圃	大兴							33	45%		9	7	2	6	1	北京师范大学、中国农业科学院	2		
40	神龙峪红梨产业园	怀柔				2		120	8	30%		4	4				北京农业职业学院	2		
41	凤山百果园	怀柔							50	5%		5	2		2	1	北京市农林科学院、北京农学院	1		

续表

序号	园区名称	所在区县	主持项目(个)	2011年主持经费(万元)	主持经费累计(万元)	参与项目(个)	2011年参与经费(万元)	参与经费累计(万元)	科技人员(人)	科技人员占就业人员比例	研究生学历的科技人员	本科学历的科技人员	大专学历的科技人员	高级职称的科技人员	中级职称的科技人员	初级职称的科技人员	合作单位	每月聘请专家次数	每月学术交流次数	研发经费(园区投入，企业投入，累计投入)(万元)
42	三山都市型设施农业公园	怀柔							10	2%										
43	北房镇城市农业公园	怀柔																		
44	北京绿湖农业生态园	怀柔												3	1					
45	七彩樱桃园	怀柔																		
46	平谷区绿都林科技示范园	平谷	2	30	50	3	20	80	8	12.10%	2	3	3	2	3	3	中国农业大学、北京市农林科学院、北京农学院	2	1	50(30,20,150)
47	北京诺亚农业发展有限公司园区	平谷							18	18%	2	8	8	1	3	6	中国农业大学、清华大学、北京市农林科学院	4	1	200(200,0,200)
48	北京百年栗园科技示范生态农业园区	密云							80	20%	4	30	50		8	72	中国农业科学院、中国农业大学、北京市农林科学院、河北科技师范学院、河北旅游职业技术学院	1	2	1000(0,1000,2000)
49	海昌渔业高科技现代化生态农业示范园区	密云									10	6	6	1	1	2	中国工程科学院、中国水产科学院黄海水产研究所、大连海洋大学、中国农业科学院、大连汇新钛技术有限公司	5	3	
50	北京马铃薯产业高科技园区	延庆							20	20%	5	15		5	6	9	国际马铃薯中心	1	1	2000(0,2000,5000)

续表

序号	园区名称	所在区县	主持项目(个)	2011年主持经费(万元)	主持经费累计(万元)	参与项目(个)	2011年参与经费(万元)	参与经费累计(万元)	科技人员(人)	科技人员占就业人员比例	研究生学历的科技人员	本科学历的科技人员	大专学历的科技人员	高级职称的科技人员	中级职称的科技人员	初级职称的科技人员	合作单位	每月聘请专家次数	每月学术交流次数	研发经费(园区投入，企业投入，累计投入)(万元)
51	北京德青源延庆养殖基地	延庆	3	1024	1808	11	420	1248	421	91.25%	20	40	104	14	9	53	中国农业大学、北京市农林科学院	1	1	807(0,807,899)
52	延庆县有机农业示范园	延庆	3	297	1100	2	20	110	65	35%	5	29	18	1	1	4	中国农业大学、中国农业科学院、北京市农林科学院、北京农学院、北京农业职业学院、北京农学院、北京市农业局推广站、北京市植保站	2	3	1000(400,600,3000)

表 3　北京市各农业科技园区的技术研发与应用推广情况一览表

序号	园区名称	筹建时占地面积(亩)	当前占地面积(亩)	引进优良新品种(个)	推广应用(个)	获取专利(个)	累计专利(个)	引进新技术(项)	推广应用(项)	引进新设施(套)	技术示范(亩)	应用示范(亩)	辐射(亩)	孵化企业(家)
1	朝来农艺园	450	380	8	6			2	1	2	100	30	300	
2	蟹岛种植养殖园区	1800	3000	56	34			4	4		102	500	21000	
3	四季青果林所观光采摘园	150	465	80	30			5	3	2	120	1000	10000	
4	一品香山都市现代农业园区	1200	1200	4	4			2	2		50	600		
5	南宫世界地热博览园	800	800	3	2					30				
6	北京农作物品种试验示范展示基地	300	300	1265	965					30	100	200		

续表

序号	园区名称	筹建时占地面积（亩）	当前占地面积（亩）	引进优良新品种（个）	推广应用（个）	获取专利（个）	累计专利（个）	引进新技术（项）	推广应用（项）	引进新设施（套）	技术示范（亩）	应用示范（亩）	辐射（亩）	孵化企业（家）
7	北京山人养殖中心园区	60	450	2	2			1	1		100	100		1
8	绿纯生物蜂蜜科普旅游文化基地	10	10	30	30000									
9	孟悟生态园			2	2					3	100	200	0	
10	妙峰山玫瑰花国家级农业标准化示范区	4500	5000	2	2	1	1				200	500	4300	1
11	房山区食用菌现代集约化聚集园区	780	780	2				1		2	40	40	1000	
12	韩村河农业技术开发中心园区	260	260					2	2	1	60	60		
13	北京金福艺农农业科技园区	1000	1000	130	20			10	2	57	1000	1000	5000	
14	北京金篮子生态种植园	800	1200	10	10						100	100	300	
15	北京瑞正园农庄	1100	1100	27	16	1	1	33	5	120	65	600	5200	5
16	北京国际都市农业科技园	227	1000	90	60	3	8	16	12	13	370	370	10000	12
17	通州区低碳现代农业示范园	700	700	30	30	3	3	3	3	1	700	1100	5000	
18	北京通州国际种业科技园区	15000	15000					2		2	15000	15000	30000	5
19	北京顺义三高科技农业试验示范区	100	2800	192	105	1	4	78	53	20	1000	2000	20000	8
20	北京国际鲜花港	6000	6000	174	15			4	4	5	60	300	5000	3
21	北京特菜大观园	350	350	300	100			20	15	5	30	200	5000	
22	北京昌平国家农业科技园区	1700	1700	633	113			124	114	251	2300		17 万	15
23	北京金六环农业园	270	270	5	5	2	4	10	4	4	50	100	1000	
24	北农科技园	932	1023	12	7	12	48	5	2	2	932	1023	3000	12
25	北京碧海林果园区	300	400	135	10			12	8	3	400	1300	3000	

续表

序号	园区名称	筹建时占地面积（亩）	当前占地面积（亩）	引进优良新品种（个）	推广应用（个）	获取专利（个）	累计专利（个）	引进新技术（项）	推广应用（项）	引进新设施（套）	技术示范（亩）	应用示范（亩）	辐射（亩）	孵化企业（家）
26	大兴区农业技术示范站示范园区	150	150	500	100			10	10	3	150	5000	20000	1
27	北京圣泽林生态果业园区	181	210	30	3			10	8	4	210	2000	3000	
28	巴园子有机食品采摘农业园区	200	200	10	10			4	4	2	20	180	200	
29	北京亮民绿奥农业园区	374	374	12	10			2	2	8	50	20	120	
30	北京夏至农业科技园区	100	100	70	5			30	5	2	10	30	5000	
31	北京庞各庄御瓜园	10	32	5	3						100	500	2000	
32	大营宏光北京鸭生态养殖科技示范园	80	80	2	2			10	10	2	50	350	1000	0
33	设施樱桃新品种新技术示范基地	150	500	6	4			5	2	1	85	250	1000	0
34	北京融青千亩生态农业观光示范园	2000	2000	120	30	6	6				1500	20000	200000	1
35	北京肉鸽养殖科技示范园	20	80	8	6			6	6		20	10	50	
36	北京安鑫农业科技示范园	100	100	10	6			15	8	1	1000	200	15000	
37	北京桃花园农业科技示范园	180	180	6	3									
38	北京老宋瓜园	50	50	150	56					3	50	50	1000	
39	大兴区苗圃		716	30	25					3				
40	神龙峪红梨产业园	1000	1000	46	16						500	500	2000	
41	凤山百果园	13709.5	29985	5	5						500	5000	30000	
42	三山都市型设施农业公园	1258.7		10	8						50	60		
43	北房镇城市农业公园	5000	5000	1	1					5000	500	500	2000	
44	北京绿湖农业生态园		260	3	3						70	70	500	

续表

序号	园区名称	筹建时占地面积(亩)	当前占地面积(亩)	引进优良新品种(个)	推广应用(个)	获取专利(个)	累计专利(个)	引进新技术(项)	推广应用(项)	引进新设施(套)	技术示范(亩)	应用示范(亩)	辐射(亩)	孵化企业(家)
45	七彩樱桃园	90	105.2	10							30	70		
46	平谷区绿都林科技示范园	150	150	18	12			10	8	8	150	150	8000	2
47	北京诺亚农业发展有限公司园区	210	1350					3	3	1	290	290		
48	北京百年栗园科技示范生态农业园区	2000	6000	2	3			10	5	10	2000	1000	6000	
49	海昌渔业高科技现代化生态农业示范园区	265	6000	18	18		2	7	5	1006	265	500	10000	
50	北京马铃薯产业高科技园区	1003	1003	3	3	4	4			150	2000	2000		
51	北京德青源延庆养殖基地	100	800			1	13							
52	延庆县有机农业示范园	1000	1000	36	28			12	10	16	1000	60000	160000	

表4　北京市各农业科技园区的社会效益情况一览表

序号	园区名称	园区辐射区域	推广面积(亩)	组织专家讲座(次/年)	培训农民人数(人/年)	接待参观考察(人次/年)	吸纳就业人数(城镇)	吸纳就业人数(农业)	周边农民人均年收入(元)	周边农民年平均纯收入增长率
1	朝来农艺园	昌平区、顺义区	300	17	150	100000			40000	5%
2	蟹岛种植养殖园区	怀柔区、内蒙古赤峰市	24000	2	3700	850	510	980	25200	48.50%
3	四季青果林所观光采摘园	北京远郊区县，以及山东、河北、上海等省市	10000	3	300	150		30		8%
4	一品香山都市现代农业园区	香山地区	1500	10	100	20		60	39826	22.60%
5	南宫世界地热博览园	丰台区王佐镇南宫村及其周边地区		2	50	60000	60	20	12000	10%

续表

序号	园区名称	园区辐射区域	推广面积（亩）	组织专家讲座（次/年）	培训农民人数（人/年）	接待参观考察（人次/年）	吸纳就业人数（城镇）	吸纳就业人数（农业）	周边农民人均年收入（元）	周边农民年平均纯收入增长率
6	北京农作物品种试验示范展示基地	北京郊区及周边省份		4	230	8000	7	85	10800	15%
7	北京山人养殖中心园区	门头沟区	20	1	120	300	13	20	1500	5%
8	绿纯生物蜂蜜科普旅游文化基地	北京市		2	2000	5000	21	16	30000	15%
9	孟悟生态园	门头沟区军庄镇孟悟村	1000	30	300	40000		37	9800	10%
10	妙峰山玫瑰花国家级农业标准化示范区	门头沟区及周边地区	5000	2	263	50000	15	60	12000	15%
11	房山区食用菌现代集约化聚集园区	房山区良乡镇			30	300	50	100	18000	10%
12	韩村河农业技术开发中心园区	房山区韩村河镇韩村河村及其周边地区			150	25000	2	33	15000	
13	北京金福艺农农业科技园区	通州区台湖镇及周边乡镇	5000	12	3000	50000	100	300	21600	232%
14	北京金篮子生态种植园	通州区永乐店镇周边		30	500	40000		200		
15	北京瑞正园农庄	通州区农业示范产业带	5200	15	3600	4500	35	165	24000	60%
16	北京国际都市农业科技园	北京、河北、山西、内蒙古、河南、山东、天津、海南、江苏和浙江等省份	52000	13	500	30000	150	100	24000	
17	通州区低碳现代农业示范园	通州区及周边地区	5000	6	800	1500	40	50	25000	20%
18	北京通州国际种业科技园区	通州区南部乡镇	100000	20	3000	2500	500	1300	1500	40%
19	北京顺义三高科技农业试验示范区	顺义区及周边地区	75000	20	3000	35000	129	405	30000	33%
20	北京国际鲜花港	顺义区及周边地区	10000	6	3000	350000	120	195	24000	20%
21	北京特菜大观园	北京郊区为主，兼及全国其他地区	500000	5	5000	15000	16	134		

续表

序号	园区名称	园区辐射区域	推广面积（亩）	组织专家讲座（次/年）	培训农民人数（人/年）	接待参观考察（人次/年）	吸纳就业人数（城镇）	吸纳就业人数（农业）	周边农民人均年收入（元）	周边农民年平均纯收入增长率
22	北京昌平国家农业科技园区	河北、内蒙古、山西、山东		30	2500	30000	2058	8022	13211	
23	北京金六环农业园	昌平区南邵镇	1000	4	1026	318	40	70	18000	10%
24	北农科技园	北京、内蒙古、河北	38000	8	308	4832	37	83	14478	16.30%
25	北京碧海林果园区	大兴区及周边地区	3000	4	300	80	12	38	5000	20%
26	大兴区农业技术示范站示范园区	大兴区全区	10000	5	1000	1000	0	40	18000	8%
27	北京圣泽林生态果业园区	大兴区55个镇22个自然村	5000	6	1000	800	0	30		
28	巴园子有机食品采摘农业园区	大兴区北臧村镇	200	6	1000	10000	0	200	15000	10%
29	北京亮民绿奥农业园区	大兴区安定镇	120	5	180	35000	20	45	8900	75%
30	北京夏至农业科技园区	大兴区、通州区、顺义区、昌平区、延庆县	30000	3	1500	3000		15		
31	北京庞各庄御瓜园	大兴区15个自然村	2000	6	2000	220000	3	97	10000	
32	大营宏光北京鸭生态养殖科技示范园	大兴区及周边地区	1000	20	5000	1000	10	150	20000	40%
33	设施樱桃新品种新技术示范基地	大兴区长子营镇东北台、李堡	3000	12	1000	2000	3	15	20000	15%
34	北京融青千亩生态农业观光示范园	大兴区	200000	16	1200	20000	50	75	6000	10%
35	北京肉鸽养殖科技示范园	北京市大兴区、顺义区、昌平区，河北省		12	600			100		
36	北京安鑫农业科技示范园	大兴区安定镇镇域	17500	10	2000	700	2	4	7214	10%
37	北京桃花园农业科技示范园	北京市大兴区魏善庄镇魏庄村及其周边		2	2	2	20	30	10000	
38	北京老宋瓜园	大兴区庞各庄镇周边各村	1000	12	2000	100000	10	20	25000	20%

续表

序号	园区名称	园区辐射区域	推广面积（亩）	组织专家讲座（次/年）	培训农民人数（人/年）	接待参观考察（人次/年）	吸纳就业人数（城镇）	吸纳就业人数（农业）	周边农民人均年收入（元）	周边农民年平均纯收入增长率
39	大兴区苗圃	全国，以北方为主	1000	35	300	1500	11	40	30000	40%
40	神龙峪红梨产业园	怀柔区怀北镇全镇	500	20	2000			30	20000	
41	凤山百果园	怀柔区桥梓镇19个村	1000	1	200	1000		1000	14000	7.70%
42	三山都市型设施农业公园	怀柔区三山地区		12	1150	1000		2000	12000	20%
43	北房镇城市农业公园	怀柔区北房镇及其周边地区		10	500	2000		800	14539	15%
44	七彩樱桃园	怀柔区庙城镇孙史山村及其周边地区								
45	北京绿湖农业生态园	怀柔区孟庄村、兴隆庄村、卧龙岗村、郭家务村、红螺镇村	5500	5	650	3	480	420	14000	10%
46	平谷区绿都林科技示范园	平谷区山东庄等16个乡镇	58000	3	727	1156	12	54	12000	180%
47	北京诺亚农业发展有限公司园区	昌平区马昌营镇王各庄村及其周边地区		12	100	40000	10	90	20000	30%
48	北京百年栗园科技示范生态农业园区	密云县	6000	12	500	1500	200	500	2000	1.50%
49	海昌渔业高科技现代化生态农业示范园区	密云县西田各庄镇及其周边村镇	1000	2	170	600	20	41	15000	30%
50	北京马铃薯产业高科技园区	北京及内蒙古、河北、山西、山东、甘肃、宁夏、陕西、青海、辽宁、吉林、黑龙江12个省市	400000	5	2050	4082	23	176		
51	北京德青源延庆养殖基地			12	300	7643	33	413		
52	延庆县有机农业示范园	北京市延庆县及河北省	160000	12	560	200	26	130	19000	

二、北京依托农业科技园区发展科技型总部农业的基础与思路

北京市提出建设具有中国特色的世界城市，传统意义上的农业、农村、农民将迅速减少，总部农业这一新型业态必将成为北京市发展现代农业、促进郊区经济社会持续健康发展的重要战略选择。发展科技型总部农业，可以使城市的科技、人才、信息、市场、资本等优势得到充分发挥，特别是可以通过外拓基地的形式解决因土地、水、劳动力等资源紧缺而形成的刚性约束和发展“短板”等问题。事实上，北京市已经建成了一批农业科技园区，而且其中一部分园区已经表现出鲜明的总部农业特征，其为北京市发展科技型总部农业奠定了坚实的基础。实际上，这些特征具体表现在以下几个方面：

（一）科技密集

北京马铃薯产业高科技园区是一家集种薯研发、种薯繁育、种质鉴定以及产业化加工为一体的马铃薯产业高科技园区，以“发展高科技，培育龙头企业，带动产业化”为基本原则，整合国内外马铃薯种质资源，引进、培育和推广优良马铃薯脱毒新品种，开拓我国马铃薯产业的国际市场，提升我国马铃薯产业的国际竞争力，先后承担了北京市发展和改革委员会、北京市科学技术委员会、北京市农村工作委员会“马铃薯抗病毒血清研制与检测试剂盒开发”、“雾培技术应用研究”、“马铃薯良种繁育体系建设”、“延庆县马铃薯脱毒微型种薯繁育”等研发项目，开展了国内外种质资源及新品种引进、试验、评价、筛选等工作，形成了较为完善的马铃薯品种研发及种薯繁育体系。北京顺义三高科技农业试验示范区，为聚集农业科技资源，积极密切与科教机构的关系，在放大科技型企业作用、规范壮大农民专业合作组织发展的过程中，创造性地构建起“园区—科教机构—企业”联合主导、政府引导扶持、农民专业合作组织积极参与的政产学研社合作新机制，使实际生产所需要的人才、科技、成果等资源迅速集聚，有效提高了园区的科技密集度。北京桃花园农业科技示范园整合多家科研院所的科研成果，开发出了“盆栽蔬菜”系列产品，如“药食同源”、“色彩组合”等，成功地将现代农业种植技术浓缩到城市家庭的阳台、露台、庭院、楼顶和室内等闲置空间，简化了家庭种植管理程序，帮助现代城市居民实现了人人拥有“私家有机农场”的梦想。

（二）辐射带动

北京昌平国家农业科技园区注重发挥“国家级农业科技园区”的品牌优势，吸引各类投资33.5亿元，引进新技术116项、新品种571个、新设施206套，形成了林木种苗区、精准农业区、水产养殖区、农产品加工区、果品采摘区、休闲度假区、园林园艺区和籽种农业园“七区一园”的发展格局，开展各类技术培训9万人次，安置城镇4万余人就业，带动农民8万余人致富。通州国际种业科技园区为强化科研、中试、育种等功能，大力引进国际国内排名领先的种业企业，如利马格兰、佩特库斯、德农种业、山东登海种业等，以及

科研院所和高等院校入驻园区，着力打造“国际种业硅谷”，其辐射带动能力显著增强。大兴区苗圃把高产、优质、高效农业作为发展方向，大力发展种苗业，并实施以“帮助农户改造温室，为农户提供种苗，派专业技术人员进行技术指导与技术培训”为内容的“花卉基地带领农户致富工程”，2004 年以来，已示范带动周边 38 户农民加入花卉培植的行列，发展规模近 20000 平方米，农户每栋温室每年实现收入不低于 2 万元，实现了“企农双赢”的目标。

(三)产业孵化

北京国际都市农业科技园自 2008 年 10 月建园以来，共孵化企业 12 家。其依靠首都的区位、科技、人才和信息优势，以创新发展为灵魂，以技术孵化为手段，坚持遵循“聚世界一流农业人才，建中国优秀推广平台”的战略发展目标，以集聚国内外先进农业技术、产品及人才，引进北京各大农业高等院校及全国涉农研究机构的科研项目为特色，大力发展现代农业，培育发展国际水平的示范农业产业集群，使园区成为国内领先、国际知名的现代都市农业科技产业孵化园区，并成为北京市农业科技成果转化、实用技术人才培训和国际设施农业展示示范基地。北农科技园采用农业高科技孵化与教学实践、科学研究结合的方式，由北京农学院统一规划建设园区，项目实施引入企业运作方式，教师提供技术支撑，学生参与科研实践，孵化出一大批科技成果、高科技企业和创业人才。房山区食用菌现代集约化聚集园区采取“政府引导，企业投资，市场运作”的发展模式，建设成“科技孵化、工厂化生产、产品加工、物流配送、废料利用、技术展示”六大功能区，科技、产业和企业孵化对房山的食用菌发展起到了积极的推动作用。

(四)展示示范

北京农作物品种试验示范展示基地总占地 200000 平方米，拥有日光温室 17 栋、春秋大棚 16 栋、26000 平方米智能化连栋温室 4 栋，是目前北京市规模最大的农作物品种展示基地。自 2006 年以来，这里承担了每年秋季北京种子大会的品种展示和现场观摩任务，累计展示各类农作物品种 5100 多个，接待参观人员 30000 多人次，成为品种竞争的擂台、农民选种的看台、企业展示的舞台，促进了都市型现代农业和现代籽种产业的发展。大兴区农业技术示范站示范园区作为京郊著名的综合种植园区，拥有温室 24 栋、钢架大棚 6 栋，在现代农业建设与发展中发挥了农业新技术与新品种引进、试验、集成、示范和推广等作用，是典型的农业新技术示范展示基地。平谷区绿都林科技示范园利用自身的农业科技成果推广草莓种植，入园农户从 2009 年的 60 户发展到 2011 年底的 550 户，其示范展示促进了周边果农增收，累计为农户增加收入 2000 多万元，充分发挥了其科技示范与展示的作用。北京金福艺农农业科技园区是一家以有机果蔬生产为基础，集高效设施种植、农业休闲观光、采摘垂钓、科技示范、科普教育为一体的现代大型都市生态农业园区，2008 年引进数字农业设施，2011 年对整个园区的数字农业设施进行提升改造，目前已成为全国唯一一家数字化农业示范展示基地。

鉴此，北京市应依托业已具备发展为科技型总部农业的条件的农业科技园区，培育一批科技型农业总部，通过政策扶持等有效措施，引导其在具有优势的外埠地区建设农业生产基地或农产品加工基地，一方面充分发挥城市资源的比较优势，另一方面有效履行“以城带乡”的责任，同时更好地解决城市的紧缺农产品及其加工品供应问题。

在发展科技型总部农业的过程中，北京市应视农业市场资源与生产资源相分离的具体情况，追求城市科技、人才、资本、信息、市场等资源优势和农区劳动力与土地、水、气候等自然资源优势的有效耦合，使农业科技园区根据自己的实际情况发展成为集团总部、创新总部、研发总部、推广总部、展示总部和营销总部，并建立起高效联动和健康运作的良性机制，保证建在农区的基地、工厂、窗口等真正成为其发展的有效空间，并实现生产要素的科学合理配置，推进现代农业的建设与发展。

三、北京依托农业科技园区发展科技型总部农业的SWOT分析

“SWOT”是“strengths”(优势)、“weaknesses”(劣势)、“opportunities”(机遇)、“threats”(威胁)的简称。SWOT分析是一种战略分析方法，其中“S”、“W”是指内部因素分析，“O”、“T”是指外部因素分析。它是对系统内外在条件进行分析，找出系统核心竞争力之所在的一种分析方法。下面对北京市依托农业科技园区发展科技型总部农业的内外在条件进行SWOT分析，目的是为北京市发展总部农业提供战略指导。

(一)strengths——北京市依托农业科技园区发展科技型总部农业的优势分析

第一，各区县积极推进总部农业的发展。根据建设具有中国特色世界城市的目标要求，北京市各郊区县积极采取有效措施推进总部农业的发展。如海淀区充分利用科研院所的优势，定位于发展研发总部；朝阳区借助CBD的优势，吸引国际大公司总部；顺义区出台政策，为落户顺义的央企和其他大企业做好服务工作；平谷区借助连接京津的地理位置优势进行规划。以良好的生态条件吸引大公司进驻。

第二，北京市的农业科技园区发展表现出能够成为总部的特征。由于农业科技园自身具有的科技密集、辐射带动、产业孵化及展示示范等特征，加上北京本身的土地与水资源紧缺、劳动力成本高等约束，以及处于首都的政治经济地位，北京市的农业科技园区在发展过程中自然而然表现出总部农业的发展特征。如国家现代农业科技城，就是采取“一城多园”布局，以“五个中心”为平台，以“多园”为载体，形成“高端研发、品牌服务和营销管理在京，生产加工在外”的现代农业产业模式，是典型的总部农业发展特征。

第三，首都优势。北京市作为我国的首都，一是聚集了61.1%的国家重

点农业实验室、23.7%的涉农国家工程技术研究中心、29家全国一流的农业高校和涉农科研机构；二是许多跨国公司、国内企业、行业协会、金融机构总部主要集中在这里；三是这里拥有具有近3000万人口的巨大市场；四是这里是各项政策制定的决策中心，信息传递快捷、沟通便利，对于目前政府仍占主导地位的经济运行模式尤为重要。此外，北京市第三产业占比连续五年保持在70%以上。以上这些，都是北京市依托农业科技园区发展科技型总部农业的优势因素，必将有效支撑北京市的一部分农业科技园区迅速成长为科技型农业总部，带动北京市总部农业的发展。

(二)weaknesses——北京市依托农业科技园区发展科技型总部农业的劣势分析

目前的大多数农业科技园区规模小，将自己建设成总部的愿望不强，而且农业科技扩散传播及推广应用又带有公益性，其经济效益往往不佳；加上农业科技园区的布局比较分散，难以形成总部基地。此外，北京市作为全国政治中心，在全国政治稳定中担负着特殊的使命，必须把首都的稳定放在第一位。而事实上，稳定的目标同经济发展之间有时是会产生冲突的。比如一些可能涉及稳定的改革，在节奏上、步伐上，北京显然需要比其他城市更谨慎，这就要求经济效益要让位于社会效益和政治大局，从而构成北京在经济发展环境包括总部农业发展环境建设方面的实际困难。以上这些，都是北京市依托农业科技园区发展科技型总部农业的劣势因素。

(三)opportunities——北京市依托农业科技园区发展科技型总部农业的机遇分析

第一，2012年中央“一号文件”以“加快推进农业科技创新，持续增强农产品供给保障能力”为主题，大力加强农业科技工作，完善创新体系，加快成果转化；第二，中央支持北京建设具有中国特色的世界城市，要求北京“既开放包容、善于借鉴，又发挥自身优势、突出中国特色，努力把北京打造成国际活动聚集之都、世界高端企业总部聚集之都、世界高端人才聚集之都、中国特色社会主义先进文化之都、和谐宜居之都”；第三，国务院于2012年2月印发了《全国现代农业发展规划(2011—2015年)》，决定在“十二五”时期大力推进现代农业的建设与发展，积极引导和促进有利于中国农业提档升级的有效资源投向农业，而建设科技型总部农业实际上就相当于建起一个把城市科技、人才、资本、信息等优势资源源源不断输导入农区的“管道”。以上这些，将为北京市依托农业科技园区发展科技型总部农业带来难得的机遇。

(四)threats——北京市依托农业科技园区发展科技型总部农业的威胁分析

由于我国农业的弱质性，比较效益差，而且许多免税免费政策对企业是有利的，但往往对企业总部所在地的税费收入不是很有利，因而其他行业的企业总部会对农业总部的形成产生威胁。

综上所述，北京市依托农业科技园区发展总部农业的有利条件还是多于不利条件的，而且许多不利条件还可以通过自身努力转化为有利条件的，如农业科技园区规模小、布局分散、市场机制不能完全起作用，以及农业比较效益差，等等，都可以通过引导农业科技园区加快发展、开展购并、改善经营管理等予以克服和消化。总之，北京市依托农业科技园区发展科技型总部农业一定大有可为。

四、对北京依托农业科技园区发展科技型总部农业的建议

为推进北京市依托农业科技园区发展科技型总部农业，本课题特提出如下几点建议：

(一)规划聚集基地

总部经济发展的实践表明，企业总部的集聚能有效加强其间的相互交流与合作，产生聚集效应；此外，企业总部集群通常会与其聚集的总部基地产生协同效应，总部基地所提供的专业化服务及良好的发展环境会使企业总部更好地发挥决策作用，有利于企业更好地发展壮大，从而形成对企业的强大区域吸引力。鉴于目前北京市的农业科技园区在空间布局上比较分散的现实情况，建议北京市根据现代农业发展规划，规划建设若干个科技型农业总部基地，如在海淀区或昌平区规划建设研发总部基地，在丰台区或通州区规划建设种业总部基地，在大兴区或顺义区规划建设西甜瓜总部基地，在房山区或通州区规划建设食用菌总部基地，在延庆县规划建设马铃薯总部基地，等等，并明确总部基地的建设范围、功能定位和发展方向，为北京市依托农业科技园区有序发展科技型总部农业奠定基础。

(二)培育龙头企业

龙头企业是产业的“领头羊”，引领产业发展的方向，其竞争力代表着整个产业的竞争力。当前，北京市的农业科技园区大都是企业建制，但经营的产品雷同，名优品牌建设起步晚，产业聚集度低，科技创新能力弱，企业人才匮乏，龙头企业地位不突出，缺乏核心竞争力。因此，对于北京农业科技园区的发展来说，应着力用好国家和北京市的有关扶持政策，促进农业科技龙头企业的发展壮大。对农业科技龙头企业符合条件的项目，应在生产设施、基础设施、配套设施、外埠基地建设等方面优先给予支持，培育一批能走向世界、参与国际竞争的大型农业科技企业或集团。因此，建议加强对具有条件并想成长为“总部”的农业科技龙头企业的培育，引导其发展总部农业，增强实力，为包装上市打牢基础。

(三)延伸扶持政策

北京市为了促进本市“菜篮子”工程和“米袋子”工程建设，以及发展农产品加工业，针对本市的农业生产及所属的农产品加工企业在本地所开展的项目，出台了一系列的直补或扶持政策，但其在外埠所建设的农产品生产基地

及所开展的类似项目就享受不了这些优惠政策。但事实上，北京市在外埠建设的农产品生产基地，绝大部分也是为了解决本市的“菜篮子”和“米袋子”问题，而且北京市的农产品加工企业在外埠建设初加工项目，有利于减少对北京的水、电、土地等资源的依赖和环境污染，北京市也理应给予一视同仁的支持。因此，建议北京市在这一方面予以突破，对本市在外埠建设的农产品生产基地及以上的初加工项目给予一视同仁的扶持，以促进北京市依托农业科技园区发展总部农业。

(四)发展配套产业

为了发展总部农业，建议加快发展与总部农业相关的金融、保险、会展、商贸、航运、物流、旅游、法律、教育培训、中介咨询、电子信息等配套产业，并以现有资源为依托，合理设置若干区域性、专业型物流基地，打造广覆盖、高辐射、多层次的现代物流产业体系。同时，要加快建设集国际会展、采购、贸易、专业服务和现代物流为一体的综合性的商贸平台，为北京市依托农业科技园区发展科技型总部农业提供支持和保障。

参考文献

[1] 陈建成、王立飞：《总部经济与农业科技园区发展》，北京：知识产权出版社，2008 年。

[2] 马俊哲：《北京发展总部农业与京津冀农业区域合作研究》，北京：中国经济出版社，2010 年。

[3] 祝尔娟：《“十二五”时期京津冀发展研究(2009)》，北京：中国经济出版社，2010 年。

[4] 马俊哲：《关于总部农业形成原因的理论解析》，《北京农业职业学院学报》，2011 年第 6 期。

[5] 李颖、黄冠华：《北京发展总部农业的 SWOT 分析》，《北京农业职业学院学报》，2012 年第 1 期。

[6] 马俊哲、石进朝、王绍飞、李颖、耿红莉：《北京市农产品加工企业建设外埠原料生产基地的政策研究》，《北京市经济管理干部学院学报》，2012 年第 2 期。

[7] 马俊哲：《对农垦发展总部农业的思考》，《中国农垦》，2012 年第 5 期。

[8] 马俊哲：《对依托品牌农业会展打造农业总部基地的思考——以打造北京丰台种业总部基地为例》，《中国农学通报》，2012 年第 17 期。

[9] 马俊哲：《对体制创新驱动农垦现代农业提档升级的研究》，《安徽农业科学》，2012 年第 27 期。

（作者：马俊哲　北京农业职业学院教授
薛晓燕　北京农业职业学院讲师
段晓宇　北京市科学技术委员会农村发展中心研究实习员）

项目名称：北京地区技术转移过程中的知识产权问题调查及策略研究
项目编号：10BeJG328
项目负责人：杜 赟
项目信誉保证单位：北京科技经济信息联合中心

北京地区技术转移中的知识产权需求调研报告

2010 年 9 月至 2012 年 6 月期间，为了分析北京地区技术转移过程中各方对知识产权的需求状况，本课题组组织了实地调研访谈和问卷调查，针对北京地区已通过“四技”合同(指技术开发、技术转让、技术咨询、技术服务四类技术合同)方式进行技术转移并进行技术合同登记备案的技术供方和技术需方，共发放了 218 份调查问卷，回收调查问卷 214 份，回收率达 98.3%，其中有效问卷 203 份，有效率为 94.9%。按“四技”方式构成来看，203 份问卷中涉及技术开发的有 91 份，涉及技术转让的有 87 份，涉及技术咨询的有 14 份，涉及技术服务的有 11 份；按技术转移合作对象类型来区分，涉及跨国技术转移的有 64 份，涉及国内技术转移的有 139 份。本次调研的覆盖面是合理的。根据实地调研和问卷调查的结果，本课题组对技术转移中存在的知识产权问题进行了分析研究，得到结论，如图 1 所示。

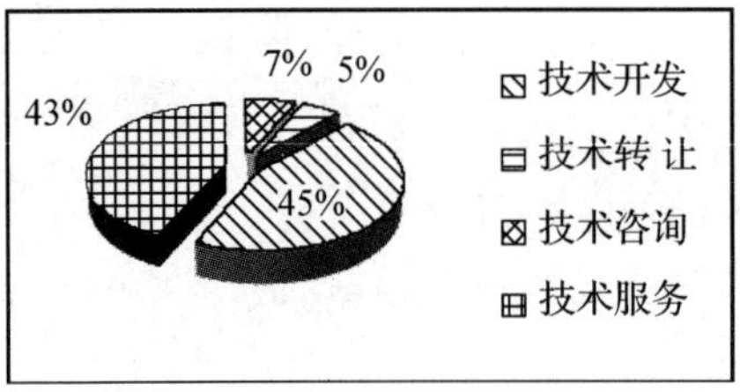

a

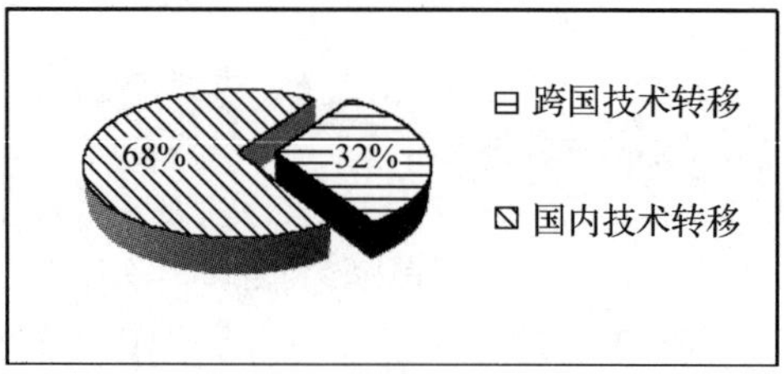

b

图 1 问卷的“四技”构成及国内、跨国转移的构成示意图

一、关于签订合同的法律意识不强

在面对“该项(技术转移)合同是由哪方面人员签订的?”(见表 1)和“合同订立过程中是否得到第三方提供的服务?”(见表 2)这两个问题时，多达 47.3%的被调查人员回答仅由单一的技术管理人员、技术人员、商务人员或者行政人员完成了合同的签订，且没有接受任何法律、技术评估等专业性的服务。实际的合同条款也反映出有相当一部分合同不够严谨、完善，为将来的合同纠纷埋下隐患。

表1　技术转移合同的签订人员状况统计表

选　　项	选择数	比例	排序
技术人员	103	50.7%	1
技术管理、技术转让人员	93	45.8%	2
法律人员	46	22.7%	3
商务人员	45	22.2%	4
行政人员	21	10.3%	5
其他	14	6.9%	6

注：比例＝被调研人员选择数/此类调研人员总数×100%，下同。

表2　技术转移合同签订过程中得到第三方专业性服务状况统计表

选　　项	选择数	比例	排序
没有接受任何服务	125	61.6%	1
法律服务	40	19.7%	2
技术评估服务	38	18.7%	3
税务服务	21	10.3%	4
中介牵线服务	12	5.9%	5

二、对技术转移服务机构的认可度不佳

在“合同订立过程中是否得到第三方提供的服务?”(见表2)一题中，仅有5.9%的被调查人员表明其技术转移项目是通过技术中介牵线服务而达成的。在回答“您所在的机构一般通过哪种中介服务类型进行技术转让或交易?”和“其中，您最信赖哪种类型”(见表3)问题时，多达47.3%的被调查人员表示没有接受任何技术中介服务，不需要且不信赖技术转移服务机构，仅通过自行与潜在合作方接触、沟通达成交易。由此可见，技术转移领域的专业化服务程度较低，服务行业的社会认可度不高，还需加强吸引力和号召力。

表 3 通过技术转移服务机构进行转移的状况和是否信赖技术转移服务机构状况统计表

选　　项	选择数	比例	排序
自行联系	96	47.3%	1
技术交易所、技术交易网站等平台性服务机构	57	28.1%	2
高校、科研院所的促进技术转化的内设机构	39	19.2%	3
技术展示、交易、交流会	39	19.2%	3
熟人、朋友	25	12.3%	5
其他	21	10.3%	6

三、对技术转移过程中产生的后续成果约定不明

在回答“您认为，在该项合同执行过程中是否会产生新的技术创新？对此创新的知识产权归属等相关问题在合同中是否有约定?”(见表 4)问题时，有约12.3%的被调查人员认为不会产生技术创新，约 2.5%的人认为会产生技术创新但未在合同中约定。而我国的相关法律法规对于改进技术成果归属的规定略有不同:《中华人民共和国合同法》(以下简称《合同法》)第三百五十四条规定：“当事人可按照互利的原则，在技术转让合同中约定实施专利、使用技术秘密后续改进的技术成果的分享办法。没有约定或约定不明，按照本法第六十一条的规定仍不能确定的，一方后续改进的技术成果，其他各方无权分享。”《中华人民共和国技术进出口管理条例》(以下简称《条例》)第二十七条规定：“在技术进口合同有效期内，改进技术的成果属于改进方。”《最高人民法院关于审理技术合同纠纷案件适用法律若干问题的解释》(以下简称《解释》)将“限制当事人一方在合同标的技术基础上进行新的研究开发或限制其使用所改进的技术，或者双方交换改进技术的条件不对等，包括要求一方将其自行改进的技术无偿提供给对方、非互惠性转让给对方、无偿独占或者共享该改进技术的知识产权”列为“非法垄断技术、妨碍技术进步”的情形之一。可见《条例》和《解释》规定一致，明确改进的技术成果归改进方，与《合同法》的规定略有出入。因此，若未能在合同中将这一点明确，在合同执行过程中将有可能出现争议。

表 4 对技术转移过程中产生的后续成果的约定状况统计表

选　　项	选择数	比例	排序
会产生技术创新，且合同约定归双方共有	75	36.9%	1
会产生技术创新，且合同约定归技术需方所有	68	33.7%	2
会产生技术创新，且合同约定归技术供方所有	30	14.8%	3
不会产生技术创新	25	12.3%	4
会产生技术创新，且合同中没有约定	5	2.5%	5

四、保密措施有待完善

在“在合同中是否就技术核心信息的保密进行了约定?”(见表5)问题中，100%的被调研对象都回答了“有所约定”。较为全面的做法是在合同中约定技术保密的内容、涉密人员范围、保密期限、泄密责任、权属约定等。在回答“您所在机构内部是否就技术相关的核心信息采取了保密措施?”问题时，有约67.1%选择“与相关员工签订保密协议”，29.4%选择“制定了相关规章制度以约束员工”，8.2%选择“与相关员工签订竞业限制协议明确了竞业限制时间，并给予一定的经济补偿”，还有约4.7%选择了“均无”和“其他”。这反映了技术转移各方对技术核心秘密保护的重要性有一定认识，但缺乏与之配套的、完善的保密制度、保密措施。

表5　对技术核心秘密的保密措施状况统计表

选　项	选择数	比例	排序
与相关员工签订保密协议	57	67.1%	1
制定了相关规章制度以约束员工	25	29.4%	2
与相关员工签订竞业限制协议，明确了竞业限制时间，并给予一定的经济补偿	7	8.2%	3
均无	3	3.5%	4
其他	1	1.2%	5

五、对技术应用指导服务的约定需加以明确

在回答“项目完成后，您是否会向技术需方提供技术应用指导服务？是否在合同中有所约定?”(见表6)这一问题时，有3.4%的人员填写“不会向技术需方提供技术应用指导服务”，有3.9%的人员填写“会向技术需方提供技术应用指导服务，但没有在合同中详细约定”。在技术供方中提问“合同执行后，您是否还会关注该项技术的转化、应用情况?”(见表7)有4.2%的人员填写“不会关注”。技术供方提供的技术应用指导服务和技术供方的后续关注就像产品的售后服务，这一环节做得好，将有利于技术需方解决转移中的各种细节问题，更好地把控关键性技术核心，更好地转化、应用技术，亦将有利于技术供需双方今后的合作和共同发展。好的做法是将这个问题以合同条款形式加以明确。如若忽视这一问题，无疑会对技术转移的进行、技术需方权益的保证产生不良影响。

表6　对技术应用指导服务及其约定的状况统计表

填写情况	填写数	比例	排序
会提供技术应用指导服务，且在合同中有所约定	188	92.6%	1
会提供技术应用指导服务，且在合同中没有约定	8	3.9%	2
不会提供技术应用指导服务	7	3.4%	3

表7　对技术供方(出让方)在合同执行后对技术转化和应用的关注的状况统计表

填写情况	填写数	比例	排序
会关注	113	95.8%	1
不会关注	5	4.2%	2

六、技术交易付费方式选择分步支付、提成支付较为合理

选择不同的付费方式，技术供需双方所承担的风险是不同的。选择分步支付、提成支付方式有利于技术需方控制风险，因此在实践中也是较多被大家所采用的，分别有59.6%和26.1%的被调查对象选择了分步支付和提成支付，见表8。

表8　技术转移项目的付费方式状况统计表

选　　项	选择数	比例	排序
分步支付	121	59.6%	1
提成支付	53	26.1%	2
一次付清	28	13.8%	3
其他	1	1.8%	4

七、技术需方在签订合同前应进行全面的技术、专利检索和查询

针对技术需方的“在决定开发这项技术成果之前，是否针对技术的知识产权状态和技术水平等，进行过相关搜索和查证?”(见表9)问题，由于可以选择多个选项，选择“进行过专利检索”、“进行过网络搜索”、“进行过文献检索”、“查询过专利的法律状态”、“进行过专利分析和专利地图绘制”的比例分别为32.9%、32.9%、29.4%、24.7%、14.1%，但仍有29.4%的被调查对象表示“没有进行过任何检索或查证，仅凭借丰富的业内经验做出了开发、购

买的决定”，这无疑存在较大的风险。

表9　技术需方在签订合同前的技术、专利检索和查询状况统计表

选　　项	选择数	比例	排序
进行过专利检索	28	32.9%	1
进行过网络搜索	28	32.9%	1
进行过文献检索	25	29.4%	3
没有进行过任何检索或查证，仅凭借丰富的业内经验做出了开发、购买的决定	25	29.4%	3
查询过专利的法律状态	21	24.7%	5
进行过专利分析、专利地图绘制	12	14.1%	6

八、以技术秘密形式进行技术交易的方式较受青睐

在涉及技术转让的87份调查问卷中，有55份为采用技术秘密转让或许可形式进行技术转移的。在技术供方被问及“您为何考虑用技术秘密、而不是申请专利的形式来进行技术交易?”(见表10)问题时，70%的回答认为“技术秘密核心属于工艺方法类型，更适合用技术秘密的形式来进行保护”，20%认为“申请专利时可能导致技术处于公开状态，从而丧失秘密性”。

表10　以技术秘密形式进行技术交易状况统计表

选　　项	选择数	比例	排序
技术秘密核心属于工艺方法类型，更适合用技术秘密的形式来进行保护	21	70%	1
申请专利时可能导致技术处于公开状态，从而丧失秘密性	6	20%	2
其他	2	10%	3

九、面对可能发生的专利侵权行为尚需提高认识

在85份技术需方调研问卷中，当被问及“在产品生产出来后，投入市场前，发现同类产品有专利，您所在机构将会怎么办?”(见表11)时，受访者的回答呈现出一种较为迷茫的状态：选择“联系专利权人进行谈判，取得许可”的最多，但比例并不高，仅占37.6%；32.9%的受访者选择了“其他”，包括与技术供方进行谈判等；18.8%的受访者选择了“自行改变产品生产策略，控制市场销售”，还有5.9%的受访者选择了“照样继续生产和销售”，4.7%的受

访者选择“到竞争对手商品销售范围之外的地点进行销售”。这反映出目前人们对专利侵权规避的认识尚有欠缺。

表11 面对可能发生的专利侵权行为的行动策略统计表

选　　项	选择数	比例	排序
联系专利权人进行谈判，取得许可	32	37.6%	1
其他	28	32.9%	2
自行改变产品生产策略，控制市场销售	16	18.8%	3
照样继续生产和销售	5	5.9%	4
到竞争对手商品销售范围之外的地点进行销售	4	4.7%	5

十、政府管理、宣传工作还需加强

当被问及“在这项技术转移的过程中，您比较关心哪方面的知识产权?”问题时，多数被调查对象回答希望政府严格执行现有法律法规政策，加大对知识产权的保护力度，加强对侵权行为的监管、查处；加强政策宣传和指导，提供更有效的专利申报服务，开展知识产权相关培训工作，促进社会对知识产权制度的认识。

参考文献

[1]《中华人民共和国合同法》【中华人民共和国主席令第15号】，1999年3月15日。
[2]《中华人民共和国技术进出口管理条例》【中华人民共和国国务院令第331号】，2001年10月31日。
[3]《最高人民法院关于审理技术合同纠纷案件适用法律若干问题的解释》(法释[2004]20号)。

（作者：杜　赟　北京科技经济信息联合中心助理研究员）

项目名称：北京高新技术企业集群式创业模式与发展战略研究
项目编号：10BdJG331
项目负责人：李　超
项目信誉保证单位：中国政法大学

高新技术企业集群式创新趋同性研究
——以北京中关村软件园为例

一、问题的提出

20世纪80年代以来，全球兴起了一股建设高新技术园区的热潮，有效地拉动了不同区域经济的持续增长。中关村软件园从2000年开始规划建设，是中关村科技园区中最重要的软件与信息服务专业园区，是全国最大、最强的集孵化、培训、研发、服务为一体的综合软件产业基地，引领中国软件产业发展，对北京创新经济发展起到重要支撑和带动作用。如今，园区发展到了关键阶段，面临多种约束，比如，要素价格上升、创新能力不足、集群竞争优势不具备可持续性等。因此，要想充分发挥企业集群优势，提高企业集群效益，就需要进行企业集群的优化和升级，而企业集群创新是集群优化和升级的最佳途径。

科技型企业集群是发展高新技术产业最为成功的模式(Shane & Venkataraman，2000)。对于高新技术企业而言，为什么集群内的企业比集群外的企业创新绩效更高，而且同一个企业集群中的组织变得越来越具有创新同质性？是什么机制促使集群内企业发生创新行为？又是什么因素导致集群式创新拥有持续不断的创新动力？为什么区域间的集群式创新差距逐渐拉大？为什么在具有高度创新性的集群内的企业绩效会比其他同类企业的绩效要好？

本课题试图利用组织社会学中的新制度学派观点，从“组织域”(Organizational Field)层面解释企业集群式创新趋同性的发育机理，对以中关村软件园为典型代表的高新技术企业集群的创新活动进行分析，探寻科技园区的成功秘籍。

二、文献回顾

(一)企业规模与技术创新关系的理论困惑

企业规模与技术创新之间的关系，一直是创新理论争论的焦点之一。回顾技术创新理论，探讨大企业和中小企业在技术创新方面的各自优势与不足，对于我们最终理解这一问题是十分有益的。

学者们对创新概念的理解最早主要是从技术与经济相结合的角度，探讨技术创新在经济发展过程中的作用，主要代表人物是约瑟夫·熊彼特(J. Schumpeter，1934)。熊彼特将创新过程称作“创造性破坏”，其对大企业和中小企业在技术创新中主体作用的前后自相矛盾的认识非常具有代表性。

熊彼特的创新理论，可以区分为两套有明显差异的理论体系——“两种熊彼特假设”，即强调企业家和小企业创新作用的作为第一次世界大战前的“青年熊彼特”，强调大企业垄断优势及技术进步官僚主义过程的“老年熊彼特”。这两套理论常被称为“熊彼特标志Ⅰ”和“熊彼特标志Ⅱ”(柳卸林，1993)。

在“青年熊彼特”时期，熊彼特将技术看成外生的经济变量，并高度强调企业家个人的作用，认为小企业具有创新优势。他的追随者谢勒尔(F. Soberer)、罗斯韦尔(R. Rothwell)等人进一步解释了小企业的创新优势。

在“老年熊彼特”时期，熊彼特认为技术来源于企业内部创新部门，是内生的，并认为完全竞争是与经济进步不相容的。后来，卡米恩和施瓦茨(Kamien，M. & Schwartz，N. 1971)、谢勒(Scherer，F.，1980)等人进一步论证了大企业的创新优势。

综合两类观点，大企业具有技术创新的“规模经济优势”，但市场垄断地位和企业组织刚性会削弱其创新动力；中小企业基于竞争压力和灵活管理机制，具有很强的技术创新“行为活力优势”，但往往会由于规模过小和过度竞争导致创新资源浪费。因此，如何有效地实现不同规模企业的技术创新“优势组合”，是技术创新理论所面临的难题。

(二)企业集群式创新模式的提出

威廉姆森(Williamson，1975)认为，在企业和市场两种基本的制度形式之间，还存在第三种组织活动形式，即企业之间结成“中间性体制”。企业集群作为一种新兴的企业网络组织，被认为有利于公司创新活动的实现(Porter，1998)。“集群式创新”是对熊彼特创新理论困惑的最佳释义。集群式创新与单个企业创新的区别在于：一是充分利用集群优势进行创新，企业间相互合作与竞争关系最大化激发了大企业与中小企业各自所具有的创新优势，并有效避免了各自的创新劣势；二是集群式创新与企业集群良性创新氛围之间的互动机制，有效推动了企业集群通过创新机制拉动内生经济增长(Acs Z J，Varga A. 2004)。

与集群外的企业相比，集群内企业强大的创业动力和优秀的创业绩效还应该有更深层次的原因。本课题认为，高新技术企业集群中存在一种促使企业达成创新共识的环境，从而使集群内创新企业持续获得良好绩效，而不创新的企业将会随着集群发展而最终被淘汰。要深入揭示这一共识，则需要引进组织社会学的新制度主义理论"组织域"这一概念。本课题假设，具有创业组织域共同体，才是企业集群式创新产生强大创新动力和优秀创新绩效的更深层次原因。

(三)组织社会学新制度学派的研究对象——组织趋同性

在新制度学派产生以前，权变理论(Contingency Theory)、交易成本(Transaction Cost)理论等主要关注的是组织的差异性或多样性问题。新制度学派提出，为什么不同的组织会有类似的内部制度和机构，为什么不同的组织会同时采纳类似的管理经验和组织模式等问题，即组织趋同性现象。

新制度学派从社会学出发，将研究层次定位在组织域层面。根据迪玛奇奥和鲍威尔(DiMaggio & Powell，1983)的解释，"组织域是指那些聚集在一起、构成公认制度生活领域的组织：主要的供应商、资源与产品的消费者、制定规章的机构，及其他提供类似产品和服务的组织"。

三、合法性(Legitimacy)机制：高新技术企业集群式创新趋同性分析

在经济全球化和区域经济一体化背景下，当创新成为拉动区域经济持续增长的重要力量时，集群研究受到了社会各界越来越多的关注。许多学者(Krugman，1991；Jaffe，et al，1993；Freeman，1997；Zucker & Darby，1996)把马歇尔的外部性以及由此衍生出来的知识外溢作为集聚经济促进创新产生的一种解释。但是，马歇尔也意识到了，这种集聚经济实际上并不能保证产品创新与生产过程创新的必然发生(Asheim，1994)。

(一)合法性机制：高新技术企业集群式创新动力的独特视角

组织创新的早期采纳者通常被一种想改善绩效的愿望所驱使(DiMaggio，1982)。但是，新的实践会——用赛尔兹尼克(Selznick，1957)的话说——"超过了组织的具体任务或者技术需要的价值判断，渗透、渗入进组织内部的过程"。创新的扩张会达到一个临界点，这时采纳组织创新就不是为了提升绩效，而是提供合法性(Meyer & Roman，1977)。

根据萨奇曼(1995)的解释，合法性机制(Legitimacy)是指"一套普遍的认知或假定，即参照现行的准则、价值观、信仰和定义的社会构架系统，组织的行为是合意的、正确的或恰当的"。

迪玛奇奥和鲍威尔(1983)提出了三种合法性影响机制：第一种是强制(coercive)机制。组织必须遵守国家法律、规章，否则，将受到惩罚。第二种是模仿(mimetic)机制。在面临不确定问题时，组织往往模仿同一组织域中成功组织的行为和做法。第三种是规范(normative)机制。在那些专业性很强和专业要求很高的组织域里通常有一些不成文的专业规范，这些规范通过专业

教育进入从业人员的大脑，进而影响组织的制度结构。

（二）强制趋同性

强制性的趋同来源于组织所依赖的其他组织和社会文化期待施加于该组织的正式和非正式压力(DiMaggio & Powell，1983)。绝大多数高新技术企业集群都是在政府主导下自上而下建立起来的。因此，集群内企业除了与一般企业一样要遵守国家法律法规等以外，还必须遵守园区正式制度要求，比如园区规定的企业入园条件等；高科技园区的最大特点就在于非正式制度给区内企业施加的压力。按照拉尔森(Picard Larsson，1993)的观点，集群式创新是组织间连续"握手"的结果，集群内的企业形成一个共生的系统。作为集群式创新的参与者，虽然是相互平等的独立主体，但一旦嵌入创新集群，其行为就要受到集体创新目标的引导和制约，形成基于创新依赖的各个网络节点。区内企业在使自己适应创新制度环境的同时，也进一步推动了集群创新机制的扩散与升级。

（三）模仿趋同性

模仿趋同性产生于对不确定性所做的合乎公认的做法(DiMaggio & Powell，1983)。库普曼斯(Koopmans. T. C，1951)将不确定性分为初级不确定性与次级不确定性。初级不确定性是指由于自然随机变动和消费者偏好的变化造成的不确定性。次级不确定性是交易双方的信息不对称或相互依赖程度的不对称而导致的不确定性。威廉姆森(Williamson，1991)还提到了行为不确定性，这种不确定性是由于人的机会主义行为以及这种行为的千差万别(人们往往无法预见)而产生的。

与其他类型企业相比，高新技术企业面临的不确定性很大。不确定性的意义在于使人们的"选择"成为必要。在高度不确定性的领域中，本该充当创新和变化源泉的新进入者也会模仿领域内部稳定的做法，以寻求克服新生的不利条件(DiMaggio & Powell，1983)。组织倾向于模仿其领域中的系统组织，它们认为这些组织更合法或更成功(DiMaggio & Powell，1983)。

集群内企业的"模仿过程"是对不确定性的反映。集群内中小企业对大企业的模仿，可能是明确通过行业协会、关系客户或咨询公司等组织获得的，也可能是无意识地、间接地通过员工工作调动、私人聚会等非正式途径获得的。集群内企业"模仿"集群内成功企业"独特性"的结果，导致集群内企业创新具有趋同性；在此基础上，促使大企业展开新一轮的创新行为；而后又有其他企业的模仿过程产生。如此，"模仿机制"推动高新技术企业集群因具有不断创新的内在动力而持续成长升级。

（四）规范趋同性

规范趋同性主要产生于专业化。在高新技术企业集群中，规范机制对企业及其从业人员的专业技术性要求非常强。软件企业采纳CMM(CaPabilty

Maturity Model，软件能力成熟度模型)认证标准就是一个非常典型的例证。

CMM认证是1987年由美国卡内基梅隆大学(Carnegie Mellon University)的软件工程研究所(Software Engineering Institute，简称SEI)提出的。CMM对软件开发项目最大的贡献在于，它把组织和管理的精神明确地纳入软件开发过程中来，它不是基于目标和方法的管理，而是基于过程的管理。早期采纳CMM认证的企业的目的在于提高组织运作效率和产品质量，如用友软件、软通动力等；而后期申请通过CMM认证的企业是迫于“制度规范压力”，当园区内越来越多的大企业采纳CMM认证后，CMM逐渐被“制度化”，园区内同类软件企业将其视为走向国际市场的“通行证”，所以，后期的采纳认证标准的园区内软件企业是出于获得制度环境认可的目的，提高公司信誉等目的而为之。而这一随时间推移发生的园区内企业对诸如CMM在内的业内创新的采纳的结果，也是集群创新趋同性的十分重要的推动力量之一。

四、实证分析：产业联盟——以北京中关村软件园为例

(一)产业联盟在中关村软件园的发展概述

中关村软件园自建设伊始就设立了建设“中国第一、国际一流”的软件园的目标，并以凝聚企业、整合资源、促进软件产业发展为使命，其先后被国家发展和改革委员会、信息产业部、商务部命名为“国家软件产业基地”和“国家软件出口基地”，被北京市命名为“北京市文化创意产业集聚区”。

产业联盟作为推动高新区发展的重要组织形式，已经成为中关村创新集群发展的重要载体。它改变了过去单个企业恶性竞争的局面，有效整合产业资源，打造完整的产业链，促进上、中、下游产业共同繁荣，进而带动高新区乃至整个区域经济的发展，是一种重要的组织创新，现已形成了包括长风联盟、闪联产业联盟、下一代互联网联盟、中关村软件出口联盟、中关村创意产业联盟等。

(二)集群式创新趋同性与产业联盟的应用分析

制度化或结构化的过程包括四个部分：其一，领域中组织之间互动程度的增加；其二，明确界定的组织间支配结构和联盟方式的出现；其三，同一领域的组织必须为之竞争的信息载体的增加；其四，一种同类组织的参与者之间共同意识的产生，即它们都参与在一个共同的事业中(DiMaggio，1982)。按照新制度主义观点，创新是一种组织集体的努力，是一个复杂的互动学习的过程，嵌在组织所在的制度环境之中，具有一定的互补性和资源依赖性。在高新技术企业集群内部形成的产业联盟是一个典型的组织域。在这个组织域中，联盟成员企业之间互动频繁，创新与模仿、合作与竞争等行为推动企业集群不断创新与升级。按照联盟发起者的企业规模不同，产业联盟可分为两种：一是龙头企业作为发起者；二是由若干中小企业联合作为发起者。

一方面，在龙头企业发起成立的产业联盟中，龙头企业主导联盟创新，其他中小企业不断模仿、追随，从而实现创新扩散和集群升级的目标。

Lorenzoni和Baden-Fuller(1995)认为，集群中的龙头企业是“具有高度的协调和推动变革能力的战略中心”，对集群中的其他企业和集群整体产生较大影响。Vijdam和Langen (2003)甚至直接将龙头企业定义为“有能力和动机进行有益于集群内其他企业的投资的企业”。

实践中，由龙头企业发起成立的产业联盟占多数，一般处于产业化的初期和成长过程中，比如，以制定行业标准为基本手段，为进入新兴产业做准备，以闪联工作组为代表；以推进产业化进程为核心目标，以TD-SCDMA (Time Division-Synchronous Code Division Multiple Access，时分同步码分多址)产业联盟为代表。一旦龙头企业发起的创新在集群中甚至在相关产业中成为主导力量时，集群内其他中小企业就会通过模仿趋同性，采纳“创新”以提高其合法性，由此联盟会员数量也在不断增加。

另一方面，在中小企业联合发起成立的产业联盟中，相关中小企业以合作的方式主导创新行为，其结果有两种：要么得到大企业的认同并加入；要么就是与大企业进行竞争，争夺资源和市场。

在高新技术企业集群中，中小企业占多数，中小企业的成长性和创新性决定了高科技园区的发展活力和方向。与大企业主导成立的产业联盟不同，中小企业联合发起成立的产业联盟在发展初期承受着制度环境质疑其“合法性”的巨大压力，因而，一般处于产业相对比较成熟阶段，以共同研发技术、开拓市场等为核心目标，如长风软件联盟等。

虽然单个企业的实力弱小，但联盟内部通过优势互补的创新资源组合，成为一个紧密的创新团体。中小企业产业联盟自主创新能力的全面提升，会给集群中大企业带来巨大挑战。在此情况下，大企业一般有两种选择：一是与中小企业联盟竞争，共同争夺市场和资源等，直到以一方失败告终；二是逐渐认同中小企业联盟，并积极加入、参与其联盟活动，使联盟规模和影响力日益增强。

五、结　论

对于以研发和自主创新等知识经济为主要特征的科技园区，如何有效地实现科技园区的持续竞争力，在理论和实践上都还处于探索阶段。本课题认为，与集群外的企业相比，高新技术企业集群中存在一种促使企业达成创新共识的环境，即创新组织域共同体，从而使集群内创新企业变得越来越具有创新同质性，并最终带动高新技术园区不断升级发展。

参考文献

[1] 柳卸林：《技术创新经济学》，北京：中国经济出版社，1993 年。

[2] [美]奥利弗·E. 威廉姆森著，段毅才、王伟译：《资本主义经济制度》，北京：商务印书馆，2002 年，第 85 页。

[3] Acs Z. J. & Varga A. Entrepreneurship, agglomeration and technological Change. German: Max Planck Institute, Discussion Paper, 2004.

[4] Asheim & Geir B. Sustainability: Ethical foundations and economic properties. Policy Research Working Paper Series 1302, The World Bank, 1994.

[5] DiMaggio P. J. Constructing an Organizational Field as a Professional Project: U. S Art Museums, 1920—1940, in Powell w. w. & DiMaggio P. J. (eds). The New Institutionalism in Organizational Analysis. Chicago: University of Chicago Press, 1982.

[6] DiMaggio P. J & Powell W. W. The Iron Cage Revisited: Institutional Isomorphism and Collective Rationality in Organizational Fields. American Sociological Review, 1983.

[7] Koopmans T. C. An Analysis of Production as an Efficient Combination of Activities, in T C Koopman (ed) Activity Analysis of Production and Allocation, Cowles Commission for Research in Economics. Monograph 13, New York: Wiley, 1951.

[8] Lorenzoni G. & Baden-Fuller C. Creating a strategic center to manage a web of partners. California Management Review, 37, 1995.

[9] Meyer John W. & Brian Rowan. Institutionalized organizations: Formal structure as myth and ceremony. The American Journal of Sociology, Vol. 83, 1977.

[10] Morton I. Kamien & Nancy L. Schwartz. Limit Pricing and Uncertain Entry. Econometrica, Vol. 39, No. 3, 1971.

[11] Nijdam & Langen. Leader firms in the Butch maritime cluster. Paper presented at the ERSA Congress, 2003.

[12] Picard Larsson. Flexible Manufacturing and Market Structure. American Economic Beview, September, 1993.

[13] Porter M. Clusters and the new economics of competition. Harvard Business Review. 3, 1998.

[14] Scherer, F. Industrial Market Structure and Economic Performance, Chicago, Rand McNally, 1980.

[15] Schumpeter J. A. The Theory of Economic Development: An Inquiry into Profits, Capital, Credit, Interest and the Business Cycle Harvard University Press, 1934.

[16] Shane S. &Venkataraman S. The promise of entrepreneurship as a field of research. Academy of Management Review, 25(1), 2000.

[17] Suchman M. C.. Localism and Globalism in Institutional Analysis: The Emergence of Contractual Norms in Venture Finance. In W. R. Scott and S. Christensen (eds). The Institutional Construction of Organizations. London: Sage, 1995.

[18] Williamson O E. Markets and Hierachies: Analysis and Antitrust Implications. New York: The Free Press, 1975.

[19] Williamson O E. Comparative Economics Organization. The Analysis of Discrete Structural Alternatives. Administrative Science Quarterly. vol. 36 (June), 1991.

（作者：李　超　中国政法大学商学院副教授）

项目名称：北京商务中心区东扩后产业布局与发展研究
项目编号：10AbJG340
项目负责人：张 弘
项目信誉保证单位：首都经济贸易大学

北京商务中心区(CBD)东扩后现代服务业发展研究

经过多年的发展，北京CBD现代服务业的发展成效显著，但同时面临着发展空间不足的现实问题。2009年5月11日，北京市政府专题会同意将北京中央商务区(CBD)沿朝阳北路、通惠河向东扩展至东四环，新增面积约3平方公里，并由朝阳北路向北到农展南路增加约3.97平方公里的规划控制区，标志着CBD东扩的正式启动。根据北京市政府的规划，东扩区将继续保持CBD的产业定位，着重发展总部经济、国际金融、高端商务，将CBD发展成为现代化高端商务区。

一、北京CBD现代服务业的发展现状

近年来，北京CBD发展水平不断提高，经过多年的建设，北京CBD已经发展成为在全国乃至全球具有一定影响力的商务中心区。其良好的投资环境和发展前景，吸引了众多国内外知名企业入驻CBD，而作为CBD东扩后未来发展的核心产业，CBD现代服务业的发展对朝阳区现代服务业乃至第三产业实力的提升都起到了巨大的推动作用。

经过多年的发展，北京CBD现代服务业已占据产业主导地位。截止2010年，北京CBD规模以上现代服务业拥有资产12983.5亿元，其中原中心区11430.2亿元，东扩区1553.3亿元。从2006年开始的五年间其资产规模扩大了4.7倍，如今已占全区规模以上现代服务业资产的26.8%，占全区第三产业资产的22.7%。2010年CBD现代服务业资产增速为60.3%，高于“十一五”期间年平均增速13.3个百分点。其中原中心区增速为65.6%，高于CBD整体增速，东扩区增速为29.9%，低于CBD整体增速。这主要源于原中心区拥有着已经发展非常成熟的现代服务业体系，而东扩区现代服务业的发展刚处于起步阶段，现代服务业很多方面发展的条件还没有具备。

2010年，北京CBD规模以上现代服务业实现收入1995.5亿元，其中原中心区1710.7亿元，东扩区284.8亿元。从2006年开始的五年间其收入规模扩大了4.7倍，如今已占全区规模以上现代服务业总收入的29.5%，占全

区第三产业的12%。2010年CBD现代服务业收入增速为35.8%，高于“十一五”期间年平均增速4.8个百分点，高于全区规模以上现代服务业收入增速2.3个百分点。

2010年，北京CBD规模以上现代服务业实现利润335.6亿元。从2006年开始的五年间其利润规模扩大了2.12倍，如今已占全区规模以上现代服务业总利润的18.2%，但是其收入占全区的29.2%，可见2010年利润增长水平相对而言并不高，这主要源于现代服务业发展成本的增加。

2010年，北京CBD规模以上现代服务业拥有从业人员18.8万人。从2006年开始的五年间从业人员增加了3.4倍，如今已占全区规模以上现代服务业从业人员的29.8%，占全区第三产业的18.1%，“十一五”期间吸纳的现代服务业从业人员分别为5.5万人、6.6万人、14.4万人、17.4万人和18.8万人，年平均增速达到了36%。可见随着CBD产业结构的调整，CBD现代服务业从业人员数量呈现出递增的趋势，吸纳就业作用逐渐增强。

2010年北京CBD规模以上现代服务业人均创造收入106.1万元，朝阳区规模以上现代服务业人均创造收入108.4万元；CBD规模以上现代服务业人均创造利润17.9万元，全区规模以上现代服务业人均创造利润29.3万元。通过以上比较可以看到，北京CBD现代服务业人均创造的收入与全区差别不大，但是人均创造的利润却远远低于全区人均创造的利润。

二、北京CBD现代服务业发展存在的问题

(一)产业发展定位没有完全落实

北京CBD的产业发展定位是国际金融、文化传媒、中介服务、旅游会展和现代商业，产业发展方向是大力培育总部经济，逐步形成现代高端服务业集群。但从2006—2009年的发展历程来看，CBD房地产业发展程度却远远高于金融业、商务服务业等主导产业。从纽约、伦敦、东京等世界城市CBD产业构成来看，金融业占据了较高比重，而房地产业比重相对较小。所以这一现象表明目前北京CBD的产业发展定位还没有完全落实，产业发展还处于较低水平。从现代服务业角度讲，一方面房地产业的发展在一定程度上会促进现代服务业的发展，但另一方面北京CBD实际发展程度与产业定位还存在较大差距，这是现代服务业是否能健康发展的根本因素，所以只有落实了CBD的发展定位，现代服务业才会得到最大程度的发展。

(二)服务业产业链仍有欠缺

虽然北京CBD高端商务、国际金融等服务产业发展较为迅速，但是在服务业产业链的关键环节上仍有欠缺，产业链仍不完善。一是为生产性服务业提供支撑的消费性服务和公共服务发展不足。CBD内企业管理层调研数据显示，他们希望CBD能够就近解决医疗卫生和子女教育，并认为目前CBD内三甲医院缺乏，优质教育资源也相对稀缺，难以提供有效支撑；餐饮、购物

等领域缺乏中低端消费场所。二是产业链仍不完善。资本市场交易场所缺乏是北京CBD功能不完善的重要表现之一。世界性城市均存在能够影响世界资产价格的交易市场，例如纽约的证券交易所、东京的证券与外汇交易市场、伦敦的期货证券与保险市场等，这些交易市场在CBD发展过程中发挥两个作用：一是集中反映供求关系，决定全球范围内的资产价格；二是通过资产价格信息集聚相关领域的供给与需求方。

(三)公共服务事业发展滞后

经过近些年的建设，北京CBD在各方面的建设都取得了很大的成就，但相对于现代服务业等产业的蓬勃发展，区域内公共服务事业的建设却相对滞后。没有完善的公共服务事业作为保障，区域内各产业的发展也会受到局限。公共服务事业发展不足主要表现在以下几方面：第一，社区医疗卫生设施建设落后。目前包括中心区和东扩区在内的CBD区域缺少具备一定规模和水平的医院，社区医疗卫生设施建设相对滞后。随着CBD区域内产业发展、就业人员和居民不断增加，人们对社区医院的需求也在不断增长，所以CBD医疗卫生设施建设应纳入朝阳区医疗卫生发展专项规划重点加以解决。第二，教育资源分配不均。在北京CBD“十一五”规划中，关于教育问题的规划是整合区域教育资源，构建与人口分布和地区功能定位相协调的教育布局，缩小校际差距。但是目前CBD依然存在教育资源不均衡的问题。对于立志打造世界级商务中心区的北京CBD来说，提高师资队伍素质、合理分配教育资源是当前急需解决的问题。另外，北京CBD作为与世界交流的窗口，随着大量外资机构的入驻，面向国际的教学服务也需要有所发展，充分发挥出北京CBD作为国际型专业人才职业培训基地的作用。第三，文体设施尚未达到建设标准。目前，北京CBD整个功能区17个街乡已经建设的文化中心规模停留在1000—2000平方米的水平上，CBD地区的文化、体育等建筑总规模约3万平方米，占总建筑面积的比例仅为千分之三，这一比例尚未达到北京市的建设标准。现有文体设施无法满足区域居民和就业人员的需求。

三、北京商务中心区(CBD)东扩后现代服务业的发展思路及建议

(一)发展思路

北京CBD东扩后现代服务业的发展应充分考虑三个层面的因素：一是从经济发展规律来看，高端生产性服务业具有较强的互补性，集聚在少数特定区位，它通过整合区域内要素参与国际分工；二是从当前的经济特征来看，金融危机导致国家间国际贸易保护现象加剧，提高制造业产品附加值是应对贸易保护的重要举措，而制造业的服务化将有效降低制造业生产成本，提高效率，增加制造业产品竞争力，因此高端生产性服务业的发展是推动我国企业和产品进入国际市场的重要保障；三是从国内区域发展格局来看，以都市群为核心的区域经济竞争将主导我国未来经济发展格局，而都市圈中首位城

市的辐射与集聚功能决定了都市圈的地位。

据此，我们认为北京CBD应当集聚亚太地区的高端生产要素，形成多样化、互补性强的高端生产性服务业集群，形成出口导向的服务产品输出基地，并以此整合国内制造业生产能力，提升产品竞争力，促进我国经济健康成长。

因此，北京CBD东扩后现代服务业的发展思路要突出两个方面：一是强化高端要素集聚功能，推动生产性服务业高端化、专业化、多样化发展；二是强化辐射功能，依托高端生产性服务业的发展，提高服务业对全国制造业的贡献，整合并促进服务业与制造业互动发展，提升制造业竞争力。具体发展思路为：

(1)强化CBD中心区的引领功能，促进中心区、东扩区和功能区协调发展，控制和管理全国及亚太制造业价值链的关键环节，形成面向全国及亚太的服务业产业集群，推动国内及亚太产业融合；重点培育文化创意产业、金融业、商务服务业以及时尚产业四大开放性、主导产业集群；依托信息技术，发展虚拟产业集群，促进亚太产业链资源整合。

(2)紧抓总部这一经济龙头，大力提升进驻国外总部级别，集聚国内500强企业总部，协调发展国际金融、高端商务服务等生产性服务业和支撑性服务业；以资本市场建设为手段提高首都金融中心地位；以文化创意产品输出为核心，完善文化创意产业链，构建中国创意产品走向世界的展示平台和输出基地；打造我国乃至亚太高端品牌、时尚产品集聚区，拓展商贸流通及商务旅游辐射范围；强化集群发展，以楼宇、园区为载体，完善楼宇服务功能，以集群模式发展创意产业、高端商务与商贸业；以均衡布局促进配套服务业发展。

(二)相关的政策建议

1. 大力发展现代服务业主导产业

一是要加快国际金融业的发展。通过提升总部经济发展，带动首都国际金融中心建设；争取建设专业性资本市场，提高影响力，以纽约交易所、纳斯达克交易所等国际知名证券交易所分支机构为主体，以区域内的国际性银行、证券机构、保险机构为支撑，以国际市场为目标，逐步推进制度突破，建设国际金融要素市场，建立促进企业上市联动机制和综合服务平台，为各类企业提供国际化融资渠道；进一步促进金融与实业资本的融合，大力研究和开发金融衍生产品；加快金融后台服务园区和金融后台服务支持体系建设，为CBD内各国际性金融保险机构提供金融后台服务，集聚国内外知名金融企业中后台机构，培育相对完整的金融信息服务产业体系。

二是要加快商务服务业的发展。商务服务业应成为北京CBD辐射全国的重点行业、区域经济发展的“大脑”，并提升其对京津冀、全国乃至亚太地区的辐射能力；以国际商务为特色，依托丰富的涉外资源，以朝阳国际商务节为平台，拓展国内商务服务业视野；依托区域内的会展资源，积极承办企业管理、法律、财务、咨询等方面的国际高端论坛和会议；引进世界知名商务服务公司，服务于区内外的企业与机构；联合商务服务企业开发商务服务标准，降低企业交易成本；立足高端商务，通过数据挖掘，积极为银行、保险等金融企业提供支撑；积极参与文化创意咨询活动，推动文化创意产品市场价值的实现；以全国制造业产业集群为依托，支持面向行业的电子商务企业发展，整合产业链和供应链，为生产企业和分销企业间、批发企业和零售企业间跨国网上交易提供第三方服务；鼓励国内企业兼并联合，借鉴国外著名的管理咨询机构发展经验，推动国内咨询业发展；加快与高校联合培养高端商务人才，提高商务人员素质和能力。

2. 优化招商引资环境

针对 CBD 现代服务业的招商引资，要注意从传统的招商引资向招商选资转变。首先，根据北京 CBD 发展规划和需求确定具体的招商对象，针对 CBD 重点发展的商务服务、金融保险、信息服务等现代服务业，给予财政补贴支持，有选择性地吸收国内外现代服务企业入驻。其次，依托北京 CBD 现代服务业集聚优势，发挥“以商招商”效应，吸引并带动上、下游产品的供应商和需求商在其周边聚集，形成完整的产业链条；最后，建立和完善 CBD 现代服务业招商服务平台，以大项目招商为中心，联合 CBD 周边区域实施协同招商、产业链招商和产业集群招商。

3. 完善商务配套和公共服务配套设施

北京 CBD 应进一步完善商务配套设施和公共服务配套设施的建设，增加区域的生活、休闲和娱乐氛围，满足从事现代服务业人员的多方面的需求。争取以一流的公共服务，吸引一流的生产要素集聚，从而带动现代服务业等产业的发展。具体包括：发展专门的会议展览中心，利用 CBD 地区高级酒店的聚集以及 CBD 的影响力进一步发展高端会展业；建立高档次、高等级的综合性医院和医疗机构；建立国际化学校，尤其是多语种学校，解决 CBD 大量外籍人士子女的教育问题；增加现代剧场、影剧院等文化休闲设施的建设，增加国际文艺团体的交流，满足 CBD 区域人员的文化需求；大力发展大型公共体育设施，增加公共体育活动场所等。

参考文献

[1] 迟树功：《发展现代服务业研究》，北京：经济科学出版社，2008 年。
[2] 蒋三庚：《中央商务区与现代服务业研究》，北京：首都经济贸易大学出版社，2008 年。
[3] 北京商务中心区管理委员会：《北京 CBD“十一五”发展白皮书》，2011 年。

（作者：张　弘　首都经济贸易大学教授）

项目名称：北京市境外上市企业成长性评价与机制研究
项目编号：10AbJG343
项目负责人：孔宁宁
项目信誉保证单位：对外经济贸易大学

北京市企业赴美上市的动因和发展现状

企业境外上市浪潮发源于20世纪70年代，随着资本市场全球化成为趋势，为了满足跨国资本日益增长的需求，越来越多的公司开始选择跨境上市，进入国际资本市场融资。我国证券市场自1990年建立至今经历了一个超常规的快速发展过程，境外上市政策的逐步放开和经济的持续快速发展推动了中国公司境外上市的步伐。从1992年9月10日华晨中国在纽约证券交易所挂牌上市成为中国内地首家赴美上市公司开始，数以百计的中国企业纷纷远赴美国、中国香港、新加坡、伦敦和东京等资本市场上市融资，尤以美国和中国香港资本市场居多。相关数据显示，截至2011年年底，中国赴美国各类资本市场上市的公司已接近400家。

美国资本市场作为全球最成熟和最具流动性的市场，对于中国企业具有巨大的吸引力。中国赴美上市企业广泛分布于纽约证券交易所(New York Stock Exchange，简称NYSE)、纳斯达克(National Association of Securities Dealers Automated Quotation，简称NASDAQ)、美国证券交易所(American Stock Exchange，简称AMEX)、美国场外柜台交易系统(Over the Counter Bulletin Board，简称OTCBB)和粉单市场。由于在OTCBB和粉单市场上市企业不需要在美国证券交易委员会登记，也不需要根据美国会计准则编制财务报告进行信息披露，在AMEX上市企业数量相对较少，因此NYSE和NASDAQ是中国企业赴美上市的主要场所。截至2011年12月31日，共有131家中国内地企业以首次公开募股(Initial Public Offerings，简称IPO)方式在NYSE和NASDAQ上市，其中北京市企业达59家，占据近半壁河山。

北京市企业选择赴美上市，可以获得扩大融资、提高估值、改善治理和提升企业在资本市场中的战略定位等诸多好处，但也面临着遭遇集体诉讼、证券违法违规处罚、退市和做空等诸多风险。本文在回顾北京市企业赴美上市历程的基础上，阐释北京市企业赴美上市的动机，全面展现北京市企业赴美上市的现状，并就北京市企业赴美上市相关问题提出对策建议。

一、北京市企业赴美上市的历程回顾

北京市企业赴美境外上市的历程，大体上可以分为三个阶段：2000 年前以大型国有制造业和基础设施类上市企业为代表的阶段；2000—2005 年以互联网和科技型上市企业为代表的阶段；2006 年之后以新能源和“新业态”上市企业为代表的阶段。

（一）2000 年前以大型国有上市企业为代表的阶段

1992—1994 年，中国公司在美国掀起第一次上市浪潮。1992 年 9 月 10 日，华晨中国在纽约证券交易所挂牌上市，成为中国内地首家赴美上市的公司，随后中国中策轮胎和上海摩托先后上市。1994 年 10 月，总部位于北京的华能国际通过美国信托凭证（ADR）方式在纽约证券交易所上市。由于中国股票首次登陆华尔街，很快在纽约证券交易所形成一股热潮。第一批赴美上市的企业绝大部分在改制前为国有企业，这些企业的股票受到青睐的主要原因在于国际投资者看好中国经济的高速增长和巨大的潜在消费市场。1996—1998 年，又有一批以基础设施和公共事业为主营业务的国有企业来到美国上市，涉及航空、铁路、能源等领域。总体而言，2000 年前大型国有企业在美国上市，完成了国有企业股份制改造，实现了与国际资本市场的对接，成功转换为在国际公开资本市场上市的治理规范的上市公司，对企业持续增长和中国经济整体发展起到了巨大的推动作用。

（二）2000—2005 年以互联网和科技型企业为代表的阶段

20 世纪末，受“知识经济”和“新经济”概念推动，高科技企业成为中国企业在海外上市的主角。2000 年 3 月 3 日，为电讯业提供软硬件产品的技术类网络公司亚信科技（中国）有限公司在美国纳斯达克上市，标志着北京市中小企业海外上市时代的到来。随后，以互联网和电子商务为特色的网络股网易和搜狐等在各自概念领域的领头羊都在纳斯达克市场上市。这段时间，一些能源类、电讯类和金融保险类国有企业，如中石化、中石油、中国铝业、中国电信和中国人寿等也在纽约证券交易所上市，而且股票都有很好的表现。

2004—2005 年，以互联网和无线技术为代表的高科技概念股掀起另一轮赴美上市热潮，代表企业为空中网、金融界网站、九城关贸、e 龙、华友世纪、德信无线、百度等。这些公司都是非常“年轻”的企业，发展周期较短，它们凭借高科技概念股去美国市场上市，所筹资金用来进一步支持其在中国的发展。

通过分析，可以发现美国高科技企业在资本市场的优异表现是吸引中国企业赴美上市的重要原因。纳斯达克指数 1999 年涨幅高达百分之六十多，是道琼斯指数增幅的三倍，尤其是高科技蓝筹股表现极为出色。而我国经济的连续多年高速增长、高科技产业特别是信息产业的快速发展以及巨大增长潜力成为我国高科技概念股在美国市场中股价飙升和备受追捧的推动因素。

(三)2006 年之后以新能源和“新业态”上市企业为代表的阶段

2006 年后进入中国企业赴美上市的第三个阶段，上市企业分布行业非常广泛，绝大多数为创新型中小企业。制造业上市公司集中在“医药”、“电子设备”和“太阳能”三个领域；非制造业上市公司集中在“社会服务”和“传播文化”领域，商业模式创新特色明显，是典型的“新业态”企业。“社会服务”企业包括完美时空等娱乐服务企业，也包括新东方、环球雅思等教育服务企业；“传播文化”企业则包括新华财经网、航美传媒集团等信息传播和户外电视广告企业。除此，在纽约证券交易所上市中国企业还出现了农业、批发零售和房地产开发类企业。

这一阶段上市的主题是高增长。在中国经济持续高速增长的大背景下，中国中小企业也实践着高于 10%的持续增长速度，盈利和收入的增长幅度都非常惊人，远远超过了国外同类公司。这些中小企业或为新兴产业开拓者，或为商业模式创新成功者，绝大多数属于“蓝海企业”①，是我国“六新两高”②类企业发展的重要成就。除中小企业在国内面临融资困难以及美国证券市场对“蓝海企业”具有更强的风险理解、风险定价、风险承受和风险管理能力等因素外，基于企业发展战略考虑也是带动这些企业赴美上市的主要原因。

二、北京市企业赴美上市的动因分析

回顾北京市企业赴美上市的历程，不难发现促使大量国有和民营企业赴美上市的原因大体可以归纳为四个方面：美国作为全球最大、最成熟的资本市场可为企业融资提供巨大空间；美国市场更强的风险理解能力和风险定价能力可使创新型企业获得更高估值；美国市场更为严格的投资者法律保护和信息披露要求有助于改善企业公司治理进而提升国际竞争力；在美国资本市场上市更有利于提高企业的全球知名度和声誉，同时提升企业在资本市场中的战略定位。

(一)扩大融资能力

美国是全球金融中心，也是国际资金的聚集地，拥有世界上规模最大、流动性最强的资本市场和数量最多的投资者。美国资本市场聚集了世界上绝大部分游资和风险基金，雄厚的资金来源可为企业融资提供最大空间，健全

---

① “蓝海企业”基于“蓝海战略”。“蓝海战略”要求企业把视线从市场的供给一方转向需求一方，从关注并比超竞争对手的所作所为，转向为买方提供价值的飞跃。通过跨越现有竞争边界看市场并将不同市场的买方价值元素筛选与重新排序，企业就有可能重建市场和产业边界，开启巨大的潜在需求，从而摆脱“红海”，即已知市场空间的血腥竞争，开创“蓝海”，即新的市场空间。

② 六新，即新经济、新服务、新农业、新材料、新能源和新商业模式；两高，即成长性高、科技含量高。

的法律制度和行之有效的市场运营可使机构和个人投资者通过多种方式将资金聚集起来。美国证券市场具有多个层次和多种上市形式，既包括纽约证券交易所(NYSE)、纳斯达克证券交易所(NASDAQ)和美国证券交易所(AMEX)等全国性交易市场，也有场外公告板市场(OTCBB)和粉单市场(Pink Sheets)等地方性交易平台；既可采用IPO方式上市，也可采用ADR和反向收购等各种创新形式上市。不同层次的证券市场具有不同的上市门槛和不同的行业针对性，可以满足处于不同发展阶段企业的需要；不同上市形式具有不同的特征和风险，企业可根据自身条件配合上市需求灵活选择。美国资本市场具有最好的流通性和极高的换手率，特别是纽约证券交易所与泛欧证券交易所合并后，每天的交易额可达上千亿美元。美国的投资者分布非常广泛，既有很多机构投资者，也有大量个人投资者。机构投资者一直是美国资本市场的主要角色，但近年来互联网无线交易的发展使得个人投资者参与交易的数量也逐渐增加，而且他们对于非美国股票特别是经济高速增长的新兴国家股票的关注度和认可度很高。美国的投资市场也非常发达，风险投资和公募私募等股权基金以及投资银行同各交易所已经形成成熟的产业链，一旦企业在美国成功挂牌交易，则极有可能迅速筹集到发展所需的资金。

(二)提高企业估值

美国资本市场对高科技公司等创新型企业具有较强的风险理解、风险定价、风险承受和风险管理能力，从而可使此类赴美上市的中国企业获得更高估值。在美国经济社会中，各种层面的创新已成为企业生存与发展的常态，因此美国市场对于中国创新型企业的理解更加全面深入，包括三大门户网站在内的中国网络公司商业模式最先得到美国风险投资和证券市场认同就是典型的例证。创新型企业的商业模式千差万别，大多数情况下没有成熟的估值参照体系，从而会对证券市场的风险定价能力带来挑战。尽管美国市场对创新型企业的风险定价能力也存在缺陷，但在全球范围内仍然处于最高水平，以我国赴美上市企业IPO市盈率为例，高者超过600倍，低者不足10倍，如此巨大的差异可从侧面反映出美国市场的较强风险定价能力。创新型企业的成长与各种风险形影相伴，经营业绩大起大落或经营失败导致退市的企业并不罕见，二级市场的股价巨幅波动也会考验投资者的承受极限，大量实践表明美国投资者对创新型企业表现出很强的风险承受能力。此外，美国证券市场经过长期发展，从监管者到市场中介机构和投资者都积累了丰富的风险管理经验，从而促使美国证券市场敢于甚至热衷于挑战创新型企业，并且能够以积极的风险管理措施去防范风险。

(三)改善公司治理

美国证券市场经过上百年的发展，在上市公司治理和信息披露等方面已经形成了一套比较完善的约束和规范机制。安然事件之后，针对完全依赖外部监控所暴露出来的问题，美国对公司治理模式进行了一系列改革。2002年2月，美国国会出台“萨班斯法案”，根据该法案，美国证监会要求纽约证券交易所和纳斯达克证券交易所制定公司治理结构标准并将其纳入上市要求。我国企业赴美上市前，需要按照萨班斯法案相关要求构建公司治理结构，上市后则需遵守美国公司治理规范进行公司治理和信息披露，接受交易所和投资者监督。因此，北京市企业赴美上市实质上是“租用”美国良好的公司治理体系，使公司置身于更加严格的投资者法律保护和国际资本市场监管环境中，以规范公司行为，吸引投资者，降低融资成本，更好地利用发展机会，提升公司未来价值。由此可见，企业赴美上市可以通过影响外部治理环境以及股权结构、董事会构成、管理层薪酬和信息披露制度等内部治理机制，有效促进公司治理结构的改善和企业管理水平的提高，提升企业在国际资本市场的竞争力，进而实现公司和股东价值最大化目标。

(四)满足公司战略发展需要

2006年后，很多北京市企业基于公司战略发展需要考虑赴美上市。在美国资本市场上市，有助于提高公司的全球知名度和良好声誉。很多企业已经走过了依靠简单外包赚取极低加工费的阶段，希望把自己的品牌和产品直接打入国际市场，赚取更多的利润。也有一些企业的管理、技术和效益在行业内均居领先地位，但在与国外公司的交往中，由于国外公司对其缺乏了解而导致合作难度加大，交易成本也较高。对这些企业而言，通过在世界上关注度最高的美国资本市场上市亮相，借助路演等方式以及媒体的曝光，既可以起到间接的广告宣传作用，从而促使更多潜在客户了解公司，以达到扩张产品市场的目的，也可以提高企业的海外声誉，进而提升企业的市场估值。此外，对于希望走向国际市场进行海外并购的企业而言，在美国资本市场上市可以增加未来收购目标和并购的灵活性，同时可以强化公司的并购手段，促进公司资源整合。由于在美国上市公司的股票通常被认可为有效的并购支付手段，上市将使公司价值通过具有很高折现性的美国股票得以体现，从而大大提高并购效率。

三、北京市企业赴美上市的现状分析

北京市企业赴美上市融资一般首选纽约证券交易所，其次是纳斯达克证券交易所，最后是场外交易市场。北京市企业赴美上市主要采取首次公开招股(IPO)直接上市和买壳间接上市两种方式。由于在场外交易市场上市企业不需要在美国证券交易委员会登记，也不需要根据美国会计准则编制财务报告进行信息披露，而且主要采取买壳间接上市的方式，不属本文研究范围。本文的研究对象是以IPO方式在纽交所和纳斯达克上市的北京市企业。截至2011年年底，共有59家北京市企业以IPO方式在纽交所和纳斯达克上市，其中纽交所33家、纳斯达克26家。

(一)上市时间和上市数量

截至2011年12月31日，北京市以IPO方式赴美国纽交所和纳斯达克上市企业数量如表1所示。

表1 北京市赴美上市企业数量(截至2011年12月31日) (单位：家)

	2000年前	2000年	2001年	2002年	2003年	2004年	2005年	2006年	2007年	2008年	2009年	2010年	2011年	合计
纽约证券交易所	1	2	1	1	1	0	0	1	4	2	3	13	4	33
纳斯达克证券交易所	0	3	0	0	0	5	5	0	4	1	1	5	2	26
合计	1	5	1	1	1	5	5	1	8	3	4	18	6	59

资料来源：作者根据纽约证券交易所和纳斯达克证券交易所新闻公告以及各公司招股说明书整理。

数据表明，2004年以后，北京市企业赴美上市出现加速现象，2010年数量达到最多，2008年受美国金融危机影响有所减少，2011年则因中概股普遍遭遇信任危机而大幅下降。

(二)企业注册地

北京市赴美上市企业绝大多数选择“离岸公司”方式运作，以此绕开中国证监会等政府部门的审批。北京市以IPO方式赴美国纽约证券交易所和纳斯达克证券交易所上市企业注册地分布如表2所示。

表2 北京市赴美上市企业注册地分布(截至2011年12月31日)

注册地	企业数	占比	注册地	企业数	占比
开曼群岛	46	77.97%	美国怀俄明州	1	1.70%
维尔京群岛	3	5.08%	中国香港	1	1.70%
美国特拉华州	2	3.39%	中国内地	6	10.17%

资料来源：作者根据纽约证券交易所和纳斯达克证券交易所新闻公告以及各公司招股说明书整理。

数据显示，在开曼群岛注册的企业达到46家，占77.97%；在美国境内注册的企业3家；在中国内地注册的企业6家，全部为赴美国纽交所上市的中国大型国有企业。从企业注册地看，除较早上市的大型国企外，中国赴美上市企业基本采用“离岸公司”方式运作。

(三)上市方式

北京市以IPO方式赴美国纽交所和纳斯达克上市企业上市方式如表3

所示。

表 3　北京市赴美上市企业上市方式(截至 2009 年 12 月 31 日)

发行方式	纽约证券交易所		纳斯达克证券交易所	
	企业数	占比	企业数	占比
发行普通股	2	6.06%	2	7.69%
发行 ADR	31	93.94%	24	92.31%
合计	33	100.00%	26	100.00%

资料来源：作者根据纽约证券交易所和纳斯达克证券交易所新闻公告以及各公司招股说明书整理。

数据显示，在纽交所和纳斯达克上市的中国企业，大多采用 ADR 方式发行上市。ADR 方式被普遍采用，表明这些企业大多数仍不能直接达到纽交所和纳斯达克上市标准，尤其是非数量性标准的要求，而 ADR 可以灵活的方式较好地解决这一问题。

(四)行业分布

北京市赴美上市企业的行业分布比较广泛，本部分根据各公司招股说明书的主营业务说明，参照中国证监会现行的上市公司行业分类指引，对这些企业的行业分布进行大致归类，具体情况如表 4 所示。

表 4　北京市赴美上市企业的行业分布(截至 2011 年 12 月 31 日)

	纽约证券交易所		纳斯达克证券交易所	
	企业数	占比	企业数	占比
制造业	5	15.15%	2	7.69%
信息技术业	12	36.36%	13	50.00%
社会服务业	5	15.15%	6	23.08%
传播文化业	1	3.03%	5	19.23%
批发零售业	1	3.03%	0	0.00%
采掘业	2	6.06%	0	0.00%
房地产业	3	9.09%	0	0.00%
金融保险业	1	3.03%	0	0.00%
农林牧渔业	1	3.03%	0	0.00%
公用事业	2	6.06%	0	0.00%
合计	33	100.00%	26	100.00%

资料来源：作者根据纽约证券交易所和纳斯达克证券交易所新闻公告以及各公司招股说明书整理。

数据显示，北京市赴美上市企业集中分布于"信息技术业"、"社会服务业"、"制造业"和"传播文化业"等一级行业。"信息技术"类企业在纽交所和纳斯达克上市企业中占比分别为36.36%和50%，均为最高。相较纽交所，纳斯达克上市企业更为明显地集中在"信息技术业"、"社会服务业"和"传播文化业"三个行业，共计24家，在全部纳斯达克上市企业中占比达到92%。"信息技术业"、"社会服务业"和"传播文化业"企业是典型的"高科技"、"新业态"企业，商业模式创新特色非常明显。相较纳斯达克，纽交所上市企业的行业分布更加广泛，包括采掘业、批发零售业、房地产业、金融保险业、农林牧渔业和公用事业等，可直观表现出纽交所在上市公司遴选方面更为广泛的兴趣。

(五)IPO融资规模

北京市赴美国纽交所和纳斯达克上市企业2000—2011年各年IPO融资规模如表5所示①。

表5　北京市赴美上市企业IPO融资规模(2000—2011年)

年份	纽约证券交易所		纳斯达克证券交易所	
	总融资额（亿美元）	平均融资额（亿美元）	总融资额（亿美元）	平均融资额（亿美元）
2000年	0.00	0.00	2.50	0.83
2004年	0.00	0.00	5.24	1.05
2005年	0.00	0.00	4.69	0.94
2006年	1.13	1.13	0.00	0.00
2007年	7.00	1.75	7.82	1.96
2008年	1.10	0.55	0.46	0.46
2009年	2.75	0.92	1.20	1.20
2010年	16.70	1.28	4.33	0.87
2011年	11.49	2.87	2.66	1.33
合计	40.17	1.49	24.90	0.96

资料来源：作者根据纽约证券交易所和纳斯达克证券交易所新闻公告以及各公司招股说明书整理。

① 由于2004年之前赴美国纽约证券交易所上市企业几乎全部通过发行ADRⅡ(二级美国存托凭证，全称American Depository Receipts Ⅱ)方式上市，而ADRⅡ只具有交易功能，不具备公开募股资格，因此IPO融资规模统计自2004年开始。

数据显示，北京市赴纽交所上市企业IPO总融资额和平均融资额分别为40.17亿美元和1.49亿美元，而赴纳斯达克上市企业IPO总融资额和平均融资额仅为24.90亿美元和0.96亿美元，表明赴纽交所上市企业IPO融资规模总体更高。除无融资年份外，两家证券交易所的最低融资额均出现在2008年，表明金融危机使中国企业赴美上市陷入低谷。在随后的2009年和2010年，纽交所和纳斯达克的IPO总融资额和平均融资额均有所回升。2011年，受中概股遭遇信任危机的影响，纽交所和纳斯达克的总融资额均有所下降。

四、北京市企业赴美上市的对策建议

国内资本市场和融资环境不够健全导致我国中小企业融资困难和融资渠道不畅，促使大批中小企业纷纷选择赴美国资本市场上市，希望迅速筹集发展所需资金，拓展发展空间，实现更快成长并提升国际竞争能力。北京市政府和相关部门的大力推动，更加快了北京市中小企业赴美上市的步伐。2011年4月，中关村科技园区管委会与纽约泛欧交易所集团在北京签署战略合作协议，宣布建立长期战略合作伙伴关系，通过开展各种形式的交流与合作，为中关村企业上市提供有利机会。然而，我们还应该看到，赴美上市企业的表现并非都尽如人意。一些企业因在上市决策中存在盲目和投机心理，导致不熟悉上市地资本市场规则遭遇法律诉讼、证券违规风险、做空风险和退市风险。相关数据显示，截至2011年年底，在美国上市的254家中国概念股中，有28家公司被勒令退市，46家公司遭到长期停牌或者退市警告，超过一半的公司股价下跌达50%以上。因此，如何全面权衡赴美上市的风险和收益，防范和化解赴美上市的法律风险，统筹安排企业境内外上市并完善资本市场环境和机制，是摆在北京市拟赴美上市企业、已实现赴美上市企业以及政府相关部门面前的重要课题。

(一)拟赴美上市企业应全面权衡风险和收益，做出正确的上市决策

拟赴美国资本市场上市企业应该基于自身资源状况，着眼长远发展需求，进行充分的成本收益权衡。一方面，境外上市通常相对国内资本市场具有更高的融资风险和成本，只有当企业存在良好的投资机会而在国内资本市场确实难以获得充足的资金支持从而发展受限时，境外上市行为带来的融资环境改善才有可能促进企业实现更好成长。基于“圈钱”或“跟风”动机的上市不仅会引起资本市场的消极反应，还会损害公司的形象和信誉，不利于公司的长期持续成长。另一方面，公司治理水平关系到企业能否成功在境外上市、是否具有持续融资能力，进而影响企业的长远发展，因此拟赴境外上市企业应当建立合理的股权结构，健全内部控制制度，完善董事会结构和薪酬激励制度安排，主动提高信息披露质量，树立良好的企业形象，以赢得投资者的信赖。此外，为有效防范化解中介机构欺诈风险，企业在赴美上市准备过程中

应严格筛选聘请中介机构，在其辅导下选择适宜的融资模式、融资地点和上市时机，确定适当的发行价格，顺利实现在美国资本市场上市。

(二)已经赴美上市企业应遵法守规完善治理，积极防范各种法律风险

对于已经赴美国资本市场上市的公司而言，一方面要充分了解和严格遵守美国证券监管部门的相关法律法规和严格的信息披露要求，主动与美国证监会、新闻媒体和投资者沟通，增加公司透明度，取得投资者信任，从根本上减少因为信息不对称而导致的融资困难问题，同时积极学习国际资本市场的运营规则和成熟经验，合理规避经营风险，利用资本市场平台有效融入国际经济社会；另一方面要在强制性合规的基础上，采取切实措施完善内部控制制度，提高公司实际治理水平，充分发挥战略投资者和机构投资者对公司成长的积极促进作用，建设与既定治理环境匹配的公司治理文化和治理伦理，实现公司治理从强制性合规到自主性适应的转变。面对美国法律制度和资本市场环境下可能遭遇的集体诉讼、违规处罚、做空和退市风险，企业应首先熟悉美国集团诉讼的制度规则和操作程序，建立诚信观念和规范运作意识，保证财务信息的真实及时披露，在遭遇各种风险时积极应对，主动采取回应和反击措施，尽力化解各种法律风险。

(三)政府部门应统筹安排企业境内外上市，努力完善资本市场环境和机制

政府部门应该加强对企业上市的统筹安排，根据企业性质不同合理分类、区别对待。对于竞争领域的企业可以适度放宽，对于优质企业应优先在境内上市，而对于关键领域重点行业的国有企业到境外上市要经过严格评估。政府相关部门应该从企业自身发展角度考虑，适度鼓励具有迫切融资需求和改善治理机制愿望的中小企业赴国外资本市场上市，从而促进这些具有成长潜力企业的可持续发展和国际竞争力提升。与此同时，政府部门应加强对企业境外上市的规范，制定相关法律法规，建立完善信息披露机制、财务公开机制、运作透明机制、风险防范机制、事件应对机制以及合理的纠错机制等一整套运作机制。

境外上市可以通过引发公司外部治理环境的强制性制度变迁实现公司融资约束放松，通过促进内部治理机制对外部治理环境的适应性改造实现公司治理机制的完善和企业的成长(李志杰，2008；吕长江等，2008；孔宁宁等，2009)。因此，政府部门应该把加强资本市场基础制度建设、改善外部融资和治理环境作为长期根本性目标，一方面应该着力建设健全的投资者保护法律体系和完善的股东诉讼机制，完善信息披露和股票发行审批等各项制度，加强监管力度以提高各项法律的执行质量，以便从根本上提高自身实力，在与境外证券交易所的竞争中争取留住本国优质企业，同时积极建立健全境外优质企业回归境内资本市场机制，以带动国内资本市场上市公司整体质量的提高；另一方面应该重视利益相关者以及证券分析师和媒体等声誉监督机构对增进资本市场有效运作发挥的重要影响，通过加强利益相关者教育和促进声誉监督机构培植等措施塑造良好的外部信息和治理环境。

Doidge 等(2004)和深圳证券交易所综合研究所的研究报告(2004)表明，赴美上市对公司价值成长具有明显的促进作用，但对绩效成长的影响未必显著，从侧面表明美国资本市场具有较强的风险理解和定价能力，突破了传统“基于业绩定价”的估值思路对创新型企业估值的制约，是吸引他们选择赴美上市的重要原因之一。由此启示我国证券监管部门在创业板市场建设过程中应该加强制度规则设计，建立基于公司治理的高效遴选机制，重视对高成长中小企业风险理解能力、定价能力、承受能力和管理能力的培养，以积极态度管理而不是回避风险，在一级市场打破“业绩定价”的传统思路，拓宽“蓝海企业”进入资本市场融资的渠道，吸引“蓝海企业”留在国内成为创业板主体资源，进而促进我国资本市场资源配置功能的提升。

参考文献

[1] 孔宁宁、闫希：《交叉上市与公司成长——来自中国“A+H”股的经验证据》，《金融研究》，2009 年第 2 期。

[2] 李志杰：《境外上市公司的治理改进与价值提升》，北京：中国经济出版社，2008 年。

[3] 吕长江、肖成民：《法律环境、公司治理与利益侵占——基于中、美股票市场的比较分析》，《中国会计评论》，2008 年第 6 期。

[4] 深圳证券交易所综合研究所：《2004 年以来我国创新型企业赴美上市情况研究》，2008 年第 4 期。

[5] Doidge, C., Karolyi, A., and Stulz, R, Why are Foreign Firms Listed in the U. S. Worth More?, Journal of Financial Economics, 2004, 71.

（作者：孔宁宁　对外经济贸易大学教授）

项目名称：北京市居民家庭投资组合选择行为与相关金融政策分析
项目编号：10BaJG344
项目负责人：吴卫星
项目信誉保证单位：对外经济贸易大学

中国城镇家庭投资组合区域性差异分析

经典的投资组合理论在最为一般的假设前提下，推导出经济人的最优资产配置是持有一定比例的风险资产和一定比例的无风险资产，并且风险资产的权重是不变的。但实证研究发现人口统计学特征、财富水平和非流动资产等因素都可能导致家庭资产配置的异质性。

我国幅员辽阔，不同区域之间，无论是地理环境、经济环境还是人文环境都会存在巨大的差异，那么这些不同居民家庭投资的异质性是否源自所在地区的差异呢？而这些可能存在的区域性影响差异究竟是源自当地居民投资偏好的不同还是金融市场化程度的不同呢？本文以区域性差异为研究的着眼点，在控制了人口特征、收入水平和财富规模等因素的前提下，探究不同区域对家庭资产参与和金融资产配置选择决策的影响方式。通过对不同地区家庭的比较研究，探寻家庭资产组合的区域性特征，这对于挖掘人群对金融服务的不同需求、改善投资参与环境、提高金融机构的创新能力，以及完善地区金融发展方针都具有十分重要的意义。

本文基于以上原因，根据我国行政区域的划分标准，将样本分为华北、华东、华中、华南、西南、西北和东北共 7 个地区，分别通过统计分析和实证回归研究“区域性差异如何影响家庭的资产选择行为”。

一、文献综述

许多学者、专家对家庭资产组合从不同角度都有过细致的研究与探索，有基于生命周期的、有基于人力资本的、有基于流动性的，但是将不同地区进行比较的文献相对较少，尤其是探寻国内不同地区间差异的研究更是少见。

在国外，以地区差异为出发点的研究，主要分析的是社会保障福利对私人储蓄的影响。基于不同国家的社会保障体系差别，对于研究社会保障对私人储蓄的影响是十分重要的，但是很多研究表明，不同国家、变量、样本等因素的选取都会使回归结果产生差异，跨国分析会遇到许多问题。

Robert J. Batto and Glenn M. Macdonald(1979)调查了 1951—1960 年间

16 个工业化国家的消费行为，扩展研究了基本社会福利对私人储蓄这一问题的实证证据，发现对不同国家的分析并不能证明社会福利对私人储蓄具有削减作用这一假设，但也无法反驳这一假设。

Martin Feldstein(1980)以 12 个工业国家为研究对象，估计了在一个延长的生命周期模型中，社会安全福利对储蓄和退休的影响，得出在给定退休的情况下，社会安全福利的增加会使私人储蓄明显减少，每增加 10%的社会安全福利就会减少 3%的私人储蓄。

在国内，研究地区差异性的家庭资产组合文献主要发表于近 5 年内，但是数量很少，这也凸显了本文的研究意义。

姚佳(2009)通过国际比较，归纳总结了欧美各国家庭资产组合选择的规律及差异。同时，她根据我国的宏观经济金融总量数据以及 12 个城市家庭资产组合的调查问卷数据，研究发现：在我国，学历较高、收入较高、年龄较大的家庭参与各项资产投资的积极性更大，家庭的住房投资仍然是主要的投资形式，占家庭总资产的比重较高。

王宇(2008)在文献研究的基础上，选取浙江省和四川省的多个农村家庭进行分析。发现家庭收入对农村家庭投资影响十分显著，并且东、西部地区差异是十分明显的；而家庭健康状况对农村家庭投资影响并不明显，这一点东、西部地区是基本一致的；金融深化、年龄、受教育程度、性别与家庭人口等控制变量对农村家庭投资的影响，东、西部均有所不同。

张辉(2007)从 1985 年至今城镇居民家庭的投资发展动态入手，多角度地分析了中国城镇居民家庭资产的投资现状和特征，与国外居民家庭资产投资演进过程进行了对比分析，概括了中国城镇居民家庭资产投资的兴起和发展，研究了中国城镇居民家庭的金融资产投资和非金融资产投资。同时，从居民家庭资产组合的结构、居民家庭资产投资的影响因素、居民家庭资产组合三个方面对比了英国、意大利、美国等国家居民家庭资产的投资模式，并且与中国城镇居民家庭资产投资特征进行了对比分析，初步提出了具有中国特色的城镇居民家庭资产投资模式和投资建议。

二、数据简介和变量定义

本文采用北京奥尔多投资咨询中心 2009 年"投资者行为调查"所得的数据来对区域性差异如何影响家庭的资产选择行为进行统计分析和实证研究。问卷从北京、辽宁、河北、山西、山东、河南、江西、江苏、广东、海南、四川、甘肃共 12 个省市的多个城市采集得到，数据总样本达到 5056 个。[①]

该数据样本不仅囊括了诸如性别、婚姻状况、教育程度和健康状况等人口统计学信息，还收集了家庭收入水平和财富规模等信息。同时在调查问卷中对家庭资产的种类进行了详细的划分，便于研究者详细分析家庭在各类资产之间进行配置选择策略的差异[②]。

(一)区域变量

为了能够探究我国不同地区家庭的投资组合是否存在差异，我们将总体样本按照华北、华中、华东、华南、西南、西北和东北，分为 7 个子样本，并定义了二值虚拟变量代表区域差异，具体命名方法如下：huabei、huazhong、huadong、huanan、xinan、xibei 和 dongbei，当被访者所在家庭处于该分组区域时，对应的虚拟变量被赋值为 1，否则为 0。[③]

(二)人口学变量

年龄、性别、教育程度、婚姻状况和健康程度等因素会参与决策并具有显著影响[如 Haliassos&Bertaut(1995)，Ameriks&Zeldes(2004)，Rosen & Wu(2004)，Vissing-Jorgensen(2002)，吴卫星等(2011)等]社会人口学特征包括：居民的性别，用 gender 表示，男性取值为 1，女性取值为 0；户主的年龄，用 age 表示，代表实际年龄户主的婚姻状况，用 merried 表示，已婚赋值为 1，其他情况赋值为 0；教育程度，根据户主的受教育程度划分为小学以下、初中、高中和大学以上四个类，分别用 prime、junior、senior 和 univer 表示，当户主教育程度符合某类划分的定义时则将代表该教育程度的虚拟变量赋值为 1，否则为 0；居民的健康状况，用 health 表示，对应户主认为自己的健康状况非常差或较差、一般、较好或非常好三类，分别赋值为 0、1 和 2。

(三)家庭收入和财富水平变量

已有的研究发现由于金融市场或其他资产市场中可能存在投资的准入成本，换言之只有那些投资能力超过了市场所设置的“门槛”后才能参与投资活动从而导致了家庭参与的异质性[如 Guiso et al(1996)，Peress & Joël(2004)，

---

① 采集数据的城市包括：北京、沈阳、大连、鞍山、瓦房店、辽中、石家庄、唐山、保定、廊坊、承德、太原、阳泉、汾阳、济南、青岛、烟台、威海、泰安、利津、郑州、濮阳、焦作、三门峡、南阳、襄城、南昌、景德镇、信丰、南京、南通、扬州、常熟、珠海、顺德、海口、三亚、成都、德阳、攀枝花、兰州、天水共 42 个城市或区县。

② 资产类别包括金融资产和非金融资产两类。(1)金融资产：现金、银行存款、股票、基金、外汇(已估算为人民币)、各种债券、期货、住房公积金、保险金、其他金融理财产品；(2)非金融资产：借出款、收藏品、家庭经营活动占有的自有资金、向企业或其他经营活动的投资、自有生产性固定资产的估计市场现值、家庭耐用消费品的估计市场现值、自有房屋的估计市场价值、其他资产的估计现值。

③ 由于本文数据所限，各地区仅包含部分省份，华北地区有北京市、河北省和山西省；华中地区包括河南省；华东地区包括江苏省、山东省和江西省；华南地区包括广东省和海南省；西南地区包括四川省；西北地区包括甘肃省；东北地区包括辽宁省。

Yao&Zhang(2005)，Campbell & John(2006)，Constantinides et al.(2002)，吴卫星等(2010)等]。为此我们定义了相应的虚拟变量来控制可能存在的财富效应和收入效应。

我们引入虚拟变量 ta10、ta1030、ta3050、ta50100、ta100200、ta200，分别当投资者总资产在小于 10 万元、10 万元到 30 万元之间、30 万元到 50 万元之间、50 万元到 100 万元之间、100 万元到 200 万元之间和 200 万元以上时取 1，其他情况取 0。

同时按投资者收入分成五类：收入低于 1000 元、收入在 1000—2000 元、2000—3000 元、3000—4000 元、高于 4000 元，与之相对以引入虚拟变量 income1-income5，当投资者分别处于以上几类收入阶段的时候赋值为 1，否则为 0。

三、描述性统计分析与区域性差异比较

在进行回归分析前我们有必要先对整个数据的特征和各地区组别间的明显差异有一个大概的了解和认识，因此按照我国城市行政区域的划分标准，分组列表呈现不同区域之间家庭在自身人口学、经济状况和投资偏好方面的特征。

(一)人口学变量和家庭经济状况的区域间比较

为了能够了解各地区被访者家庭的主要特征，我们按照之前各区域的划分标准将总体样本分为 7 个子样本，对各变量进行描述性的均值统计分析，变量分为人口学信息、家庭收入状况和家庭财富水平三类，具体统计结果如表 1 所示：

表 1　变量描述性统计区域比较①

	华北	华中	华东	华南	西南	西北	东北
人口学信息							
age	50.79 岁	51.37 岁	50.52 岁	46.31 岁	48.57 岁	51.22 岁	50.44 岁
gender	63.9%	60.6%	69.0%	73.5%	52.0%	69.3%	76.5%
health	1.639	1.469	1.646	1.693	1.616	1.543	1.505
prime	7.2%	9.9%	7.1%	5.8%	5.5%	9.6%	4.3%
junior	32.9%	27.0%	23.5%	23.6%	20.6%	25.1%	31.2%
senior	29.2%	32.2%	33.5%	38.5%	30.9%	43.7%	26.2%
univer	30.6%	30.9%	35.9%	32.1%	43.0%	21.6%	38.3%

① Income 代表家庭的平均月收入，totalasset 代表家庭总资产，fin _ asset 代表家庭的金融资产，total _ nohouse 代表除住房资产外家庭总资产规模。

续表

	华北	华中	华东	华南	西南	西北	东北
married	91.6%	89.1%	91.8%	88.6%	91.5%	90.5%	91.4%
家庭收入状况							
income	2，600	2，028	2，799	3，197	2，368	1，421	2，386
income1	10.2%	16.0%	6.5%	8.0%	14.1%	35.7%	11.5%
income2	39.0%	42.4%	33.3%	27.8%	32.4%	47.2%	36.8%
income3	21.3%	25.2%	27.7%	25.6%	28.9%	9.6%	28.3%
income4	13.2%	11.2%	14.7%	14.5%	14.3%	6.0%	13.2%
income5	16.4%	5.2%	17.7%	24.1%	10.3%	1.5%	10.2%
家庭财富水平							
totalasset	607，037	272，316	616，454	311，699	460，137	229，722	476，724
fin _ asset	83，630	64，817	95，088	105，317	68，766	37，574	88，094
total _ nohouse	166，902	88，263	137，675	152，052	96，182	48，290	118，171
小于10万元	6.1%	19.4%	5.0%	37.9%	12.3%	21.6%	6.5%
10万—30万元	24.2%	47.2%	20.6%	26.9%	26.9%	55.3%	33.7%
30万—50万元	27.4%	21.2%	27.5%	18.3%	27.4%	14.6%	24.3%
50万—100万元	28.3%	10.5%	33.4%	12.9%	25.4%	7.0%	26.8%
100万—200万元	10.6%	1.7%	10.8%	2.9%	7.3%	1.5%	7.7%
200万元以上	3.4%	0.0%	2.8%	1.1%	0.8%	0.0%	1.1%

表1反映出在本文所用样本中华中地区被访者年龄最大为51.37岁，华南地区年龄最小为46.31岁；东北地区男性被访者所占比例最大，为76.5%；被访者健康状况最好的地区是华南；仅从样本中的数据来看，华北地区受访者高中以下学历的占比最高，而西南地区具有大学以上学历的被访者为43%，在各组中占比最大。

从家庭收入方面来看，华南、华东和华北地区收入最高，在这三个地区中收入超过4000元的家庭所占比例也是在7个地区中最大的，但值得注意的是华北地区低收入人群也占据了样本人群的较高比例，这从一个侧面反映出该地区的收入差距可能较大。

华北和华东地区被访者家庭平均持有的总资产价值较高，表现出这些区域人民相对生活富足，随着近年来住房价格的持续快速上涨，住房成为大多数家庭最为主要的资产构成，但其较好的总价和较差的流动性可能制约其他类型资产的持有，所以为了能够更好地认识家庭的财富状况，我们又按照金融资产和非住房类资产进行了统计，有意思的是华南地区虽然总资产平均持有规模较低，但无论是非住房类资产还是金融资产都居全国之首。

(二)家庭各类资产参与率的区域间比较

投资决策过程通常包括“初次配置”、“再调节”、“退出投资”三个阶段，虽然现有的数据还难以让我们探索家庭在后两个阶段的行为特征，但观察和研究家庭是否持有某一类资产，不仅可以让我们逐渐总结出家庭的投资偏好和投资特征，更可以揭示出阻碍人们持有某一类资产的显性或隐性因素，对于我们认识中国家庭的资产配置策略也同样有着重要的作用，如表 2 所示。

表 2　家庭各类资产参与率的区域比较①

	华北	华中	华东	华南	西南	西北	东北
银行存款	88.3%	94.0%	94.5%	94.2%	92.2%	94.0%	92.6%
股票	9.0%	13.0%	16.4%	22.0%	22.4%	12.1%	10.9%
基金	10.8%	12.8%	14.7%	14.5%	8.3%	5.5%	13.2%
外汇	0.8%	0.4%	0.6%	1.6%	0.8%	1.0%	1.1%
债券	1.9%	1.0%	2.7%	2.0%	1.8%	0.0%	1.2%
期货	0.3%	0.1%	0.1%	0.0%	0.3%	0.0%	0.2%
住房公积金	45.4%	33.0%	44.9%	18.5%	31.4%	46.2%	48.2%
保险金	20.1%	24.5%	32.8%	32.7%	32.9%	18.1%	31.5%
收藏品	0.8%	1.6%	1.4%	1.6%	3.0%	0.5%	0.9%
其他金融理财产品	0.7%	0.1%	1.5%	0.4%	0.8%	0.0%	0.2%
借出款	1.5%	3.5%	2.8%	2.5%	1.5%	0.0%	1.2%
家庭经营活动占有的自有资金	8.9%	8.7%	12.3%	10.2%	11.1%	7.5%	9.4%
向企业或其他经营活动的投资	0.8%	1.3%	3.5%	1.6%	2.0%	1.0%	1.1%
自有生产性固定资产	3.0%	1.9%	6.3%	0.9%	4.5%	2.0%	1.7%
家庭耐用消费品	94.0%	98.3%	94.9%	54.8%	94.0%	98.5%	99.2%
自有房屋	91.4%	92.3%	97.3%	44.5%	94.0%	86.9%	97.8%

我们将各区域家庭对各类资产的参与率进行了统计分析，表 2 显示华东、华南、西南和华中等区域被访者家庭更有可能持有如股票和基金等风险类资产，华南地区股票和基金的参与率分别为 22.0%和 14.5%，均处于全国各地

① 因为几乎所有家庭都持有现金，所以在表格中未列出现金持有率的区域比较。

区前列。住房公积金和保险金是家庭配置概率较多的另外两类金融资产，华东地区分别有近半数和近三分之一的家庭配置了该类资产，而华中和华南地区持有这两类资产的可能性都明显低于其他地区，从这一现象我们有理由猜测这两个地区被访者家庭更偏好风险类资产。

与此相反的是如外汇、债券、期货和理财产品等金融资产的持有率在各区域都普遍较低，这反映出上述类型资产的预期收益和风险可能并不能完全为家庭所认知和控制，所以制约了它们被家庭所持有。

华东地区的被访者同样在投资和生产类资产的持有方面具有很强的积极性，家庭经营活动占有的自有资金、向企业或其他经营活动的投资和自有生产性固定资产的参与率均高于其他地区。除华南地区外，其他区域的住房和家庭耐用消费品的持有率都非常高，造成这一现象的原因还需要进一步的调研和分析。

(三)家庭金融资产投资组合的区域间比较

党的十七大报告首次提出“创造条件让更多群众拥有财产性收入”之后，“财产性收入”一词成为社会各界普遍关注的重要话题。努力创造条件让中国百姓拥有更多的金融产品，通过金融体系创新，让百姓拥有更多的金融工具，成为增加百姓财产性收入的不可或缺的手段。因此我们从金融资产的角度着眼，比较了区域之间各种类型金融资产投资组合配置策略的不同之处，并以此作为构建模型和回归研究的基础，如表3所示。

表3 家庭金融资产配置的区域比较

	华北	华中	华东	华南	西南	西北	东北
现金	17.0%	15.6%	14.0%	12.8%	15.3%	18.7%	15.2%
银行存款	60.3%	62.4%	61.6%	61.5%	55.0%	52.5%	57.0%
股票	2.8%	4.7%	5.2%	9.0%	9.0%	5.3%	3.5%
基金	3.0%	3.4%	3.1%	3.9%	1.7%	1.4%	3.3%
外汇	0.2%	0.1%	0.1%	0.5%	0.1%	0.1%	0.2%
债券	0.5%	0.3%	0.6%	0.7%	0.6%	0.0%	0.3%
期货	0.0%	0.0%	0.0%	0.0%	0.1%	0.0%	0.0%
住房公积金	12.9%	8.7%	9.6%	5.8%	9.5%	18.7%	15.0%
保险金	3.2%	4.8%	5.4%	5.6%	8.5%	3.3%	5.4%
其他金融理财产品	0.2%	0.0%	0.3%	0.1%	0.2%	0.0%	0.0%

从总体来看在我国城镇家庭的金融资产投资组合中，现金、银行存款和住房公积金等资产的占比几乎高达80%以上，西北和华北等地区家庭会将更多的金融资产配置于相对安全的资产类别，以华北地区为例，该区域家庭会以现金、银行存款和住房公积金的形式持有17.0%、60.3%和12.9%的金融资产，究竟是何种原因造成这些地区的家庭会选择更为保守的投资组合呢？

是由于当地家庭金融资产参与能力较差，还是当地居民所面临的风险较高抑制了风险资产的投资？这就需要我们在之后的回归分析中控制其他可观察到的因素来找出合理的原因。

与华北地区不同，华南地区的被访者通常会选择风险性更高的金融资产投资组合，并且各类资产的分布也更为分散，表 3 中显示华南地区家庭的金融资产组合中会持有 9.0%的股票、3.9%的基金、5.6%的保险金和 0.7%的债券和 0.5%的外汇，该区域家庭会减少持有的现金资产的比重，转而将其投资于其他资产类别中，这是否表明该地区家庭具有更加多样而有效的途径来满足日常资金使用的需求，这同样需要在回归分析中寻求解释。

(四)区域间市场化程度比较

金融市场的发展程度、资金分配的有效程度都可能改善居民的投资环境和投资意愿，为此我们选取相关调查指标，并兼顾本文所用数据样本采集的区域性特点，重新构建符合本文数据特征的反映市场化程度的指标数据，见图 1。

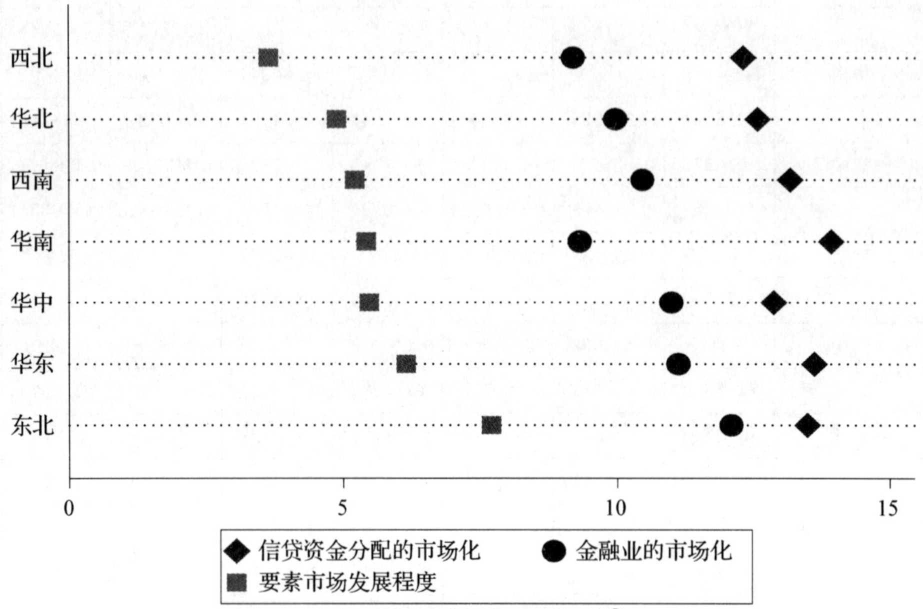

图 1　各区域市场化程度比较[①]

从图 1 的地区间比较来看，华南和华东地区金融市场表现得更为市场化，这也符合之前我们在描述性统计分析中所发现的华南和华东地区居民家庭各类资产的参与率都较高，而且会采用风险性更高且更为分散化的金融资产投

① 本文根据中国市场化指数——各地区市场化相对进程 2011 年报告中有关信贷资金分配的市场、金融业的市场和要素市场发展程度的指标数据，并考虑本文所用各省市数据样本在区域中所有数据样本的权重，加权平均计算适用于本文的指标数据，具体指标定义可查阅相关参考文献内容。

资组合。

四、家庭组合投资区域性差异回归结果[①]

(一)家庭投资组合模型定义

大量的实证研究发现，投资者实际的资产组合选择很难仅仅依赖于风险偏好，还会受到年龄、教育程度、财富规模和区域差异等很多其他因素的影响，本文使用最小二乘估计法对资产的相关参数进行估计，资产选择模型中被解释变量为家庭是否持有某种资产。

(二)家庭资产参与选择的区域性差异分析[②]

表4 家庭资产参与选择影响因素回归分析[③]

	股票	基金	住房公积金	保险金	金融理财产品	借出款	自有房屋
区域性差异变量							
华东	−0.0162	0.0285	−0.148***	0.0689**	0.0113*	0.0198*	0.0159
	(−0.621)	(1.154)	(−4.306)	(2.077)	(1.783)	(1.771)	(0.924)
华南	0.0823***	0.0667**	−0.344***	0.104***	0.00341	0.0199	−0.357***
	(2.806)	(2.397)	(−8.867)	(2.794)	(0.479)	(1.578)	(−18.46)
华中	−0.00705	0.0652**	−0.171***	0.0689*	0.00320	0.0457***	0.0366**
	(−0.252)	(2.457)	(−4.632)	(1.934)	(0.471)	(3.806)	(1.983)
华北	−0.0732***	0.00558	−0.0969***	−0.0265	0.00533	0.0104	−0.0274
	(−2.737)	(0.220)	(−2.742)	(−0.779)	(0.822)	(0.908)	(−1.555)
西南	0.0475	−0.0302	−0.268***	0.0815**	0.00753	0.0116	0.0215
	(1.585)	(−1.062)	(−6.776)	(2.137)	(1.036)	(0.899)	(1.087)
东北	−0.0563**	0.0378	−0.0717*	0.0936***	0.00129	0.00966	0.0346*
	(−2.013)	(1.424)	(−1.940)	(2.630)	(0.190)	(0.804)	(1.876)
人口学变量							
性别	−0.0217**	−0.0491***	−0.0116	−0.0417***	0.00216	0.00438	0.00849
	(−2.034)	(−4.840)	(−0.824)	(−3.066)	(0.834)	(0.954)	(1.205)

① 由于篇幅所限本文关于区域性差异对金融资产配置的回归结果和相关结论未予呈现，如读者有需求请与作者联系。

② 本文主要关注区域性差异是否对非家庭的投资选择具有显著作用，所以人口学信息和家庭经济状况等变量的回归结果没有进行更为细致的解释。

③ 鉴于篇幅所限本文仅将部分区域变量具有显著影响的回归结果和具有显著影响力的回归变量列表呈现。

续表

	股票	基金	住房公积金	保险金	金融理财产品	借出款	自有房屋
年龄	-0.001***	-0.000379	-0.004***	-0.004***	0.000128	-0.0005***	0.000354
	(-3.165)	(-0.932)	(-8.255)	(-8.152)	(1.232)	(-2.647)	(1.250)
高中学历	0.0612***	0.00457	0.0559**	0.0552**	0.00509	-0.0136	-0.00489
	(2.891)	(0.228)	(2.000)	(2.052)	(0.991)	(-1.497)	(-0.350)
大学或以上学历	0.128***	0.0515**	0.177***	0.0970***	0.00798	-0.0215**	-0.0141
	(5.838)	(2.473)	(6.099)	(3.476)	(1.499)	(-2.287)	(-0.973)
结婚状况	0.0203	0.0463***	0.0538**	0.0419*	0.00349	0.00300	-0.00200
	(1.149)	(2.757)	(2.302)	(1.861)	(0.812)	(0.395)	(-0.171)
健康状况	-0.0138	0.00806	0.0542***	0.0128	0.00404*	0.00201	-0.00105
	(-1.609)	(0.991)	(4.786)	(1.178)	(1.941)	(0.545)	(-0.185)
收入和财富变量							
收入在1000—2000元	-0.0138	-0.0413***	-0.0769***	-0.0598***	-0.00563*	-0.0106*	0.0160*
	(-1.061)	(-3.341)	(-4.463)	(-3.600)	(-1.778)	(-1.893)	(1.856)
收入在3000—10000元	0.0198	0.00263	0.104***	0.0180	-0.0086**	-0.00661	-0.0140
	(1.196)	(0.167)	(4.768)	(0.851)	(-2.107)	(-0.929)	(-1.277)
总资产在30万—50万元之间	0.0724***	0.0415**	0.170***	0.0452**	-0.00755*	0.00811	0.446***
	(4.199)	(2.539)	(7.478)	(2.062)	(-1.807)	(1.096)	(39.24)
总资产在50万—100万元之间	0.102***	0.0849***	0.196***	0.0783***	-0.00493	0.00531	0.454***
	(5.809)	(5.113)	(8.472)	(3.519)	(-1.162)	(0.707)	(39.35)
总资产在100万—200万元之间	0.176***	0.143***	0.267***	0.204***	0.0188***	0.0232**	0.457***
	(7.771)	(6.675)	(8.942)	(7.104)	(3.420)	(2.386)	(30.62)
常数	0.110**	0.0462	0.446***	0.331***	-0.0155	0.0370*	0.530***
	(2.360)	(1.041)	(7.213)	(5.563)	(-1.364)	(1.844)	(17.19)

注：***、**、*分别表示回归系数的显著性水平为1%、5%和10%，括号内的是z统计结果。

相比于作为基准的西北地区，在控制了各种因素后仅有华南地区是依然表现为显著的正向促进股票市场的参与，华东和西南在无条件下的平均股票参与率并不逊于东南地区，但高学历和高财富家庭在这两个地区被访者中占比更高，从表4的其他控制变量回归结果我们不难发现，教育程度和财富规模都是股票市场参与的显著正向影响因素，也就说是具有更高学历和具有更多财富的家庭就更有可能参与股票投资，这也就解释了为什么华南与华东和西南之间在地区影响能力上的差异。

而各区域对于基金的参与影响方式与对股票的影响相似，但值得我们注意的是华中地区同样也对参与率具有了非常显著的正向影响，通过细致的分析我们发现可能是由于华中地区低财富家庭占比很高导致财富规模对该地区基金参与的解释能力较差，所以代表区域性特征的虚拟变量就反映了更多的参与率变化。

在住房公积金参与方面，所有代表地区的虚拟变量都表现为显著的负向效应，特别是以华南地区的影响力最为明显。从之前的市场化程度区域比较中我们了解到西北地区的市场化程度在各区域中是最低的，这可能代表该地区可供家庭投资的产品较少、人们投资的意愿普遍较低。李涛(2006)曾指出社会互动在家庭制定投资决策中起着不可忽视的作用，除受大量低财富家庭的影响之外，我们猜测该地区缺乏良好的投资氛围可能也是造成基金低参与的一个合理解释。

此外，华东地区家庭参与投资保险金、理财产品和借出款的几率明显较高；华中地区对保险、借出款和自有住房具有显著正向作用，该地区信贷资金分配的市场化指标偏低可能导致借出款参与明显高于其他地区；而华南地区是唯一对住房拥有可能性具有负向作用的地区，通常来说住房投资对于其他资产的参与具有一定的挤出效应(吴卫星、齐天翔，2007)，而较少的住房持有率恰恰刺激了华南地区更为广泛的参与其他类型资产的投资。

五、结　论

本文采用北京奥尔多投资咨询中心 2009 年“投资者行为调查”所得的数据，并根据我国行政区域的划分标准，将样本分为华北、华东、华中、华南、西南、西北和东北共 7 个地区，分别通过统计分析和实证回归研究了“区域性差异如何影响家庭的资产选择行为”。

研究发现以下几点实证结论：(1)在不考虑人口学因素和家庭经济状况的前提下，华南、华西和华中地区被访者家庭参与投资风险类资产的可能性更高，其中华南和华中地区持有如住房公积金和保险类资产的可能性较低，这与他们乐于持有高风险投资组合形成鲜明对比；(2)除银行存款外，各区域家庭都具有很高的可能性持有住房公积金和保险金资产，但全国范围都很少参与外汇、债券、期货和理财产品的投资活动；(3)即使考虑了控制变量影响，华南地区依然显著促进股票和基金等风险资产的参与可能，而华中地区自身的一些非可观测因素也会显著提高基金的参与可能；(4)我们依据各地区市场化程度和样本数据自身特点，猜测西北地区不够良好的投资环境抑制了家庭更为广泛的参与各类资产投资，转而被动参与住房公积金等安全资产；(5)就家庭金融资产组合而言，各地区以现金、银行存款和住房公积金为代表的安全资产平均占比高达80%以上，其中华北和西北地区占比最高；(6)在不考虑控制变量的作用下，华南地区风险类资产占比最高，且持有的投资组合更为分散，主要体现在华南地区家庭将部分现金资产转而投资其他类别金融资产上。

参考文献

[1] 李涛：《社会互动、信任与股市参与》，《经济研究》，2006年第1期。

[2] 樊纲、王小鲁、朱恒鹏：《中国市场化指数——各地区市场化相对进程2011年报告》，北京：经济科学出版社，2012年。

[3] 王宇：《财富效应、人力资本和金融深化对农村家庭投资组合的影响研究》，《经济经纬》，2008年第6期。

[4] 吴卫星、齐天翔：《流动性、生命周期与投资组合相异性——中国投资者行为调查实证分析》，《经济研究》，2007年第2期。

[5] 吴卫星、郑建明、易尽然：《中国居民家庭投资结构：基于生命周期、财富和住房的实证分析》，《经济研究》，2010年第s1期。

[6] 吴卫星、荣苹果、徐芊：《健康与家庭资产选择》，《经济研究》，2011年第s1期。

[7] 姚佳：《家庭资产组合选择研究》，厦门大学博士论文，2009年。

[8] 张辉：《中国城镇居民家庭投资研究》，首都经济贸易大学博士论文，2007年。

[9] Ameriks，John，and Stephen P. Zeldes，How do household portfolio shares vary with age? Columbia University，2004，Working Paper.

[10] Campbell，John Y.，Household finance. The Journal ofFinance，2006，61(4).

[11] Constantinides，George M.，John B. Donaldson，and RajhishMehra. Can't borrow：A new perspective on the equity premium puzzle. The Quarterly Journal of Economics，2002，117(1).

[12] Guiso，Luigi，TullioJappelli，and Daniele Terlizzese. Income risk，borrowing constraints，and portfolio choice，The American Economic Review，1996，86(1).

[13] Haliassons，Michael，and Carol C. Bertaut. Why do so few hold stock? The Economic Journal，1995，105(432).

[14] Martin Feldstein，International differences in social security and saving，Journal of Public Economics，Volume 14，Issue 2，1980.

[15] Peress，Joël. Wealth，information aquisition，and portfolio choice. The Review of Financial Studies，2004，17(3).

[16] Robert J. Batto and Glenn M. Macdonald，Social Security and Consumer Spending in an International Cross Section，Journal of Public Economics Volume 11，Issue 3，June 1979.

[17] Rosen，Harvey S.，and Stephen Wu. Portfolio choice and health status. Journal of Financial Economics，2004，72(3).

［18］Vissing－Jorgensen，Annette. Towards an explanation of household portfolio choice heterogeneity：Nonfinancial income and participation cost structures. NBER Working Paper No. 8884.

［19］Yao，Rui，and harold H. Zhang. Optimal consumption and portfolio choices with risky housing and borrowing constraints. The Review of Financial Studies，2005，18(1).

（作者：吴卫星　对外经济贸易大学金融学院分党委书记、副院长，教授
徐　芊　对外经济贸易大学博士研究生
沈　涛　对外经济贸易大学博士研究生）

项目名称：北京市行业收入差距问题研究
项目编号：10BaJG348
项目负责人：郭馨梅
项目信誉保证单位：北京工商大学

改革开放以来北京市行业收入差距的实证分析

改革开放以来，随着经济的发展，北京市行业平均工资水平逐步攀升，从1980年的848元增加到2010年的65683元，增加了76.46倍。行业工资的绝对差距从1980年的161元增加到2010年的172543元，增加了1070.7倍；行业工资的相对收入差距从1980年的1.22倍增加到2010年的7.21倍。北京市行业工资的绝对差距与相对差距都呈扩大的趋势。

一、我国国民经济行业的划分标准及收入差距的测度指标

行业一般是指其按生产同类产品或具有相同工艺过程或提供同类劳动服务而划分的经济活动类别，如金融业、房地产业、制造业等。2011年我国颁布的《国民经济行业分类》(GB/T 4754－2011)对行业的定义为："行业(或产业)是指从事相同性质的经济活动的所有单位的集合。"

(一)我国国民经济行业的划分标准

我国国民经济行业采用经济活动的同质性原则划分行业类别，即每一个行业类别都按照相同性质的经济活动归类。国民经济行业分类共分为四个层次，即门类、大类、中类、小类。小类是国民经济行业分类的核心层，其经济活动的同质性最高，构成了全社会经济活动中可供观察和测度的最小的产业活动类别的全部内容；中类是活动性质相近的小类行业的综合类别，它是链接小类与大类的过渡分类；大类构成国民经济重要的经济部门，也构成全社会经济活动的结构性框架；门类是国民经济行业分类中活动性质相近的经济部门的综合类别。

我国《国民经济行业分类与代码》(GB/T4754)国家标准于1984年首次发布实施，此标准将我国行业划分为13个门类，包括农业、林业、牧业、渔业、水利业、工业等。随着社会主义市场经济的不断发展和产业结构的调整，1994年，原国家统计局与国家技术监督局对国民经济行业分类标准进行了第一次修订，将国民经济行业分为16个门类、92个大类、368个中类、846个

小类，增加了制造业、采掘业等 3 个门类。2002 年，国家统计局立足于我国国情，力求准确反映我国经济活动状况，对国民经济行业分类标准进行了第二次修订，共设 20 个门类、95 个大类、396 个中类、913 个小类，增加了信息传输、计算机服务和软件业，租赁和商务服务业，国际组织等 6 个门类，同时调整了部分门类的名称和内容，如采矿业、交通运输业等。2011 年，为了遵循国际上通行的分类原则，确保国家统计、核算真实反映我国的经济结构和产业结构，国家统计局对国民经济行业分类标准进行了第三次修订，共设 20 个门类、96 个大类、428 个中类、880 个小类。此次修订调整了行业部门门类名称和顺序，如将"信息传输、计算机服务和软件业"更名为"信息传输、软件业和信息技术服务业"，但整体行业门类的数目保持不变，保证了行业分类的延续性。

(二)基于方差法的我国国民经济行业收入差距测度指标

1. 行业收入的测度指标

行业收入一般是指在上述定义行业中的职工付出劳动所获得的劳动报酬。对于单位职工来说，所获取的劳动报酬包括工资收入和工资外收入。因为福利和其他实物收入的工资外收入难以统计，所以本文主要通过工资收入来考察行业中的职工个人收入。显然，工资并不能代表收入的全部，但工资仍然是多数职工正当收入的主体部分，所以仍具有一定的代表性。

根据数据的可得性，本文主要用职工平均工资作为测度行业收入的指标。职工平均工资指企业、事业、机关单位的职工在一定时期内的人均劳动报酬，它表明一定时期在岗职工工资收入的高低程度，是反映在岗职工工资水平的主要指标。其计算公式为：

$$\text{在岗职工平均工资}=\frac{\text{报告期实际支付的全部在岗职工工资总额}}{\text{报告期全部在岗职工平均人数}}$$

2. 基于方差法的行业收入差距测度指标

本文在测度行业收入差距时，主要采用了方差法的几个指标：

(1)绝对收入差距和相对收入差距。绝对收入差距是以货币单位或实物单位表示的不同群体和个人之间的收入差距的绝对数，反映人们绝对收入水平的不同。绝对收入差距主要用来测度不同阶层居民的富裕程度，通过它可以了解收入差距的大小，但是无法测度差别程度。相对收入差距，即以收入比重(百分比)或相对份额表示的不同群体或个人之间的收入差距，反映收入的相对比重，是衡量收入分配公平与否的重要标志。绝对收入差距和相对收入差距既有区别又有联系。二者的区别在于相对收入差距能够反映收入差距的相对程度，而绝对收入差距只能反映收入差距的绝对数，不利于对收入分配差距进行比较。二者的联系在于，当收入水平一定时，二者变动方向是一致的，即当绝对收入差距扩大时，相对收入差距也扩大；绝对收入差距缩小时，相对收入差距也缩小。

(2)行业工资极值差。它是最简单的测度差距的指标，用来比较两个行业收入水平之间的差距。其优点是比较直观，常用于测度最高行业收入与最低行业收入之间的差距。计算公式为：

$$R=X_{max}-X_{min}$$

式中，R是行业工资极值差，X_{max}是行业最高工资，X_{min}是行业最低工资。R越大表示行业收入差距越大。行业工资极值差是反映行业绝对收入差距的一种极端情况，它只考虑了收入分配中处于两个极端的收入水平，不能全面反映整个收入分配的不平等情况。

(3)行业工资极值比。与行业工资极值差一样，都是用来比较两个行业收入水平之间的差距，但是都不能全面、有效地反映收入分配的不平等程度；不同的是，前者反映的是行业绝对收入差距，后者反映的是行业相对收入差距。行业工资极值比是最高行业收入与最低行业收入的比值，其计算公式如下：

$$DR=\frac{X_{max}}{X_{min}}$$

式中，DR为行业工资极值比，X_{max}是行业最高工资，X_{min}是行业最低工资。DR越大表示行业相对收入差距越大。

(4)行业相对工资水平。该指标是指某个行业的平均收入水平与社会平均收入水平的比值。计算公式为：

$$\text{行业相对工资水平}=\frac{\text{行业平均工资}}{\text{社会平均工资}}\times 100\%$$

式中，社会平均工资是各行业人均收入的平均值。如果行业相对工资水平小于1，则说明该行业平均工资低于社会平均工资；如果行业相对工资水平等于1，则说明该行业平均工资与社会平均工资持平；如果行业相对工资水平大于1，则说明该行业平均工资水平高于社会平均工资。

(5)行业相对工资间距。该指标用于测度行业最高相对收入与行业最低相对收入之间的差距。计算公式为：

$$\text{行业相对工资间距}=\text{行业最高相对工资}-\text{行业最低相对工资}$$

式中，行业最高相对工资是指行业最高工资与行业平均工资的比值，行业最低相对工资是指行业最低工资与行业平均工资的比值。行业相对工资间距越大，说明行业相对收入差距越大。

(6)行业工资标准差系数。该指标具有简洁性，并能更客观地反映各行业之间的收入差距状况。计算公式为：

$$\text{行业工资标准差系数}=\frac{\text{行业工资标准差}}{\text{社会平均工资}}\times 100$$

其中，社会平均工资是各行业人均收入的平均值。行业工资标准差用于说明收入分配差距的离散程度，值越大说明收入的离散程度越大，收入差距相对也越大。计算公式为：

$$S=\sqrt{\frac{\sum_{i=1}^{n}X_i^2}{n}-\left(\frac{\sum_{i=1}^{n}X_i}{n}\right)^2}$$

式中，S 是行业收入的标准差，X_i 是 i 行业的平均收入，n 是行业个数。

二、改革开放以来北京市行业收入排序的变化特征

北京市从 1980 年开始编写《北京统计年鉴》，所给出的 1978 年、1979 年的行业平均工资的数据相同，因此，本文主要采用 1980 年以来北京市行业收入的相关数据，对北京市平均工资排名前三位和后三位的行业进行了排序，以此来分析改革开放以来北京市行业收入差距的历史演变(见表 1)。

表 1　1980—2010 年北京市行业平均工资排名前三位和后三位的行业

年份	行业平均工资前三位	行业平均工资后三位
1980	交、科、国	农、金、商
1981	交、建、文	工、农、商
1982	科、国、建	金、商、工
1983	科、国、建	金、商、工
1984	地、建、交	国、卫、教
1985	建、交、地	教、金、国
1986	建、地、交	教、国、金
1987	建、地、交	国、教、金
1988	建、交、地	国、金、农
1989	交、建、地	国、金、农
1990	交、地、建	国、金、农
1991	交、建、地	科、教、金
1992	交、地、建	国、金、农
1993	地、交、电	教、金、农
1994	金、房、电	国、采、农
1995	金、房、电	制、采、农
1996	金、房、电	地、采、农
1997	金、房、其他	制、地、农
1998	金、其他、房	制、采、农

续表

年份	行业平均工资前三位	行业平均工资后三位
1999	金、其他、房	建、采、农
2000	金、卫、科	建、农、采
2001	金、卫、电	采、建、农
2002	金、卫、电	制、建、农
2003	金、信、电	建、住、农
2004	金、信、电	住、居、农
2005	金、信、电	住、居、农
2006	金、信、电	住、居、农
2007	金、科、信	住、居、农
2008	金、科、信	住、农、居
2009	金、科、信	住、农、居
2010	金、科、信	住、农、居

资料来源：根据1980－2010年北京市统计年鉴数据整理所得。

注：农—农、林、牧、渔业，工—工业，建—建筑业，采—采掘业，制—制造业，商—商业、物资供销、饮食业、服务业，文—文教、卫生和社会福利业，金—金融业，教—教育、文化艺术和广播电视业，卫—卫生、体育和社会福利业，国—国家机关、政党机关和社会团体，科—科学研究和综合技术服务业。地—地质勘察业、水利管理业，交—交通运输、仓储及邮电通信业，房—房地产业，信—信息传输、计算机服务和软件业，电—电力、燃气及水的生产和供应业，住—住宿和餐饮业，居—居民服务和其他服务业，其他—其他行业。

(一)行业平均工资前三位的排序变化明显

1980－1993年间，居北京市行业平均工资第一位的分别有交通运输、仓储及邮电通信业(6年居第一位)，建筑业(4年)，科研和综合技术服务业(2年)，地质堪查业、水利管理业(2年)；1994—2010年间，金融业由1993年前北京市行业平均工资的后三位而自1994年起跃居首位，且连续17年蝉联榜首。

1980－2010年间，居北京市行业平均工资第二、第三位的，地质勘察业、水利管理业各有4年；建筑业各有4年；信息传输、计算机服务和软件业各有4年；房地产业分别有4年、2年；科学研究和综合技术服务业分别有5年、1年；交通运输、仓储及邮电通信业各有3年；国家机关、政党机关和社会团体分别有2年、1年。

1980－2010年间，居北京市行业平均工资第三位的，文教、卫生和社会福利业有1年，电力、燃气及水的生产和供应业有10年。

由以上数据可以看出，随着时间的推移，传统的具有高劳动强度、高危险程度的高收入行业（建筑业、地质勘察业、水利管理业等行业）和具有行业垄断性质的交通运输、仓储及邮电通信业逐渐被挤出最高收入行业的行列；一些垄断且资金密集型和科学技术含量较高的行业（金融业、科学研究和综合技术服务业）、新兴行业（信息传输、计算机服务和软件业）和资源垄断型的行业（电力、燃气及水的生产和供应业）则陆续进入北京市行业平均工资的前三位。这表明，随着改革开放的深入，行业收入水平的高低及其相对位置已经不再取决于行业的劳动强度及其艰苦危险程度，而是主要取决于行业的垄断性和科技的含量。

（二）收入平均工资后三位稳中有变

1980—2010年间，居于北京市行业平均工资水平末位的，农、林、牧、渔业有18年；金融业、居民服务和其他服务业各有3年；商业、物资供销、饮食业、服务业有2年；工业有2年；教育、文化艺术和广播电视业，国家机关、政党机关和社会团体，采掘业各有1年。

1980—2010年间，居于北京市行业平均工资水平倒数第二、第三位的，金融业分别有7年、2年；农业分别有5年、1年；采掘业分别有5年、1年；教育、文化艺术和广播电视业分别有2年、3年；建筑业分别有2年、3年；国家机关、政党机关和社会团体分别有1年、7年；地质勘察业、水利管理业分别有1年、1年。

1980—2010年期间，居于北京市行业平均工资水平倒数第三位的，住宿和餐饮业有7年；制造业有4年。

由以上数据可以看出，三次产业划分中的第一产业——农、林、牧、渔业一直是北京市行业平均工资较低的行业，至今没有改观；第二产业的工业、采掘业和制造业曾经有几年行业收入水平居末位，总体来讲行业收入居中；第三产业中的商业、居民服务业、住宿和餐饮业等服务性行业平均工资也相对偏低，而教育、文化艺术和广播电视业，国家机关、政党机关和社会团体等行业平均工资居末位的年份相对较少，这和北京市一、二、三次产业结构和产业结构内部的调整与发展有关。

（三）个别行业收入的位次变化较大

1980—2010年间，个别行业的收入在整个北京市行业收入中的位次变化反差较大，有的上升速度很快，有的下降速度很快。1980—1993年间，金融业曾有12年位于北京市行业收入的后三位，但自1994年后，上升为第一位且蝉联至今；国家机关、政党机关和社会团体在1980—1983年间一直位居北京市行业平均工资的前列，但1984—1994年十年间却降至行业平均工资的后三位；1981—1992年期间，建筑业在北京市行业收入中始终名列前茅，甚至连续4年位居首位，但在1999年后却有5年位居行业平均工资的倒数第二、第三位；科研和综合技术服务业在1980—1983年间曾有2年位居行业平均工资的第一位，但是在1991年却降到倒数第三位；地质勘察业、水利管理业也由1992年前的前二、三位落至1996、1997年的倒数第二、三位。这和北京市在经济社会发展过程中产业政策倾斜的方向密切相关。

三、改革开放以来北京市行业收入差距变化的实证分析

(一)1980—2010年北京市行业收入差距的测度指标

通过对1980—2010年北京市统计年鉴数据的收集，得到相应年份北京市国民经济各行业在岗职工人数和职工工资总额。根据这些数据，通过整理和计算，得出行业平均工资、行业最高工资、行业最低工资、行业工资极值差、行业工资极值比等基于方差法的北京市行业收入测度指标具体值(见表2)，由此，可以看出北京市行业收入差距在不断扩大。

表2 1980—2010年北京市行业收入差距的测度指标

年份	平均工资(元)	最高工资(元)	最低工资(元)	极值差(元)	极值比	最高相对工资	最低相对工资	相对工资间距	标准差系数
1980	848	909	748	161	1.22	1.07	0.88	0.19	6.82
1981	837	954	764	190	1.25	1.14	0.91	0.23	6.29
1982	863	1025	850	175	1.21	1.19	0.98	0.21	6.46
1983	931	1234	851	383	1.45	1.33	0.91	0.42	10.94
1984	1086	1268	984	284	1.29	1.17	0.91	0.26	7.45
1985	1343	1630	1168	462	1.40	1.21	0.87	0.34	9.52
1986	1488	1767	1325	442	1.33	1.17	0.89	0.30	10.20
1987	1670	2016	1438	578	1.40	1.21	0.86	0.35	10.68
1988	2000	2356	1490	866	1.58	1.17	0.75	0.42	12.08
1989	2612	2680	1919	761	1.40	1.16	0.83	0.33	10.55
1990	2653	3129	2140	989	1.46	1.18	0.81	0.37	10.87
1991	2877	3358	2397	961	1.40	1.17	0.83	0.34	8.66
1992	3402	4007	2573	1434	1.56	1.18	0.76	0.42	11.15
1993	4780	5376	3170	2206	1.70	1.12	0.66	0.46	11.61
1994	6540	7939	4760	3179	1.67	1.21	0.73	0.48	11.78
1995	8144	11343	5664	5679	2.00	1.39	0.70	0.69	16.97
1996	9579	13725	6548	7177	2.10	1.43	0.68	0.75	18.19

续表

年份	平均工资（元）	最高工资（元）	最低工资（元）	极值差（元）	极值比	最高相对工资	最低相对工资	相对工资间距	标准差系数
1997	11019	19017	7054	11963	2.70	1.73	0.64	1.09	24.17
1998	12285	21718	8254	13464	2.63	1.77	0.67	1.10	26.42
1999	13778	24450	9127	15323	2.68	1.77	0.66	1.11	28.99
2000	15726	23789	10821	12968	2.20	1.51	0.69	0.82	21.55
2001	19155	37910	13290	24620	2.85	1.98	0.69	1.29	30.57
2002	21852	50189	13170	37019	3.81	2.30	0.60	1.70	38.32
2003	25132	61713	14981	46732	4.12	2.44	0.59	1.85	52.69
2004	29674	80785	14677	66108	5.50	2.72	0.49	2.23	57.74
2005	34191	92764	16125	76639	5.75	2.71	0.47	2.24	58.20
2006	40117	113092	19148	93944	5.91	2.82	0.48	2.34	58.79
2007	46507	129982	22160	107822	5.87	2.79	0.48	2.31	55.49
2008	54913	178322	24756	153566	7.20	3.25	0.45	2.80	63.44
2009	58140	180816	25198	155618	7.18	3.11	0.43	2.68	61.28
2010	65683	200349	27806	172543	7.21	3.05	0.42	2.63	59.69

资料来源：根据1980—2010年北京市统计年鉴数据整理计算。

1. 1980年以来北京市各行业在岗职工年平均工资总额逐年增长，增速逐年加快

通过表2可以看出，北京市行业平均工资逐年增长，从1980年的848元增加到2010年的65683元，增长率7645.4%，年均增长速度为246.6%。从1980到1984年的5年时间，北京市行业平均工资水平突破了千元；从1984到1997年的14年时间，行业平均工资突破了万元；从1997年到2002年的6年时间，行业平均工资超过了2万元；2002年到2005年的4年时间，行业平均工资超过了3万元；2005年到2007年的3年时间，行业平均工资超过了4万元；2007年到2008年的1年时间，行业平均工资超过了5万元；2008年到2010年的2年时间，行业平均工资超过了6万元。2010年的行业平均工资是1980年的76.94倍。北京市各行业在岗职工平均工资的具体变化趋势如图1所示。

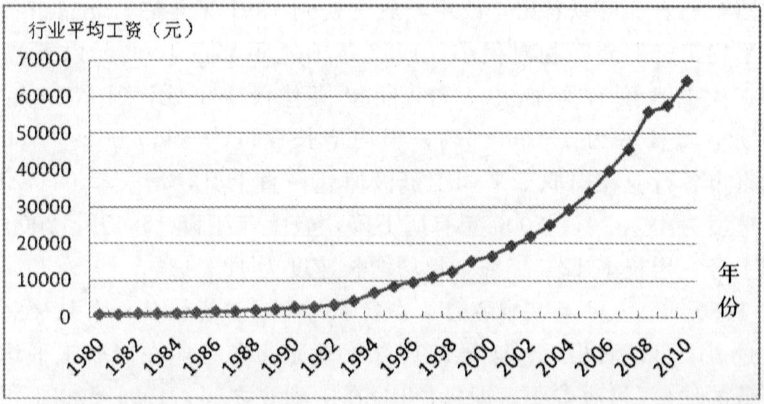

图 1　1980－2010 年北京市各行业在岗职工平均工资的变化

由图 1 和表 2 可以看出，1980－2010 年北京市各行业在岗职工平均工资水平一直在上升。其中，1980—1991 年增长率为 239.3%，年均增长速度为 19.93%，增速比较平稳；1992 年到 2010 年，增长率为 1830.7%，年均增长速度为 96.4%，增速加快。

2.1980 年以来北京市各行业在岗职工平均工资的绝对差距逐年在扩大

通过表 2 可以看出，北京市各行业在岗职工平均工资最高与最低差距(即绝对差距，也称极值差)除 2000 年有所减少外其他年份均在增长。1980－1991 年，极值差在 1000 元以下；1992－1996 年，极值差在 1000－10，000 元之间，由 1000 元扩大至 10，000 元用了 5 年时间；1997－2006 年，极值差在 10，000－100，000 元之间，由 10，000 元增长至 100，000 元用了 10 年时间；2007－2010 年，极值差由 107822 元增加至 172543 元。北京市各行业在岗职工平均工资极值差的具体变化趋势如图 2 所示。

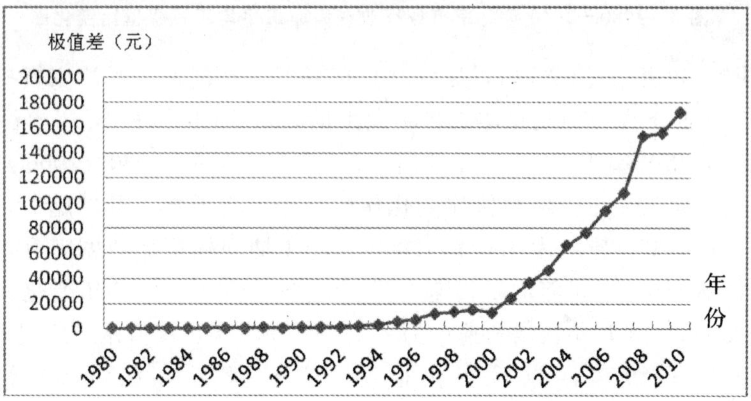

图 2　1980－2010 年北京市各行业在岗职工平均工资最高与最低的差距变化图

由图2和表2可以看出，改革开放之初到1991年年底，北京市各行业在岗职工平均工资的差距相对很小，1992年前差距都在1000元以下，1992年后差距扩大的速度有所加快。1980年极值差仅161元，到2010年增加到172543元，增长率为107069.6%，年均增长速度为3569.0%。1980－1999年，北京市各行业在岗职工平均工资极值差一直上升，增长率9417.4%，年均增长速度为495.7%；2000年有所下降，较上年下降15.4%；2000年之后又急剧上升，增长率1230.5%，年均增长速度为123.1%。

3. 1980－2010年北京市各行业在岗职工平均工资极值比在起伏中扩大

通过表2可以看出，1980－1994年，北京市各行业在岗职工平均工资最高比最低的比值(相对差距，即极值比)在1到2之间；1995－2001年，极值比在2到3之间；2002－2003年，极值比在3到5之间；2004－2007年，极值比在5到6之间；2008－2010年，极值比在7到7.5之间。北京市各行业在岗职工平均工资极值比的具体变化见图3所示。

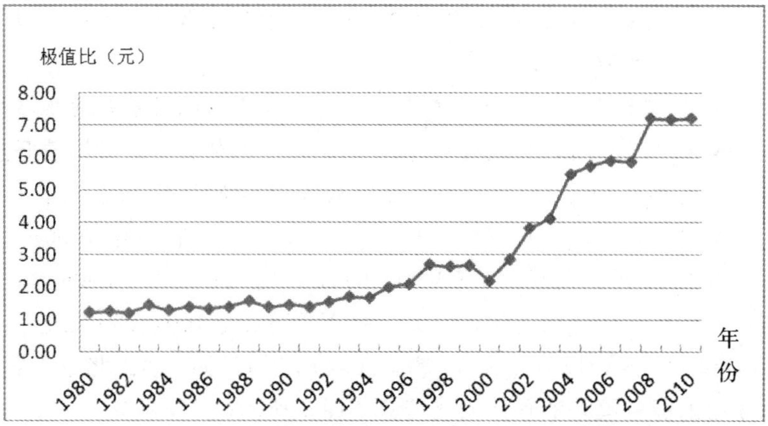

图3　1980－2010年北京市各行业在岗职工平均工资极值比变化图

由图3和表2可以看出，尽管北京市各行业在岗职工平均工资极值比有时上升，有时下降，但是总体趋势是向上的。从1980年的1.22增长到2010年的7.21，增长率491.0%，年均增长速度为16.4%。1980－2000年北京市各行业在岗职工平均工资极值比变化比较平稳，有微弱上升的趋势，增长率80.3%，年均增长速度为4.0%；2000－2004期间极值比急剧上升，逐年增长，增长率150.0%，年均增长速度为37.5%；2004－2007年变化又趋于平稳，增长率6.7%，年均增长速度为2.2%；2008年，极值比又急剧上升，增长率22.7%；2008年以后变化很小，增长率0.14%，年均增长速度为0.07%。

4. 1980－2010年北京市各行业在岗职工相对工资间距在扩大

通过表2可以看出，1980－1994年，北京市各行业在岗职工相对工资间距在 0.1—0.5 之间；1995—2001 年，相对工资间距在 0.6—1.5 之间；2002—2007 年，相对工资间距在 1.5—2.5 之间；2008—2010 年，相对工资间距在 2.5—3.0 之间。北京市各行业在岗职工相对工资间距从 1980 年的 0.19 增长到 2010 年的 2.68，增长率 1310.5%，年均增长速度为 43.7%。具体变化如图 4 所示。

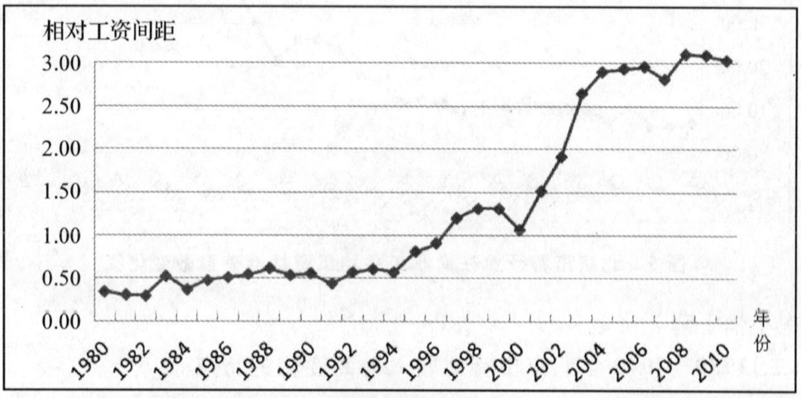

图 4　1980—2010 年北京市各行业在岗职工相对工资间距变化图

由图 4 和表 2 可以看出，尽管北京市各行业在岗职工相对工资间距有时上升，有时下降，但是总体趋势是向上的。1980—1993 年北京市行业相对工资间距变化比较平稳，总体上升，增长率 142.1%，年均增长率为 10.9%；1994—1997 期间急剧上升，增长率 125.0%，年均增长率为 41.6%；1998—2000 年急剧下跌，跌幅 27.8%；2001 — 2008 年又急剧上升，增长率 115.7%；2009—2010 年，该指标略有下降，降幅 0.7%。

5. 1980—2010 年北京市各行业在岗职工平均工资标准差系数总体呈向上趋势

通过表 2 可以看出，1980—1996 年，北京市各行业在岗职工平均工资标准差系数在 5 到 20 之间；1997—2000 年，标准差系数在 20 到 30 之间；2001—2002 年，标准差系数在 30 到 40 之间；2003—2007 年，标准差系数在 50 到 60 之间；2008—2010 年，标准差系数在 60 到 65 之间。北京市各行业在岗职工平均工资标准差系数的具体变化如图 5 所示。

由图 5 和表 2 可以看出，尽管北京市各行业在岗职工平均工资标准差系数有时上升，有时下降，但是总体趋势是向上的。从 1980 年的 6.90 增长到 2010 年的 60.81，增长率 781.3%，年均增长速度为 26.0%；1980—1993 年北京市平均工资标准差系数变化比较平稳；1994—1999 年间急剧上升，增长率 127.1%；2000 年下跌 18.9%；2001 — 2004 年又急剧上升，增长率 92.8%；2005—2010 年，该指标变化总体平稳，增长率 3.6%，但在 2007 年

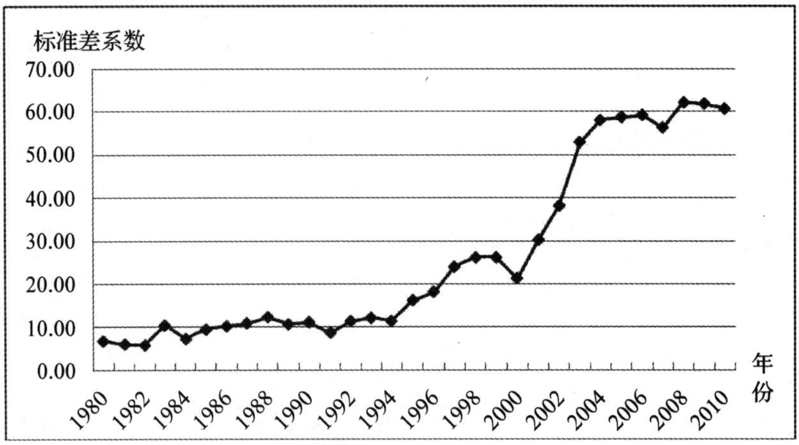

图 5　北京市各行业在岗职工平均工资标准差系数变化图

有一次小幅下降，降幅 4.8%。

(二)1980—2010 年北京市行业收入差距变化的特点

由以上分析，我们可以归纳出 1980—2010 年北京市行业收入差距变化具有以下特点：

1. 总体来看，行业收入差距不断扩大

根据北京市各行业在岗职工平均工资极值比、在岗职工平均工资标准差系数、在岗职工相对工资间距 3 个指标(见图 6)，观察北京市 1980—2010 年这个时间序列的行业收入差距变化趋势，可以看出它们都呈现出一种明显的向上趋势，这说明行业间收入差距不断扩大。这主要是因为高工资行业不仅工资水平高，工资增长速度也快，低收入行业不仅工资水平低，工资增长速度也较慢。

图 6　北京市各行业在岗职工平均工资标准差系数变化图

2. 整体行业收入差距变化具有一定的阶段性

尽管北京市各行业在岗职工平均工资极值比、在岗职工平均工资标准差系数、在岗职工相对工资间距的轨迹有所差别，但基本走势大致相同，有共同的规律可循。整体行业收入差距的变化大致可以分为以下几个阶段：

(1)1980—1994 年，平稳波动阶段。这一阶段的行业收入差距变化不大，平稳波动，保持在一个合理的水平之中。无论是北京市行业在岗职工平均工资极值比、工资标准差系数还是相对工资间距都在小范围内震荡前行。1980—1994 年，工资极值比的增长率为 36.9%，增长速度 2.6%；工资标准差系数的增长率为 67.1%，增长速度 4.8%；相对工资间距的增长率为 152.6%，增长速度 14.9%。三者变化并不是太大。

(2)1995—1999 年，逐步扩大阶段。在这个阶段，行业收入差距慢慢开始拉开。其中，北京市各行业在岗职工平均工资极值比、工资标准差系数增长速度较快；相对工资间距仍然继续增长，但与上个阶段相比，变化不大。极值比的增长率为 33.3%，增长速度 8.3%；工资标准差系数的增长率为 61.1%，增长速度 15.3%；相对工资间距的增长率为 51.6%，增长速度 12.9%。三个指标的增长速度都超过了 8%。

(3)2000—2003 年，急剧扩大阶段。在这一阶段，行业收入的差距加大更加明显。北京市各行业在岗职工平均工资极值比、工资标准差系数和相对工资间距都出现了较快速度的增长。2000－2003 年，工资极值比的增长率为 87.3%，增长速度 29.1%；工资标准差系数的增长率为 149.2%，增长速度 49.7%；相对工资间距的增长率为 138.5%，增长速度 46.2%。三个指标的增长速度均超过了 29%。

(4)2004—2010 年，持续缩小阶段。这一阶段的行业收入差距比上一阶段要小，并且呈现缩小的趋势。北京市各行业在岗职工平均工资极值比、工资标准差系数和相对工资间距的增长速度都明显放缓。2004－2010 年，工资极值比的增长率为 31.1%，增长速度 5.2%；工资标准差系数的增长率为 4.6%，增长速度 0.76%；相对工资间距的增长率为 19.6%，增长速度 3.3%。三个指标的增长速度低于 6%。

3. 北京市行业绝对收入差距扩大的速度超过整个在岗职工平均工资增长的速度

1980 年以来，北京市各行业在岗职工平均工资持续增长，从 1980 年 848 元增加到 2010 年 65683 元，增长了 76.46 倍，增长率为 7594.3%，平均每年增长 253.1%。各行业在岗职工工资最高与最低的差距(即极值差)也在持续增长，从 161 元扩大到 172543 元，扩大了 1070.7 倍，增长率为 107069.6%，平均每年扩大 3569.0%。北京市行业绝对收入差距(极值差)扩大的速度大大快于在岗职工平均工资增长的速度。各行业在岗职工平均工资与在岗职工工资极值差的具体变化趋势见图 7。

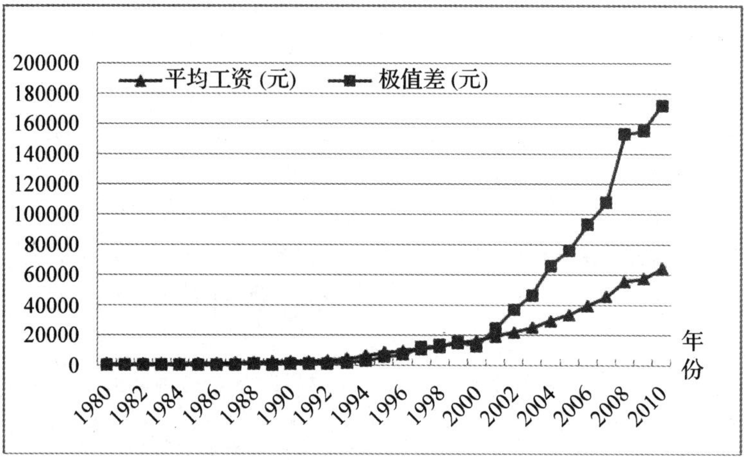

图 7　北京市在岗职工平均工资极值比、标准差系数和相对工资间距的变化图

由图 7 和表 2 可以看出，1980－1991 年，北京市各行业在岗职工平均工资与在岗职工工资极值差的差距较小，如各行业在岗职工平均工资的年均增长速度是 19.9%，各行业在岗职工工资极值差的年均扩大速度是 41.4%，后者大约是前者的 1.08 倍。1992－2000 年，在岗职工平均工资与在岗职工工资极值差的差距逐渐扩大，在岗职工平均工资的年均增长速度是 40.3%，而在岗职工平均工资极值差的年均扩大速度是 89.4%，后者大约是前者的 1.22 倍。其中，1997 年，工资极值差达到 11963 元，而平均工资仅为 11019 元，行业收入之间的差距首次超过了北京市社会平均工资水平。2001－2007 年，在岗职工平均工资与在岗职工工资极值差的差距继续扩大且加剧，在岗职工平均工资的年均增长速度是 20.4%，在岗职工平均工资极值差的年均扩大速度是 48.3%，后者大约是前者的 1.37 倍。2008－2010 年，在岗职工平均工资与在岗职工工资极值差的增长速度有所放缓，在岗职工平均工资的增长速度为 6.5%，在岗职工平均工资极值差的扩大速度为 4.1%。前者的年均增长速度超过了后者。

总之，改革开放以来，北京市各行业收入不断增加，位居前后三位的行业有明显的变化，行业绝对收入差距和相对收入差距也在不断扩大，不同阶段收入呈现出不同的特点，行业平均工资绝对差距的增长速度甚至超过了行业平均工资的增长速度。

参考文献

[1] 荀关玉：《我国行业合理收入差距的价值判断》，《曲靖师范学院学报》，2005 年第 1 期。

[2] 李实、王亚柯：《中国东西部地区企业职工收入差距的实证分析》，《管理世界》，2005 年第 6 期。

[3] 魏军：《中国行业收入差距研究综述》，《湖南文理学院学报》(社会科学版)，2006 年第 2 期。

[4] 邢方：《 中国现阶段行业收入差距的经济分析》，《企业经济》，2006 年第 8 期。

[5] 明燕飞、顾佳丽：《 行业收入差距中垄断因素及其规范路径》，《求索》，2007 年第 3 期。

[6] 魏军：《 我国行业收入差距的现状、问题与对策建议》，《内蒙古师范大学学报》，2007 年第 3 期。

[7] 田双全、黄应绘、黄国英：《对重庆行业收入差距的研究》，《经济问题》，2007 年第 4 期。

[8] 叶明：《行业收入差距的法律规制研究》，《经济体制改革》，2007 年第 4 期。

[9] 罗楚亮、李实：《人力资本、行业特征与收入差距——基于第一次全国经济普查资料的经验研究》，《管理世界》，2007 年第 10 期。

[10] 赵心宇：《 关于行业间及行业内部收入分配差距的思考》，《吉林省经济管理干部学院学报》，2007 年第 1 期。

[11] 侯风云、伊淑彪：《 行政垄断与行业收入差距的传导机制》，《贵州财经学院学报》，2008 年第 1 期。

[12] 杜辉：《行业收入合理差距的界定——以大连市为例》，《东北财经大学学报》，2008 年第 6 期。

[13] 伏帅、龚志民：《中国行业收入差距的成因及其经济增长效应》，《山西财经大学学报》，2008 年第 12 期。

[14] 胡爱华、曾宪初、张洁燕、尹康：《 我国行业收入差距的演进及其分解分析》，《统计与决策》，2008 年第 18 期。

[15] 郭娜、祁怀锦：《我国行业收入差距的影响因素及实证分析》，《价格理论与实践》，2009 年第 12 期。

[16] 吕晓兰：《 自然垄断、行政垄断与我国行业收入差距》，《合作经济与科技》，2008 年第 2 期。

[17] 邓承月：《缩小行业收入差距的税制设计》，《商场现代化》，2008 年第 11 期。

[18] 李静：《 管制垄断与缩小行业收入差距问题探讨》，《魅力中国》，2009 年第 22 期。

[19] 张兴华、邓艾：《 行业垄断对内蒙古行业收入差距的影响分析——基于泰尔指数的研究》，《法制与经济》，2009 年第 4 期。

[20] 周君：《行业收入差距：从劳动生产率的角度分析——以高新技术产业和建筑业为例》，《生产力研究》，2009 年第 14 期。

[21] 崔友平、李凯：《行政垄断造成行业收入差距过大的机理分析及治理对策》，《山东经济》，2009 年第 2 期。

[22] 马骊：《我国行业收入差距的测度指标体系构建》，《统计与决策》，2009 年第 2 期。
[23] 程宝良：《基于 ISM 模型的行业收入差距成因分析》，《生产力研究》，2010 年第 1 期。
[24] 胡放之、殷怡：《行政垄断、收入流动性与我国行业收入差距的扩大》，《贵州社会科学》，2010 年第 2 期。
[25] 郭娜、祁怀锦：《中国行业收入差距的测度及其对经济增长的效应分析》，《中央财经大学学报》，2010 年第 3 期。
[26] 石博文、石美遐：《北京行业收入差距的影响因素分析》，《中国经贸导刊》，2010 年第 5 期。

（作者：郭馨梅　北京工商大学经济学院副院长兼文科实践中心主任，教授
　　　　耿　倩　北京工商大学经济学院 2011 级产经研究生
　　　　王　海　北京工商大学经济学院 2011 级产经研究生）

项目名称：北京市休闲农业提档升级的对策研究
项目编号：10AaJG349
项目负责人：范子文
项目信誉保证单位：北京市农村经济研究中心

京郊休闲农业提档升级的路径选择[①]

休闲农业是北京都市型现代农业的重要组成部分，是新型的农村产业形态。《中共北京市委关于制定北京市国民经济和社会发展第十二个五年规划的建议》中，提出北京农业的定位是都市型现代农业，而休闲农业是其未来发展的重要方向之一。

近年来，京郊休闲农业已取得长足的发展，成为郊区农民特别是山区农民就业增收的重要来源，成为郊区农村经济新的增长点，成为市民观光休闲和乡村旅游的重要目的地。但随着宏观环境的变化、居民可支配收入的提高，游客的消费需求发生了改变，对休闲农业提出了更高的要求。从休闲农业自身来说，存在着低水平建设、同质性强、服务不规范等问题。为了更好地满足市民需要，促进产业发展，郊区休闲农业亟须进行提档升级。

一、休闲农业提档升级的必要性

休闲农业是贯穿农村一、二、三产业，融合生产、生活和生态功能，紧密联结农业、农产品加工业、服务业的新型农村产业形态和新型消费业态。

近年来，在需求拉动、供给推动、政策引导的合力作用下，京郊休闲农业从小到大，从点到面，逐步发展起来。2010 年，北京郊区开展观光休闲服务的农业园有 1303 个，其中市级观光园 95 个；市级民俗旅游村 207 个；市级民俗旅游户 9970 户。2010 年，全市休闲农业共接待游客 3328.5 万人次，同比增长 11.3%；实现收入 25.2 亿元，同比增长 18.3%。目前，休闲农业已经成为很多乡镇、村的主导产业。对于农民来说，休闲农业使他们足不出户走上了致富路。对于市民来说，到农村去旅游，到农园去采摘，到农家去吃饭，已经成为一种时尚。但是，在新的形势下，休闲农业的发展遇到了一些新情况、新问题，主要表现在：

首先，从北京休闲农业发展的外部环境看，面临着更趋激烈的竞争。北

---

① 本文发表于《北京农业职业学院学报》2011 年第 4 期。

京周边的一些地区，如河北省的承德、唐山、张家口，天津市，甚至山东省、内蒙古自治区等，纷纷提出把休闲农业作为主攻方向，并在政策、资金、基础设施配套上，向休闲农业倾斜。有的地区提出建设休闲农业与乡村旅游示范县的发展规划，并把客源目标市场定位在北京市民，这对京郊休闲农业形成了强有力的竞争。特别是京承高速等省际间放射性高速公路的开通，使北京市民到周边省份旅游变得更为快捷方便。如果北京郊区的休闲农业场所不提档升级，不能在新形势下更好地满足首都市民新的要求，今后将很难对他们有吸引力。

其次，从市民需求看，随着人均可支配收入的增加和休假时间的延长，对休闲农业的要求更高。从2009年开始，北京市人均GDP突破一万美元大关，进入世界中等富裕城市行列。2010年，北京市城镇居民人均可支配收入达到29073元，比上年增长8.7%。随着收入的提高，首都市民对休闲农业的硬件环境和服务质量提出了更高的要求。例如，郊区一些传统的乡村旅游户，虽然价格低廉，但由于整体水准低，入住率并不理想。与此形成鲜明对比的是，新兴的、有特色的度假村，价格昂贵却供不应求。比如，平谷区金海湖镇海子民俗旅游村的农家院，虽然价格低廉，但是“十一”黄金周期间仍有少量的空房。而同处一村的“紫藤花开山村度假小屋”，由一家旅游管理公司经营，装修装饰都经过了精心的设计，最具特色的是建在树上的“树屋”，取名叫“鸟巢”，虽然住宿价格达到每日220—600元，餐饮价格也比普通农家院贵几倍，但是节前几个月就已被预订一空，生意异常火爆。

最后，从休闲农业自身看，存在着低水平建设和同质性强的问题；从产业结构上看，存在着“小、散、低”的问题，互补性差，特色不突出；从区域布局上看，存在单打独斗的现象，难以实现规模效益；从项目建设上看，比较粗糙，文化内涵不突出，地域特色、文化特色缺乏，品位不高；从项目内容上看，参与性、体验性项目较少，难以满足游客对“娱”的需求，致使停留时间短，单体消费少，对农民就业增收的作用有限；从服务上说，还不够规范。

在新的形势下，为了更好地满足市民的需要，京郊休闲农业亟须进行提档升级，提升休闲农业项目的硬件质量，丰富文化内涵，规范服务行为。

二、休闲农业提档升级的目标

从北京郊区来看，休闲农业的建设要突出四个功能，即景观功能、体验功能、文化功能和游憩功能。为实现这些功能，郊区休闲农业发展的方向和提档升级的目标是：

(一)休闲农业发展的方向

概括地说，要坚持“五化”。

1. 园区建设：精致化

每一个休闲农业园区的建设，都要精雕细刻，力求做到布局合理、特色突出、功能丰富、标志标识系统明确、管理规范。为此，要进行规划策划，精心建设。在这方面，台湾的休闲农业园区树立了很好的榜样，值得学习。

2. 产业形态：多样化

从产业形态上看，要从简单的“吃农家饭、住农家院、摘农家果”，向休闲、体验、养生、健身，乃至商务、度假等功能多样化、产业融合化、服务综合化方向发展。京郊农村不仅要有观光果园、休闲农庄、观光休闲农业区，而且要发展乡村酒店等其他形态。

3. 区域布局：集群化

从经营规模上看，从一家、一户、一园的分散状态，向一沟一谷、一片一带、一个乡镇甚至几个乡镇的规模化、集群化方向发展，打造主题性、集聚式乡村旅游目的地。这样做的目的是，解决休闲农业的规模化发展，以及供给与需求信息不对称问题。

4. 投资主体：多元化

从投资经营主体上看，要从目前的以农户为主，向农民专业合作社、社会资本参与、专业酒店托管等投资主体多元化、股份社会化、经营专业化方向发展。

5. 企业发展：品牌化

休闲农业园区、休闲农业企业、休闲农业产品，要向品牌化方向发展。要经过几年的努力，打造一批乡土气息浓郁、深受游客欢迎、在京城有较高美誉度、在周边省区有一定知名度的休闲农业产品，使北京的休闲农业不仅是地方性品牌，而且要涌现出一批区域性品牌，甚至是全国性品牌。

(二)休闲农业提档升级的目标

今后一个时期，京郊休闲农业改造提升的方向是，由规模数量型向质量效益型转变，走规模化、特色化、差异化的路子，引导休闲农业向集群化、主题化发展，提升郊区休闲农业与乡村旅游的水平。总的原则是“培育特色，提升档次，集中布局，规范服务，增加效益”。要经过“十二五”时期的开发建设和提档升级，休闲农业努力实现层次分明、功能多样、内容丰富、特色突出、规划科学、部门联动、管理规范的目标。从区域布局上看，要经过一段时间的打造，形成近郊区以创意农业、体验农业(如市民农园)为主，远郊平原以休闲农庄、休闲农业园区为主，山区以沟域经济、乡村旅游带等主题性乡村旅游目的地为主的休闲农业与乡村旅游发展格局。

三、休闲农业提档升级的路径选择

为实现上述目标，根据休闲农业的功能和未来发展方向，结合郊区休闲农业发展的现状，休闲农业改造提升的重点领域：一是强化农业的生活功能。在农业的“三生功能”(生产、生态、生活)中，生活功能要强化，这是由北京农业的特殊性所决定的。二是注重农业景观的保护、创造、开发、利用，充分发挥农业的生态服务价值。农业不仅提供农产品，而且本身就是一种景观；农业不仅可满足“胃”的需求，而且可满足“养眼”的需求。三是丰富休闲农业的文化内涵。休闲农业要想赢得城市青少年市场，必须发挥它的文化传承功能。我国文化的根基是农耕文化，是乡村文明。因此，要在农业现代化的进程中，保留农村文化符号，充分发挥休闲农业的科普、教育、文化展示作用，增强吸引力。四是提高休闲农业的参与性。休闲农业要想取得长足的发展，必须发挥它的优势和特点，其中参与体验功能就是其中之一，如插秧、割稻、摘果。目前，从北京郊区看，仅采摘功能得到了较多的开发，对其他方面参与体验功能的开发还远远不够。具体来说，休闲农业提档升级的实现途径是：

(一)完善功能，改造提升休闲农业园区

观光采摘园和休闲农业园区是郊区休闲农业的主体。创建高水平或五星级的休闲农业园区是今后几年休闲农业提档升级的核心工作之一。北京作为首都，应该拿出一批市场认可、华北地区乃至全国知名的优质休闲农业园。为此，首先要对已有的休闲农业园区，择优进行改造提升，建设精品休闲农业园区。

一是要完善园区功能。休闲农业园区与传统的生产性园区最大的区别是，要体现它的服务性功能。这就要以游客为中心，进行合理的功能布局。在现有产业布局的基础上，充分考虑游客观光休闲的要求，将园区内部划分为不同的功能区，如接待服务区、观光采摘区、休闲娱乐区、生产区等，在每个区都有不同的功能和特色。已建成的休闲农业园区，要在现有的基础上，进行规划设计，有针对性地进行改造提升，尽可能丰富园区的功能。

二是进行统一包装。选择一批区位条件较好、农业观光采摘园相对集中、与民俗旅游村等其他旅游资源匹配较好的农业观光园区，进行统一标志、统一培训、统一宣传。

三是增加教育解说。要通过新增解说指示牌、培训导游员等途径，使到园区的大部分游客都能得到解说服务。

四是搞好乡村旅游商品的开发。搞好延伸服务，提高单体消费额。

(二)培育特色，发展主题农业公园

新建的休闲农业园区要走专业化、特色化或综合性发展之路。具体来说，有三个思路：

一是小而精，走特色化之路。如市民农园、教育农场。其中市民农园是由农民提供农地，让市民参与耕作的园地。一般是将位于都市或近郊的农地集中规划为若干小区，分别出租给城市居民，以种植花草、蔬菜果树或经营家庭农艺。其主要目的是让市民体验农业生产过程，享受耕作乐趣。教育农场是兼顾农业生产与教育功能的农业经营形态。农场中所栽植的作物、饲养的动物以及配备的设施极具教育内涵，如特用植物、热带植物、水耕设施栽培、传统农具展示等。较具代表性的有法国的教育农场、日本的学童农园、我国台湾省的自然生态教室等。

二是分行业发展，走专业化之路。如建设主题农业公园（如已建成的苹果主题农业公园、香味葡萄主题农业公园、蓝调庄园等）、观光牧场、休闲渔场等。

三是大而全，走综合性发展之路，发展休闲农庄。如房山区富恒休闲农庄。

（三）丰富内涵，打造北京最美的乡村

北京民俗旅游村的发展不令人满意，主要问题是：同质化严重，没有特色；城市化严重，缺乏民俗文化内涵；提供的产品与服务趋同，没有拉开档次。下一步的努力方向是：

一是从景观上看，要保留农村的文化符号。农村的山、水、田、林、路，要为休闲农业提供景观，改善乡村旅游环境。休闲农业本身要成为郊区一道亮丽的风景线，成为市民观光、采摘、休闲的重要场所，成为旅游吸引物。

二是坚持分层分级与专业特色发展。所谓分层分级，是指民俗旅游村要区分档次，满足不同层次消费者的需要。这就要在现有基础上，打造一批高水平的民俗旅游村，如怀柔区渤海镇的北沟国际文化村、瓦场度假村。所谓专业特色，是指市级民俗村今后也要走专业化、特色化之路，搞好“一村一品”，建设一批围棋村、象棋村、灯笼村等，实现错位发展。

三是从内容上说，要丰富文化内涵。正如史亚军教授所说，农家乐要从以“农”为根向以“村”为根拓展，从以“家”为平台向以“田”为平台拓展，从以“乐”为魂向以“休闲”为魂拓展。要市民先乐，农民才能后乐。

四是从基础设施上说，要逐步完善民俗旅游村的公共服务设施。如以村为单位，建设一批会议设施，争取把一小部分市级民俗旅游村纳入到地方政府会议定点采购目录中。

（四）整合资源，建设主题性乡村旅游目的地

当前，郊区休闲农业与乡村旅游点过于分散，导致搜索成本高，游客可进入性不强。解决这一问题的思路是，借鉴商业街的模式，通过一定的制度设计和机制创新，把农业与旅游资源进行整合，实现集群式发展，建设主题性乡村旅游目的地。

所谓主题性乡村旅游目的地，是指打破“乡”和“村”的界限，以特色资源或旅游景区为龙头，通过资源整合和机制创新，将一个地域范围内的民俗村、农家院、观光农业园、旅游景区等串联起来，形成特色明显、资源互补、利益联结紧密、能够满足游客多元化需求的休闲农业集聚区。

具体来说，就是要环绕主要交通干道和沟域，充分发挥“乡”和“村”的职能，旅游村要整合本村的民俗户，乡镇一级政府再整合本乡镇范围内的民俗村和观光农业园，通过资源整合和整体包装，整合各个领域、各个部门的资源，建设主题性乡村旅游目的地，以改变目前普遍存在的一家一户单干的局面，将休闲农业产业做大。同时，对基础条件较好、资源独特、有发展潜力的区域进行整体包装，通过资源整合和利益机制调整，建设观光休闲农业产业区。观光休闲农业区要以乡镇为单位打造，使之具备一定的规模，努力做到“五个突出”：即突出特色，突出整体的包装，突出环境改善与产业发展的融合，突出机制创新，突出农民参与且受益。

（五）发展创意农业，提升文化内涵

要保持休闲农业之树常青，发展创意农业，提升文化内涵，是一条重要途径。所谓创意农业，是指对农业生产经营的过程、形式、工具、方法、产品进行创意和设计，从而增加文化内涵，更好地满足人们的生活需要，并能创造财富和增加就业机会的活动的总称。根据北京郊区的实践，创意农业的实现途径主要有产品创意、农业节庆创意、园区创意、产业创意、功能创意等五种。

一是产品创意。是指对普通农产品的用途、包装、文化与内涵等进行创意，同时对农业废弃物进行艺术加工和创造，使农产品和农业废弃物得到增值。比如，大兴区的玻璃西瓜。

二是农业节庆创意。是指以某种农作物或农事活动为主题，开发其文化内涵，以农业节庆活动为平台，融入文艺演出、互动赛事、农业展览与交易等活动，以打造农业品牌或提高农产品的市场知名度。北京郊区农业节庆活动有很多。比如平谷的桃花节，“以花为媒，营销平谷”，已经成功举办十一届，成为京津地区著名的春季旅游活动，实现了经济效益和社会效益的双丰收。

三是园区创意。是指对传统的果园、菜园、农园等进行创意开发，对特定主题（如某一农作物）的栽培、管理、品种展示、文化开发等进行整体设计，创造出特色鲜明的体验空间，使游客获得一气呵成的游览经历，兼有休闲娱乐和教育普及的双重功能。比如，众多的农业主题公园就是园区创意农业的经典之作。

四是产业创意。是指以农业为基础产业，通过创意开发，向第二、三产业延伸，促进农村一、二、三产业的融合，从而提高农业的加工附加值、服务附加值和文化附加值。

五是功能创意。是指对农村区域（包括沟域、交通干道两侧、产业集聚区等）进行综合开发，对山水田林路进行综合治理，对生产要素的配置进行合理安排，对整体形象进行创意、创新，最后实现整体功能的转换。延庆千家店百里画廊的建设，就是功能创意的一个典型案例。

(六)创新机制，提高农民的组织化程度

正像一家一户发展不了现代农业一样，休闲农业的发展最终要走联合之路。把民俗户组织起来，成立民俗旅游合作社，就是其实现形式之一。

随着我市休闲农业产业规模与市场空间的不断扩大，农户分散经营“单打独斗”的弊端也开始显现，信息不灵、市场竞争力弱等逐渐制约农民与市场之间的良性互动。为扭转这一局面，一些地方的集体经济组织或者农户，按照自愿、互利的原则，组建了一批乡村旅游协会、民俗旅游专业合作社等专业合作组织，成为提高休闲农业与乡村旅游组织化程度和集约化水平的生力军。如怀柔区雁栖镇官地村，由一号家庭单淑芝牵头，成立了民俗旅游合作社。主要职能是：统一配货，统一采购，统一定价，协调安排客人。该合作社成立以来，每户每年光副食采购成本就能节约5000元。

官地村的实践表明，成立合作社的好处主要有：提高了原料采购的谈判地位，降低采购成本；对民俗旅游户进行统一定价，避免恶性竞争；促进规范管理，增强行业自律；扩大宣传促销，有效增加客源。

（作者：范子文　北京市农村经济研究中心高级经济师）

项目名称：北京市与周边中小城市的区域经济合作研究
项目编号：10BdJG352
项目负责人：杨维凤
项目信誉保证单位：北京市社会科学院

北京市与周边中小城市的区域经济合作研究

改革开放以来，北京市和周边地区的区域合作几乎不曾中断，理论界和实践界一直在探索这一区域科学有效的合作道路。但相对珠三角和长三角，京津冀区域合作的进程缓慢，区域发展水平和一体化水平较低。北京市周边云集了众多中小城市，但大多数中小城市经济发展落后，各自拥有独立性较强的布局结构。纵观国际世界城市的发展，在中心城市的周围都有发达的经济腹地支撑，而且有合理的职能分工。以此为参考，北京建设世界城市目标的实现，亟须一个发达的经济腹地作为支撑，而目前北京市的经济腹地力量明显不足，促进周边地区的发展对于北京建设世界城市具有重要的战略意义。

现有的区域合作研究大多就大城市间的合作做了较多的探讨，本文从大城市与中小城市这一新的合作角度来探讨京津冀的区域合作问题，为促进京津冀的区域合作提供战略层面的新思路。

一、深化北京市与周边中小城市区域经济合作的战略意义

加强北京市与周边中小城市的区域经济合作可以实现优势互补、互利互惠，在更广阔的空间和领域优化资源配置，有利于实现跨行业、跨地区的强强联合，增强整体竞争力，促进共同的发展。同时，可以大大增强北京的辐射功能，带动整个京津冀的发展。

首先，深化北京市与周边中小城市的合作是推进京津冀区域一体化的突破口。改革开放以来，国家为促进京津冀的区域一体化采取了不少措施，但是受各种因素的制约，京津冀区域一体化的进程缓慢，区域发展水平较低，在现有的模式下难以推进。为此，可以转换思路从大城市与中小城市合作的层面来探讨区域经济合作，以期能找到一个促进京津冀区域一体化的突破口。

其次，为北京建设世界城市提供强有力的区域支撑。国际上世界城市的周边都有发达的区域经济支撑，北京建设世界城市，同样需要周边区域提供强有力的腹地支持，否则“一极独大”，难以实现城市的可持续发展。目前，北京的经济“腹力”明显不足，落后的周边区域会制约北京经济的发展，不利

于北京世界城市目标的实现。同时，北京过度膨胀的人口，亟须向周边的中小城市转移。这些都为周边中小城市的建设提供了重要的战略机遇。

最后，促进周边中小城市城镇化和城镇体系的形成。城镇化是我国未来的发展趋势，通过与北京的技术合作、产业合作、人才培训合作等，为周边中小城市城镇化注入强劲的发展动力和产业支撑，引领区域转型发展，形成以中心城市为核心、各城镇有专业分工、各具特色的城镇体系。

二、北京市与周边中小城市区域经济合作的现状与问题分析

(一)北京市与周边中小城市的合作现状

北京周边与其行政接壤的中小城市有河北省的丰宁满族自治县、赤城县、怀来县、涿鹿县、涞水县、涿州市、固安县、安次区、广阳区、香河县、大厂县、三河市、兴隆县、承德县、滦平县，天津的武清区、宝坻区和蓟县共18个县市区。这些中小城市综合经济实力较弱，经济总量偏少，大多处于工业化初中期阶段，在京津冀都市圈内发展相对滞后。目前，北京市与周边中小城市的合作主要集中在产业合作、科技合作、房地产合作和旅游开发合作、生态环境合作、交通合作等方面。在合作机制上，采取的是政府推动、市场运作、企业自主的市场化运作方式。

1. 产业合作

通过多年合作，北京与周边城市已从单纯的服务联系转向战略分工与合作。周边中小城市加强与北京的市场对接，通过双方的要素流动，改造、提升传统产业。北京周边的中小城市是北京重要的农副产品供应基地。例如，滦平、承德与北京合作建立种猪基地，滦平县与中国农业大学合作10万头种猪场项目、无抗猪项目，承德县与北京鲲鹏集团合作万头种猪场项目等。又如香河，凭借其独特的区位优势和北京巨大的消费市场，利用其原有的家具生产的传统，把家具产业作为该县的重点发展产业，成为全国第二、北方最大的家具生产销售集散地。2010年上半年，香河家具销售额达到154亿元，家具营业面积180万平方米。

2. 科技合作

高新技术产业是北京的优势，北京人才密集，高科技研发处于领先地位。近年来，北京周边的中小城市积极采取措施，优化环境，吸纳北京高新技术成果到本地落户，特别是围绕发展电子信息，机电一体化、生物工程和新医药、新材料、高效节能与环保技术，“借智”发展了一批高新技术产业项目，使它们逐步成为北京高新技术的成果转化基地和产业化基地。如三河市凭借良好的区位优势和优惠的产业政策，吸引了一大批知名的高新技术企业落户三河，如中兴北方产业基地、太阳能组件产业化基地、超硬材料磨具磨料制造基地等，电子信息产业、新材料产业、生物医药产业成为三河高新技术产

业的三驾马车。廊坊市安次区、广阳区构筑的信息产业园、生物及医药产业园、新材料产业和综合经济示范基地等，吸引了北大方正软件、清华大学紫光软件、汉王制造、北大生物天然VE等一大批研发项目。

3. 房地产合作

随着北京市房地产价格的上涨和京冀交通网络的建设，北京周边的中小城市利用其毗邻北京的优越区位优势和良好的环境，着力开发房地产，以较低的房地产价格吸引大批北京人入住，拉动了当地经济发展。尤其以三河市燕郊开发区、涿州市最为典型，随着北京大兴和通州的建设，与其毗邻的香河县、固安县的房地产也在不断升温。燕郊与通州仅一河之隔，有近30万北京人定居，是吸引北京人最多的河北地界。燕郊为吸引更多的北京人来此居住，大力建设城市环境和配套设施，提升燕郊的城市品位和居住理念。涿州市与北京市实现了“三通”，即接通北京市公交车、010区号和北京电力。

除此之外，北京与周边中小城市还在旅游开发、水资源保护与合理利用、重大生态建设和环境保护等方面开展区域合作。在基础设施领域，轨道交通和公路等基础设施建设方面的合作不断深化。随着京石、京张高速铁路的开通，半小时都市圈初步形成。北京的城市公交线路已经延伸到河北的涿州、廊坊、固安等地。

（二）北京与周边中小城市区域经济合作中存在的问题

虽然北京与周边中小城市合作取得了一定的成效，但同时也存在很多问题，阻碍了经济的一体化发展。

1. 经济发展落差大，首都圈辐射存在断层

北京周边中小城市总体经济发展水平较低，其中还有4个国家级贫困县，工业化水平、城市化水平低，发展的驱动力不足，对北京的区域支撑能力很弱。周边中小城市薄弱的经济基础，巨大的发展落差，使得对接北京的能力较差，造成首都圈辐射存在断层。

2. 产业链联系不紧密，产业配套能力差

北京与周边中小城市的区域产业发展不平衡，基于产业链的分工合作机制没有建立起来，产业互补型、链条化和配套化的产业发展步伐较缓慢。例如，北京现代汽车与国内40家配套厂建立了联系，其中20家在北京，另外20家在上海和浙江，而北京周边没有一家配套厂。市场机制没能充分地发挥作用，产业协调发展受到体制障碍和行政壁垒影响较为严重，亟待建立一体化的市场。由于产业间有机联系不强，北京周边中小城市对资金的吸引力不强。

3. 合作处于初级阶段，合作管理制度有待完善

北京与周边中小城市现有的合作多处于初级阶段，合作的深度和合作领域有待于进一步扩大。仅农产品而言，受运输半径影响，蔬菜具有成本优势，

但因周边中小城市在蔬菜的种植管理经营等方面制度不完善，蔬菜在北京的市场占有率并不高。又如，对共同拥有的旅游资源，如北京与蓟县的盘山，北京与滦平的金山岭长城，因归属于不同的行政地域而形成管理碎块，不能实现旅游服务的无缝隙化对接，合作管理制度有待完善。

4. 生态环境问题严重，生态补偿机制有待科学化

北京与周边的中小城市自然生态条件总体较差，水资源相对缺乏，生态环境比较脆弱，尤其北京北部的怀来、涿鹿、赤城等县是北京的天然生态屏障。长期以来，它们为保护北京的发展在资源开发、水资源利用和产业选择方面受到极大限制，不可避免地制约了该地区的经济发展。在现有的行政管理体制下，无法有效实施生态补偿机制，造成了张承地区自主实现生态环境保护的意愿不断弱化，其结果是外部强加的环境保护要求与内部自发的经济发展需求不断发生冲突，生态环境陷入"局部改善、整体恶化"的困境中，贫困问题持续固化，区域间贫富差距加大。

三、促进北京市与周边中小城市区域经济合作的途径探讨

北京周边的中小城市在土地、人力、能源和生态资源以及农业、重化工业等方面，具有比较优势。这就为两地在空间、要素、产业和功能上的合作提供了条件。

(一)北京与周边中小城市区域经济合作的比较优势资源分析

1. 北京的区域合作比较优势资源与发展需求分析

北京的区域合作优势主要体现在三个方面：第一，区位和交通优势。北京是华北地区地形交汇的中心，北上辐射内蒙古高原、黄土高原，南下直通华北大平原，地理位置优越。北京是京津冀都市圈的核心，是全国的政治中心、文化中心、国际交往中心，拥有日益现代化、国际化、立体化的综合交通体系，是联结东北、华北、西北乃至全国的交通枢纽。第二，科技教育优势。北京是我国技术创新和研发活动的中心，这里汇集了全国28%的国家重点实验室、33%的国家工程研究中心、45%的国家重大科学工程、30%的国家重点学科、41%的基础研究、32%的863计划项目以及35%的科技攻关计划①。第三，旅游资源优势。北京有3000多年的建城史和850多年的建都史，文物古迹众多，具有深厚的历史文化底蕴，拥有一大批非物质文化遗产，北京奥运会、残奥会的成功举办，为北京留下了丰富的奥运遗产。

北京处于工业化后期阶段，已经脱离传统的工业化城市发展路径，向着现代化综合服务型城市职能转变。北京将加快发展现代服务业、高新技术产

① 刘绍坚、史利国、牛振华：《北京发展总部经济的资源禀赋差异分析》，《数据》，2010年第12期，第62页。

业，适度发展现代制造业，未来的产业发展需求是寻求制造业的转移、现代服务业、旅游业和农牧业的区域合作。北京在经济发展的同时，也面临资源条件限制和整体环境容量压力的挑战：人口膨胀、房价高涨、交通拥挤、资源紧张、生态环境压力、发展空间受限。

2. 周边中小城市的区域合作比较优势资源与发展需求分析

周边中小城市的区域合作比较优势主要体现在四个方面：自然资源优势、土地优势、劳动力优势和旅游资源优势、农业资源优势。第一，农业资源优势。周边区域耕地面积大，是首都重要农产品供应基地。第二，土地资源优势。北京周边区域拥有大量未利用土地。第三，劳动力优势。人口众多，劳动力资源丰富。第四，旅游资源优势。北京周边区域有山、有水、有丘陵、有平原，地貌类型多样，自然旅游资源景观丰富，同时又有涿鹿等地的历史文化旅游资源。

北京周边中小城市总体上处于工业化初期和中期阶段，工业化程度较低，与首都产业梯度较大，对北京的经济支撑力有待提高。

(二)北京市与周边中小城市区域经济合作的途径

鉴于北京与周边中小城市的区域比较优势资源和发展需求，应从经济—生态合作机制、总部经济、旅游、转化基地和农业等途径深化合作，推动经济联动发展。

1. 建立公平合理的经济—生态合作机制

生态合作是北京与周边区域最应优先考虑的一种途径。北京与周边区域应建立基于生态一体性基础上的经济联系，用市场机制取代行政命令，统筹各方利益，变保护压力型生态机制为保护主动型生态机制，共同推动经济发展与生态环境的保护。具体举措如由北京根据发展水平(如以GDP或人均GDP为指标)制定比例，共同出资建立环境保护基金，对张承地区因生态保护而损失的经济增长进行补偿，从而使张承地区能够更有效地持续保护生态环境。实行“输血型”补偿和“造血型”补偿的结合。“输血型”补偿是指政府或补偿者将筹集起来的补偿资金定期转移给被补偿方；“造血型”补偿则是指政府或补偿者运用“项目支持”或“项目奖励”的形式，将补偿资金转化为技术项目，安排到被补偿方(地区)。

2. 通过总部经济模式，实现区域联动互补发展

北京的总部经济初具规模，对东北、华北、西北乃至全国都有着较强的辐射作用。充分发挥北京的总部经济优势，通过“总部—制造基地”链条，将北京的人才、技术等资源辐射到周边区域，在周边区域建立制造基地，形成强有力的产业依托，促进北京与周边区域联动互补发展，提升总部的整体实力。

3. 区域旅游整合合作

北京与周边区域的旅游资源具有多样性和互补性，这是开展区域旅游合作的有利条件，应站在一体化的角度，基于资源互补、功能互补和优势互补的原则，实现经济要素的共同整合，推进区域旅游合作开发。

首先，从战略层面推进北京与周边区域的旅游资源整合，实现资源、市场、基础设施、品牌和信息五个共享。其次，以旅游资源整合为核心，以产品开发为动力，推出系列化、精品化、特色化的旅游产品与线路。细分北京的主要客源市场和旅游需求，设计有针对性的旅游线路。以北京的城市居民为主要的开发对象，设计个人旅游、全家旅游、团体旅游的不同旅游休闲路线和旅游方式。对外地游客，设计以北京旅游景点为主、周边区域特色景点为辅的旅游路线。最后，跨区旅游景区服务无缝隙化。对北京与周边区域共同拥有的同一单体旅游资源，景区管辖者实行全方位合作，对景区的旅游资源进行整体性开发、利用和保护，建成没有行政区划分割、形象完整的景区，实现旅游服务的无缝隙化。

4. 发挥北京的创新资源优势，在周边区域建立科研中试基地和成果转化基地

北京是我国创新资源的密集区和创新辐射源头，集中了众多的国家级大院大所和中央政府研究机构，是我国最大的科研成果产出地。北京周边区域应充分承接北京创新技术的“溢出效应”，打造国家部委、高等院校和科研院所的科研中试基地和成果转化基地。

5. 绿色农业合作

北京有巨大的绿色农产品消费市场，对品牌食品、绿色食品需求越来越多，品牌意识和食品安全意识越来越强。据统计[①]，在北京八大类传统食品消费结构中，粮食消费呈下降趋势，奶及奶制品、干鲜瓜果、肉禽及其制品类消费需求增长显著，而且对绿色农产品的需求上升，水产品和蔬菜类的变化不大。这种趋势为北京周边区域农产品服务北京市场提供了结构性需求定位。北京周边区域在运输上具有一定的距离优势，应优化农业产业结构，大力发展设施农业、养殖业和农产品深加工业等现代高效农业产业，建立优质的绿色无公害农产品生产基地，做大做强名牌农产品，突出特色农产品，树立产品形象，提高产品的竞争力，稳定和扩展市场，提高市场占有率，获得更高的溢价收益。

① 王军、石嫣、董谦：《试论京津冀农业区域协作》，《天津行政学院学报》，2007年第3期，第46页。

四、促进北京市与周边中小城市区域经济合作的措施建议

北京与周边中小城市应建立区域整体协调发展机制，周边中小城市科学功能定位，创新管理体制机制，强化基础设施的建设，从而推进区域经济深化发展。

(一)建立区域整体协调发展机制

体制是阻碍京津冀一体化的一个瓶颈因素，在现有的条件下，探讨新的区域合作体制，可为区域经济合作提供良好的环境。河北省以建设环首都经济圈为代表的发展诉求，亟待获得北京乃至中央政府的积极响应和实质性支持。

(二)合理明确周边中小城市的功能定位

城市发展一体化是区域经济一体化的一个重要方面，北京周边的中小城市在制定发展方向规划及功能定位时，除了考虑本身的区位条件、资源条件、经济总量、产业构成等因素外，更多需要参照本市在区域内的地位，以世界城市地区的区域视野来分析其发展动力和需要承载的功能，融入首都，服务首都，疏解首都，对接北京的切实需求，明确城市功能与发展方向，提出高标准且符合实际的发展定位，制定前瞻性与操作性兼具的空间布局，探讨交通、生态、水、政策保障等支撑条件。要因地制宜，强化优势，突出发展特色，精细规划培育生态旅游型、交通枢纽型、特色农业型、工业制造型城镇，走特色兴镇之路。同时，周边各中小城市要实现合理分工合作，防止产业结构同构，形成优势互补、良性竞争的城镇体系。

(三)周边中小城市建立有权、有责、有利的管理体制和机制

借鉴昆山的发展经验，坚持开放创新，建立一整套奖惩分明、有效实现的体制和机制，提升行政审批效率、服务水平和市场化程度，营造良好的投资软环境。创新设计灵活务实、切实有效的干部考核激励机制，创新招商引资的体制，整合开发区土地、企业、产业等各种资源利益共享的政策措施，吸引资金、技术和人才的政策措施等，激励干部的工作干劲，创新思想观念，实现干部有权、有责又有利，为企业的发展创造良好的政策环境，促进区域优势的提升。

(四)加强基础设施的建设

基础设施属于经济发展环境中的硬环境，并居于首要位置。基础设施，尤其是跨区域的基础设施的完善程度及建设水平，直接影响区域经济合作的广度与深度。加强北京周边中小城市的交通运输、水电供应、邮电通信等基础设施建设，注意住宅、学校、医院、商店以及文化设施等的建设，强化绿化、公园的建设。抓住京石、京张、京唐高速铁路过境设站的重大机遇，实现与高铁的高效对接，提高利用效率，快速、高质量地聚集市场、人才、信

息、科技等各类要素。

参考文献

[1] 孙久文等：《京津冀都市圈区域合作与北京国际化大都市发展研究》，北京：知识产权出版社，2009 年。
[2] 张彬、刘学敏、王双：《京津张承的经济与生态合作》，《城市问题》，2010 年第 3 期。

（作者：杨维凤　北京市社会科学院经济所副研究员）

项目名称：北京市政府采购促进农民工就业与培训模式研究
项目编号：10BfJG353
项目负责人：李　琦
项目信誉保证单位：北京劳动保障职业学院

以政府采购方式推动农民工就业与培训

农业部统计数据显示，在我国农民工之中，初中及以下文化程度的占87.8%，大专以上文化程度的仅0.52%，其中受过专业技能培训的仅占9.1%。近年来，“用工荒”与“就业难”并存的现象经常见诸报端，造成这一现象的原因多种多样，但涉及农民工就业问题时经常会提及一个原因，即农民工自身的知识技能水平不高带来了推动就业的困难。这一现象的存在是客观的，然而，对于产生这一现象的原因探究和深入的解决策略研究却甚少或限于表面化。

农民工就业与培训的政策措施为何难以见到实效？面对我国产业结构升级换代的客观趋势和农民工群体文化技术结构低下的现状，加大培训力度应成为必然的选择，可为什么农民工的就业培训乃至全体劳动者的就业培训支出却成为一个相关部门不愿提及的隐痛？只一味抱怨农民工自身素质水平低下并不能解决问题，为什么改革开放三十多年，新的一代劳动者也已经成长，而农民工素质水平尤其是技能水平不能有效提高，农民工培训和就业存在什么样的难解之题。

一、相关背景与研究现状

(一)国外相关背景

为了大力加强职业技能培训工作，英国新设立了学习与技能委员会，2003年的经费为70亿英镑。学习与技能委员会不直接向劳动者提供职业培训，而是制定学习和职业培训目标及计划，与有关教育及职业培训机构签订学习和职业培训协议，由这些机构向有关人员提供学习和职业培训机会。在学习和职业培训目标及计划的制订上，学习与技能委员会同职业介绍中心紧密合作，经常检查计划的合理性及执行情况，每3个月制订或调整一次，以使计划更加灵活及符合实际需要。英国认为大企业有能力、有意愿为其员工提供职业培训，而小企业则缺乏向其员工提供职业培训的意愿及能力，为此学习与技能委员会选送培训的人员通常是小企业员工，企业只需付很少费用，其余费用由学习与技能委员会支付。英国《2002 年就业法》中强调了对弱势群体就业和培训的优惠性，但有学者提出了关于我国借鉴英国就业培训做法的两点疑问：一是就业培训主导权应掌握在哪个主体手中，二是企业是否均应就业培训买单(杨佩君，2009)。

澳大利亚与英国的做法有类似之处。澳大利亚提供就业培训的代表性机构是“成人多元文化教育中心”(AMES)，AMES 是由政府主办的官方就业服务机构，一切费用由政府承担，为个人提供的各类服务免费。具体的运作由政府经过招标和综合评估后与一家公司签订协议，然后由这家公司负责具体业务的开展。AMES 对个人的一切培训是免费的，同时对企业的培训项目还进行补贴，但其包括就业质量认定等方面有严格的审查与要求。

德国对农民工进城工作从立法到执行都具有较高的保护传统，其保护性集中体现在两个方面。其一，德国宪法要求存在全国性的共同市场，包括人员在内的四大要素自由流通，“这就在立宪层面上允许农民自由进城打工”(朱立志、方静，2005)；其二，高度重视和创新职业教育模式，保证了农民就业质量的提高。

(二)国内研究现状

关于农民工就业困难的原因已有不少的研究，郑功成主持的国家社科基金重大项目于 2005 年开展了大规模的关于农民工的调查，得出了许多丰富的对于我国农民工问题的总体判断，观点之一就认为中国农民工问题集中体现在农民工素质未能得到全面有效的提升，其表现在文化素质偏低、劳动技能素质偏低和对城市文明的接受程度有限三个方面，并认为观念偏见、政策歧视与利益冲突是导致问题的关键原因(郑功成、黄黎若莲 2006)。许晓红(2009)研究了金融危机下农民工就业面临的突出问题表现在四个方面，即农民工失业属周期性和结构性并存；技术、资金、人才的缺乏导致农民工返乡创业的困难；社会公共服务及相关权益的缺失；土地经营制度的不健全带来返乡农民工的生活无保障。杨韬、吴跃萍(2009)认为农民工就业难主要可以归因为四个因素，即就业服务不到位，导致农民工就业信息不足；农业工整体技能偏低、岗位适应能力较差；劳动密集型企业减少，沿海地区吸纳劳动力能力不足；农民工培训结构失衡，培训与就业脱节。

关于培训与就业脱节方面有人做过实证研究，针对武汉地区农民工培训状况的一项调查显示，在接受地培训的农民中有 16%的人认为培训与工作关系不大(陈浩、杨晓军，2009)。在武汉的这一专项调查中，到武汉之前接受过培训的农民工约占调查总体的 50%，到武汉后接受过培训的约占 40%，在培训覆盖率不高的前提下，还存在培训内容不够实用、培训费用过高农民工难以承受、培训时间安排不合理等具体问题。该研究注意到了培训投资力度不够、劳动力培训市场不健全等因素，但在其提出的促进农民工就业培训的模式中只强调了政府、农民工、用工单位三方的静态关系，并未指出农民工就业培训新机制中三方作用的动态逻辑关系，从而未能强化政府主导下推动农民工培训从而有效连接就业的制度设计。

二、问题的根源：就业及培训制度安排的误导

由于农民工收入水平所决定的消费能力的限制，农民工培训市场注定难以引起培训企业的兴趣，于是在现实中就出现了政府几乎全面接管操作困难群体的就业与培训的制度设计。从市场失灵的角度来看，政府确实应承担起这一公共责任，但却不意味着在具体操作的制度设计上完全由政府来亲力亲为纵贯全部环节，而这样一来制度会出现以下问题：

（一）就业制度设计在执行层面所导致的促进就业目标漂移

不仅是农民工就业制度安排，包括大学生就业、失业人员再就业等制度也同理：促进就业制度安排导致基层政府就业部门工作目标的漂移和对问题的回避。我国就业统计体系多年来多为人们所诟病，单一的城镇登记失业率带来了两个导向：第一，农民工失业问题游离于官方正式统计之外，再加上我国农民工大规模的跨地域就业，使得当地政府并无动力关注农民工就业问题；其二，城镇登记失业在一些基层就业组织中被简单的转化为存放于基层社保所的档案数据，一方面这一数据与现实偏差非常大，另一方面，又诱使政府基层促进就业的目标漂移为将档案转移到职介机构，与实质上的促进就业目标相去甚远。

目前我国的人力资源市场上公办机构和民营组织并存，且民营组织呈现出增长态势，但民营组织的经营在多个方面受到公办机构的制约，于是难免出现在促进就业市场上既为运动员又是裁判员的现象。公共就业组织更多地应发挥政策制定、规范市场行为、监督考核监控的作用，在促进就业方面主要承担“托底安置”的任务。

（二）促进就业目标漂移所带来的农民工培训目标的漂移

在农民工培训的相关调查中，农民工对两个问题最为不满，一是培训内容无用，二是培训费用较高。促进就业培训的直接目标应是通过培训提高农民工的文化素质与技能水平，从而保证高质量的就业，简单来说，即以提高就业质量为目标，但在实际操作中往往容易发生偏离，甚至发生培训机构与培训对象合谋欺骗政府的现象。究其根本，在于政府对基层培训机构的考核往往只重培训项目本身，而未能与就业效果考核挂钩，导致基层组织只关注培训项目而不关注培训质量及就业质量检验。在京郊一些农转非人员培训中，政府相关部门关心的是培训项目、培训涉及人数及取证情况，而培训对象由于对培训内容不感兴趣，只在乎最后能不能发培训证。于是一些培训机构会产生投机行为，即并不关心培训对象受训效果和培训质量，而是通过向培训

对象保证可以获得合格证书来得到政府的培训补贴。在这一操作下，促进就业的培训目标发生了完全的漂移。

(三)大城市就业特点对农民工就业与培训产生的影响

在许多大城市中，其身的农民工在特定的就业模式下，还具有与非本市农民工不同的特点，例如北京市的一些情况。(1)在建设征地过程中产生的许多农转非人员满足于短期失地补偿而失去进行就业培训的动力，在城乡结合部还产生了许多不规范的“瓦片经济”现象，这种隐性的收入更加降低了本地农民提高技能的欲望。(2)首都农民自我定位较高的文化意识，导致高端的就业培训接受不了而低端的就业培训又不愿意参加，从而为农村富余劳动力转移制造了巨大障碍。(3)跨区域流动的观念障碍和成本障碍，有关资料显示，北京市城八区以外的农民工跨区县就业规模非常有限，95%甚至更高比例的本地农民工在本区县就业，限制了一些重大项目所产生的技术培训的开展。

在农民工就业与培训的影响因素中，诚如许多学者意识到的还有两个重要的方面，即城乡二元体制的影响和教育资源的不均衡。城乡二元结构这一影响不仅体现在经济层面，更为可怕的是已深深进入用工文化层面，以农民工利益的侵害成为一种思维定势和习惯。教育资源不均衡和生存环境不均衡给农民工综合素质的提高设置了巨大的障碍，也许是几代人难以跨越的鸿沟，综合素质的提高和社会文化的熏陶需要一个漫长的过程，但目前这一领域的改革进度显然无法满足需要。农民在农村只能面对低劣的教育水平，而进城工作后甚至连低劣的教育资源也无法获得。

三、问题的对策思考：一个新制度模式的设想

农民工就业与培训问题的解决是一项全面系统的工作。首先，三大改革是基础。主要包括城乡二元化经济与社会改革，教育资源与教育类型均衡性改革(包括提高农村基础教育水平和大力发展职业教育)，农村土地产权制度改革(以较彻底地解决农民的生计问题)。这些改革建设在许多学者的论述中均已提及，在此不加赘述。在农民工培训乃至整体就业培训的具体模式上，我们不妨重新调整一下政府的定位，以充分调动和利用市场竞争主体的方式来获得更有效的培训。

农民工就业培训流程我们可以简单划分为个环节：确定培训需求——设计培训项目——执行培训项目——培训效果评估。目前我们的政府多是全过程的参与，反而忽略了培训效果的评估，因此，笔者提出建立“政府采购促进就业培训”的新模式。在该培训模式操作中，关键在于三个方面：(1)政府部门放弃培训需求的调查与培训项目甚至内容的直接设计执行，其初始职责在于对于愿意承担培训机构的资质审查，即招标式的目标委托。(2)政府部门将职责定位于培训效果的监督与控制，政府可以不干预具体的培训操作过程，

但要对培训后的农民工就业效果进行监督检查，并以此为依据决定是否向培训机构支付培训费用。(3)在整个过程中，要突出以培训后就业质量的独立检查为中心，例如就业持续的时间和就业层次的提升等，以此作为资金支付的考核指标。

再者这一模式有两个突出的优点：(1)依然可以实现对弱势群体就业进行“政府买单”。即规定培训机构的全部费用由财政支出负担，不收取培训对象的任何费用，甚至可以更有效地帮助弱势群体。(2)充分调动与发挥人力资源市场上众多非公培训机构对于培训需求调查、项目设计的专业优势和对市场变化的灵敏反应，以取得更贴近农民工需求的培训与就业质量。

参考文献

[1] 朱立志、方静：《德国农民的权益保障体系》，《中国农村经济》，2005年第3期。

[2] 周红民：《解决农民工就业问题着力点探析》，《中共桂林市委党校学报》(哲学社会科学版)，2009年第12期。

[3] 许晓红：《金融风暴下农民工的就业困境及对策》，《漳州师范学院学报》(哲学社会科学版)，2009年第4期。

[4] 黄剑：《农村劳动力开发就业培训的思考》，《中国建设教育》，2006年第9期。

[5] 易俗、田杰：《农村劳动力转移理论及就业培训机制研究》，《安徽农业科学》，2009年第37期。

[6] 杨佩君：《英国就业培训政策及其启示》，《思想战线》，2009年第2期。

[7] 郑功成、黄黎若莲：《中国农民工问题：政府判断与政策思路》，《中国人民大学学报》，2006年第6期。

[8] 陈浩、杨晓军：《民工就业培训调查分析》，《人口学刊》，2009年第2期。

（作者：李　琦　北京劳动保障职业学院副教授）

项目名称：基于可持续发展能力的我国民营企业融资方式选择研究
项目编号：10AaJG359
项目负责人：文　君
项目信誉保证单位：北京外国语大学

私募股权融资风险：可持续发展能力的不确定性
——基于民营上市公司的分析

一、融资理论与我国民营企业的融资选择

（一）融资理论与企业融资选择

西方融资理论在我国企业的实践一直是研究者关注的焦点，大量文献试图通过对我国上市公司的实证分析，检验这些理论在我国企业融资中的体现及其程度。继 MM 理论[莫迪格利安尼(Modigliani)和米勒(Miller)提出的融资理论]出现之后，梅耶斯(Myers)和马基卢夫 (Majluf)于 1984 年在《资本结构之谜》中首次提出并证明了著名的啄食顺序理论(Pecking Order Theory)，也称融资顺序理论，即当企业要为自己的新项目进行融资时，应优先考虑内部融资，其次是举债融资，最后才考虑股权融资。该理论对 MM 理论最大修正就是放弃了充分信息这一假定，引入了信息不对称的事实，由于公司外部投资者和经理人的信息不对称，投资者只愿意按照公司价值的期望来支付价格，若此时公司选择外部股权融资方式则会引起公司价值的下降，因此，若公司有内部盈余，应当首先选择内部融资方式或当公司必须依靠外部资金时，发行与不对称信息无关的债券，公司的价值就不会降低。此外，信息不对称还导致各种融资方式之间代理成本的差异，进行任何的外部融资都会产生代理成本，引起公司价值的下降，而内部融资方法则不会增加公司的代理成本，因此，该理论认为内部融资是最优的融资方式，而外部股权融资是最后一种备选方案。

尽管融资顺序理论在西方发达国家得到了普遍印证，但近年来国内学者在对我国上市公司融资偏好进行实证研究后得出了不同的结论：我国上市公司存在强烈的股权融资偏好。分析其原因大致如下：首先，我国上市公司的股权融资成本偏低，体现在股票发行时的市盈率较高，并且股利支付率低和不分配现象较普遍；其次，债券市场不发达使得企业通过债券融资困难重重；

第三，部分上市公司为国有企业改制而成，之前几乎没有内部积累，无法利用内部融资；而民营企业负债融资能力有限，内部积累又远远不能满足企业发展的需要。所有这些都在客观上造成了外部股权融资成为企业依赖和首选的融资方式。部分文献从企业成长阶段的视角对融资方式进行研究，朱武祥(2003)认为企业成长过程中的融资行为大致可分为三个阶段，即外部股权融资完全依赖阶段、外部股权融资部分依赖阶段和现金流自由充裕的财务自由阶段。外部股权融资完全依赖阶段主要是针对成长初期阶段的公司，成长型公司的融资特征表现在：第一，伴随着收入的快速增长，投资扩张速度及规模也在迅速提高，并且往往投资增长速度超前于收入的增长速度，从而造成大量融资需求。其次，高投资造成高经营杠杆，经营风险加大，迅速扩张又使得财务风险承受能力较低，负债融资的财务压力较大。第二，内部融资能力极为有限，留存收益与折旧基金的增长达不到投资扩张所需资金的要求。此外，成长型企业更容易碰到信息不对称问题，因此，成长型公司经理人的投资信息决定了融资方式的选择，如此看来，成长型企业的融资顺序表现为在内部融资不能满足需求的情况下，首先选择外部股权融资也就不足为奇了。

(二)私募股权融资：民营企业融资的必然选择

近年来，我国民营企业在数量、资金规模以及从业人员方面持续增长，截至 2010 年 6 月，注册户数增长至 789 万户，2003—2010 年间增长了近 200%，截至 2010 年 6 月的注册资金总规模达 16.52 万亿。在融资方面，目前我国民营企业融资主要是通过创始股东投资、风险投资(含私募股权融资)、银行贷款、租赁融资、民间借贷以及发行股票等方式实现。由于民营企业资产规模普遍偏小，经营方式多变，导致其在融资方面表现出以下特征：第一，资金需求频率高，一次需求量小以及缺乏资金规划，导致其融资成本偏高；第二，外部筹资大多以短期流动资金为主，一般还表现为季节性特征，缺乏长期发展所需的资金来源；第三，由于信用体系不健全和市场稳定性差，金融机构借贷这一外部融资形式的实现困难较大。第四，目前资本市场提供的资源极为有限，发行股票和债券融资的民营企业所占比例较低。尽管 2004 年我国中小板和 2009 年创业板的推出为民营企业的上市融资开辟了新的渠道，2004—2010 年间民营企业通过 IPO 方式直接上市的数量迅速增加，截至 2010 年年底，沪深两市共有 982 家民营上市公司，其中主板 416 家，中小板 425 家，创业板 141 家。然而，与我国庞大的民营企业数量相比，通过上市融资的民营企业比重还是极为有限，这一杯水车薪的现状显然远远不能满足民营企业融资的需求。于是，私募股权融资就成为了成长性民营企业外部股权融资的必然选择，在多数情况下，对于尚不满足银行贷款条件和上市要求的民营企业而言，私募股权融资甚至成为其唯一的选择。

二、私募股权融资协议与风险

(一)私募股权融资与对赌协议

应该说，在股票市场尚未完善和健全的情况下，私募股权融资是一种效率较高，灵活性较强的市场化资源配置方式，它可以直接将资源配置到企业，使资源获得者快速实现自己的成长目标。然而，与私募股权融资相伴而生的是投、融资双方签署的对赌协议，它是双方在达成投(融)资协议时，对未来不确定情况进行的一种约定，即双方为确保各自的利益而列出的一系列金融条款。如果约定的条件出现，投资方可以行使一种权利；如果约定的条件不出现，融资方则行使一种权利。同时，这也是一种常见的解决未来不确定性和信息不对称问题的手段，鉴于其立足于“未来”，对赌协议实际上是一种高风险、高收益的期权形式。当投资方与融资方在经营绩效上存在信息不对称的情形，或者投资方不能或不太关注融资方的战略方针与经营过程而仅注重其绩效结果时，利用对赌协议，投资方可以较低的代理成本实现自己的权益并锁定自身的投资风险。而融资方则以股权为代价获取高速增长所需的大额资金以解燃眉之急。

纵观我国近年来对赌协议的案例不难发现，“对赌”的投资方几乎都是具有外资背景的大型金融投资机构，如摩根士丹利、鼎晖、高盛、英联、新加坡 PVP 基金等，而融资方则多为成长型民营企业，它们遇到的共同问题是，随着企业的迅速发展与壮大，资金严重不足且在国内上市难度较大，融资渠道有限。从投(融)资双方签署的对赌协议条款来看，“对赌”中赌的大多是“业绩”，而“筹码”则往往是“股权”，如蒙牛乳业、雨润食品、海王星辰、太子奶、中国永乐、碧桂园、凡客诚品、拉手网、飞鹤乳业、红星美凯龙等，在这些案例中，双方要么赌销售或利润增长率，要么赌开店数量、股价或上市，前者体现为直接的财务绩效增长，后者则通过公司规模、市值和资本市场准入间接体现财务绩效增长的要求。由此可见，外部机构投资者对公司未来业绩难以准确预知与管控，于是它们就把未来业绩当成对赌的标的，以锁定投资风险。对融资方而言，签订对赌协议意味着公司管理层与私募股权投资方就公司未来的成长路径和发展战略达成了一致意见，即选择了一条高速成长路径和一种趋于激进的发展战略。然而，不是所有的企业都适合这种发展战略，企业需要对自身是否走得了这条高速扩张的道路进行全面和审慎的评估，分析所处的行业特征和企业的自身潜力，做到“知己”，并依据尽可能稳健的战略目标和细致的经营规划，订立对赌协议中的绩效指标。

(二)对赌协议设计中的融资方风险：可持续增长能力

无论是直接还是间接对赌财务绩效，对赌协议都是在挑战融资方的可持续增长能力。从目前赌输的案例来看，作为融资方的民营企业都是输在了财务绩效上，而不是协议本身，太子奶集团和永乐公司是两个典型代表。可见，未来业绩，即可持续增长能力决定了投、融资双方的对赌结局。对赌协议中的风险往往与融资方最初对自身的高估值有关，我国民营企业输在对赌协议上的原因可以大致归纳为以下几大类：第一类，成长型企业往往会被高速成长阶段的业绩所迷惑，从而既高估市场容量又高估自身的发展能力；第二类，成长型企业在刚刚被市场接受时就过早高估未来，甚至过早以预计扩张后的业绩来评估自身价值；第三类，企业在签署对赌协议时没有进行科学的、符合资本市场估价机理的价值评估，业绩预计带有盲目性；第四类，价值评估中没有充分估计系统性风险，一味陶醉于自身的优势之中。

由此可见，民营企业可持续增长是“赌”赢得财务保障，对赌协议中的财务绩效本质上要求融资企业首先必须保持可持续增长的态势，在此基础之上，还要实现高速增长或者叫超常增长。然而，可持续增长和超常增长的价值实现是有条件的，企业增长的财务意义是资金增长，从融资角度来看，企业增长实现的方式主要包括三种，即完全依靠内部融资的增长、可持续增长以及主要依靠外部融资增长。显然，签署对赌协议的成长型企业正是因为不能完全依靠内部融资的增长而实现业绩增长，才被动地委身于投资方，因此，维持企业的可持续增长以及在此基础上实现超常增长是对赌协议的融资方必须达到的目标。根据罗伯特·希金斯(Robert C. Higgins)1977年首次提出的概念，可持续增长是指在不耗尽现有财务资源的情况下，即不增加股权融资，并保持先前的经营效率(销售净利率和资产周转率)和财务政策(股利支付率和资本结构)的条件下公司销售所能增长的最大比率。可持续增长的理念不是说企业的实际增长率不可以高于可持续增长率，而是强调管理层必须事先预计并且解决公司超常增长所导致的财务问题。

企图进行私募股权融资的民营企业首先要能维护可持续增长的态势，因为可持续增长率为经营者提供了企业增长速度的基本参考值，即要实现可持续增长，企业的资产、负债、股东权益之间的比例要完全按照上一年度的状态复制，事实上，这一要求在成长型民营企业中的实现还是有一定难度的，因为其要求体现在：第一，要保持现有的销售净利率不降低，必须要使实际增长率等于可持续增长率，并将成本费用水平控制在销售增长容许增长的水平上。第二，要保持资产周转率不降低，必须使销售增长与资产规模增长相适应，盲目的扩张可能会破坏两者之间的比例关系，从而降低周转率；第三，要维持现有的资本结构，负债的增长必须与内部融资增长相匹配，任何提高资产负债率的政策都伴随着财务风险的加大；第四，即使在业绩良好的状态下也不能提高股利支付率，保证内部融资的稳定增长不被高股利支付所吞噬。然而，成长型企业的实际增长率往往超过可持续增长率，由快速扩张导致的成本费用水平往往与销售增长不匹配，从而带来严重的资金短缺，使得签署了对赌协议的企业难以维护可持续增长态势，更为严重的是，对赌协议对绩效的要求远非保持可持续增长率即可，而是要实现超常增长。

（三）对赌协议对持续增长能力的挑战：高速增长风险

如前所述，要兑现对赌协议条款，仅仅保持可持续增长率还远远不够。例如，太子奶集团与高盛、英联以及摩根士丹利签署的对赌协议中，设定的年复合年增长率为50%；按照永乐与摩根士丹利等签署的对赌协议，若永乐想保持控股权，三年净利润复合增长率至少要达到52%，只有这样，作为融资方的太子奶和永乐才能赌赢。显然，这一业绩增长已不是融资方的可持续增长水平，而是超常增长，即要求的实际增长率要远远高于可持续增长率。

实际增长率大于可持续增长率的情况通常会出现在民营企业的快速成长期阶段，但是按照生命周期理论，公司不可能总处于高速增长阶段。范霍恩(Van Horne)提出的非稳态可持续增长模型提供了实现超常增长的财务路径依赖，包括提高销售净利率、资产周转率、留存收益率、权益乘数以及发行新股。即，超常增长需要：第一，通过提高销售净利率可以增强企业产生现金的能力，从而增强内部融资能力，为企业高速增长提供保障；第二，通过提高资产周转率增加单位资产产出的收入，从而减少销售增长时对资产的需求；第三，通过提高资产负债率，利用财务杠杆正效应获得业绩增长；第四，通过降低股利支付率提高留存收益比例，实现内部融资增长；第五，再次进行外部股权融资。

然而，对于一个处于成长期的民营企业来说，前四个财务路径不都是可以依赖的。首先，销售净利率的提高不仅取决于企业内部的经营能力，特别地，还要受到外部经济环境的影响，这一系统性风险的变数在全球一体化背景下是企业实现“对赌”绩效的最大风险。其次，成长性民营企业高速增长的销售业绩往往伴随着快速扩张，资产投入的增长往往会超过或超前于销售的增长，使得资产周转率下降。例如，永乐在被判断仅靠本身资源扩张实现的净利润水平几乎不可能达到对赌协议的要求后，一改以往“重利润轻扩张”的稳健策略，加快了并购步伐，先后并购了广东东泽、四川成百、厦门灿坤、厦门思文、河南通利等企业，将被并购企业的盈利注入到永乐的财务绩效中，以期达到对赌协议的净利润要求，但事与愿违，其付出的代价是，2005年永乐每平方米的收入(资产周转率)从2004年的40472元下降至25482元，下降幅度高达37%；毛利率也下降了0.6%。再次，财务杠杆的提高是有限度的，超过某一限度，必将加大财务风险，产生债务危机成本，同时高债务也必将导致债权人的厌恶，从而堵塞了企业再次负债融资的渠道。最后，依据以戈登(Gordon，1959)等为代表的“在手之鸟”股利理论，以巴恰塔亚(Bhattacharya，1979)、约翰和约瑟夫(John and Joseph，1985)等为代表的信号传递理论，以及伊斯特布鲁克(Easterbrook，1984)用代理理论研究股利问题的上述股利相关论学派的观点，股利支付率的高低将会影响公司价值，因此，以降低股利支付率的方式来提高企业增长率对大多数公司而言并没有很大的利用潜力。

三、高速(超常)增长及其可持续性

现实中，我国民营上市公司的增长情况在一定长度上反映了我国民营企业的财务绩效增长态势。首先，我们通过民营上市公司的实际增长率与可持续增长率的比值，来观察民营企业实际增长率与可持续增长率的情况，如表1所示。数据显示，除了2009年(受金融危机影响)之外，有一半以上的主板民营上市公司实际增长率超过可持续增长率，我们称之为超常增长，这其中每年又有接近1/3的样本公司实际增长率为可持续增长率的6倍以上。中小板民营样本公司的数据显示，除2009年以外，中小板样本公司实际增长率超过可持续增长率的公司占比均超过了60%，即每年均有高达2/3以上的民营公司存在超速增长的现象，其中，每年实际增长率超过可持续增长率6倍以上的公司占比在20%左右。

表1　民营上市公司(主板和中小板)实际增长率与可持续增长率比值

对比内容		2005年	2006年	2007年	2008年	2009年	2010年
主板(样本公司238家)	实际增长率/可持续增长率>1	141	145	154	130	98	158
	占样本公司的比例	59.24%	60.92%	64.71%	54.62%	41.18%	66.39%
	其中：实际增长率/可持续增长率>6	67	68	56	58	34	70
	占样本公司的比例	28.15%	28.57%	23.53%	24.4%	14.29%	29.41%
中小板(样本公司74家)	实际增长率/可持续增长率>1			57	47	30	58
	占样本公司比例			77.03%	63.51%	40.54%	78.38%
	其中：实际增长率/可持续增长率>6			16	13	1	12
	占样本公司的比例			21.62%	17.57%	1.35%	16.22%

注：(1)根据样本数据的可获得性和公司行业特征选择样本公司；

(2)由于中小板2005年和2006年上市的民营公司数量较少，样本量不足以说明问题，故时间跨度选择为2007—2010年；

(3)由于创业板于2009年10月23日开板上市交易，数据有限，故暂不列入分析。

之前对可持续增长和超常增长的相关理论分析表明，这些超常增长要求民营企业必须通过大幅度提升经营业绩或者改变财务政策才能实现的。然而，这些提升与改变是否能持续？从另一个角度，我们来观察和分析这些民营上市公司的增长情况。

表 2　民营上市公司(主板和中小板)上市后营业收入变动情况

项目	公司数量(家)	占比(%)
收入逐年增长	90	26.79
收入逐年下降	3	0.89
收入变动趋势不稳定	243	72.32
合计	336	100.00

注：主板民营样本公司 259 家，中小板民营样本公司 77 家，共计 336 家。

表 2 是主板和中小板民营样本公司的收入变动情况，我们将这些样本公司营业收入变动趋势分为三种情况，分别是上市后收入逐年增长、上市后收入逐年下降和变动趋势不稳定(时而收入增长了，时而下降了)。从表 2 中可以看出，民营样本公司在上市后营业收入保持逐年增长的公司数量占比为 26.79%，上市后营业收入保持逐年下降的公司数量占比为 0.89%，而绝大部分样本公司的营业收入都呈无规律的变化，变动趋势不稳定，时而增长，时而下降，该类公司占比高达 72.32%，后两者占比合计 73.21%，即实际收入持续下降和不稳定变动的公司占了绝大多数的比例。

根据以上数据分析，结合私募股权融资对赌协议的业绩要求，我们至少可以得出两方面的分析结论：一方面，融资方赌赢的结局要求企业保持超过可持续增长率的高速增长的财务绩效，但高速增长又要求提升经营业绩和财务策略，这一过程能否持续是关键所在，2009 年金融危机这一系统性风险对企业财务绩效增长产生了巨大的影响，因此超常增长的可持续性受到影响；另一方面，民营上市公司实际增长率的不确定性变化远远大于确定的增长情况，于是，对未来不确定情况进行约定的对赌协议也因财务绩效的不确定状况而产生巨大风险。

如此看来，当民营企业不能依赖上述财务路径实现其超常增长时，其结果不外乎是以下两种：第一，陷入“融资—保业绩增长—再融资”的循环协议泥潭而不能自拔。伴随而来的对赌协议将民营企业推向了一个不得不高速增长的轨道。于是，成长型企业在寻求私募股权融资的过程中，必须科学预测自身财务绩效高速增长的可能性和可持续性，在对赌协议设计中本着力所能及的目标与投资方进行融资博弈。

参考文献

[1] 汤谷良、游尤：《可持续增长模型的比较分析与案例验证》，《会计研究》，2005 年第

8 期。
[2] 乐之：《私募股权融资与金融创新(访清华大学朱武祥教授)》，《中国市场》，2003 年第 10 期。
[3] 傅元略：《财务管理理论》，厦门：厦门大学出版社，2007 年。
[4] 程继爽、程锋：《“对赌协议”在我国企业中的应用》，《中国管理信息化》，2007 年第 5 期。
[5] 刘杨：《对赌协议发威，高盛太子奶牌局首尾双吃》，《南方都市报》，2008 年 11 月 4 日。
[6] Myers S. C. & N. Majluf, Corporate: Financing and Investment Decision When Firms Have Information That Investors do not Have, Journal of Financial Economics, 1984 (13).
[7] Higgins Robert C. , How Much Growth Can a Firm Afford, Financial Management, 1977(7).

（作者：周传丽　华南师范大学教授
文　君　北京外国语大学教授）

项目名称：北京市发展绿色建筑的经济激励政策与保障体系研究
项目编号：10BaJG368
项目负责人：刘玉明
项目信誉保证单位：北京交通大学

北京市发展绿色建筑的激励政策研究

一、引　言

目前，北京市提出实施“人文北京，科技北京，绿色北京”的发展战略和建设“世界城市”的发展目标；根据《北京市国民经济和社会发展第十二个五年规划纲要》[①]，“十二五”时期北京市要全面实施“绿色北京”战略。由此可见，“绿色北京”将是北京市未来发展的重大战略，而发展绿色建筑是实施“绿色北京”战略的重要任务之一。当前，北京市政府为推动绿色建筑发展出台了相关政策措施，如发布北京市绿色建筑评估地方标准《绿色建筑评估标准》(DB11/T825—2011)和《北京市绿色建筑评价标识管理办法》(京建发[2010]670号)，但仅仅依靠这些政策难以实现“绿色北京”战略所要求的绿色建筑发展目标与任务。因此，当前亟须对北京市发展绿色建筑的激励政策进行系统全面研究，以便为政府尽快出台发展绿色建筑激励政策措施提供参考依据。

目前关于发展绿色建筑激励政策的研究文献很少，张仕廉等人[②]认为绿色建筑难以推广的原因是绿色建筑的经济外部性问题，而通常采取政府干预解决外部性问题，在此基础上，从经济学角度对绿色建筑经济激励政策原理进行了分析，还重点对绿色建筑的外部经济性和非绿色建筑的外部非经济性进行剖析，提出了一些促进绿色建筑产业发展的建议。刘晓天等人[③]分析了国外相关绿色建筑的激励政策措施以及阻碍我国绿色建筑发展的因素，认为政府应采取强制性政策、经济激励政策等措施促进我国绿色建筑发展。上述文献，基本上都是对绿色建筑发展的激励政策作了原则性分析，为使“十二五”时期北京市制定发展绿色建筑激励政策有更加全面系统的理论支撑，笔者拟从绿

① 《北京市国民经济和社会发展第十二个五年规划纲要》。

② 张仕廉、李学征、刘一：《绿色建筑经济激励政策分析》，《生态经济》(学术版)，2006年第1期，第31—34页。

③ 刘晓天、任涛、汤洁：《建立有效的绿色建筑激励政策》，《建设科技》，2007年第6期，第24—26页。

色建筑市场供求两方面系统分析设计北京市发展绿色建筑的激励政策框架体系与内容。

二、北京市绿色建筑发展现状及其存在的主要问题

(一)北京市绿色建筑的发展现状

1. 北京市发展绿色建筑的政策与标准

2010年7月1日施行的《北京市实施〈中华人民共和国节约能源法〉办法》是北京市目前唯一鼓励发展绿色建筑的地方法规①。该法规第四十四条规定："本市推广绿色建筑标准；鼓励、支持新建民用建筑执行绿色建筑标准；鼓励、支持既有民用建筑通过改造达到绿色建筑标准；同时，北京市住建委将发展绿色建筑列为建筑节能六大领域之一。"

北京市发布的与绿色建筑相关的地方标准主要有《绿色建筑评估标准》、《北京市绿色施工管理规程》、《节约型居住区指标》、《绿色照明工程技术规程》、《村镇住宅太阳能采暖应用技术规程》等，其中《北京市绿色施工管理规程》是国内建设工程绿色施工管理领域中的第一部地方级标准规程。

2. 北京市发展绿色建筑的实践情况

目前，北京市绿色建筑处于刚刚起步阶段。2008年，北京市规划委和建委组织编写了《节约型居住区指标》及实施细则，在18个区县开展了节能省地型居住区试点，系统化地采用节地、节能、节水、节材的综合措施。2009年，金隅上河名居小区通过低能耗建筑测评，中石化大楼、密云县建委办公楼被住房和城乡建设部授予星级能效标识，北京国际花卉物流港被批准为绿色建筑示范工程。截至2009年年底，北京市有12项民用建筑工程经住房和城乡建设部组织评审，颁发了绿色建筑证书，建筑面积达156.885万平方米②。其中，奥运村通过了国际LEED绿色建筑认证。

(二)北京市绿色建筑发展存在的主要问题

纵观北京市绿色建筑的发展现状，存在以下两个主要问题：

1. 消费者对绿色建筑的有效需求不足

首先，北京市当前的城市发展水平决定了绿色建筑不是消费者购房时的重要参考依据。北京作为一个国际特大型城市，其目前城市发展的基本现状是：交通比较拥堵，城市基础设施分布不均衡，城市不同区域的工作、生活、上学等配套设施差别较大。因此，消费者在进行购房决策时，主要考虑建筑物区位、交通状况、基础设施、周围环境等因素，至于建筑物本身是否是绿

① 《北京市实施〈中华人民共和国节约能源法〉办法》。

② 《2009年全国建筑领域节能减排监督检查工作汇报，推进建筑节能，建设人文北京、科技北京、绿色北京》。

色建筑不是一个重要参考依据。

其次，消费者购买使用绿色建筑的激励机制没有有效形成。由于与绿色建筑相关的配套政策和制度没有建立和有效实施，导致购买使用绿色建筑的经济激励作用得不到有效发挥，主要表现如下：(1)目前建筑物使用资源、能源价格偏低，以及供热计量收费制度没有全面推开，建筑资源能源消耗存在平均主义，导致绿色建筑节约资源和能源优点对消费者缺少足够吸引力；(2)目前对建筑物运行过程中所产生的污染物收费较低，同时没有对建筑物运行给环境造成的生态影响和破坏征收环境税或生态税，导致绿色建筑的环保生态效益得不到发挥。

最后，消费者的“绿色”理念比较薄弱，对市场上的绿色建筑持怀疑态度。目前，政府和相关社会机构对绿色建筑理念与基础知识的宣传、推广严重不足，消费者在购买住房时的节能、节水、节地、节材、环保、生态等“绿色”理念普遍比较薄弱。同时，由于许多房地产开发商的虚假宣传和过度宣传，导致消费者对绿色建筑存在怀疑心态，于是就不愿意出更高的价格购买绿色建筑。

由此可见，制定绿色建筑激励政策时，在绿色建筑需求端，应重点考虑如何有效地刺激消费者购买绿色建筑，这是解决绿色建筑有效需求不足、推广绿色建筑的关键前提。

2. 绿色建筑供给端动力不足

首先，绿色建筑开发的技术标准、设备材料、方法等尚处于发展阶段，距大规模的市场推广有待时日。目前，推广绿色建筑设计、施工等方面的相关技术标准体系还不完善，绿色建筑项目还处于示范阶段，绿色建筑相关的设备材料供给不足，且价格一般会比普通建材增加10%～30%；同时，绿色建筑发展的关键技术之一——节能技术，如建筑物用能系统(主要是采暖、空调和照明系统)尚未方便、实用、经济地实现系统可调、温度可控。因此，目前北京市还缺乏大规模推广绿色建筑的技术与物质基础。

其次，“劣币驱赶良币”效应导致房地产开发商没有动力开发绿色建筑。假如有些房地产开发商可能真正按照绿色建筑标准进行房地产开发建设，于是把绿色建筑作为广告营销的一个卖点从而提高房屋销量；而另外一些房地产开发商看到打“绿色建筑”牌能够促进房地产销售，于是将自己开发的非绿色建筑也宣传为绿色建筑，这样既可以省去绿色建筑开发的增量成本，又可以促进房地产销售业绩，于是会有越来越多的房地产开发商纷纷效仿，进行虚假宣传，误导、欺骗消费者购房。由于在房屋买卖市场中，买卖双方存在严重的信息不对称，消费者无法鉴别真正的绿色建筑和虚假宣传的绿色建筑，导致消费者对开发商宣传的绿色建筑存在怀疑心态，于是就不愿意出更高的价格购买绿色建筑。房地产开发市场这种博弈的结果是：对虚假宣传的房地产开发商而言，既不会因为虚假宣传而被惩罚，又可以获得虚假宣传带来的好处，于是会有越来越多的房地产开发商虚假宣传自己开发的物业就是绿色建筑；而对真正开发绿色建筑的开发商而言，既要承担开发绿色建筑的增加成本，又不能获得开发绿色建筑的增量收益(因为消费者无法鉴别是否是绿色建筑，从而不愿意付出更高的购买价格)，于是真正开发绿色建筑的开发商会越来越少。

由此可见，制定绿色建筑激励政策时，在绿色建筑供给端，应重点考虑如何有效激励绿色建筑的技术标准和材料设备供给，以及如何对真正的绿色建筑提供权威的标识，这是解决绿色建筑供给不足、推动绿色建筑技术与材料设备的关键前提。

三、北京市“十二五”时期发展绿色建筑激励政策的总体思路与框架

(一)绿色建筑激励政策设计的总体思路

鼓励发展绿色建筑激励政策体系设计的总体思路是以“胡萝卜政策”为主，辅以“大棒政策”[①]。首先，政府要实施绿色建筑激励措施，包括对绿色建筑供给端(包括绿色建筑开发商、绿色建筑技术与设备等)的激励和对绿色建筑消费端(绿色建筑与设备的购买者、使用者)的激励等[②]，培养绿色建筑市场，发挥政府在推动绿色建筑发展方面的核心作用；其次，要加强对绿色建筑的开发、评价与标识等过程的监管，严格控制绿色建筑的评价标识和等级评定，避免滥竽充数者扰乱绿色建筑市场秩序；最后，随着绿色建筑市场的逐步成熟，应逐步发挥市场在推动绿色建筑发展方面的基础性作用，政府应逐步降低对绿色建筑的扶持力度，同时加大对高能耗建筑在开发、使用过程中的惩罚力度，运用反向激励扶持绿色建筑发展。

(二)绿色建筑激励政策体系的基本框架

绿色建筑激励政策体系的基本框架如下[③]：(1)从激励主体、激励对象、激励模式、激励内容四个方面设计绿色建筑激励政策；(2)区分绿色建筑市场不同发展阶段来设计绿色建筑政策。绿色建筑激励政策基本框架见图 1。

---

① 刘玉明：《实现北京市“十二五”时期建筑节能目标的保障措施研究》，北京交通大学毕业论文，2010 年。

② 高鸿业：《西方经济学》，北京：中国人民大学出版社，2000 年版，第 120—123 页。

③ 刘玉明：《既有居住建筑节能改造经济激励研究》，北京：北京交通大学出版社，2009 年版，第 116—123 页。

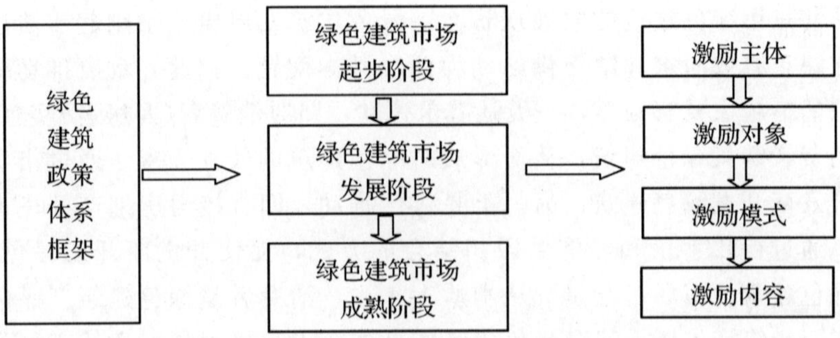

图 1　绿色建筑激励政策体系的基本框架

1. 绿色建筑的激励主体

在绿色建筑市场起步阶段，激励主体主要是政府；在绿色建筑市场发展阶段，激励主体主要是政府与市场并重；在绿色建筑市场成熟阶段，激励主体以市场为主，政府为辅。

2. 绿色建筑的激励对象

绿色建筑开发与使用运营涉及诸多环节的相关利益主体，包括政府、绿色建筑开发单位(包括房地产开发商)、规划设计单位、施工单位、监理单位、材料设备供应商、绿色建筑购买者与消费者、物业管理单位等。概括起来，各相关利益主体可以划分为政府、生产环节和消费环节，如图 2 所示，其中房地产开发商(建设单位)、绿色建筑购买者与消费者是核心激励对象，规划设计单位、材料设备供应商、施工单位、监理单位、物业管理单位等辅助激励对象。

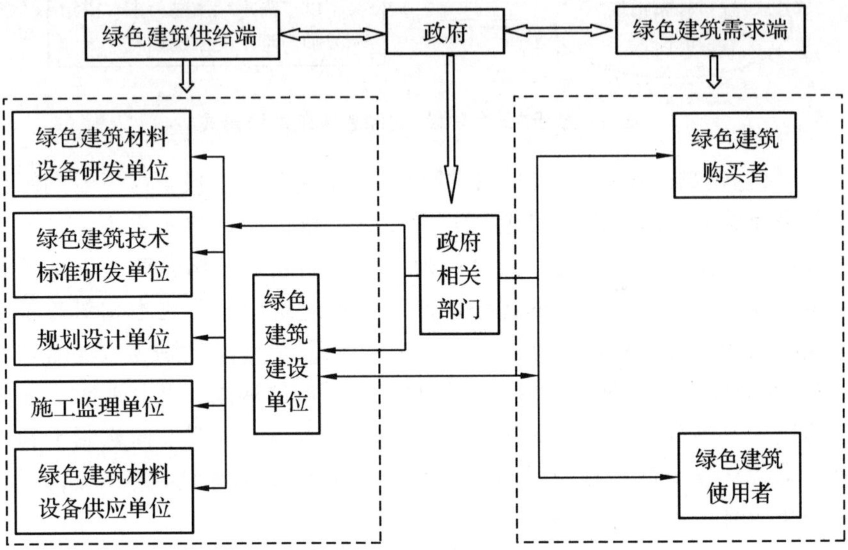

图 2　绿色建筑各利益相关主体关系示意图

从北京市绿色建筑的发展现状看，绿色建筑发展属于刚刚起步阶段，同时存在缺乏有效需求和缺乏供给动力两个基本问题。因此，政府推动绿色建筑采取的措施主要有两类，一类是需求拉动，即对消费者(购房者)实施激励，引导消费者购买绿色建筑，从而形成对绿色建筑的较强需求，通过市场需求拉动开发商开发绿色建筑；另一类是供给推动，即直接对房地产开发商实施激励，通过行政手段和经济手段相结合的方式，促使开发商开发绿色建筑，增加绿色建筑的市场供给量。从本质上来说，消费者是绿色建筑产品的最终投资者、最终需求者，其对绿色建筑产品的需求直接引导着建筑市场提供绿色建筑产品，因此，通过激励消费者，以需求拉动供给，是绿色建筑发展最终的市场引导方式。

3. 绿色建筑的激励模式

在绿色建筑市场发展的不同阶段，供给端和需求端对绿色建筑的需求和动机不同，激励政策对供给端和需求端的激励效果也会不同，因此，应根据绿色建筑市场发展的不同阶段采取不同的经济激励模式，如图3所示。

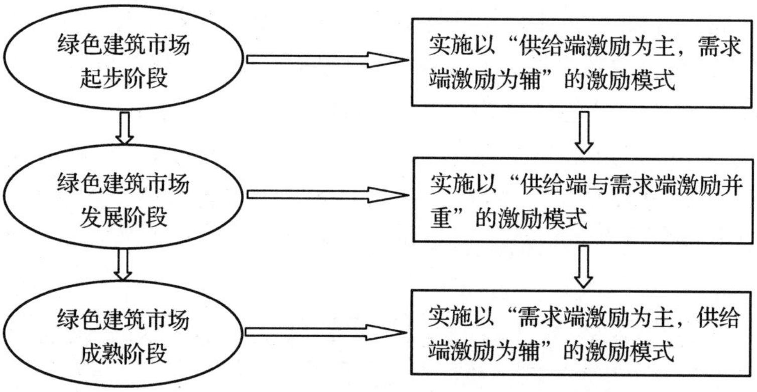

图3 基于“三个阶段”的绿色建筑激励模式

(1)绿色建筑市场起步阶段。在绿色建筑市场起步阶段，由于看到绿色建筑是未来建筑发展的方向，房地产开发商为了抢占绿色建筑先机，参与绿色建筑开发的积极性相对较高，同时房地产开发商相对于绿色建筑购买者，具有资金、技术、市场等方面的优势，开发绿色建筑的边际成本相对较低。因此，在绿色建筑市场起步阶段，北京市应实施以“供给端激励为主，需求端激励为辅”的激励模式，重点考虑对绿色建筑开发商的激励，尤其要重点激励对绿色建筑开发热情很高、又具有一定经济实力的房地产开发商，制定相应的激励政策，充分发挥利益驱动效应，鼓励开发商增加绿色建筑产品的供给，启动绿色建筑开发市场。

(2)绿色建筑市场发展阶段。随着消费者对绿色建筑认识的不断提高，以及“绿色、节能、环保理念”的不断深入，同时，随着北京市绿色消费制度、绿色生产制度等不断完善，消费者对绿色建筑的需求会不断增长。因此，在绿色建筑市场发展阶段，应实施以“供给端与需求端激励并重”的激励模式，同时对绿色建筑的供给端和需求端进行政策激励。

(3)绿色建筑市场成熟阶段。随着北京市发展绿色建筑的政策法规、技术标准、市场服务体系的不断完善，开发商和消费者对绿色建筑的偏好会越来越强，市场对绿色建筑发展的激励作用会不断增强，对高能耗建筑的惩罚作用也会不断增强。因此，在绿色建筑市场成熟阶段，应实施以“需求端激励为主，供给端激励为辅”的激励模式，通过加强对绿色建筑需求端的政策激励，拉动绿色建筑的市场需求。

四、北京市“十二五”时期发展绿色建筑的激励政策内容设计

(一)对绿色建筑供给端的激励政策内容设计

1. 设立绿色建筑专项资金

该专项资金的具体使用方向包括：(1)以科研经费的形式资助相关科研单位从事与绿色建筑有关的技术标准、材料设备等研究开发工作；(2)建立《绿色建筑技术产品推荐使用目录》，针对使用《目录》中技术产品的房地产开发项目，给予适当的贷款贴息、担保补贴等；(3)以科研经费的形式资助相关科研单位从事绿色建筑评价、认定、标识等管理制度的研究工作。

2. 墙改专项基金在资金使用上向绿色建筑倾斜

绿色建筑的特征之一是节材。根据《财政部国家发改委关于印发〈新型墙体材料专项基金征收使用管理办法〉的通知》(财综[2007]77号)规定，新型墙体材料的使用范围包括：新型墙体材料生产技术改造和设备更新的贴息和补助；新型墙体材料新产品、新工艺及应用技术的研发和推广；新型墙体材料示范项目和农村新型墙体材料示范房建设及试点工程的补贴；发展新型墙体材料的宣传、培训等。绿色建筑的节材特点决定了绿色建筑必然要研发、宣传、示范、推广使用新型墙体材料，与新型墙体材料专项基金使用范围基本上是完全吻合的。因此，“十二五”时期北京市应将墙改专项基金更多地向符合绿色建筑标准的新型墙体材料使用倾斜，减少每年因普通黏土砖瓦的大量使用所造成的大量耕地毁灭，以支持绿色建筑的发展。同时，绿色建筑作为低耗能建筑，可以享受墙改专项基金的部分或全部返还。

3. 在土地出让金上给予绿色建筑优惠政策

鉴于绿色建筑的特征之一是节地，房地产开发商开发绿色建筑会少交部分土地出让金。为进一步激励房地产开发商节地，政府可以规定：针对开发商应交纳的土地出让金，可根据开发项目节地多少给予一定比例的土地出让金的优惠。若房地产开发商在建筑设计阶段较好地满足了绿色建筑设计要求，主管部门将降低一定额度的土地出让金；如果在建筑施工及建成后仍然能按照绿色建筑标准实施，并达到“绿色建筑星级标准”，主管部门将给予进一步

的奖励，以此来鼓励和约束房地产开发商重视“节约土地”的要求。

4. 对绿色建筑开发给予适当的财政税收优惠政策

根据《北京市实施〈中华人民共和国节约能源法〉办法》相关条款规定，为了发挥财政税收政策诱导社会资本投资绿色建筑的杠杆作用，“十二五”时期北京市应根据实际情况，在地方政府权限范围内通过相关立法制定鼓励绿色建筑发展的财政税收优惠政策，针对房地产开发项目竣工后按照绿色建筑标准进行检测认证达到绿色建筑星级标准的，政府给予适当的财政补贴，或者允许房地产开发商(或建设单位)可以享受营业税、土地增值税、企业所得税等方面的税收优惠。

5. 对绿色建筑开发提供适当的信贷优惠政策

根据《北京市实施〈中华人民共和国节约能源法〉办法》第六十一条的相关规定，为了鼓励市场主体利用信贷资金进行绿色建筑开发，“十二五”时期北京市应根据实际情况，与银行等金融机构合作在地方政府权限范围内制定鼓励绿色建筑发展的信贷优惠政策，主要内容应包括：(1)优惠方式，如低息贷款、无息贷款和贴息贷款等；(2)优惠对象，针对绿色建筑的投资建设主体；(3)资金来源，优惠贷款的资金来源主要是通过政府公共财政预算予以解决，也可以通过建立绿色建筑基金予以解决；(4)政府提供信贷担保，政府应为绿色建筑投资建设主体提供信贷担保，以便其能够方便地获得信贷资金。

6. 加快建立有利于绿色建筑发展的保障体系

各种保障体系建设是绿色建筑健康发展的前提。北京市“十二五”期间应逐步建立和完善发展绿色建筑的五大保障体系，即发展绿色建筑的政策法规体系、技术标准体系、管理制度体系、经济激励体系、市场服务体系，为北京市发展绿色建筑提供有力支撑，保障和规范北京市绿色建筑的健康有序发展。

(二)对绿色建筑需求端的激励政策内容设计

1. 增加政府对绿色建筑的采购

在政府工程类采购中，建筑物(指新建、改建、扩建、装修、拆除、修缮等)采购金额占较大的比重。为了引导市场行为主体积极开发绿色建筑，政府工程类采购中，在采购成本控制范围内尽可能购买绿色建筑。这样既可以达到通过政府采购行为来扩大绿色建筑市场需求，也可以使政府发挥率先垂范的作用，从而实现推动绿色建筑市场发展的目的。

2. 鼓励企事业单位建设绿色建筑或进行绿色建筑改造

鼓励北京市有关机关、企事业单位在本单位的新建建筑或既有建筑改造项目中，按照绿色建筑的标准进行规划、设计和施工，竣工后按照绿色建筑标准进行检测认证。政府主管部门对通过绿色建筑认证的项目给予奖励，或承担检测认证费用。

3. 税收优惠政策

为了发挥税收政策在引导绿色建筑消费方面的经济激励作用，“十二五”

时期北京市应根据《北京市实施〈中华人民共和国节约能源法〉办法》的相关规定，对绿色建筑的购买、使用、出售与转让环节涉及税收种类，包括契税、房产税、营业税、印花税等，给予税收优惠政策，实现对绿色建筑需求端的税收激励作用。

4. 财政补贴优惠政策

为了发挥财政补贴政策在引导绿色建筑消费方面的经济激励作用，“十二五”时期北京市应根据《北京市实施〈中华人民共和国节约能源法〉办法》的相关规定，对于绿色居住建筑购买者，给予适当的财政补贴。财政补贴方式有三种：一是基于绿色建筑增量成本的补贴；二是基于绿色建筑增量成本和节能效果的综合补贴；三是基于绿色建筑节能效果的补贴。通过财政补贴优惠政策，实现对绿色建筑需求端的财政激励作用。

5. 信贷优惠政策

为了发挥信贷优惠政策在引导绿色建筑消费方面的经济激励作用，“十二五”时期北京市应根据《北京市实施〈中华人民共和国节约能源法〉办法》的相关规定，对绿色建筑的购买者，给予适当的信贷优惠，具体内容包括：在贷款额度、年限、利率等方面给予优惠；对于购买者申请公积金贷款的，降低贷款条件，缩短贷款审批时间，提高贷款额度，降低贷款利率，延长贷款期限。

6. 价格优惠政策

为了发挥价格政策在引导绿色建筑消费方面的调节作用，“十二五”时期北京市应根据《北京市实施〈中华人民共和国节约能源法〉办法》的相关规定，制定相关价格政策通过价格杠杆作用推进绿色建筑发展，即对达到星级标识的绿色建筑的使用者，对其在使用阶段所消耗的水、电、气、热等能耗给予优惠的价格，降低绿色建筑的运行和使用成本。

五、结　论

综合上述分析，北京市发展绿色建筑的激励政策需要从供给端和需求端两个方面进行设计。同时，政府和市场在绿色建筑发展不同阶段所发挥的作用也不相同：在绿色建筑发展起步阶段，应发挥政府在推动绿色建筑发展方面的核心作用，对绿色建筑的供给端和消费端进行正向激励；随着绿色建筑的不断发展，应逐步发挥市场在推动绿色建筑发展方面的基础性作用，政府应逐步降低对绿色建筑发展的扶持力度，运用反向激励措施扶持绿色建筑发展。另外，在绿色建筑发展过程中，政府应对绿色建筑评价标识和等级评定等环节进行严格监管，避免滥竽充数者扰乱绿色建筑市场秩序。

（作者：刘玉明　北京交通大学副教授）

项目名称：北京知识密集型服务企业能力培育与提升研究
项目编号：10AbJG376
项目负责人：王国顺
项目信誉保证单位：北京工商大学

零售企业的盈利模式与价值链优化

近年来，我国商品流通规模一直呈现出较快增长的态势，但零售业规模的增长并没有带来效益的同步增长。特别是随着外资零售企业的进入，竞争不断加剧，零售行业反而成为了微利行业，一些零售企业甚至处于亏损状态。利润是企业生存和发展的基础，是企业经营者关注的焦点，如何提高盈利水平，成为当前零售企业面临的迫切需要解决的问题。本文拟从顾客、企业和供应商三者利益关系视角对零售企业盈利模式的相关问题进行讨论，提出我国零售企业盈利模式的发展建议。

一、企业盈利模式的实质

关于盈利模式的内涵，国内外学者有不同的看法。在国外学者中，Linder 和 Cantrell(2001) 认为盈利模式是创造价值的商业系统，它的核心是创造价值。成功的盈利模式具有三个共同点：一是能够提供独特的价值，并在产品和服务上比竞争对手创造出更多的价值；二是具有难以复制性，比如通过对顾客的忠诚、先进的物流体系或者管理模式建立核心竞争力；三是可以有效地实施，并随着市场的变化及时作出调整。Osterwalder 和 Pigneur(2002) 在研究门户网站盈利模式的过程中指出，盈利模式就是在为顾客和合作伙伴创造价值的过程中产生持续收益流的方法。Schneider(2004)将盈利模式定义为一系列用于识别客户，开发客户，最终向客户提供服务的业务流程的集合。Rappa(2003)认为盈利模式的关键是企业如何在价值链中确定好自身的位置从而帮助企业获利。Slywotzky(2001)在对当代最成功的12家企业进行研究后提出，盈利模式的核心在于创新的企业组织形式和结构，而创新点又要以顾客和利润为中心。Hamel(2002)对盈利模式的组成作出描述，指出盈利模式在实际的商业应用中应该包括四个方面：核心战略、客户界面、战略资源和价值网络(冯春健，2010)。国外学者主要是从宏观层面给出盈利模式的描述和定义，提出盈利模式的核心与构成要素，没有进一步讨论是什么因素影响零售企业对盈利模式的选择，又有哪些因素会影响零售企业的盈利。

在国内学者中，王方华和徐飞(2005)认为盈利模式是企业整合自身和利益相关者的资源，从而实现价值创造并获得收益的组织机制和商业架构。栗学思(2003)认为企业的盈利模式是在市场竞争中形成的帮助企业盈利的商务结构和业务结构。盈利模式的设计有五个要素：利润源、利润点、利润杠杆、利润屏障和利润家。郭金龙和林文龙(2005)认为盈利模式就是商业模式，是企业通过对所有的经营要素进行分析，从而找到利润的来源，进而通过对利润来源的把握和挖掘找出合适的经营方式并实现盈利的一种系统方法。国内学者对于盈利模式的研究主要从业务结构、构成要素和盈利方法等角度进行分析，强调盈利模式的核心在于通过各种要素的组合，为顾客和利益相关者创造价值并获得相应的利润。结合以上有关盈利模式的讨论，本文将零售企业盈利模式定义为：零售企业在为顾客创造价值并帮助供应商实现利润的同时，实现在利益分配中占据主导地位、获取利益的一种盈利方式。

二、零售企业的盈利模式及其局限性

李飞和汪旭晖(2006)认为盈利模式分析框架的核心就是识别出各个组合要素为顾客价值和企业利润做出的贡献水平。零售企业的盈利主要由三个方面构成：一是零售企业由于承担了销售职能而由供应商转让的价值，称为让渡利润；二是零售企业在零售环节为顾客创造了新的价值，顾客会转让一部分价值给零售企业，可称为追加利润；三是零售企业通过提高自身组织效率、降低经营成本从而获得的利益，可称为内生利润。所以，零售企业的利润是通过与顾客、供应商的利益博弈以及自身经营能力的提高来实现的。盈利模式形成的核心是围绕着经济利益的分配，表现为零售企业的购销差价水平。采购价格水平反映零售企业承担销售职能而获得供应商让渡利润的多少，而让渡利润的多少取决于零售企业和供应商之间的博弈结果。销售价格水平反映零售企业为顾客创造新价值而获得的追加利润的多少，而追加利润的多少取决于零售企业与顾客之间博弈的结果。谁在博弈中占据主导地位，就会形成以谁为中心的零售业盈利模式(李飞、汪旭晖，2006)。综上所述，零售企业、供应商、顾客之间的关系可以归纳为零售企业为供应商提供销售平台从而获得让渡利润，零售企业为顾客创造价值而获得追加利润，零售企业通过提升组织效率而获得内生利润(见图 1)。

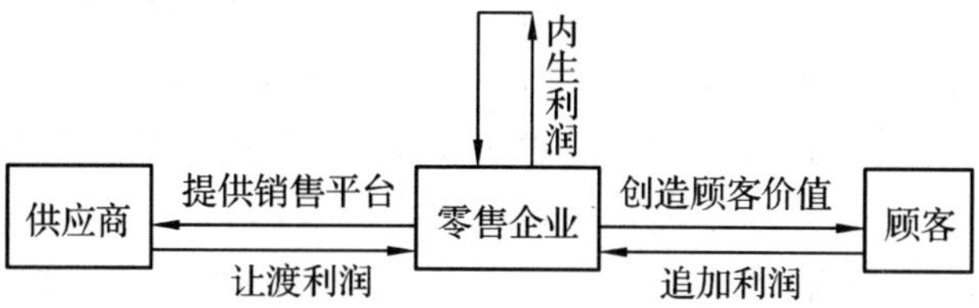

图 1　零售企业、供应商、顾客之间的关系

(一)盈利模式

根据零售企业与顾客、供应商的利益关系以及对中国零售市场不同发展阶段特点的分析，可以将零售企业盈利模式归纳为三种。

1.“商品毛利”模式

较长的一段时间里，在我国商品流通市场上，供应商在与零售企业的关系中一直处于支配地位，零售企业由于货源限制以及自主定价权的缺失，只能以进销差价作为盈利的基础，利润的实现来自商品销售实现的毛利，这就是“商品毛利”盈利模式。

在计划体制下，我国一直存在商品供应短缺的问题，为了保证居民正常的生活需求，维护市场的供求平衡及稳定，政府实行了凭票证券进行供应的计划经济模式(李飞、汪旭晖，2006)。在这种卖方市场的条件下，卖者主导着交易双方的利益分配，顾客向零售企业转让较多的价值。同样，因为商品供应的短缺，国家控制体系决定了供应商与零售企业之间的利益分配，零售企业基本上只能接受供应商提供的配额，没有选择商品种类和数量的权利，也没有与供应商在价格上谈判的可能，所以，在供应商与零售企业的关系中，供应商占据着主导地位。因此，供应商向零售企业让渡的利润有限。由于零售企业只是按照政府规定的价格买卖，并且在买卖商品的数量上也没有决定权，所以零售企业不具有提升组织运营效率的激励因素，内生利润有限。在这种背景下，其利润来源被限定为购销价格的差额，零售企业一直被动地选择“商品毛利”模式作为盈利模式。

2.“后台毛利”模式

20世纪90年代，以连锁经营形式出现的超市以及大型购物中心发展迅速，在流通市场上改变了传统的供应商支配零售企业的格局，逐渐形成了一种反纵向控制的趋势。连锁经营的超市和大型购物中心等零售企业通过集中采购的方式使得单次采购量急剧增大，使得零售企业在与供应商交易中的地位有了大幅度提升。零售企业凭借巨大的采购量对供应商产生了很大的吸引力，供应商都希望零售企业能够帮助其销售产品，也愿意为获得零售企业的销售资源而支付一定费用。于是超市和大型购物中心等便利用自己日渐强大的销售网络向供应商收取进店费、店庆费、堆头费、广告费等各种形式的通道费用，这些通道费用和销售数量折扣两种利润来源被称为“后台毛利”。

20世纪90年代后期，随着经济体制改革成效的逐渐凸显，大多数商品已经实现供求平衡，一部分商品开始出现供过于求的局面，市场基本告别了商品供应短缺的状况。在商品充裕和市场经济条件下，买方成为市场的主导，逐渐控制交易双方的利益分配。尽管零售企业在与供应商的博弈中，凭借着规模优势不断降低采购价格，但是在与顾客进行的利益关系博弈中，零售企业处于卖者的被动地位，加上零售企业的数量和规模趋于饱和，零售企业之间的竞争激烈，零售企业大都依靠降价打折的方式来吸引顾客，所以降低采购价格所带来的利益并不能扩大毛利率，而是通过低价竞争策略直接把好处转让给了消费者。由于以上原因，零售企业要盈利就必须利用其与供应商博弈中所产生的有利地位，获取供应商的价值转让。这个转让不可能完全是购销差价，而是凭借其规模化优势来收取通道费以及销售数量折扣等在内的费用即后台毛利。随着零售企业规模的扩大，后台毛利为其带来不菲的收益，吸引越来越多的零售企业选择"后台毛利"模式作为盈利模式。

进一步地，可以运用双边市场理论分析在零售企业主导的市场环境下顾客、零售企业和供应商三者的利益关系，从而对"后台毛利"模式给予理论解释。石奇和岳中刚(2008)证明了现代大型零售企业的交易平台性质在于其为双边交易提供了匹配的便利。Armstrong(2004)指出所谓双边市场就是两组参与者需要通过中间层或平台进行交易，而且一组参与者加入平台的收益取决于加入该平台另一组参与者的数量。对于大型零售企业而言，供应商选择零售企业的需求主要取决于光顾此零售企业的消费者数量；而对消费者而言，为了在购物时能有更多的比较与选择的机会，对零售企业的要求也会体现在进驻零售企业的供应商的数量。作为双边市场交易平台的大型零售企业，向供货商而不向消费者收取额外费用，是因为供货商之间存在相互竞争的关系，而不得不向大型零售企业缴费以获取销售资源；而同时，大型零售企业面对众多其他零售企业与其争夺消费者，因此只能通过低价销售的方式以吸引更多消费者参与平台并进行交易。这样，就形成了零售企业对顾客采取低价甚至免费服务，而对供应商一方收费通道费等各种费用以降低运营成本并获取利益的"后台毛利"模式。

3."资本经营"模式

零售企业通过采购和销售环节在资金交付上的时间差，可以沉淀出巨额的现金流，从而达到为企业筹资实现进一步发展的目的，并可能以无息资金投资相关项目以获利。这就是"资本经营"模式。

20世纪90年代至今是我国零售企业高速成长阶段，零售企业规模急剧膨胀，尤其是通过连锁经营的形式，零售企业采购量大幅度增加，增强了与供应商谈判的能力，在不断要求提高返利和增加通道费的同时，零售企业加大对供应商资金的占用，资金占用和后台毛利一样也成为零售企业的重要盈利方式。零售企业规模的急剧膨胀需要巨额的资金，占用供应商的资金成为了零售企业重要的筹资手段。通过占用供应商的资金，零售企业不断扩大规模，而规模的扩大又带来两方面的效应：一方面使得零售企业采购量增加，进一步增加了与供应商谈判的砝码，进而能够要求供应商返还更多的利润；另一方面，通过增加采购量，零售企业可以占用供应商更多的资金，从而进一步扩大规模。同时，将占用的供应商资金投资于其他相关项目以获利也是大型零售企业常用的做法。由于以上原因，“资本经营”模式成为零售业常见的一种盈利模式。

(二)现有模式的局限性

随着市场体制的完善，基于购销差价的“商品毛利”模式的运用受到了制约，“后台毛利”模式和“资本经营”模式成为当前我国零售企业尤其是大型零售企业广泛运用的两种盈利模式。但在实践中，“后台毛利”和“资本经营”模式也日益呈现出局限性。主要表现在以下几点：

1.“后台毛利”模式使零售企业片面追求规模扩大，出现了非理性的状态

零售企业一味地追求业务拓展速度的增快，而忽略了经营能力的提高，导致零售企业在规模迅速膨胀的同时业绩并没有同步增长，零售企业的整体盈利能力还是很弱。而从长远看，我国零售企业必须致力于提高企业的经营能力。

2.“后台毛利”模式和“资本经营”模式可能导致工商关系紧张

因为大型零售企业向供应商收取各种各样的通道费，供应商认为零售企业索取的太多甚至难以承受，以至于出现了供应商联合起来向零售企业停止供货的事件。

3.“资本经营”模式使得零售企业面临较大的财务风险

一旦新开门店的销售无法支撑采购量的增加以实现返利及进一步的资金占用，或者用占压供应商的资金所投资的项目失败，可能导致企业资金链断裂，使企业无法正常运转，由此将会给零售企业自身以及供应商带来巨大的损失。

4.“后台毛利”模式和“资本经营”模式不可能给零售企业带来取之不尽的利润

零售企业在总量上最终会趋于饱和，零售企业靠外延扩大规模的发展空间逐渐缩小，销售额相对稳定后，后台毛利和资本占用将难以增长，甚至由于竞争的加剧后台毛利还会逐渐减少。另外，美国、日本、法国等国家已经对通道费的类别和收取方式等进行了一些经济规制，例如日本的反垄断法规定零售商最多只能收取三种通道费(石奇、岳中刚，2008)。目前在国内还没有针对通道费问题的明确规定，但是未来肯定会出台相关规定来规范市场行为，对采取“后台毛利”模式和“资本经营”模式的零售企业会带来一定的冲击。因此，零售企业必须寻找新的或优化的盈利模式。

三、基于价值链优化的零售企业盈利模式

零售市场未来的发展趋势将是长期处于供过于求，买方处于市场主导地位的特征将越来越明显。因此，顾客价值的体现是购有所值，也就是顾客不仅仅是要购得想要的商品，还会对购物过程中的人员服务、购物环境等有更

高的要求(李飞、汪旭晖，2006)。所以，今后零售企业只能通过大力提高经营能力，努力在为顾客创造价值方面超越竞争对手，从而从顾客处获得更多的追加利润。零售企业要想在未来取得有效的发展，必须与供应商和顾客建立新型的合作关系。改变现有的零售企业、供应商、顾客之间的价值关系，只能通过优化价值链，提升整个价值链的运营效率，使整个价值链的总利润增加，进而与供应商、顾客分享优化价值链所带来的利益。因此，未来零售企业盈利模式应该是以优化价值链，提升价值链运营效率为基础的“整合价值链”模式。所谓“整合价值链”模式即指通过整合“与供应商信息分享—自有品牌开发—信息和物流系统建立—为顾客提供增值服务—与竞争者建立合作关系”整个过程，降低与供应商和顾客之间的费用成本，与供应商和顾客合作创造并分享新的利润点，开发自有品牌寻求更大的利润空间，与竞争者合作实现规模经济，建立信息与物流系统，提升市场反应能力(见图 2)。

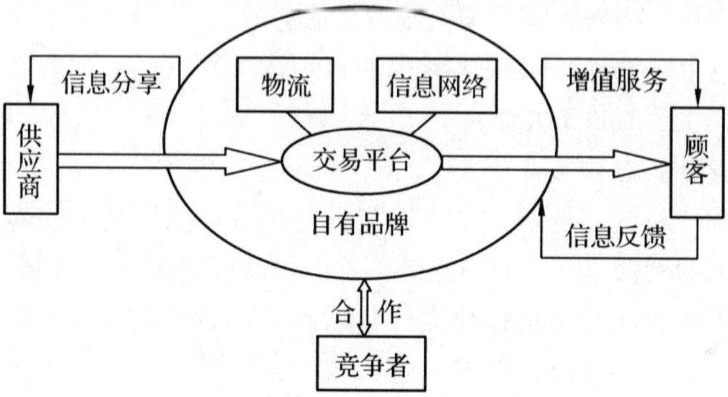

图 2　零售企业价值链示意图

优化价值链的核心是创造新的价值以及降低零售企业、供应商和顾客之间的费用成本，特别是零售企业与供应商之间的费用成本。例如像沃尔玛与宝洁的关系那样，通过分享沃尔玛的信息系统，宝洁可以追踪自己所有产品的销售信息，从而根据市场销售情况及时增加或减少生产，这不仅使得宝洁产品的销售量大大提升，也使得库存和物流等成本明显降低。所以，零售企业应该转变思路，从传统的与供应商、顾客争夺利益的竞争关系转变为通过合作创造价值、分享价值的伙伴关系。零售企业的发展，除了使得供应商和消费者受益以外，物流部门也因此得到了更多的发展机会。不断增大的商品交易量使得物流企业有了更广阔的市场，它们借此机会可以扩充其经营网络，升级信息处理系统，形成规模优势，提高效率，降低成本，获得更多的利润。对于零售企业而言，建立高效的物流体系将大大降低经营成本，并形成新的利润中心。尤其对于网上零售企业，高效的物流体系在降低经营成本的同时能为顾客带来更多的感知价值，帮助企业实现更多的追加利润。零售企业除了作为交易平台提供服务以外，会有自有品牌的发展。在国外，自有品牌的发展非常迅猛，在超级市场和大卖场里，自有品牌的销售在总销售额中已经占有很大的比例，很大一部分利润来源于自有品牌。

由于零售企业之间的过度竞争会导致资源浪费，成本增加，因此，零售企业之间的合作也将有助于增加整个价值链的利润。特别是国内零售企业面对外资零售企业的竞争时，应与其他企业合作，强化企业的核心竞争优势，通过实现价值链一体化，使合作中的各企业的资产和核心能力能够互补，最终产生共生效应。

四、零售企业价值链优化的途径

根据以上讨论，零售企业未来的新增利润在于与供应商和顾客分享优化价值链所创造的新的利润，而这一方面来源于零售企业建立自有品牌，与供应商的战略合作，为顾客提供增值服务而创造的价值；另一方面来源于与供应商、顾客、竞争者合作的过程中减少的费用成本。因此，零售企业实现价值链优化的途径主要有以下几条：

(一)开发企业自有品牌

自有品牌产品成本低廉，也可以节省与供应商之间的交易费用，使零售企业拥有更大的利润空间。自有品牌的开发能增强企业参与市场经营的能力，有利于促使零售企业与制造商建立合作共赢关系。因此，自有品牌的建立可以使零售企业在与供应商合作的过程中减少施加给供应商的压力，缓解工商矛盾。同时，也使零售企业能够让渡更多的利益给顾客，从而吸引更多的忠实顾客。国际上许多零售企业通过自有品牌在盈利上获得巨大的成功，像瑞典的宜家家具，其销售全部来自于自有品牌，美国著名的零售企业西尔斯90%的商品是自有品牌(洪秀华，2010)。我国零售企业在自有品牌的建设发展上还不成熟，这将是我国零售企业新的盈利增长点。

(二)建立双赢的零供关系

零售企业在挑选有信誉的供应商以后，应与供应商信息共享，并建立有效的资源配置网络。柯美胜(2007)指出，有调查显示，在整个商品供应链上，各个企业间协作程度的提高将有效提升运作效率，降低运营成本，大大提升整个价值链的利润水平。商品供应链上各企业间信息共享程度每提高3%将节约23%的流通费用，整个供应链条的库存可以减少34%，商品周转率可以提高30%，顾客的需求可以提前15天得到满足，整个链条的利润可以提高23.5%。因此，与供应商建立稳固的合作关系并共享信息可以有效地提升整个价值链的利润。零售企业在帮助供应商提升销售业绩的同时可以获得更大的利益，实现双赢。

(三)增加顾客增值服务的内容

我国未来零售市场将长期处于供过于求，买方主导卖方的状况，零售企业要想在发展客户资源的同时不损害自身利润，只能通过培养为顾客创造价值的能力来实现持续的发展。例如，能为顾客提供更好的安装以及维修服务的家电零售企业一定会为其带来良好的口碑和更多的忠诚顾客。再如，网上零售商店已成为零售业的一种发展趋势，能为顾客提供新的增值服务，如提供易于获取的商品详尽信息和送货上门服务的网上零售商店将获得更多顾客的青睐。传统零售企业可以通过建立网上零售商店为企业带来新的销售和盈利增长。

(四)深化零售企业间的合作关系

买方市场的背景下，零售企业数量会趋于饱和，通过扩大规模来寻求规模效益或者控制上游供应商来获利的方式只能加剧零售企业之间的竞争，而竞争会浪费企业资源，增加运营成本，因此零售企业之间也必须从以往的竞争者关系向合作者关系发展。同一地区的零售企业可以通过共建物流与配送中心，对商品的储存和配送进行集中管理，在不扩大规模的情况下也能体现规模效应，大大降低仓储和物流成本。零售企业还可以通过合作来共同开发自有品牌，这样不仅能集聚更多的资源来实现自由品牌的发展，更广阔的销售平台也自然增加了自有品牌的成功率。

(五)建设高效的物流和信息流系统

零售企业只有拥有了高效的物流和信息流系统，才能及时地了解并和供应商分享市场信息，比竞争对手更迅速地作出反应来满足顾客的需求，从而在创造顾客价值的同时实现利润的增长。对于零售企业而言，实现与配送中心、供应商之间的联网，有助于加快零售企业和供应商之间的订货速度，通过减少库存，加速物流来降低经营成本，同时也为消费者和供应商提供更多的便利。另外，建立完善的物流体系本身也能为零售企业带来新的盈利点，例如 2002 年华联超市建立了自己的物流公司，使配送中心从传统的成本中心变成了新的利润中心(唐娜，王先庆，2006)。

参考文献

[1] Jane C. Linder，Susan Cantrell，Five business-model myths that hold companies back，Strategy & Leadership，2001，29(6).

[2] Alexander Osterwalder，Yves Pigneur，An e-business model ontology for modeling e-business，15th Bled Electronic Commerce Conference，2002(6) .

[3] Schneider G. P.，Electronic commerce，Course Technology，Boston，2004.

[4] Michael Rappa，Business models on the Web，http：//digitalenterprise. org /models / models. Html.

[5] Adrian J. Slywotzky, David J. Morrison, Profit Patterns: Profit Patterns, John Wiley & Sons, 1999.

[6] 冯春健:《金融界网站(JRJ. COM)的盈利模式分析》,北京邮电大学硕士毕业论文,2010 年。

[7] 王方华、徐飞:《盈利胜经》,上海:上海交通大学出版社,2005 年。

[8] 栗学思:《如何规划企业的赢利模式》,《通信企业管理》,2003 年第 6 期。

[9] 郭金龙、林文龙:《中国市场十种赢利模式》,北京:清华大学出版社,2005 年。

[10] 李飞、汪旭晖:《中国零售业盈利模式:过去、现在及未来》,《改革》,2006 年第 8 期。

[11] 李骏阳:《我国零售企业盈利模式研究》,《中国市场学会 2006 年年会暨第四次全国会员代表大会论文集》,2006 年。

[12] 袁波:《零售企业后台毛利赢利模式探析》,《江苏商论》,2008 年第 3 期。

[13] 姚红:《论反纵向控制》,《首都经济贸易大学学报》,2004 年第 3 期。

[14] 汪浩:《通道费与零售市场力量》,《经济评论》,2006 年第 1 期。

[15] 李骏阳:《对收取通道费原因的分析——基于我国零售企业的赢利模式研究》,《管理学报》,2009 年第 6 期。

[16] 石奇、岳中刚:《零售商对制造商实施纵向约束的机制和绩效评价》,《中国工业经济》,2008 年第 5 期。

[17] Armstrong M: Competition in two-side markets, Rand Journal of Economics, Vol. 37, No. 3.

[18] 林略、张美荣:《中外资零售企业盈利模式比较》,《商业时代》,2010 年第 9 期。

[19] 洪秀华:《零售企业自有品牌发展研究》,《科技和产业》,2010 年第 10 期。

[20] 柯美胜:《我国连锁超市企业供应链管理对策研究》,《当代经济》,2007 年第 9 期。

[21] 唐娜、王先庆:《我国上市零售企业盈利模式问题初探》,《商讯商业经济文荟》,2006 年第 3 期。

(作者:王国顺　北京工商大学商学院院长,教授
黄　金　北京工商大学商学院硕士研究生)

项目名称：北京制造业供应网络演化的复杂适应系统仿真
项目编号：10AbJG377
项目负责人：任海英
项目信誉保证单位：北京工业大学

北京市医药分开试点方案的影响仿真

一、引　言

2012年5月18日，北京市召开公立医院改革试点启动暨医改工作会议，发布了《北京市公立医院改革试点方案》。北京市公立医院改革试点探索“两个分开，三个机制”，先期选择北京友谊医院、北京朝阳医院、北京同仁医院、北京积水潭医院、北京儿童医院5家市属公立医院，分别在医药分开、法人治理运行机制、医保付费机制等不同方面进行试点。其中，北京友谊医院试点取消15%的药品加成政策、挂号费和诊疗费，设立医事服务费制度，这也是此次试点方案的重中之重。

目前，在我国病人的购药支出大大超出实际，负担比较重，15%的药品加成费的取消将从很大程度上减少患者的负担。此次医药分开试点方案将于7月1日正式执行，能否达到政府的预期效果，能否达到长期减少患者药品支出的效果需要进一步地验证。

本文采用Agent的理论和技术，考虑了病人的主体性，通过对病人的看病购药行为进行仿真模拟，从主体的智能性来验证医药分开试点方案的有效性。同时，通过对Agent的行为及其之间的交互关系，社会性进行刻画，来描述病人、医院之间复杂的系统行为。

二、基于Agent的建模技术及其原则

(一)基于Agent的建模技术

研究复杂系统所采用的最有效手段是系统仿真，而进行系统仿真的首要问题是建立目标系统的仿真模型。从复杂系统个体的行为级着手，建立系统的同构模型，分析系统的行为和结构，理解系统涌现的实质，理解复杂系统中微观和宏观行为之间的关系，研究系统的行为趋向。基于多Agent的建模与仿真方法是其主要的研究方法。

(二)基于多 Agent 的建模原则

基于多 Agent 的建模与仿真具有以下 3 个原则：

(1)通过指定 Agent 内部状态变化方式，观察大量 Agent 相互交互的结果，试图发现复杂系统的“涌现”现象，是一种自下向上的建模和仿真方法。

(2)在基于多 Agent 的建模与仿真中，没有中心协调 Agent，即没有集中控制。

(3)通常假定单个的 Agent 采用较为简单的规则和其他 Agent 或者环境进行交互。

三、病人就医购药流程图

病人进入医院看病购药，要依次经过下面几个步骤：

(1)病人持有病历本，在挂号室进行挂号，并交纳挂号费和诊疗费/医事服务费。

(2)病人进入相关科室进行就诊，医生对病人进行初诊。医生就病人的具体情况选择开药或者让病人进入检查室进行检查。

(3)病人持有医生开出的单据到收费处进行缴费(药费/检查费)。

(4)缴费后，如果病人不需要进行检查，那么直接到药房进行取药然后离院，此次就医购药行为结束；如果病人需要检查，则进入检查室进行检查，进行下一环节。

(5)病人持有检查单到检查室进行复诊，医生根据检查结果和实际情况开出单据，选择开药或者让病人到治疗室进行治疗或者让病人入院医治。

(6)病人持复诊后医生开出的单据，到收费处进行缴费(药费/治疗费/住院费)。

(7)缴费后，无须进行治疗或者入院的病人到药房进行取药，然后离院，此次就医购药行为结束；如需进行治疗，则进入治疗室进行治疗，然后离院，就医行为结束；如需入院，则进入住院处进行医治，最后离院，就医行为结束。

具体情况如图 1 所示：

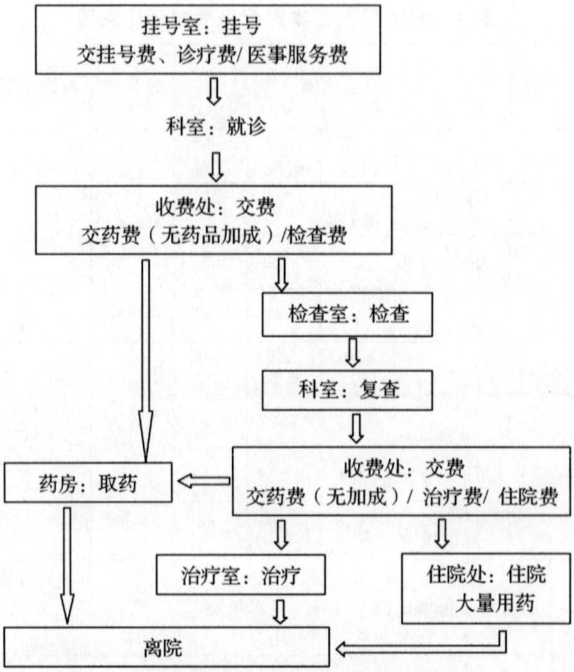

图 1　病人就医购药流程图

四、北京基本医疗保障体系及研究对象的确定

(一)基本医疗保障体系

它由三部分组成，其中包括基本医疗保险、补充医疗保险和城乡医疗救助。基本医疗保险为最基本的保障制度，其中有城镇职工基本医疗保险、城镇居民基本医疗保险、新型农村合作医疗三大体系。补充医疗保险是为满足不同人员医疗消费的补充保险，其中有职工单位补充医疗保险、商业补充保险等。城乡医疗救助为一种救助形式，是解决最困难群体的一种托底机制。

目前覆盖面最广的是城镇职工基本医疗保险、城镇居民基本医疗保险。

城镇居民基本医疗保险：是指政府为城镇户籍居民建立的一种基本医疗保险，筹资采用个人缴费、政府适度补贴的方式，待遇按照“以收定支”原则确定。参加保险的人员包括未达到国家法定就业年龄的人员、超过国家法定退休年龄但未享受退休人员保险待遇的人员、在劳动年龄内但尚未就业的人员等。

城镇职工基本医疗保险：是指政府为城镇职工和退休人员建立的一种基本医疗保险，筹资由用人单位和职工缴纳，待遇按照“以收定支”原则确定。参保单位包括城镇各类企业、机关、事业单位、社会团体、民办非企业单位等。具体报销比例情况如表 1 和表 2 所示：

表1　城镇职工基本医疗保险报销比例图

报销类别	参保人员类别	起付线	报销比例				封顶线	报销比例	封顶线	备注
住院费用	在职	1300元		三级医院	二级医院	一级医院	10万元	0.85	20万元	单次住院费用超过7万元并进入大额支付需上报市医保审核
			起付线—3万元	0.85	0.87	0.9				
			3万—4万元	0.9	0.92	0.95				
			4万元—封顶线	0.95	0.97	0.97				
	退休	1300元		三级医院	二级医院	一级医院	10万元	0.90 0.80+0.10		
			起付线—3万元	0.91	0.922	0.94				
			3万—4万元	0.94	0.952	0.97				
			4万元—封顶线	0.97	0.982	0.982				

报销类别	参保人员类别		起付线	报销比例	补充医疗保险	封顶线	定点医院
门诊费用	在职	本市社区卫生服务机构就诊	1800元	0.9	无	2万元	基本医疗定点医院中选四家医院为本人的定点医院。另外，可直接去A类医院、定点中医院、定点专科医院
		非社会卫生服务机构就诊		0.7			
	退休	70周岁以下（非社区卫生服务机构就诊）	1300元	0.7	0.15	2万元	
		70周岁以下（本市社区卫生服务机构就诊）		0.8	0.1		
		70周岁以上		0.8	0.1		

表2　城镇居民基本医疗保险报销比例图

报销类别	参保人员类别	起付线	报销比例	封顶线	定点医院	
门诊费用	城镇老年人	650元	0.5	2000元	基本医疗定点医院中选3家医院和1家社区卫生服务机构为本人的定点医院。城镇老年人和无业居民门诊就医实行定点社区卫生服务机构首诊制度	
	城镇无业居民、残疾人员	650元	0.5	2000元		
	学生儿童	650元	0.5	2000元		
住院费用	城镇老年人	1300元	0.6	15万元	基本医疗定点医院中选3家医院和1家社区卫生服务机构为本人的定点医院。另外，可直接去A类医院、定点中医院、定点专科医院	单次住院费用7万元（含）以上的报市医保审核
	城镇无业居民、残疾人员	1300元	0.6	15万元		
	学生儿童	650元	0.7	17万元		

数据来源：http：//blog.sina.com.cn/s/blog_495212810100xziv.html

注：本文数据所列北京市医保报销比例及金额为2011年数据。

(二)研究对象的确定

医院：北京友谊医院作为此次医药分开试点方案的唯一试点医院，所以我们所要研究的医院为以北京友谊医院为代表的三级医院。

病人：由于住院病人的情况比较复杂，且药费不是其主要花费，所以根据上面流程图和北京的医保政策，我们将病人细化为：门诊医保病人和门诊自费病人。

挂号类型：80%以上的病人都是普通门诊，所以我们将挂号类型确定为普通门诊。

这样我们就确定了所要研究的医院类型、涵盖绝大多数的病人和挂号类型。

五、新老方案下病人药费的直观估算

在此，我们需要两方面的数据，一方面的数据是医药分开试点方案前后变换数据，图 2 所示是具体的数据变化情况：

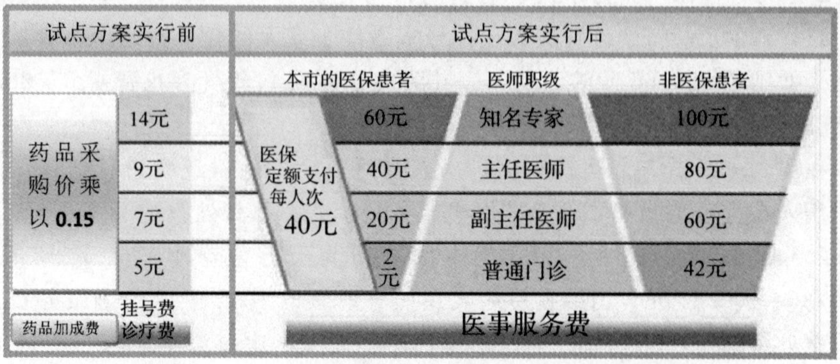

图 2　医药分开试点方案实施前后费用变化情况图

数据和图片来源：《北京晚报》，2012 年 5 月 19 日。

另一方面的数据是最新的北京市三级医院病人的药费使用情况，根据 2011 年北京市卫生工作统计资料简编，我们获得了如下两项数据，一项是 2007—2011 年全市部分医疗机构门诊及住院病人人均费用情况，另一项是 2007—2011 年全市门诊和住院病人药费占医疗费用比重情况。如表 3 和表 4 所示：

表 3　2007—2011 年全市部分医疗机构门诊病人人均费用情况表（单位：元）

项　目	2007 年	2008 年	2009 年	2010 年	2011 年
政府办综合医院	272. 0	294.8	316.1	344. 5	365.7
其中：三级医院	342.6	368.8	394.4	429.3	447.2

表4　2007—2011年全市门诊病人药费占医疗费用比重情况　　（单位:%）

项　目	2007年	2008年	2009年	2010年	2011年
政府办综合医院	63.55	63.49	64.76	65.60	64.39
其中：三级医院	61.83	61.49	63.07	63.72	62.76

从上面的数据我们可以得到需要的数据：如表5所示：

表5　2011年全市门诊病人人均药费使用情况　　（单位：元）

项目	2011年
三级医院	447.2×62.76%＝280.66

通过上面的数据，我们可以进行初步的代数计算：

我们以人均每年看病36次来计算，在医药分开试点方案未执行前，门诊医保病人在挂号室缴纳了5元的挂号费、诊疗费，并在收费处缴纳了280.66×0.2元的药费，一共为本次看病购药行为花费了5＋280.66×0.2＋1800/36＝111.132元；门诊自费病人在挂号室缴纳了5元的挂号费、诊疗费，并在收费处缴纳了280.66元的药费，一共为本次看病购药行为花费了5＋280.66＝285.66元。

在医药分开试点方案执行后，病人会对以后的就医花费进行估算：门诊医保病人在挂号室缴纳了2元的医事服务费，并在收费处缴纳了280.66/1.15×0.2＝48.81元的药费，一共为本次看病购药行为花费了2＋48.81＋1800/36＝100.81元；门诊自费病人在挂号室缴纳了42元的医事服务费，并在收费处缴纳了280.66/1.15元的药费，一共为本次看病购药行为花费了42＋280.66/1.15＝286.05元。

通过病人的代数估算前后对比我们可以看出：对于每次就医购药行为，门诊医保病人的药物支出费用减少了111.132－100.81＝10.322元；门诊自费病人的药物支出费用增加了286.05－285.66＝0.39元。这种病人自身的估算将直接自身的行为规则。

六、基于Agent的“药改”仿真模型的建立

上面病人初步进行了代数估算，但是这样的计算只是表象，未考虑自身的主体性，因为随着政策的改变，主体的行为规则也会发生变化，这样会直接影响最后的实际结果。因此，我们有必要先确定在试点方案实施后各个主体可能的行为规则。

(一)Agent主体行为规则

在仿真模型中，我们会涉及四大类Agent，分别是：

(1)门诊医保病人 Agent：由于前面自身的估算，费用得到减少，那么门诊医保病人的看病次数和药费花费上都会增加；

(2)门诊自费病人 Agent：由于前面自身的估算，费用得到增加，那么门诊自费病人的看病次数会有所减少和药费花费上会有所增加；

(3)医院 Agent：收入维持稳定或提高；

(4)路径 Agent，在模型中是一条链，用于显示数值。

(二)模型设计

仿真系统界面如图 3 所示：

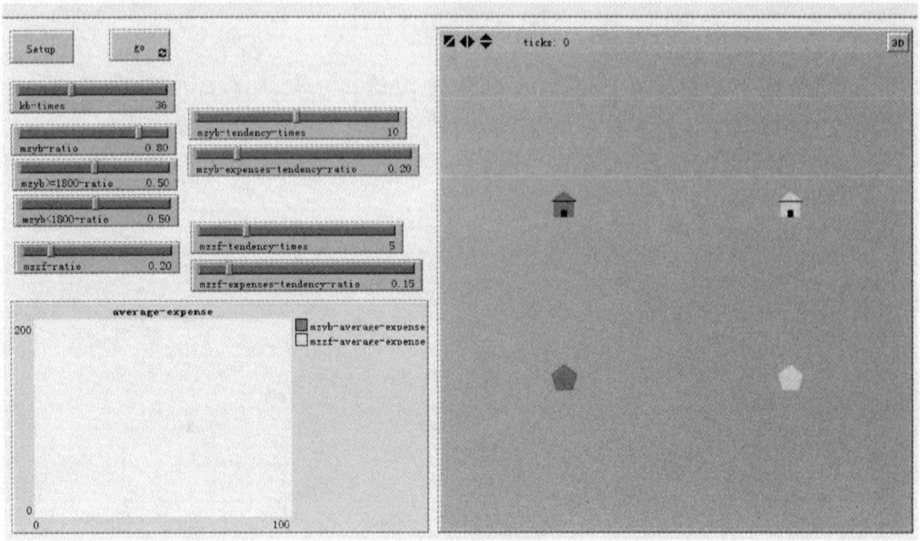

图 3 仿真系统界面

图 3 中，界面上标志从上向下依次代表医院和外界；深颜色为门诊医保病人走的路径；浅颜色代表门诊自费病人走的路径。对界面上的一些变量的解释如下：

kb-times：病人正常的看病次数；

mzyb-raito：门诊医保病人的比例；

mzyb〉＝1800-ratio：门诊医保病人中超过医保线的病人；

mzyb〈1800-ratio：门诊医保病人中未达医保线的病人；

mzyb-tendency-times：门诊医保病人可能增加看病次数的最大值，每个病人在试点方案实施后会增加 0－10 次的看病次数；

mzyb-expenses-tendency-ratio：门诊医保病人可能增加药费花费的最大比率，每个病人在试点方案实施后会增加 0－20％的药费花费；

mzzf-ratio：门诊自费病人的比例；

mzzf-tendency-times：门诊自费病人可能减少看病次数的最大值，每个病人在试点方案实施后会减少 0—5 次的看病次数；

mzzf-expenses-tendency-ratio：门诊自费病人可能增加药费花费的最大比率，每个病人在试点方案实施后会增加 0—15%的药费花费；

mzyb-average-expense：试点方案实施后门诊医保病人较实施前每次看病平均花费；

mzzf-average-expense：试点方案实施后门诊自费病人较实施前每次看病平均花费。

七、仿真结果的分析

(一)仿真模型运行结果

我们设置好参数，在门诊医保病人和门诊自费病人各自执行完运行次数后，我们得到了下面的结果，如图 4、图 5 所示：

图 4　门诊医保病人和自费病人仿真运行图

（左：医保病人；右：自费病人）

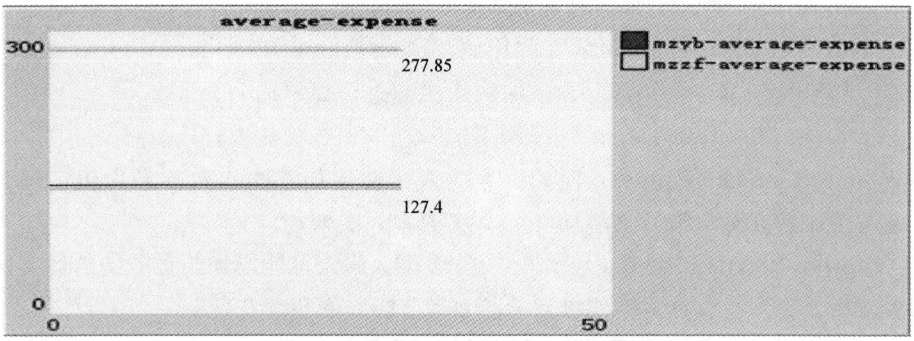

图 5　门诊医保和自费病人平均费用图

可以看出：门诊医保病人的平均花费为 127.40 元；门诊自费病人的平均花费为 277.85 元；并且可以看出门诊自费病人的花费要远高于门诊医保病人的花费，相差 150.45 元。

(二)代数估算和仿真模拟的比较

表 6　病人自身代数估算与仿真模拟计算比较表　　(单位：元)

项目 病人类型	试点方案实施前病人正常每次看病花费	试点方案实施后病人每次看病花费代数估算	试点方案实施后每次看病花费仿真模拟
门诊自费病人	285.66	286.05	277.85
门诊医保病人	111.32	100.81	127.40

通过比较可以得出：

(1)病人对试点方案实施后的自身感受与实际反馈是相反的。

门诊自费病人在试点方案实施前正常每次看病花费为 285.66 元，实施后病人进行了估算，结果为 286.05 元，这样病人觉得增加了 0.39 元；而实际上经过我们的仿真模拟可以看出病人在方案实施后的每次看病花费为 277.85，减少了 7.81 元。这是因为仿真模拟考虑了自费病人因预期看病花费上升，而减少就医、减少开药，反而使实际每次看病花费减少。

门诊医保病人在试点方案实施前正常每次看病花费为 111.132 元，实施后病人进行了估算，结果为 100.81 元，这样病人觉得减少了 10.322 元；而实际上经过我们的仿真模拟可以看出病人在方案实施后的每次看病花费为 127.40 元，增加了 16.08 元。这是由于仿真方法考虑了医保病人因预期看病花费减少而产生多看病、多开药的行为，反而使实际每次看病花费增加。

(2)试点方案实施前后，医保病人比自费病人的平均每次看病花费都要少，而且差额较大，对于未办理医保的病人办理医保可能是更好的选择。

(三)对结果的讨论

根据对仿真结果的分析，可以预见以下两种情况很有可能会出现：

(1)由于药费降低，更多的人次会到医院就医，恐怕将加剧“看病难”的问题。而且有可能加剧“骗保”问题；

(2)如果不积极打击“号贩子”问题不但恐怕难以解决，反而可能使情况加剧，“号贩子”会控制一部分的号源，并将不值钱的挂号高价卖给急需看病的患者，使挂号变成了金钱，由此加大了病人看病的花费。

八、结　论

国家对医药分开试点方案的设立寄予了很大期望，希望从很大程度上减轻患者的负担，但是通过仿真模拟，我们看出理论和实际的差别。从根本上要解决“看病贵”的问题，不但要从医院来进行整改，还要对整个医药物流供应链进行合理的调整，才有可能达到预期的结果。

参考文献

[1]高翔、林杰、张炜：《基于 Agent 的供应链仿真模型设计与实现》，《计算机工程与应用》，2005 年第 32 期。
[2]姚李刚、黄晓云、冯允成：《基于多 Agent 概念的供应链仿真》，《武汉理工大学学报》（信息与管理工程版），2003 年第 3 期。
[3]蒋智凯：《医药供应链需求不确定性仿真研究》，《物流技术》，2011 年第 3 期。
[4]刘蓬、尹靓、杨家其：《用 Arena 进行供应链建模和仿真》，《武汉理工大学学报》（交通科学与工程版），2006 年第 6 期。
[5]邓小瑜、赵亚玲：《一种供应链仿真系统的设计与实现》，《企业技术开发》，2005 年第 8 期。
[6]范炜玮、吴飞、杨宏桥、甘仞初：《基于多 Agent 的医院复杂系统建模与仿真》，《医疗卫生装备》，2008 年第 9 期。
[7]支义、王波、郑宇：《基于多 Agent 的供应链系统的仿真研究》，《工业控制计算机》，2008 年第 2 期。

（作者：任海英　北京工业大学副教授
王红旭　北京工业大学硕士研究生）

项目名称：低碳经济背景下我国商业银行的碳金融业务研究
项目编号：10AaJG380
项目负责人：马秋君
项目信誉保证单位：北京理工大学

我国自愿碳减排市场发展对策研究

自愿碳市场，也叫自愿减排市场(Voluntary Emission Reduction，以下简称 VER 市场)，起源于一些团体或个人为自愿抵消其温室气体排放，向减排项目购买减排指标的行为，不属于京都体制。例如《京都议定书》非缔约国的各政府决策者、非政府组织、私募投资者以及著名大公司等企业，考虑到社会责任、品牌声誉、投资再售等因素，自发参与清洁发展机制①(Clean Development Mechanism，以下简称 CDM)、积极认购 CDM 项目产生的自愿减排量(VERs)。十年来，全球 VER 市场交易量由 2002 年的 0.11 亿吨二氧化碳当量增长至 2010 年的 1.31 亿吨二氧化碳当量，交易总额从 2002 年的 0.43 亿美元增加到 2010 年的 4.24 亿美元，其市场规模迅速扩大，特别是在《京都议定书》正式生效后，VER 市场的需求得到稳固的提升，显示出其巨大的增长潜力。

一、我国自愿碳减排市场发展现状

近几年，我国注册成功的 CDM 合作项目和核证减排量②(Certification Emission Reduction，以下简称 CER)的签发量增长迅速，CER 居全球第一，VER 市场的基本构成要素，如交易平台、交易制度、交易标准、金融中介服务与产品等，均有所发展。

(一)交易平台与制度建设

作为碳减排的交易平台，截至 2011 年 6 月底，全国各地建立了 20 多所气候环境交易所，其中北京、上海、天津三家发展较为突出。北京环境交易所推出了节能环保技术转让平台、合同能源管理投融资交易平台以及 CDM 项

① 清洁发展机制是《京都议定书》中引入的三个灵活履约机制之一，即由工业化发达国家提供资金和技术，在发展中国家实施具有温室气体减排效果的项目，项目所产生的温室气体减排量列入发达国家履行《京都议定书》的承诺，简单说就是“资金＋技术”换取温室气体的“排放权”指标。

② 核证减排量指联合国执行理事会(EB)向实施清洁发展机制项目的企业颁发的经过指定经营实体(DOE)核查证实的温室气体减排量。

目信息服务平台等，对总量控制、配额分配、许可证交易、在线检测等一系列交易制度进行了积极的探索。而上海环境能源交易所，于 2009 年，分别开通了“绿色世博”自愿减排交易平台和南南全球环境能源交易系统，推广自愿减排理念的同时利用互助机制推动国际间政府及私有部门的清洁技术转移。天津排放权交易所则遵循“自愿加入、强制减排”机制，发起企业自愿减排联合行动，致力于构建能效市场，通过“强度控制与交易”模式，降低碳排放强度。该市场是我国首个自主开发的基于强制能效目标的排放权交易体系，也是全球建筑领域首个能效市场。

(二)交易标准与业务范围

2009 年年底，北京环境交易所推出了我国首个自愿减排标准——熊猫标准，旨在为国内外重点项目提供技术交易和投融资服务，同时除了为 CDM 项目提供信息服务，还进行了二氧化硫与化学需氧量的交易产品试点。上海环境能源交易所则致力于碳强度标准的研究制定，交易所除对 CDM 项目提供信息服务、进行合同能源管理之外，其业务重点在于发现、包装、推销、转移发展中国家的环境友好技术及资产。天津排放权交易所主要致力于开展二氧化硫、化学需氧量和温室气体排放权交易、能效交易以及相关咨询服务，此外也提供基于碳足迹盘查的碳中和①交易。

(三)金融服务与产品创新

随着我国参与全球碳交易市场程度的加深，国内金融机构逐渐尝试创新相关中介服务和产品。作为金融机构的典型代表，许多商业银行以此为契机推出“绿色信贷”、“CDM 财务顾问”以及挂钩碳排放交易的理财产品等。如 2007 年，深圳发展银行首次推出国内二氧化碳排放权挂钩理财产品——“聚财宝”飞越计划 2007 年 6 号人民币理财产品与“聚汇宝”超越计划 2007 年 6 号美元理财产品。2008 年年初，中国银行推出“汇聚宝”0801L—美元“绿色环保”二氧化碳挂钩理财产品。随后光大银行、招商银行等于 2010 年年初相继推出低碳概念类理财产品。同时，我国两只准碳基金②——“中国绿色碳基金”、“中国清洁发展机制基金”于 2007 年先后设立。证券业、保险业等相关碳减排服务也在不断探索中。

二、我国自愿碳减排市场存在的问题

我国 VER 市场的形成尚处于萌芽阶段，就当前其发展情况来看，构建全国 VER 市场亟待解决以下几方面问题：

---

① 碳中和(carbon neutral or carbon neutrality)，也称碳补偿，指中立的(即零)总碳量释放，透过排放多少碳就作多少抵消措施来达到平衡。

② 准碳基金，指不能自主进行碳减排量买卖交易的碳基金。

(一)认识不足、制度缺乏

相比蓬勃发展的国际碳减排市场，国内节能减排目标的实现主要依赖于我国政府自上而下的行政干预，多数企业没有节能减排意识，处于被动减排。调查显示，超过半数的被调查企业仍处于过度依赖资源开采与资源消耗阶段和被动性污染治理阶段，其中，只有23%的企业具有减排意识，计划进行减排，而47.3%的企业甚至不了解企业是否计划进行自愿减排，只有不足6%的企业参与过碳交易。尽管国内VER市场建立初以"自愿加入、自愿减排"为指导原则，根据国际碳减排市场的发展规律，将逐步过渡到"自愿加入、强制减排"的单强制阶段，最后发展成为"强制加入、强制减排"。我国目前处于广义上的自愿减排阶段，企业实行碳减排行动的积极性有限，我国各类企业、政府机关、社会组织以及居民等各个群体尚未树立节能减排理念。

良好运行的市场有赖于完善的法律制度保障，我国目前仅在环保、能源等方面颁布实施了一些政策法律，如《中华人民共和国清洁生产促进法》、《中华人民共和国可再生能源法》、《中华人民共和国节约能源法》以及《中华人民共和国循环经济促进法》等，专门针对VER市场的交易主体、交易对象、交易流程等方面的法律法规极为缺乏，即使勉强建立全国VER市场，在缺乏制度基础的情况下，也无法保证VER市场的规范、有序、健康运行。此外，我国还缺乏对市场参与者的规范与约束制度，如对中介服务机构业务范围、产品价格等方面的法律规范。

(二)市场层次模糊、指标分解有误

碳减排市场按照强制程度可划分为零强制、单强制和双强制三类①，广义的VER市场应包含具有前两种特征的子市场，能够适应各类企业和政府机关等多样化减排需求。然而当前我国VER市场结构混乱，各地的环境气候交易所定位模糊，一方面服务于零强制自愿项目碳减排，例如上海环境能源交易所于2009年年末完成国内单笔最大基于自愿减排机制下的碳中和交易、天津排放权交易所于同年发起"企业自愿减排联合行动"，促成了中国石油天然气集团公司、中国华电集团有限公司以及三星、摩托罗拉等跨国公司的在华企业进行自愿碳减排等；另一方面各交易所都积极建设CDM项目服务平台，以抢占CDM项目信息服务市场份额为主要业务目标。可见，市场缺乏明确的划分标准和目标定位，致使各交易所浪费了大量人力、物力和财力，其发展规模仍然受限。此外，由于当前减排指标按照行政区域进行分解，主要依赖行政手段完成减排任务，对企业参与自愿碳减排的促进作用十分有限，也不利于全国统一的VER市场的形成。

---

① 零强制：自愿加入、自愿减排；单强制：自愿加入、强制减排；双强制：强制加入、强制减排。

(三)交易标准不一、业务范围重叠

作为我国 VER 市场的重要载体，目前我国各地建立的环境权益交易所根据自身特点，在不同的交易机制基础上，制定了不同的交易标准，并根据自身特点以及合作伙伴的优势，努力发展特色服务。以北京、上海、天津 3 家环境权益交易所为例，各交易所标准各异，服务重心虽略有不同，基于我国现阶段以 CDM 参与国际碳交易的现实国情，各交易所的主要业务仍然集中于 CDM 项目服务、合同能源管理、排污权交易几类。各环境权益交易所的业务范围重叠，减排企业、项目分散于不同的交易所，不利于开发国际买家、发现更公平的价格。

(四)金融服务滞后、专业人才紧缺

随着国内金融机构参与碳减排市场的程度加深，商业银行、证券市场、保险业在碳减排项目、产品业务等方面都有所表现，然而，同样作为碳减排市场中介组织服务体系的重要组成部分，碳资产管理公司、碳经纪商、碳信用评级机构等中介机构仍未建立、发展起来，相关金融服务和产品几乎空白。此外，从事碳交易的各类专业人才较为短缺，特别是熟悉国际碳交易市场规则、专门提供碳交易中介服务的人才极为缺乏。金融服务滞后、专业人才短缺使得我国参与 CDM 项目的企业缺乏国外买家的信息，对国际碳交易的程序、手续等不了解，无法掌握碳交易市场定价机制，导致成交的碳交易项目价格远低于国际市场平均价格。不仅如此，金融机构业务、产品的缺乏使得我国参与 CDM 的模式过于单一，几乎没有对 CER 价格波动进行风险管理和控制，因此无法享受国际市场碳价格未来高涨的高收益。可见，中介组织服务体系不健全、专业人才稀缺都阻碍了国内 VER 市场的形成，对我国 VER 市场的发展带来巨大挑战和压力。

三、美国自愿碳减排市场建设经验借鉴

美国的 VER 市场包含两个子市场：零强制的自愿项目市场和单强制的自愿配额市场。零强制的的自愿项目市场以国际自愿碳标准(VCS)和黄金标准(GS)作为交易标准，主要服务于团体或个人的完全自愿碳减排行为，以实现碳中和。而单强制的自愿配额市场则以“自愿加入、强制减排”为原则，排放源企业承担具有法律约束力的减排责任，减排目标往往是参与企业共同协商认定并承诺遵守的，其市场载体为交易平台，如 2003 年成立的芝加哥气候交易所(Chicago Climate Exchange，以下简称 CCX)，其具体有如下突出特点：

(一)多层次会员制、单强制减排模式

CCX 实行会员制，广泛吸纳会员，并将所有会员分为三类：(1)基本会员，即钢铁、化工、交通运输以及加工行业内的各类直接排放温室气体的企业。(2)协作会员，即政府、协会、社会组织以及金融机构等温室气体的间接

排放源。(3)参与会员，包含碳抵消项目供应商、投资交易商、专项交易参与商和减排项目集成商等。交易所根据不同类型的会员实际排放情况，规定了不同的减排任务和目标：基本会员按照加入时间规定了不同的减排任务，最终目标是在1998—2001年温室气体排放量平均值基础上，于2010年将温室气体①(GHG)排放量减少6%；协作会员的减排任务是从加入CCX至2010年，100%抵消其由于能源购买和商务旅行所导致的间接温室气体排放。

交易所实行“自愿加入、强制减排”原则，凡是加入交易所的会员，都承诺通过减排或购买补偿项目的减排量，最终于2010年实现6%的减排量，减排量超过时间表规定额度的会员，可以出售或储存剩余指标，未达标的会员需通过购买碳交易金融合约以履行减排义务。交易所根据会员与其签订的合同制约会员的行为，将自愿减排与一定的法律约束力相结合，增强了会员的减排动力。

(二)完善的交易系统

CCX交易系统由交易所交易平台、清算和结算平台以及注册系统三部分构成。首先，交易平台是一套基于互联网的电子交易平台，公开交易价格，维护市场秩序。而且交易平台阻止匿名交易以及通过私人谈判达成的双边交易，进一步保证了市场公开、透明。其次，交易平台每天将所有平台处理的交易活动相关信息上传至网站，定期将交易陈述传递给每一位会员，保证了交易平台信息的连贯性以及市场的连续性。第三，注册系统确定会员的减排量，记录其交易情况，形成丰富的碳排放强度数据库信息，有利于会员信息的检索及行业排放标准制定等问题的研究。

(三)交易产品丰富多样

交易所进行交易的产品丰富多样，如温室气体排放配额、经过核证的排放抵消额度以及经过核证的先期行动减排信用等，涵盖了《京都议定书》项下的六种温室气体：二氧化碳、甲烷、氧化亚氮、氢氟碳化物、全氟化物以及六氟化硫。其中，十类经核证的排放项目抵消额度产品已经建立起方法学②并具有交易规则和标准合约。

CCX除了进行碳信用现货交易，大胆进行产品创新，推出丰富多样的标准化合约交易，如CER期货合同交易、EUA期货合同交易、CER期权交易以及EUA期货交易等。以交易所允许开发的核证排放项目为例，项目涵盖了农业、林业、能源等多个领域，项目协议分为十类：农业甲烷气排放抵消项

---

① 温室气体(GHG：Green House Gas)：指大气中那些吸收和重新放出红外辐射的自然和人为的气态成分，这里指《京都议定书》中规定的6种温室气体：二氧化硫、甲烷、氧化亚氮、氢氟碳化物、全氟化碳、六氟化硫。

② 此处方法学是指基于项目的碳减排机制的技术基础，即对碳信用核证、产品定价等环节内在规律的研究与把握。

目、可再生能源抵消项目、垃圾填埋场甲烷处理减排项目、农田土壤改造碳排放项目、煤层气排放抵消项目、牧场土壤碳减排管理项目、林业碳排放抵消项目、臭氧消耗物质排放抵消项目、能源效率与燃料替代排放抵消项目以及有机废物排放抵消项目。

此外，多元化中介服务机构是美国 VER 市场发展、完善的重要推动力。其具体包括第三方核证机构、登记注册机构、金融化交易机构等，分别负责核证、注册和交易各个环节。其中金融化交易机构又具体包含碳资产管理公司、碳信用评级机构、碳审计服务机构以及相关法律、保险服务机构等，为参与自愿碳减排的企业提供碳资产开发、咨询、经纪、融资以及管理等服务，从而规范了企业在 VER 市场中的交易行为，进一步完善、丰富了 VER 市场。

四、构建我国自愿碳减排市场的对策建议

(一)树立减排意识、建设制度基础

针对当前我国关注低碳群体集中于政府、少数机构和主流企业的现状，面向全社会，加大力度宣传低碳理念，促使全社会普遍树立节能减排意识。同时，充分利用当前各地已搭建的多家环境权益交易所，引导企业发现减排行动中蕴含的巨大商机，将节能减排与企业利益相结合，解决企业在节能减排过程中内在动力不足的问题。同时，政府相关部门完善相关法律、规章制度，如《自愿减排交易规则》、《碳排放交易法》等，明确我国自愿碳减排市场的交易主体、交易对象、交易程序等。此外，政府充分发挥国家环境管理部门职能，严格监管我国自愿碳减排交易，调控各地环境权益交易所的运行，创造公平、透明的交易环境，严厉打击不正当竞争，为我国 VER 市场的发展奠定坚实的制度基础。

(二)完善市场结构、明确目标定位

借鉴美国多层次 VER 市场的构建经验，应对国内各地的环境交易所进行资源整合，避免人力、物力、财力的浪费，立足各个交易所的优势，引导、支持其发展重点业务，建立多层次的 VER 市场。例如北京环境交易所的交易标准为熊猫标准，鉴于其零强制的特点，引导其发展成为自愿项目市场，即碳抵消市场(Carbon Offset Market)，旨在服务全国的“碳中和”交易。而天津排放权交易所本身实行单强制模式，交易主体、制度安排等和芝加哥气候交易所类似，应促进、加强天津排放权交易所与上海环境能源交易所的合作，立足双方现有的交易平台和交易系统，努力搭建一个服务全国、面向世界的全国性环境能源权益交易平台，为买卖双方提供一个对话的平台，旨在顺利实现“碳强度”与“总量控制”的对接之后，发展成为国内的自愿配额市场，进一步促进国内 VER 市场多层次市场结构的形成。

（三）统一交易标准、改进指标分解原则

鉴于碳减排交易标准不仅关系到减排量、检测标准的确定，还影响交易的评定流程、规则限定等众多方面。因此，我国各交易所、研究机构应依据国际市场规则、立足我国基本国情，积极开发、制定适合我国节能减排统计、报告、监测等环节的交易标准。与此同时，借鉴国外"碳强度"与"总量控制"对接的减排方式，改变我国按照行政区域分解碳减排指标的方式，而按照行业进行碳指标分解，通过总量控制，创造出碳排放权的稀缺性，从而促成碳交易，进而有利于发现合理的碳交易价格，引导企业参与自愿碳减排，促进我国 VER 市场的形成和发展。

（四）全方位扶持中介组织服务体系

今后加强碳交易中介组织服务体系的建设，如鼓励金融机构加大对节能减排工作的支持力度、促进其相关产品业务创新，积极扶持碳咨询、碳信用评级等中介机构发展、壮大，加快培养相关专业人才，打造立体化的碳交易中介组织服务体系。具体措施有：

首先，加强银行业对碳减排市场的推动作用。一方面，继续鼓励商业银行加大"绿色信贷"的推行力度，对节能减排行业、企业给予资金支持，相关部门可以与商业银行进行合作，为节能减排技术提供信贷担保，通过财政资金引导社会金融资本，以充足的资金保障节能减排目标的顺利实现。另一方面，促进金融机构对相关碳交易产品、业务进行创新，鼓励商业银行相关部门或研究机构加强对市场交易工具进行研究、创新。

其次，政府在引导、扶持本土中介服务机构的同时，吸引国际化的碳经纪商、审计师、碳信用评级机构等各种中介机构在我国开展相关业务，既增加了市场的流动性也学习、积累了国外先进经验。

最后，提高当前从业人员的专业素质，打造高水平的研发人才，积极培养具有专业背景、适合体制现实的管理人才，为 VER 市场的运作管理储备丰富的人力资源。

参考文献

[1] Back to the Future—State of the Voluntary Carbon Markets 2011. http：//www. ecosystemmarketplace. com/，2011-07-24.

[2] 付秋实：《低碳理财低调前行》，http：//www. chinanews. com/cj/cj-lcjn/news/2010/05-12/2276771. shtml，2010-05-12.

[3] 洪叶：《银行理财产品锁定低碳概念》，http：//money. zjol. com. cn/05money/system/2010/04/27/016554317. shtml，2010-04-27.

[4] 王遥：《碳金融：全球视野与中国布局》，北京：中国经济出版社，2010 年。

[5] Chicago Climate Exchange. Emission Reduction Commitment. http：//www. chicagoclimatex. com，2011-05-26.

[6] 冯巍：《国际碳交易市场发展现状与展望》，北京环境交易所网站，2009-05-20.
[7] Chicago Climate Exchange. Protocols. http：//www. theice. com/ccxprotocols. shtml，2011-05-26.
[8] 兰建平、李红日：《从“清洁发展机制”到“自愿减排市场”——关于低碳经济发展制度创新的思考》，《浙江经济》，2010 年第 10 期。
[9] 刘婧：《国际碳排放权交易市场对我国的影响及启示》，《环境经济》，2010 年第 6 期。
[10] 刘立伟：《发展自愿减排市场，拓宽碳交易途径》，《中国城市经济》，2010 年第 11 期。

（作者：马秋君　北京理工大学人文与社会科学学院副教授
刘　璇　北京理工大学人文与社会科学学院硕士研究生）

项目名称：地方政府经济调节与国家宏观调控的统筹协调研究
项目编号：10BeJG381
项目负责人：张　勇
项目信誉保证单位：中共北京市委党校

宏观经济管理中国范式的形成与发展
——论中国宏观调控实践的理论价值

长期以来，寻求中国学术的主体性、建立中国自己的学术范式，是相当一批理论研究者矢志不渝的追求。经济学的研究也不例外，探讨经济发展的中国模式，构建中国特色的经济学理论体系和研究范式是很多研究者的努力方向。宏观调控就是一个颇具中国特色的经济现象和经济学概念，对于中国经济学理论体系的构建具有潜在的理论研究价值。在中国 30 余年的改革开放历程中，宏观调控发挥的作用越来越引人关注。截止到目前，中国的宏观调控已经有六轮完整的实践，第七轮也正在发展之中。通过长期的实践，中国宏观调控无论是目标选择，还是实施手段，与经典的西方宏观经济学理论中关于宏观经济政策的界定、论述相比，都具有明显的差异性和特殊性。首先，在西方宏观经济学理论中，制度一般被认为是外生的，但中国的宏观调控被中国的党和政府视为社会主义市场经济的本质特征；其次，在西方宏观经济学理论中，宏观经济政策并不针对结构问题，但中国的宏观调控始终在强调结构的优化；第三，在西方宏观经济学理论中，宏观经济政策主要是财政政策和货币政策，但中国的宏观调控手段除此以外还包括行政手段。

这种来自实践的差异性和特殊性导致理论界在关于宏观调控的认知上出现了严重的分歧。理论界目前关于宏观调控的认知存在着广义论、狭义论和特色论三类观点。广义论者将宏观调控等同于政府干预，把政府针对市场失灵采取的所有经济措施都纳入宏观调控的范畴，以马洪(1993)①、曹玉书(1995)②、邱晓华(2004)③等人的观点为典型代表。狭义论者则将宏观调控简单的对应为西方国家的宏观经济政策，认为宏观调控仅指运用财政政策和货

---

① 马洪：《什么是社会主义市场经济》，北京：中国发展出版社，1993 年版，第 197 页。

② 曹玉书：《宏观调控机制创新》，北京：中国计划出版社，1995 年版，第 2 页。

③ 单羽青：《邱晓华为宏观调控“正名”松紧结合组合式调控》，《中国经济时报》，2004 年 11 月 29 日。

币政策调节社会总需求，以黄达(1999)。[①]、张鸿岩(2004)[②]、许小年(2007)[③]和汤在新(2006)[④]等人的观点为典型代表。特色论者认为中国的宏观调控是属于中国特色的国民经济管理行为，是基于中国经济转型的实践衍生的理论概念，从目标选择到手段选择都不能用经典经济学理论来解释。只有少数学者持特色论观点，其典型代表是刘瑞(2006)[⑤]等。比较上述观点，广义论的缺陷在于将政府规制等微观措施也纳入宏观经济管理的范畴，混淆了宏观和微观的差异；狭义论的理论渊源是西方主流宏观经济学理论，虽然被众多研究者所接受，但无法解释宏观调控作为中国特色的宏观经济管理行为所体现出的差异性和特殊性；而特色论虽然基于中国社会主义市场经济实践的现实，但缺乏系统的理论成果，因而成为少数派。这些分歧说明，解读中国的宏观调控是一个很有价值的理论问题。特别是，在国际金融危机背景下，中国的宏观调控措施有力推动了中国经济的持续高速增长，现在世界各国都在关注中国的宏观调控行动，更提升了中国宏观调控所具有的理论意义。如果我们能够在宏观调控的理解和认知方面给予合理的解读，无疑将有助于中国经济学体系的构建。

一、宏观调控：中国宏观经济管理实践中形成的概念

1978年以前，中国经济体制是传统计划经济体制，直接面向企业等生产者的指令性计划和行政命令是国家管理国民经济运行的基本手段；1978年中国开始改革开放后，向社会主义市场经济体制转型，市场逐步成为资源配置的基础性手段。在经济转型的同时，中国政府对国民经济运行的干预和管理方式也在转型，宏观调控发挥着越来越令人关注的作用。

在中国经济转型的实践中我们能清晰地看到，宏观调控概念的形成经历了宏观调节—宏观控制—宏观调控的发展链条。宏观调节的提法最早见于1984年10月20日党的十二届三中全会发表的《中共中央关于经济体制改革的决定》，该文件提出："越是搞活经济，越要重视宏观调节，越要善于在及时掌握经济动态的基础上综合运用价格、税收、信贷等经济杠杆，以利于调节社会供应总量和需求总量、积累和消费等重大比例关系，调节财力、物力和人力的流向，调节产业结构和生产力的布局……"1985年8月13日，针对当

① 黄达：《宏观调控与货币供给》，北京：中国人民大学出版社，1999年版，第2页。

② 张鸿岩：《市场经济条件下政府经济职能规范研究》，北京：人民出版社，2004年版，第100页。

③ 许小年：《为宏观调控正名》，《经济观察报》，2007年12月22日。

④ 汤在新：《为宏观调控正名》，《经济学家》，2006年第1期，第86—92页。

⑤ 刘瑞：《宏观调控的定位、依据、主客体关系及法理基础》，《经济理论与经济管理》，2006年第5期，第18页。

时全国固定资产投资规模不断膨胀的情况，《人民日报》发表社论《瞻前顾后、统筹安排》中指出："出现这种现象的主要原因，在于一些同志较多地重视微观放活，而在一定程度上忽视了贯彻党中央、国务院关于加强宏观控制的指示。"这是宏观控制首次正式出现在公开报刊上。20世纪80年代末我国经济经历了一次严重的经济过热和通货膨胀，中央决定进行经济调整，治理经济环境。1988年9月26日，党的十三届三中全会报告指出："这次治理经济环境、整顿经济秩序，必须同加强和改善新旧体制转换时期的宏观调控结合起来……必须综合运用经济的、行政的、法律的、纪律的和思想政治工作的手段，五管齐下，进行宏观调控。"从此，宏观调控在中国开始成为一个流行的概念。到1993年11月14日，党的十四届三中全会发表《中共中央关于建立社会主义市场经济体制若干问题的决定》，中国党和政府关于宏观调控的论述形成了相对比较完整的认识。该文件对宏观调控的制度性特征进行了概括，指出"社会主义市场经济体制是同社会主义基本制度结合在一起的。建立社会主义市场经济体制，就是要使市场在国家宏观调控下对资源配置起基础性作用"。该文件明确了宏观调控的主要任务是"保持经济总量的基本平衡，促进经济结构的优化，引导国民经济持续、快速、健康发展，推动社会全面进步"；明确了宏观调控"主要采取经济办法……建立计划、金融、财政之间相互配合和制约的机制，加强对经济运行的综合协调。计划提出国民经济和社会发展的目标、任务，以及需要配套实施的经济政策；中央银行以稳定币值为首要目标，调节货币供应总量，并保持国际收支平衡；财政运用预算和税收手段，着重调节经济结构和社会分配。运用货币政策与财政政策，调节社会总需求与总供给的基本平衡，并与产业政策相配合，促进国民经济和社会的协调发展。"

考察中国党和政府在改革开放初期关于宏观调控的重要文献，我们可以从中观察到宏观调控最初的一个认知框架。

第一，中国党和政府提出宏观调控是同治理经济环境、整顿经济秩序等问题结合到一起的，这些问题是中国经济转型之后才出现的，因此宏观调控从时间逻辑上来看是中国经济转型的特殊产物。第二，宏观调控不但具有总量调控的功能，也具有结构调整功能。第三，宏观调控的主体具有多元性，中央政府和地方政府共同构成了宏观调控的主体。第四，宏观调控的手段具有多样性，以间接手段为主，强调经济、法律和行政等手段的综合运用。显然，宏观调控对结构问题的重视和行政手段的运用完全不同于西方主流宏观经济学当中单纯针对总量进行调节并强调运用间接手段的宏观经济政策。

在初步认识的基础上，党的十四大特别是1993年党的十四届三中全会以后，中国党和政府对宏观调控的认识不断深入。

这首先表现在对宏观调控的制度性特征给予了进一步的强调和明确。十四大报告提出"我们要建立的社会主义市场经济体制，就是要使市场在社会主义国家宏观调控下对资源配置起基础性作用”；十五大报告提出“充分发挥市场机制作用，健全宏观调控体系”；十六大报告提出“健全现代市场体系，加强和完善宏观调控”；十七大报告提出“深化财税、金融等体制改革，完善宏观调控体系”。2004 年《中华人民共和国宪法修正案》第十五条规定：“国家实行社会主义市场经济。国家加强经济立法，完善宏观调控。”这是从宪政高度上明确了宏观调控的制度性特征。

第二个表现是对宏观调控承担结构调整任务的基本认识更加坚定。十五大报告提出“宏观调控的主要任务，是保持经济总量平衡，抑制通货膨胀，促进重大经济结构优化，实现经济稳定增长。”十六大报告虽然没有强调结构调整是宏观调控的任务，提出“要把促进经济增长，增加就业，稳定物价，保持国际收支平衡作为宏观调控的主要目标”，但“主要目标”这样的措辞并没有将结构调整从宏观调控的视野中剔除出去，而接下来 2003 年开始的宏观调控不但将结构调整和投资结构联系到一起，而且关注到了地区结构。党的十六届三中全会提出了“以人为本，全面协调可持续”的科学发展观和五个统筹，更是空前强调了中国经济社会发展面临的结构性问题。

第三个表现是关于宏观调控手段的认识逐渐成熟，形成了经济与法律为主，行政手段和其他政策手段相辅助的基本认识。1998 年中央政府工作报告提出：“社会主义市场经济条件下的宏观调控……主要运用经济手段和法律手段，辅之以必要的行政手段，对国民经济进行合理的调节。”2008 年中央政府工作报告则强调“要加强和改善宏观调控，坚持主要运用经济手段、法律手段，发挥各种政策的组合效应”。

第四个表现是强调宏观调控对经济长期稳定增长的重要作用。2003 年中央政府工作报告提出“宏观调控要着眼于保持经济稳定较快增长”，2004 年中央政府工作报告提出“搞好宏观调控，既要保持宏观经济政策的连续性和稳定性，又要根据经济形势发展变化，适时适度调整政策实施的力度和重点”。中央政府将宏观调控作为保持经济长期稳定增长的重要手段，说明宏观调控已经成为中国政府管理国民经济运行的重要方式。

第五个表现是中央政府作为唯一的宏观调控主体被明确。在改革开放初期，随着以分权为导向的改革进程逐步发展，中央政府曾经认为地方政府也是宏观调控的主体。伴随着经济转型过程中地方保护主义现象的出现，中央开始强调宏观调控权力集中在中央的观点，宏观调控的主体也就被明确为中央政府这一唯一主体。1993 年 6 月 24 日《中共中央、国务院关于当前经济情况和加强宏观调控的意见》中强调“坚决维护中央对全国宏观经济调控的统一性、权威性和有效性”。随即，1995 年党的十四届五中全会会议文件再次强调：“宏观调控权必须集中在中央，要维护中央政策的权威”。

与中国宏观经济管理实践过程中宏观调控概念清晰的形成和发展链条相

比，西方宏观经济理论中却没有宏观调控的概念，只有宏观经济学和宏观经济政策的概念。考察西方经济思想史，尽管关于宏观经济的一些理论观点早在17世纪中叶就已经出现了——熊彼特认为早期宏观经济学说发展的线索始于威廉·配第[①]，但"宏观经济学"这一概念，最早是由挪威经济学家拉格尔·弗瑞希在1933年提出的，而宏观经济理论框架的基本建立则以1936年英国经济学家凯恩斯《就业、利息和货币通论》的出版为标志。然而，在西方经济学的研究文献和经济学辞典当中始终没有出现宏观调控这个概念，经济学家们只是运用宏观经济政策这个概念来描述政府在宏观上对市场经济进行干预的实践。萨缪尔森等在其著名的《经济学》中关于宏观经济政策工具和目标的表述就是一个真实写照。萨缪尔森等认为，在现代市场经济中，政府的经济职能在于提高效率、增进平等和促进宏观经济的稳定和增长，同时减少失业和降低通货膨胀，政府依赖于税收、支出和货币管制等政策工具以实现上述目标[②]。

基于上述分析，我们可以构建一个关于宏观调控概念的认知框架。

第一，宏观调控是中国市场化转型过程中出现的经济现象，是中国经济特有现象，因此，宏观调控作为一个经济学概念是具有中国特色的社会主义市场经济建设实践的理论产物，是基于中国经济现实，在现代经济理论指导下形成的具有中国特色的经济学概念。

第二，宏观调控是中国政府根据对国民经济运行形势的基本判断，针对宏观经济运行中出现的一些新问题而采取的宏观经济管理行动，这些新问题是计划经济时期所未有的，也是西方国家市场经济实践中没有过的。因此，宏观调控是具有中国特色的政府宏观经济管理行为。中国特色的表现在：除了市场失灵这个政府干预市场的一般意义的经济学逻辑外，宏观调控还存在两条中国式的逻辑线索。第一条线索是由于中国经济和社会发展的多样性和不平衡性，中国经济面临众多的结构矛盾和利益冲突，需要在宏观层面上予以协调，因此单纯针对总量的需求管理是远远不够的，宏观调控必须强调结构性目标。第二条线索是政治和文化线索，即中国作为一个中央集权体制的国家在市场经济条件下政府干预经济方面的特殊逻辑。在中国，国家的统一和中央的集权是中国独特的政治和文化历史传统，中国共产党作为中国国民经济和社会发展的领导力量，必然要遵循中国政治和文化的历史传统。党和中央政府除了达到一般意义上的经济目标以外，还需维护国家的统一、中央

---

① ［美］约瑟夫·熊彼特著，杨敬年译：《经济分析史》，北京：商务印书馆，1996年版，第327页。

② ［美］保罗·萨缪尔森、威廉·诺德豪斯著，萧琛等译：《经济学》(第14版)，北京：北京经济学院出版社版，1996年版，第73页。

集权体制的生存和延续，而市场经济带来的是分权和竞争，所以党和政府必须在宏观上对任何影响到国民经济整体发展的因素和问题进行调节和控制，特别是控制，于是宏观调控不仅仅强调政府对市场的间接影响作用，更有直接影响的能力。

第三，宏观调控强调操作性和功能性，是一个由一元化的调控主体、二元化的调控任务和多元化的手段体系构成的三位一体的操作——功能框架。所谓一元化的主体，是指宏观调控的主体只能是中央政府，地方政府的经济管理权限仅限于管理调节地方经济的发展。所谓二元化的调控任务，是指宏观调控的任务既包括总量调节，也包括结构调整。所谓多元化的手段体系，是指宏观调控的手段包括经济手段、法律手段和行政手段等其他必要的手段。

二、中国宏观调控的理论意义：宏观经济管理的一个中国范式

基于前文对宏观调控概念形成和发展脉络的分析，中国的宏观调控是颇具中国特色的政府宏观经济管理行为，既不同于西方式的政府干预，也不同于西方式的宏观经济政策。现在世界各国都在关注中国应对国际金融危机的宏观调控行动，宏观调控的上述差异性是否意味着中国宏观调控具有某种范式特征？如是，围绕宏观调控的研究和相关观点将丰富中国特色的经济学理论体系，为构建经济学研究的中国范式提供理论支持。

范式的概念源于美国著名科学哲学家托马斯·库恩。库恩在其经典著作《科学革命的结构》(*The Structure of Scientific Revolutions*)中探讨什么是科学的命题，第一次提出了范式理论以及不可通约性、学术共同体、常规科学、范式危机等概念，深刻揭示了科学革命的结构，开创了科学哲学的新时期。库恩认为，科学是由某些特定的范式支配的，形成所谓常规科学，科学家们围绕常规科学努力扩展此时的主流范式；在研究中，经常会出现一些无法用主流范式解释的现象和事物，当这些现象和事物不断出现并积累到一定程度，将会出现当前范式的解释危机，最终导致科学的革命，出现一个新的主流范式，而新的范式又如同前一个范式形成类似的发展过程。通过范式概念的建立和表述，库恩回答了“什么是科学”这一问题，他认为范式从本质上讲是一种理论体系，是常规科学所赖以运作的理论基础和实践规范，是从事某一科学的研究者群体所共同遵从的世界观和行为方式，是科学家集团(学术共同体)所共同接受的一组假说、理论、准则和方法的总和，这些东西在心理上形成科学家的共同信念。库恩认为范式的特点是：其一，范式在一定程度内具有公认性；其二，范式是一个由基本定律、理论、应用以及相关的仪器设备等构成的一个整体，它的存在给科学家提供了一个研究纲领；其三，范式还为科学研究提供了可模仿的成功的先例。在库恩范式概念的基础上，“什么是科学”这一命题有了较为明确的答案，即一门学科能否成为科学，很大程度上

取决于所在领域的学者对过去和目前的成就能否取得共识，能否拥有共同的范式，如是，则我们就可以说它是科学。

库恩提出范式概念后，引起了学界的广泛关注。科学哲学领域的研究者们对于科学中到底有没有“范式”进行了激烈、持久的争议，而在科学哲学领域以外，特别是社会科学领域各学科的学者出于对本学科科学性的关心和建构，积极地运用“范式”的概念对各自学科进行着方方面面地分析。范式概念对于科学研究的重要影响自然也被经济学家看到，从而被引入经济学研究领域。范式概念被引进西方主流经济学后，经济学范式主要表现在边际主义的发展，主观效用论和边际分析方法迅速成为经济学者的共同的分析工具，也由此推动了新古典主义的主流地位的形成。宏观经济学内部也有相对立的范式：既有以理性预期为基础的市场出清假设，即古典宏观经济学，也有凯恩斯主义和后凯恩斯主义。在中国，也有学者提出了中国经济学的研究范式问题，例如，樊纲对中国改革开放以来经济学研究范式的变迁问题进行了探讨，他认为：“中国经济学在 1979 年以前‘社会主义政治经济学’的主流范式，应该说就是 50 年代初在斯大林主持下写成的苏联版《政治经济学教科书(社会主义部分)》的那个范式。……中国经济学界改革开放以来所感觉到的理论与现实的冲突，其实主要就是苏联版政治经济学与经济现实问题的冲突；所力图‘改造’、突破或放弃的‘范式’，就是所谓的‘苏联范式’。”①

具体到我们目前的研究对象——宏观调控，从范式理论的视角出发，我们认为，前文所提到的中国宏观调控相对于宏观经济政策的这些差异性，为形成一组能够凝聚研究者共识(学术共同体)的概念、观点、理论取向和研究方法奠定了逻辑基础，换言之，中国宏观调控具有明显的范式特征。

第一，中国宏观调控概念的形成和发展呈现出独特的认知路径。不论对宏观调控概念持有怎样的观点，一个事实是无法否认的，即尽管市场经济的理论源于西方经济理论，但西方经济理论中没有宏观调控的概念，只有宏观经济学和宏观经济政策的概念，而在中国经济转型的历史实践当中，宏观调控概念的形成经历了宏观调节—宏观控制—宏观调控的发展链条，宏观调控作为一个经济学概念是具有中国特色的社会主义市场经济建设实践的理论产物，是基于中国经济现实的理论总结。

第二，中国的宏观调控行为植根于东方社会独特的社会文化环境中，中国式的经济、政治、文化因素决定了宏观调控通过目标和手段体系表现出来的行为特征。首先，从经济层面而言，由于中国经济和社会发展的多样性和不平衡性，中国经济面临众多的结构矛盾和利益冲突，需要在宏观层面上予以协调，宏观调控必须强调结构性目标，与西方经济学语境中忽视结构问题

---

① 樊纲：《“苏联范式”批判》，《经济研究》，1995 年第 5 期，第 30 页。

的宏观经济政策完全不同。其次，在政治和文化方面，在市场经济条件下中国政府干预经济方面有其特殊逻辑，党和中央政府除了达到一般意义上的经济目标以外，还需维护国家的统一和中央集权体制，而市场经济带来的是分权和竞争，所以党和政府必须在宏观上对任何影响到国民经济整体发展的因素和问题进行调节和控制，特别是控制，于是宏观调控不仅仅能够发挥西方主流宏观经济理论中强调的政府对市场的间接影响作用，更有直接影响的能力。

第三，中国的宏观调控受中国特色的社会主义市场经济理论指导。这套理论隶属于中国特色社会主义理论的范畴，是在马克思主义经济学的基础上，充分借鉴传统计划经济理论的教训并吸收现代西方经济学的观点，在中国经济转型的社会实践的过程中逐渐形成的，科学发展观是其中的最新内容。在社会主义市场经济理论指导下，中国经济转型已有 30 年，基本形成了中国特色的市场经济体制。未来，中国经济体制在科学发展观的指导下将继续完善，而在国际金融危机的背景下，中国的社会主义市场经济体现出更强大的生命力和适应力。

第四，中国宏观调控的研究方法同样具有差异性。长期以来，尽管西方经济学不同流派之间就是否应该对宏观经济进行政府干预进行了长期的争论，但是，西方宏观经济学不同流派有关宏观经济政策方面的研究大都基于以下几个隐含的假设①：其一，制度是外生的或中性的，对经济运行是无摩擦的；其二，宏观经济政策的目的是熨平由于市场机制本身的原因导致的经济周期，并且主要针对有效需求不足的存在；其三，假定市场是同质的，将研究定位于总量层面，不考虑结构性问题。上述隐含假设植根于发达国家的宏观经济，在发达国家没有制度变迁的问题，也没有结构性问题，于是制度中性假设和市场同质假设保证了在不同时期推出的宏观经济政策具有相似的效果和可比性，成为宏观经济学通过大量的计量分析找到宏观经济运行的规律和检验宏观经济政策有效性的逻辑前提。但是，对于中国的宏观调控研究而言，由于上述隐含假设根本不存在，西方主流宏观经济学的研究范式在中国面临严重的不适用。因此，充分认识到西方宏观经济学的这些隐含假设并因此思考其在中国的适用性，对于中国宏观调控理论借鉴在西方宏观经济理论时进行合理的扬弃至关重要。

三、结　论

综上所述，宏观调控所有显著的差异性都是无法从现有的理论框架中直

① 王静：《转型经济中的宏观调控：基于实践的探索和反思》，上海：上海三联书店，2008 年版，第 38—41 页。

接得到解释的，无论是在传统社会主义经济学的“苏联范式”，还是在西方经济学研究的主流范式中，都无法得到答案，中国宏观调控具有明显的新范式特征：

宏观调控是改革开放后在中国市场化转型的过程中出现的经济现象，是社会主义市场经济条件下具有中国特色的政府宏观经济管理行为，有着自身的特殊逻辑。在实践中，宏观调控形成了一元化的调控主体，二元化的调控目标、任务，以及多元化的手段体系这三位一体的操作——功能框架。如前文所述，一元化的主体是指宏观调控的主体是中央政府，地方政府的经济管理权限仅限于管理调节地方经济的发展。二元化的调控任务是指宏观调控的任务既包括总量调节，也包括结构调整，其目标是短期经济运行的总量平衡和长期内经济社会发展的结构优化。多元化的手段体系是指宏观调控的手段包括经济手段、法律手段和行政手段等其他必要的手段。

我们认为，以上述认识为圆心，足以形成中国宏观调控范式的内核，进而形成关于中国宏观调控的概念、观点、理论取向和研究方法的较为一致的认知。事实上，从目前的文献看，已经有一定数量的研究者在某个方面与上述观点相近，这说明一个关于宏观调控研究的“科学共同体”已经形成。在库恩范式理论的视角来看，这无疑是一个范式。当然，任何科学范式都是在实践发展中产生、发展和成熟起来的，理论界的争论正是宏观调控研究学术价值和意义的体现，随着相关实践的发展，人们的认识必将形成相应的范式。我们也希冀本文对宏观调控的分析和观点能够为构建研究中国宏观调控的主流范式做出贡献。

（作者：张　勇　中共北京市委党校讲师）

项目名称：基于北京市义务教育均衡的财政支出效率与精细化预算改革
项目编号：10AbJG383
项目负责人：栗玉香
项目信誉保证单位：中央财经大学

精细化预算：教育经费管理的新思路

预算是政府表达受托责任、满足公众公共利益诉求的政策目标工具。如果人们希望了解政治，想知道发生了什么事的话，就必须了解预算。如果有人问："政府支出的受益者是谁?"答案就记录在预算中。① 教育预算是"将公众教育需要转化为财政计划的过程"。②这里隐含着的前提是：政府从公众取得的资源，先应取得公众的同意，按公众的意愿分配和使用，并尽可能达到公众期待的结果。预算过程为公众表达自己的期待和意愿提供了一个广为接受的集中性工具，从而使政府预算成为迄今为止人民表达"个人偏好"并使其聚合为某种形式"社会偏好"的理性工具。③ 教育经费精细化管理是政府财政精细化预算在教育领域的应用，是实现教育政策目标的有效工具，是完善教育经费管理的"利器"。

一、教育经费精细化预算的缘起

精细化预算源自精细化管理，是发达国家的一种企业管理理念。精细化预算管理多见于企业财务管理实践，并无明确的概念界定，很少有人从理论上进行阐述。2008 年之后，中国政府文件(尤其是财政文件)及相关学者开始较频繁使用"精细化预算"一词，但对其基本内涵也没有准确的界定。

事实上，当我们明确了"预算是政府受托责任的表达"这个目标之后，精细化预算就是保障实现这一表达及其政策目标的基本工具。因为过于"粗犷"的预算，受托责任难以明晰，问责对象则难以界定。有学者曾将精细化预算与企业财务管理中的责任预算等同，在政府预算层面上，精细化预算是指财政预算的每一个程序都得以细化，每一个环节都做到位，把预算中的公民参

---

① [美]阿伦・威尔达夫斯基、内奥米・凯顿著，邓淑莲等译：《预算过程中的新政治学》，上海：上海财经大学出版社，2006 年版，第 2 页。

② [美]小弗恩・布里姆莱、鲁龙・R. 贾弗尔德著，窦卫霖译：《教育财政学——因应变革时代》，北京：中国人民大学出版社，2007 年版，第 266 页。

③ 王雍君、张拥军：《政府施政与预算改革》，北京：经济科学出版社，2006 年版，第 1—13 页。

与性、预算的全面性、预算的程序性、预算的绩效控制等方面真正落到实处。其中，预算程序(过程)精细化是精细化预算的核心。预算过程精细化要求从预算编制、预算审批、预算执行到预算评估的每个环节要有相应的时间保证、有严格执行操作程序规定的活动、有足够的公众参与广度和参与质量。比如美国政府预算就突出了“增进预算的透明度、可理解性、精细度和政府承诺可信度”的指导思想。[①]

教育经费精细化预算管理是财政预算精细化在教育预算中的具体运用，其基本内涵也未定论。《国家中长期教育改革和发展规划纲要》提出：“建立科学化精细化预算管理机制”。这不仅是对教育预算管理提出的新要求，而且也提示我们及时总结和反思教育经费预算存在的问题，全面理解教育经费预算精细化管理。教育经费精细化预算管理是进一步明晰政府间，以及政府与学校支配教育资金的受托责任，有效解决教育资源配置绩效，实现政府教育政策目标的有效工具，是政府实施教育善治的“利器”和教育问责的重要机制。

二、教育经费精细化预算管理的内涵

(一)预算归口管理精细化：教育经费精细化预算管理的前提

预算归口管理精细化即实行全口径预算管理，是预算全面性的基本要求。“全口径预算”在国际上并没有对应的提法，中国实行全口径预算管理的焦点是政府的预算外活动[②]。长期以来，政府收支管理存在两大突出问题：一是现有政府收支未能全面纳入政府预算；二是并非所有已经纳入预算的政府收支都受到了同样严格的预算管理与控制。全口径预算要求政府公共预算、政府性基金预算、国有资本经营预算和社会保障预算等至少四个部分将全部包含在各级政府预算中，各级政府、部门和单位必须将所有政府收入全部列入预算。因为游离于预算体系之外的政府收支容易导致：立法机关和公民无法对支出机构问责，决策机构无法全面评估政府活动的规模及政府收支统筹安排，支出机构缺乏适当的监督，最终导致财政风险、不可持续、资金配置低效率和腐败的发生。

教育经费的全口径预算是指预算资金范围应覆盖政府所有部门及学校所有来自于财政的、用于教育的收支活动，包括预算内、预算外资金、各种专项资金、转移支付资金、事业性收费、学校经营性收入等，体现教育预算的全面性。全口径预算可以约束官员自由裁量权以及由此而导致的权力寻租行

---

① 李涛：《公共预算精细化：国际经验与启示》，《地方财政研究》，2009 年第 11 期，第 20—22 页。

② [美]亨利·尼古拉斯著，张昕译：《公共行政与公共事务》，北京：中国人民大学出版社，2002 年版，第 313—314 页。

为，可以全面反映教育经费的配置状况，可以从经费配置源头上缩小差异。比如，分析教育经费统计相关数据可以看出：从预算内的数据看，区域间、校际间经费差异在不断缩小或差异并不突出；但从全部生均教育经费来看，差异比较突出，甚至有不断扩大的趋势。很显然，预算口径的差别是导致政府报告的教育经费数据与公众感受不一样的主要原因之一。中国教育经费统计公报数据显示：即使以不完整的预算收支作为统计口径来衡量教育法定支出，2009 年全国有 29 个省份没有完成“预算内教育经费占财政支出比例递增”的教育法定支出目标。如果考虑预算外财政收支，以政府全部收支作为统计口径计算，教育法定支出的欠账可能更多。

(二)预算过程管理精细化：教育经费精细化预算管理的核心

预算过程精细化要求预算的每个环节都应有详细的操作程序。即从预算编制、预算审批、预算执行到预算评估的每个环节都要细化。细化的预算管理，要使预算有：(1)充足的时间保证；(2)严格执行操作程序规定的活动；(3)足够的参与广度和参与质量。教育经费支出的根本目的是满足公众公共教育需求，教育预算过程就是公众公共教育需求发现、确认和实现过程。教育预算过程所需要做的是，预算准备阶段如何发现公众公共教育需求？预算编制阶段如何体现公众公共教育需求？预算执行阶段如何满足公众公共教育需求？预算执行结果审计与评估阶段如何评价教育经费支出满足公众公共教育需求程度？在这一过程中，应充分发挥相关利益群体——尤其是基层预算单位学校预算的作用。

学校经费预算是政府教育部门预算的基础。相对而言，学校比政府更了解学校经费的实际需求数量及用途，更能了解学生及家庭对教育的需求，缺乏学校符合实际支撑的政府教育部门预算是空洞的，是不可能很好地反映公众的教育利益诉求的。强调学校预算：(1)可以进一步强化学校财政支出的责任，改变现行学校只管花钱，不问支出效果的现状；(2)有利于促进学校发展规划与资金支持的有效结合，保障学校的可持续发展；(3)可以使学校基层预算真正成为公众参与政府教育部门预算的最基础环节，使教育部门预算具有最广泛的参与基础和参与机会。

目前，全过程预算精细化的突出问题是预算编制及审议时间不充足。标准预算周期一般应为 28 个月，其中，“预算编制”为 10 个月，即从每一个预算年度前一年的 3 月开始至年末结束。在标准周期预算中，预算编制阶段是最关键阶段。在预算编制时间充足的条件下，预算所需要的基础数据和基础管理将更加细化，预算项目论证将更充分。预算编制的细化，将有助于减轻预算执行过程中诸如追加过多、预算变动过频，甚至冲击正常预算等方面的压力，保证部门预算的“编细编实”，确保预算的准确、合理。而目前学校预算编制一般从 9 月份开始，5 个月(每年的 4－8 月份)的预算准备和编制时间被省略，难免导致草率地编制，大量必需的基础数据来不及收集，收支预算粗粗犷，项目论证流于形式。

预算审议时间也并不充分。目前，一般而言，各级政府的预算审议一般是在“两会”期间，其中集中审议预算的时间可能只有两天。由于“两会”代表专业能力的差异，有的代表可能根本看不懂预算报告；加上政府部门提交的预算报告大多是“超浓缩版”，即使是具有相关专业能力的代表，也很难在如此短暂的时间内把预算报告搞明白，更不用说质询预算报告。匆忙之间，具有法律效力的政府预算报告就被审议批准了。

预算准备、编制、审议批准时间不充分导致了一系列问题。(1)教育经费预算的相关利益群体参与预算程度低，必要的预算准备及编制程序活动无法充分展开。(2)预算的滞后性突出。当以学校预算为基础的教育部门预算在预算年度的3、4月份被批复后，由于之前的学校预算编制粗糙，学校财务部门需要与其他各部门协商预算资金的具体分配。而这个过程又是非常具体而细碎，往往需要较长的时间。待学校预算下达到校内各单位时，已经进入预算年度的5、6月份。这时，预算年度的学校经济业务已发生了近1/2，预算已滞后甚至过时。(3)预算的权威性和约束力降低。由于近半年的学校支出是在没有预算批准下进行的，客观上为学校支出提供了自由操纵空间；而且由于学校预算执行中出现上半年拨款不及时，下半年拨款过于集中，从而造成工作拖拉和突击花钱现象严重。

(三)预算结果管理精细化：教育经费精细化预算管理的导向

投入预算与产出预算是两种不同取向的预算模式，目前的教育经费预算基本是投入预算模式。在投入预算模式中，预算执行部门只需要对投入经费的取得和使用合规负责，并不需要就经费的使用所产生的结果承担受托责任，对预算执行中花掉的经费究竟产生了怎样的结果很少进行计量和评估，更不把计量和评估的结果同各支出部门与机构预算经费的申请联系起来。①这与公众和纳税人更加关注财政投入结果(政府花我们的钱给我们带来了什么？是否有效地促进了政府自己所承诺的那些政策目标的实现?)很不吻合。现实中的投入预算模式下，教育投入导向形成了这样的关系链：政府承诺法定教育财政投入量——教育经费使用单位尽可能多的争取政府经费投入——财政部门监督经费使用的合规性——教育投入结果无人关注。

相对投入预算而言，产出预算更强调结果。在产出预算模式下，审计部门更多的是关注预算执行部门花钱是否取得了预期的绩效，绩效成为各部门和支出机构申请预算并获得资金的正当理由，立法机关、支出控制者和支出机构得以了解有关政府绩效的一些关键问题：我们花了纳税人的钱得到了什

① 王雍君：《从投入预算到产出预算》，《河北经贸大学学报》，2005年第3期，第34—38页。

么？我们如何判断是否取得了成功？我们在多大程度上完成了任务和政策目标？"以产出为本"的政府财政支出导向是对传统官僚行政模式只重程序规则不重实际结果、只重投入不重产出的纠正。"以产出为本"的公共服务供给评估是以政府行为的最终结果是否实现了预期的目标来评判政府工作的成效，并根据政府期望达到的成就来重塑计划、预算、管理和报告等各个环节。比如，美国地方政府实施"以产出为本"的公共服务供给评估，通常综合采用产出量测量、效率测量、结果测量、服务质量测量、公民满意度测量等方法。

三、教育经费精细化预算管理的着力点

(一)预算科目——类款项目编制精细化

1. 预算科目编制精细化

预算科目也叫预算条目或功能类别(function)。目前的功能类别(含次级功能类别，the second function)下设规划(program)、活动(activity)、条目(line-item)。功能、规划、活动和条目分别对应预算表中的财务科目类、款、项、目。对于某一公共领域(如教育领域)的投入，如果预算科目编制精细，公众就会很清晰的了解相关信息，比如义务教育(次级功能)投入多少，在其之下有哪些规划项目(如师资培养规划项目)及其支出情况，每一个项目下又有哪些活动(培养师资的人数、次数、课时数)，每一活动下的条目支出情况如何(用于培训师资所需要的人员数、支出标准，公用经费的支出标准和支出数额)。通过细化了的预算科目编制，一方面可以让更多的公众判断教育经费的使用方向和结构是否合理，另一方面可以有效限制经费管理者的自由裁量权及与教育活动无关的支出。

2. 预算项目文本精细化

(1)项目申报文本的各要素要齐全，按规定的内容编制项目申报书、可行性报告和评审报告，项目支出明细表、测算依据和政府采购方式等内容不能遗漏，评审报告应有符合资质条件的专家签字；(2)项目支出内容应符合规定的开支范围，支出内容不得包括非预算单位的项目，政府采购金额应与项目支出预算表中的"政府采购金额"相关；(3)申报书中的申请理由、主要内容、目标条件等陈述应符合科学性、合理性的要求，项目支出预算明细应按经济分类进行细化，测算依据应细化、合理，支付标准应符合国家有关规定。

预算项目编制的精细化需要动态化的相关信息作支撑。这就需要建立相关的基础数据信息库，比如人员、项目、活动等信息库以及预算编制信息库。在实际运行中，以预算编制信息库统领基本信息、项目信息等数据库，形成信息库联动机制，进一步细化基本支出管理，形成从项目总预算→项目资金来源明细→项目支出明细→项目采购明细→项目附件→项目申报书→项目财政评审情况的数据链，以全面反映项目及其支出预算的全貌。

(二)教育部门预算精细化——强化基层预算单位(学校)预算

中国高等学校预算虽然已实施多年，但并未达到科学化、精细化的水平；中小学的学校预算始于2006年，但总体仍然停留在“填空式”的水平上。建立和健全学校预算，可以明确各级政府保障教育投入的责任，也可以规范教育行政部门和学校内部的管理行为，提高教育经费使用效益。①

1. 保证预算编制时间的相对充足

编制时间充足是精细化预算管理的重要条件，充足的编制时间有助于使学校对预算项目的合理性、经济性进行充分的论证，有助于预算编制每个环节的精细化管理。比如，美国义务教育阶段学校预算编制工作从前一年的1月份开始，一直延续到12月份，贯穿整个财务年度。②

2. 确保相关利益群体充分参与预算

(1)组成有广泛代表性的学校预算委员会。学校预算委员会在组成上包括教师、社区参与委员会、家长教师协会以及学生等方面的代表，依据学区目标和对学生需要的评估编制出预算方案。(2)预算内容可以兼顾到充分关注相关利益群体的利益。预算委员会利用一定时间来讨论所有的利益相关者共同关注的学校重点项目，利益相关者经过充分讨论后最终确定一个预算方案。(3)预算信息公开，充分接受相关利益群体的监督。整个财务年度，学校定期将预算报告提交给全体教职工会议、学生会议以及家长教师协会或者社区参与委员会等所有的利益相关者。预算委员会还可以定期举办正式的、与预算内容相关的听证会，听证会可以用通俗易懂的方法使所有的利益相关者了解学校预算表中所包含的信息，尤其对被质疑的项目做出必要的解释和说明。

3. 学校应参与政府教育部门预算

学校在完善自身预算基础上，政府应创设学校间经费分配博弈的平台，允许学校间为自己争取更多经费而进行公开的博弈，以有效遏制官员、学校在经费分配过程的设租、寻租行为，以降低经费配置过程的交易费用，提高教育经费的配置效率。

(三)预算方法精细化——试行规划预算

传统的投入预算模式并不关注预算中安排的资金取得了什么成效及产出成果情况如何，这直接刺激了教育经费使用单位把工作重心用在争夺预算拨款上，而不是如何花好预算资金以取得良好成效上，从而导致预算执行的结果偏离政府教育政策意图，不能实现预期的令人满意的教育政策目标。实践

---

① 王蓉：《做好预算：中小学校长面临新课题——访北京大学中国教育财政科学研究所所长》，《光明日报》，2006年5月24日。

② [美]雷约翰著，张新平译：《学校经营管理：一种规划的趋向》，重庆：重庆大学出版社，2003年版，第135—136页。

证明，仅对投入采取严格控制的投入预算往往事倍功半，对此人们已经获得了广泛的认知，并成为发达国家致力于推动绩效预算改革的重要思想渊源。[①]

绩效预算彰显的是为了实现目标而请求拨款，细化这些目标而拟定支出计划——花费多少钱以及这些花在哪里，用哪些量化的指标来衡量预算在每项计划实施的过程中取得的成绩和完成工作的情况。但目前实施教育经费绩效预算还存在一些困难。比如，与教育经费支出绩效有直接联系的教育成本核算缺乏明确标准，教育支出绩效评价体系的科学性以及教育部门、财政部门、尤其是社会公众对此标准和评价体系的可接受程度等。因此，当前，从投入预算转向绩效预算，可以尝试的过渡方法是推行教育规划预算。

规划预算强调以规划作为分配预算资源的基本单元。实行教育支出规划预算：(1)在决定政府教育政策目标、政府任期教育目标、满足公众公共教育需求的基础上，对教育发展进行部门规划，在规划的框架内确定需要开展的活动；(2)界定每项活动的产出，计量和归集产出和完全成本，编制规划预算；(3)每一个规划预算应有多种方案可供选择，每一种方案都要明确告诉公众，教育经费支出了多少、产生的结果如何、在多大程度上促进了预定目标这三个关键问题；(4)规划预算中的每项活动支出必须提出充分的理由，并辅以大量的文件，证明其预算支出申请的合理性，交由立法机关逐项审核。教育支出规划预算，明确了政府某项教育财政政策的目标，确定了实现目标的具体活动支撑，规定了教育产出成果目标的产出成本约束，使教育经费支出资金用途落到实处、规划管理者的责任更加明确。

(四)预算信息精细化——充分披露且足够透明

教育经费预算信息属于公共信息，公众有权利知晓，政府也有责任和义务公开相关信息。预算透明是指政府预算应成为对全社会的公开性文件，其内容能为全社会所了解。根据一些经济学家的解释，财政透明度意指向公众公开政府结构与职能、财政政策取向、公共部门账目和财政筹划(fiscal projections)。这里的“公众”被定义为包括所有与制定和实施财政政策有某种利害关系的个人和组织。[②]目前，教育预算信息不仅披露有限，而且透明度低。在信息披露方面，除了政府通过统计年鉴、公报、新闻媒体、发布会等方式披露教育经费信息之外，公众基本上无法通过其他渠道了解教育经费相关的信息。教育经费支出信息透明度较低主要表现在：政府教育预算支出的活动信息不透明、不及时、不可靠；各级政府教育部门和学校财务状况公开不充分，教育经费审计不完全独立，教育审计内容不完全公开等问题。

---

① 王雍君：《公共预算管理》，北京：经济科学出版社，2010年版，第347页。

② Kopits，George and John Craig. Transparency in Government Operations，IMF Occasional Paper No. 158. Washington：International Monetary Fund. 1998.

国际货币基金组织《财政透明度手册》的核心思想是，政府应当定期向公众提供全面并且真实的财政信息。同时，对公开财政信息的内容、程序以及如何确保这些信息的质量要有具体的规范。但相关研究显示，中国31个省级财政信息透明度连续三年平均得分一直在20多分(满分为100分。2009年为21.71分，2010年为21.87分)；对全国各省341个厅级行政机关的透明度调查评估的结果显示，2011年的平均得分比2010年甚至有所后退。①

公民对教育经费预算的参与和监督依赖于相关信息公开的程度，教育经费相关信息的公开程度既反映了政府接受公民监督的主动性程度，也是遏制权力异化现象的必由之路。因此，政府财政、教育部门及学校应树立依法披露信息的自觉意识，及时、完整地公开教育经费相关信息；省、市、区县政府及学校应定期公开教育经费预算、执行、绩效评估信息等。同时，财政及教育部门应不断完善信息公开的手段，利用电子政务网络，有效整合相关信息，保证信息的真实性、统一性和权威性。值得注意的是，教育部门和财政部门的教育经费数据要统一，更要避免所谓内部数据和公开数据同时存在现象的出现。

(作者：栗玉香　中央财经大学政府管理学院教授)

① 《财政信息透明度几无进步》，http：//xh. xhby. net/mp2/html/2011-03/22/content _ 339980. htm.

项目名称：基于文化创意产业发展的优化北京产业结构研究
项目编号：10BaJG386
项目负责人：王信东
项目信誉保证单位：北京信息科技大学

文化创意产业引导消费需求的功能分析
——以北京为例

随着人类进入知识经济时代，经济的增长方式发生了巨大变化，逐步由依赖物质资源的投入转向重视发挥技术和知识的作用。文化创意产业通过增加产品或服务中的文化和知识的含量，并发挥其强大的渗透力和辐射力，提升了消费对象的附加值。我国学者厉无畏把文化创意产业的特点总结为软驱动取代硬驱动、价值链取代生产链、消费导向取代产品导向。文化创意产业需要关注消费者的需求，文化创意产业在关注和满足消费者的需求时，也对消费者的需求产生潜移默化的影响，通过对消费者的消费观念、消费内容、消费方式进行积极的引导，对消费水平的提升和消费结构的优化产生积极的促进作用。而消费升级是促进产业结构优化和升级的直接动力，对经济发展具有重大影响。

2011年北京文化创意产业实现增加值1938.6亿元，比上年增长14.2%；占地区生产总值的比重为12.1%，比上年提高0.1个百分点。在整个“十一五”期间，北京文化创意产业增加值年均增长20.3%，进入了快速成长阶段，文化创意产业正成为北京经济发展的新引擎。同时，文化创意产业在引导居民的消费需求、促进消费升级方面也产生了积极作用。本文以北京市为例，论述文化创意产业对消费需求所产生的引导作用。

一、文化创意产业的发展有利于引导人们建立科学的消费观念，促进人们消费层次的提高

(一)文化创意产业的发展帮助人们建立科学的消费观念，有利于文化消费、绿色消费观念和可持续消费观念的建立和传播

消费观念是人们对自己的消费生活所持有的基本观点和价值判断。文化创意产业所提供的产品基本上属于知识密集型产品，消耗的物质资源相对较少，环境污染小。文化创意产业利用文化的融合性和辐射性倡导新的消费理

念和生活方式。在资源紧缺、环境危机日益引人关注的今天，文化创意产业通过引导人们关注消费对象中蕴含的人文知识和创意价值，有助于文化消费、绿色消费、可持续消费观念的传播。宋庄作为北京最大的原创艺术集聚区，已经建成了40多家大型美术馆和几十家画廊，每年举办几百场规模不等的美术展，吸引几十万人次的参观游客，不仅产生上亿元的艺术品交易，而且通过与原创艺术的近距离接触，提高了人们的文化品位，激发了文化需求，扩大了文化消费。著名的“798”已经成为北京的一张文化、创意名片，是中国老工业区的改造和工业遗产再利用的典范。原来的破旧厂房，成为中国先锋艺术的聚集地。

(二)文化创意产业的发展引导人们从生存型消费向发展型消费和享受型消费转变，提升消费质量，促进人的全面发展

马斯洛的需求层次理论认为人的需求层次由低到高可划分为生存的需要、安全的需要、社交的需求、自尊的需求和自我实现的需要。消费不仅是满足人的物质和生存的需要。消费方式的选择与人的全面发展具有密切关系。随着低级的生存需要的满足，消费的最终目的是要实现人的自我发展和实现，文化创意产业产品的消费是人的发展型消费和享受型消费的重要内容。消费中的文化和科技含量的增加，有利于提高人的素质和文明程度，促进人的身心全面发展。发达国家的经验表明，当人均GDP在1000—5000美元时，拉动城市经济增长的主要是制造业、加工业和传统服务业。当人均GDP在5001—10000美元时，拉动经济增长的动力主要在于科技创新，在于创意产业、高科技产业和服务产业的发展。据北京市统计局的数据显示，2011年按常住人口算，全市人均GDP达到80394元，折合12447美元。按世界银行标准计算，北京市经济发展已处于中上等国家水平。创意产业已成为北京优先发展的重点产业，并开始逐步渗入居民的日常生活和消费中，通过文化的辐射和融合作用，对居民的消费行为产生积极的示范和引导作用。如平谷区不仅以平谷大桃闻名于世，其平谷音乐节也运作得风生水起，吸引了大批乐迷的参与。平谷区通过把文化创意产业作为区域重点产业来发展，利用文化创意融合区内优势资源，每年先后举办国际桃花音乐节和中国乐谷国际流行音乐节，把旅游、休闲和文化结合起来，已成为京城有影响力的特色文化活动。同时，文化创意产业的发展也提升了居民的文化品位，引导人们的消费观念的改变。平谷依托乐谷的带动，小提琴制造产业获得了迅速发展，到2008年年产量已达到30万把。现在，世界上每三把小提琴中就有一把产自平谷，堪称世界小提琴生产之都。同时，随着各项相关文化创意活动的开展，居民的文化消费意识也不断增强。在平谷，越来越多的人开始喜欢音乐、欣赏音乐、学习音乐。同时，更多的家长主动地让自己的孩子接受音乐教育，提高音乐素养。

二、文化创意产业的发展对创造新的消费领域、引导消费结构的优化和升级发挥积极的促进作用

(一)文化创意产业的跨界性和产业融合性引导新的消费领域的产生

文化创意产业强调发挥人的创造性，不断地推陈出新，利用文化的融合性和渗透性，突破产业的边境，创新产业发展模式，引导新的消费热点产生。而现代文化创意产业尤其强调将自然科学中的技术创新与文化艺术上的内涵创意相结合。金元浦教授指出，当代在数字化、信息化基础上产生的一系列新业态，像动漫、网游、互联网经济、数字设计、电子商务、网络电视台、手机电影、手机动漫、手机阅读、手机音乐等的壮大发展将推动传统的文化创意产业走向高端。同时，创新的产业经营模式也引导新的消费热点的产生。如最近引起许多电影迷关注的微电影，就是一个典型的案例。微电影是指专门运用在各种新媒体平台上播放的、适合在移动状态和短时休闲状态下观看的视频(“类”电影)短片。它经过策划，具有系统制作体系支持的包含整体故事情节的“微(超短)时”(30－300 秒)放映、“微(超短)周期制作(1－7 天或数周)”和“微(超小)规模投资(几千—数万元每部)”的视频，内容融合了当代人们所关注的各种主题，可以单独成篇，也可系列成剧。微电影相对传统电影和电视的根本区别就在于上述的三“微”特征，使得过去曲高和寡、普通大众渴望不可及的高雅艺术真正地具有了互动性和参与性。微电影的出现不仅极大地降低了观影门槛，还提高了电影的参与性，只要有兴趣，谁都可以做导演、演员、编剧，可以发挥自己的才华，制作电影，并在网络或手机等移动终端播放自己的作品，表达自己的思想。

(二)文化创意产业发展增加了文化消费在居民消费中的比重，引导、培育、满足人们的精神文化需求

长期以来，在我国居民的消费结构中，精神文化的消费所占比重较低。这也是我国居民消费水平不高、消费质量不高的重要表现。随着生活水平的日益提高，人们不仅追求物质产品的丰富，也渴望精神文化生活的充实。我国居民的精神文化消费贫乏，导致富裕起来的人们缺乏科学的消费理念，奢侈消费、炫富消费、低级趣味消费等不良消费方式盛行，不仅污染了消费环境，也影响了社会的和谐稳定。北京市集中了全国九成有实力、有影响力的中央文化机构，博物馆、电影院、剧场等文化设施的数量与质量在全世界各城市中也名列前茅。全市文化领域的资产规模在 2 万亿元以上，北京发展文化创意产业具有得天独厚的条件。在京各大文化机构充分抓住发展机遇，为京城百姓提供了内容充实、创意新颖、形式多样的文化产品和活动，丰富了市民的生活。以文艺演出为例，据北京演艺协会的初步汇总数据，2011 年北京市各类营业性演出场所演出场次共计 21075 场，比上年(19095 场)增长

10.37%；观众人数共计 1026 万人次；演出收入共计 14.05 亿元。同时，文艺演出呈现艺术门类丰富、演出形式和内容更贴近大众需求的趋势。在北京，既可以在国家大剧院欣赏到世界级艺术家和演出院团的高水平演出，也可以在星光现场剧场、麻雀瓦舍剧场、蓬蒿人剧场等小剧场接触到特征鲜明的个性化演出；既可以欣赏到世界级交响乐团演奏的世界名曲，也能接触到个性鲜明的民谣、摇滚、说唱、滑稽喜剧等另类的演出。同时，精神文化消费与物质消费的不同之处在于，精神文化消费是需要消费者具有一定的知识基础和艺术修养的。因此，培养精神文化的消费能力是吸引人们增加精神文化消费的前提条件。而北京的众多文化机构一方面通过提供形式多样、内涵丰富的文化产品开拓消费者的视野，另一方面，积极开展了灵活多样、针对性强的文化教育、艺术熏陶的工作。

三、文化创意产业的发展对形成新的消费潮流、引导消费模式的创新发挥积极的促进作用

（一）文化创意产业的发展吸引创意人群的聚集，为北京作为世界城市塑造其时尚之都、消费潮流引导者等形象，提供了现实的条件

美国学者理查德·佛罗里达在其著作《创意阶层的崛起》中谈到，经济繁荣的城市里往往充斥着充满创意的人，他称之为“创意阶层”。创意人才的聚集是纽约创意产业发展的最大优势。这些现代的创意天才决定了人们的消费品位、时尚潮流与审美观，奠定了纽约全球消费风向标的地位。北京作为中国的首都和政治、文化中心，具有深厚的历史文化氛围，提供了文化创意产业所需要的良好的文化资源和具有较高购买力的消费人群。而创意产业的蓬勃发展为创意人才提供了理想的就业岗位和生活氛围。有数据表明，在北京从事文化创意产业的人数在 2010 年已经达到 122.9 万人。创意人才的想法和创意本身就是新的生活方式和消费潮流的源泉。如在北京举办的中国国际时装周自 1997 年举办第一场时装秀以来，15 年来举办近千场设计师、时尚品牌的发布会，专项大赛和时尚大奖盛典，成为国内为数不多的具有国际影响力的时尚舞台，并对国内时尚消费潮流产生了较大影响。已成功举办两届的北京国际电影节在业界的影响力也不断增大。时尚北京、创意北京的形象已经初步形成。

（二）文化创意产业的发展引导创新性、个性化的消费模式不断产生，满足人们的个性化消费需求

随着人们生活水平的提高，消费的目的不再仅是满足生存的需要，消费也是人们表达观念、体现个性、传达主张的一种重要手段。文化创意产业通过激发人们的无穷创意，向社会提供与众不同、个性特征明显的产品或服务

满足人们追求个性化、差异化的消费需求。文化创意产业的特征是创新性和个性化，随着文化创意产业的蓬勃发展，创新性的、个性化的消费模式不断产生，不同个性的消费者都能够从中找出符合自己品味追求的文化特征。随着文化创意产业的发展，京城白领的生活也日益丰富。有些人周末迷上了做木工，通过参加创意木工俱乐部学习木工手艺，一方面放松压力，另一方面也可以制造有个人特征的原创家具。而非职业话剧在京城也悄然兴起，许多白领不仅看话剧，同时还热衷于参与话剧演出，利用下班和周末时间进行排练，通过参与排练和演出，放松心情，表达自我。

(三)文化创意的跨界性、融合性特征带动创意农业、创意旅游产业的蓬勃发展，引导居民休闲方式的创新，提升居民的幸福指数

不用去遥远的普罗旺斯，在京郊怀柔，市民就可以徜徉在东方普罗旺斯薰衣草庄园500亩的薰衣草花丛中，体验浪漫的法兰西风情。该庄园内另有油菜花100亩、向日葵100亩，错季种植花期6至10月，使京城居民能够体验到不同的花期美景。随着人们生活水平的提高，人们对休闲也日益重视。文明、科学、寓教于乐的休闲消费有利于人的素质的提高、增强人们的幸福感。文化创意产业的特征是通过文化知识和独特创意对各个产业的渗透、融合，创新产品和服务模式，提升产业附加值。北京的创意农业、创意旅游发展迅速，丰富了北京市民的休闲生活。截至2010年年初，北京市已有113个创意农业园，其中农业主题园达50多个，有一定品牌影响力的农业节庆活动60多个，综合收入16亿元，500多万游客每年为“农业创意”消费6亿余元，全市创意农业年产值已达到22亿多元。而从2012年5月19日开始，占地8.56平方千米的首钢石景山主厂区正式变身为工业遗迹游景点。市民可以乘坐小火车，游览百年首钢，体味“钢铁之旅”。

四、文化创意产业的发展有利于人们增强对民族文化的认知，提升民族品牌形象，引导人们对民族文化和民族品牌的消费

(一)文化创意产业利用文化创意的独特吸引力，增强人们对民族文化的认知和引导人们对民族文化的关注

文化创意产业的核心特征是强调把文化要素作为推动经济增长的主导要素。五千年灿烂悠久的中华文明、丰富多样的民族文化是发展文化创意产业的宝藏，同时也是我国经济发展的长板。但在生活节奏紧张、竞争压力加大、人心日益浮躁的现代社会，缺乏对许多有价值的民族文化的关注，一些文化甚至面临能否顺利传承的巨大挑战。如中国古典名著《红楼梦》是我国文学史上最有影响力的巨著，是中国人引以为傲的民族文化遗产。但沉沦在现代社会的钩心斗角中，忙碌的现代人很少能够静下心来细细品味其中所蕴含的文

化精髓。而一些指导人们如何面对竞争，如何在竞争中取胜的书籍、影视作品却成为现代白领的主要精神食粮。根据卓越网和当当网的统计数据，《杜拉拉升职记》、《甄嬛传》等文化快餐类读物受到了人们的追捧，在销量上名列前茅。而文化创意产业通过把民族文化要素与新颖的创意相结合，提升了民族文化对消费者的吸引力，增强了人们对民族文化的认知，从而推动了人们对民族文化的关注。如电视剧《红楼梦》的播放重新点燃了人们对原著的兴趣，在播放期间，原著小说也取得了良好的销量。而根据小说中的大观园仿建的北京大观园，是中国园林中的"名著园"的典型代表，也是人们了解红楼文化、普及红楼知识的一处重要场所。每年春节举办的红楼庙会都会吸引众多市民参与。

(二)文化创意产业助力民族品牌形象的改进，提升人们对民族品牌的认知，引导人们对民族品牌的消费

大卫·奥格威认为品牌是一种错综复杂的象征，它是品牌属性、名称、包装、价格、历史、声誉、广告方式的无形总和。随着收入水平的提升，人们对产品的消费从看重使用价值向关注观念价值转变，品牌成为影响人们消费选择的一个重要因素。尽管中国制造具有强大的世界影响力，中国民族品牌的发展却不尽如人意。改革开放以来，尤其是入世以后，国内市场竞争日趋激烈，国内市场国际化的趋势日趋明显。许多民族品牌不仅走出国门、变身国际品牌无望，甚至在国内也步履维艰，国内消费者也不买账。中国众多民族企业长期处于微笑曲线的底端，利润微薄而且不可持续。如何从微笑曲线的底端向两端延伸，变中国制造为中国创造是中国企业能否成功转型的核心问题。其中，注重产品设计、增加其艺术性和功能性、改进市场运作策略、塑造具有感染力的品牌形象是关键环节。正如韩国三星公司通过注重产品设计和品牌形象塑造，从廉价的韩国产品成功变身为时尚、前沿、先进的国际品牌，连续多年在世界品牌排行榜中名列前茅，2011 年在世界著名品牌咨询机构 INTERBRAND 公司和《商业周刊》联合发布的世界品牌价值排行榜上，名列第 17 位，品牌价值达到 234.3 亿美元，而在世界 500 强榜单上不断取得突破性好成绩的中国企业至今榜上无名。文化创意产业作为典型的现代服务业的代表，其产品的设计环节、营销环节可以通过对产品设计注入文化内容、在品牌营销时采取有创意的推广方式等方法帮助中国品牌改进现存的问题，提升民族品牌对消费者的吸引力。据有关方面统计，北京文化创意产业中设计行业的产值由 2004 年的 11.5 亿元增长到 2010 年的 43 亿元，广告会展业的产值由 2004 年的 47.8 亿元增长到 2010 年的 127 亿元，发展速度喜人。文化创意产业的发展还有助于民族品牌树立品牌意识，解决品牌发展的短板问题，重塑品牌形象。如华旗资讯旗下的爱国者品牌，通过新颖美观的产品设计和匠心独运的营销策略，不仅在移动存储、数字音频播放器领域销量领先，在数码相机市场也取得了不错的成绩，成为该领域唯一能够与国外著名品牌抗衡的民族品牌。其新近推出的爱国者哥窑照相机，把中国传统文化和现代科技巧妙地结合在一起，使产品极具中国美学韵味，获得了中外消费者的认可。

五、文化创意产业是体验经济的典型产业，为消费者创造价值搭建平台

（一）消费者体验是实现产品价值的基础

1999 年美国学者约瑟夫·派恩和詹姆斯·吉尔摩撰写的《体验经济》一书将体验定义为“企业以服务为舞台，以商品为道具，以消费者为中心，创造能够使消费者参与、值得消费者回忆的活动”。体验经济是满足人们的各种体验的一种全新的经济形态。有观点认为，体验已经逐渐成为继农业经济、工业经济和服务经济之后的一种主导型经济形态。在体验经济时代中，越来越多的消费者渴望得到体验，越来越多的企业精心设计、销售经验，为消费者的体验服务。企业不再仅仅是销售商品或服务，它提供最终体验并充满感情的力量，给消费者留下难以忘却的愉悦记忆；消费者购买的产品或服务在本质上不再仅仅是实实在在的商品或服务，而是一种感觉，一种情绪上、体力上、智力上甚至精神上的体验。产品的价值，只有在消费者体验的基础上才能实现，企业与消费者在消费者体验的基础上得到了和谐、互动与统一。

（二）文化创意产业产品具有较高“可体验性”，易于实现消费者创造价值

文化创意产品的本质是“文化”，从一种文化产品变成由这种文化产品所引发的一种文化现象，必须要使这种文化产品所涵养及宣扬的文化价值被社会、民众、消费者在充分体验的基础上所认同、所接受，形成文化的吸引力和感染力，进而对社会产生影响力，也只有当文化创意产品变成了一种社会文化，该产品的市场价值和社会价值才可以同时达到最大化，同时这种价值的存在才具有持续性，才能真正为该产品的价值再开发奠定良好的市场和社会基础。所以消费者既是文化产品价值的体验者、消费者，又是文化产品价值再开发、再创造、价值得以社会化并能传承下去的创造者。这样文化创意产品的生产与消费便会形成一个良性互动循环：文化产业生产文化创意产品—消费者体验消费—消费者价值再创造—引导生产者再创造。

（三）文化创意企业要协助、引导消费者创造产品价值

体验经济的研究大大深化了消费者创造产品价值的研究；由于每个消费者的知识、经验、审美观等不同，他们在使用和消费同一产品时的体验也不同，因为体验是来自个人的心境与事件的互动，没有两个人的体验是完全一样的。消费者对文化创意产品的体验认同程度的不同，又会影响文化创意产品的价值实现和作为文化现象的社会普及程度，因此消费者对文化创意产品

的生产、销售、价值实现及文化现象的普及，会形成多种形式的参与，产生多方面的影响，这也是文化创意产品的特殊之处。这种参与及影响没有太高的门槛，不需要同时具备许多较高的条件，因此很多人既有积极性，又能够实践其中，消费者(民众)对文化事业的参与程度便成为衡量文化创意产业是否发达的重要标志。相对制造业而言，有形产品的制造过程一般是在企业内部完成的，是封闭的。而文化创意产品的生产过程可以是一个开放的系统，向社会大众开放，文化创意企业要积极引导，为消费者的参与创造条件，将民众的文化创意激情、智慧及资源纳入到系统之中，形成专业人员与非专业人员相结合的创作生产格局，充分发挥消费者个人的创造力、个人的灵感、理念和技能，更利于文化创意产业的发展，利于文化创意产品的生产、消费及推广。

参考文献

[1] 厉无畏等：《创意产业：转变经济发展方式的策动力》，上海：上海社会科学院出版社，2008 年。
[2] [美] 伊丽莎白·科瑞德著，陆香、丁硕瑞译：《创意城市——百年纽约的时尚、艺术与音乐》，北京：中信出版社，2010 年。
[3] [美]理查德·佛罗里达著，司徒爱勤译：《创意阶层的崛起》，北京：中信出版社，2010 年。
[4] 尹世杰：《消费经济学》，北京：高等教育出版社，2003 年。
[5] 金元浦：《走向新业态：高新技术助文化创意产业升级》，《中关村》，2010 年第 9 期。
[6] 王琪延：《北京将率先进入休闲经济时代》，《北京社会科学》，2004 年第 2 期。
[7] 王信东：《文化创意产业促进中心城市产业优化升级分析——以北京为例》，《工业技术经济》，2011 年第 1 期。
[8] 高建华：《如何满足和引导个性化需求》，《销售与市场》(管理版)，2011 年第 12 期。
[9] 马伯钧：《消费结构优化是衡量产业结构优化的标准》，《消费经济》，2003 年第 6 期。
[10] 杨艳琳、陈银娥：《经济可持续发展的消费模式转变》，《消费经济》，2007 年第 4 期。

（作者：张　宇　北京信息科技大学经管学院讲师
王信东　北京信息科技大学经管学院教授）

项目名称：世界城市演进、定位、特色与经验借鉴
项目编号：10BeJG391
项目负责人：徐　颖
项目信誉保证单位：中央财经大学

历史演进与功能定位：北京建设世界城市的战略思考①

作为城市发展的最高形式，世界城市既是众多国际化城市的建设目标，更是城市发展研究的一项重要内容。研究怎样将处于中国城市领军地位的首都北京建设为独具特色的世界城市，对于首都北京的发展乃至中国的发展而言意义重大。

针对世界城市的内涵、分类、形成机制、功能以及空间结构等内容，国外学者已然开展了深入的研究。其中，彼得·霍尔(1966)最早对世界城市的内涵作出界定，指出世界城市是那些对全世界大多数国家经济、政治、文化产生影响的国际一流大都市；弗里德曼(1986)基于新的国际劳动分工角度，提出了"世界城市等级层次理论"，认为世界城市的形成过程表现为企业总部、国际金融、全球交通和通信、高级商务服务的关键部门快速增长的"全球控制能力"的生产过程；② 西蒙(1999)提出了世界城市的分类标准，认为世界城市就是全球化经济社会活动在空间上的节点；萨森(1995)从企业区位选择的微观角度研究指出，全球城市在世界经济发展起来的关键动力在于其集中了优良的基础设施和服务，从而世界城市应该是时代服务性产业领先者的集聚地；泰勒(2002)等人则从容纳力、支配指挥力、通道等三大方面和七个不同的侧面对世界城市的信息化网络作用进行了测定。③ 这些成果为世界城市的研究奠定了坚实的理论基础。

在引入西方学者研究范式的基础上，1990年以来，国内学者将研究的焦点集中在北京、上海、香港等城市建设上，探索成为世界城市的路径和模式。2008年北京奥运会拓展了北京的国际影响力，针对北京建设世界城市的研究

① 本文发表于《中国行政管理》2011年第7期。

② Friedmann, J., 1986, The World City Hypothesis, Development and Change, 17(1): pp. 69—84.

③ 谢守红、宁越敏：《世界城市研究综述》，《地理科学进展》，2004年第5期。

越来越深入。例如，连玉明(2010)认为，北京已经具备了建设世界城市的有利条件，但是北京建设世界城市还需要京津冀和环渤海地区区域体系的支撑；[①] 金元浦(2010)提出，北京要从宜居环境、两型城市、人才汇聚、品牌构建、公共艺术、和谐社会和国际文化交流等多个方面来实施发展战略。[②]

不过从已有的研究来看，大都是基于静态的视角研究某一时间截面上世界城市的定位、功能、形成机制，缺少用动态的视角分析和总结世界城市形成过程所遵循的客观规律；对于世界城市共性特征研究的成果较为丰富，缺少从功能定位的个案角度研究世界城市的特色发展。世界城市的内涵是在不断发展和变化的，因此有关世界城市的研究同样不应是静止的、绝对的，而应该采取动态的、相对的视角。因而，本文将基于现有的研究基础，从历史演进的纵向视角与功能定位的横向视角出发，研究世界城市发展的一般规律与各具特色的功能定位。

一、世界城市历史演进的一般规律——纵向视角

从历史演进的纵向视角进行考察可以发现，世界城市的形成和发展过程遵循以国家崛起为背景、以经济全球化为动力、以重大社会事件为推手、以产业结构调整为机遇的客观规律。

(一)以国家崛起为背景

世界城市的形成首先要依赖于国家崛起的背景。历史的发展已经证明，借助于三次科技革命的推动，通过率先吸收科技革命的先进成果，用科技推动生产力的发展，英国、美国和日本依次得以迅速崛起，并成为世界顶级的经济强国。英国作为第一次科技革命的最早和最大的受益者，国力得以迅速增强，一跃成为 19 世纪中期到 20 世纪初期的世界经济霸主。借助英国大量的国际贸易和汇兑的需求，伦敦也成为第一个世界金融中心。美国作为第二次以及第三次科技革命的最大受益者，20 世纪中期超越英国成为世界经济的超级大国。20 世纪后半期，纽约以华尔街为平台，通过对全球资本市场的掌控，成为新的世界金融中心。第三次科技革命的受益国家众多，日本在吸收第三次科技革命成果的同时，通过良好的产业战略引导以及政策支持，发展生产性服务业，成为新的世界经济强国，位居世界第二大经济体长达 40 余年，作为日本政治和经济中心的东京受益最大。不难发现，作为世界经济强国的首都，凭借其在国内政治、经济、文化中心的地位，伦敦、纽约、东京借助国家崛起之际纷纷发展成为世界城市。因此，世界城市是在国家崛起的

① 连玉明：《关于北京建设世界城市的基本战略》，《城市问题》，2010 年第 7 期。

② 金元浦主编：《北京：走向世界城市》，北京：北京科学技术出版社，2010 年版，第 18—22 页。

“土壤”中形成的，国家实力的提升是本国世界城市形成的根本原因，没有国家的强盛就不可能有世界城市的形成。与此同时，世界城市也在很大程度上增强了所在国家的国际影响力和控制力，两者表现出明显的互动性质。[①]

（二）以经济全球化为动力

经济全球化意味着资本在全球范围内的高度融合和快速流动，在这一融合的过程中，各种生产性服务业、金融产品、跨国公司成为必不可少的组成部分。资本全球化，不仅使各国家、各地区的经济发展相互依赖度提高，形成统一的全球市场，而且产生出新的组织、管理、调控全球生产体系的需求。在新需求的刺激和推动下，各种金融产品、信息管理技术、网络平台、服务行业应运而生。拥有良好的资源配置、先进的通信设备、便利的交通设施和一流的专业人才的城市，成为组织和协调全球经济活动的理想场所。这些城市能够为跨国公司总部提供所需的金融、信息、技术等专业化服务，进而吸引众多的跨国公司总部入驻其中，这些城市的经济控制力和影响力也超越了所属国的范围而扩展至全球，这种新型的城市即是世界城市。[②] 纽约、伦敦、东京凭借自身的区位优势和基础设施优势，以经济全球化尤其是资本的全球化为动力率先成为了世界城市。

（三）以重大社会事件为推手

影响世界城市形成与发展的重大社会事件很多，奥运会是其中意义最为重大且影响最为深远的一项。奥运会对世界城市的推动主要体现在奥运会带来的经济效益，即奥运经济。奥运经济是指奥运会举办前后一段时期内，所发生的与奥运会举办有联系的、具有经济效果或经济价值的各类活动。奥运经济因其特有的聚合、裂变和辐射效应，蕴藏着巨大的经济潜力。而奥运经济得以发挥的平台则是奥运会的成功举办。成功举办奥运会，可以将注意力、资源相对集中于举办城市，并通过奥运经济效应，对举办城市进而举办国家的经济、社会发展产生强大的推动作用。具体来看，伦敦在历史上曾举办过两届奥运会，第一次是 1908 年；东京举办过一届奥运会，时间是 1964 年。这两个时间恰恰处于两大世界城市快速形成时期。作为现今三大世界城市之一的纽约虽然没有举办过奥运会，但是美国在上个世纪举办过四次，这对于作为美国经济中心和金融中心的纽约来说，必然能够从奥运经济无与伦比的影响力中获利。因此，能够承办规模巨大的奥运会的城市，必定已经具有相当的国际化水平和组织能力，而奥运会的成功举办所产生的奥运经济也必然会对举办城市的经济与社会发展产生巨大的推动作用。

---

① 叶立梅：《北京：新的时代特征和国家战略视角下的世界城市建设》，《北京规划建设》，2010 年第 4 期。

② 金元浦主编：《北京：走向世界城市》，北京：北京科学技术出版社，2010 年版，第 61 页。

(四)以产业结构调整为机遇

工业经济时代向后工业经济时代的过渡促成了传统制造业向生产性服务业的转型，世界城市率先成为产业转型的引领者，并充分享受到以生产性服务业作为城市经济发展核心带来的利益。伦敦、纽约和东京形成于工业经济时代(伦敦和纽约)或从工业经济时代向后工业经济过渡的时代(东京)，生产性服务业是工业经济时代和后工业经济时代的主要经济活动内容。① 善于抓住经济快速崛起的时机，适时调整、优化和升级产业结构，加快发展现代生产性服务业，决定了三大世界城市能够凭借对其经济的超强组织和聚集具有金融活动能力及其他生产性服务能力的机构，实现对世界范围内以工业生产为主的经济活动的组织和资源配置，进而保持对世界经济的影响力。

对北京而言，从历史演进的角度审视世界经济重心的东移、中国经济的迅速崛起、融入全球化程度的加深、奥运会的成功举办以及经济发展方式的转变，都为北京建设世界城市提供了良好的经济积淀与发展机遇。当前要务则是明确北京建设世界城市的功能定位。②

二、世界城市的功能定位及其对北京的启示——横向视角

综观伦敦、纽约、日本这三大世界城市，其在兼具“国际金融中心、决策控制中心、国际活动聚集地、信息发布中心、高端人才聚集中心”等普遍性的基本特征之外又各具特色，分别将自身定位于创意之城、金融之城、动漫之城，形成了差异化的世界城市功能定位。

(一)伦敦：创意之城

“创意”已经成为伦敦新的城市符号。如今的伦敦已经是全球的创意产业中心，是创意人才汇集、创意产业勃兴、以知识和创意带动城市发展的世界城市。作为伦敦最大的产业部门之一，创意产业的总产出和就业仅次于金融业。作为全球的三大广告都城之一，2/3 的国际广告公司将它们的欧洲总部设在伦敦；伦敦是紧随纽约和洛杉矶之后的世界第三大影片制作中心，2/3 的英国电影制作专职岗位集中在这里；伦敦的设计业国际知名，拥有世界级的教育机构和设计单位，而且，其中近 3/4 的单位有全球客户。文化创意产业亦是伦敦主要的经济支柱之一。2002 年 10 月，大伦敦政府经济委员会出台的《伦敦创意产业研究报告》显示，2000 年伦敦创意产业的总产出高达 210 亿英镑，年增长率达 11.4%。截至同年，创意产业为伦敦提供了 52.5 万个就业岗位，成为第三大就业部门。1995 至 2000 年间，创意产业新增就业岗位 12.3

---

① 叶立梅：《北京：新的时代特征和国家战略视角下的世界城市建设》，《北京规划建设》，2010 年第 4 期。

② 徐颖：《北京建设世界城市战略定位与发展模式研究》，《城市发展研究》，2011 年第 3 期。

万人，成为仅次于金融服务业的第二大就业源。在这五年间，伦敦创意产业产出年均增速达4%，超过其他所有行业。[①] 2008年，英国文化、媒体和体育部颁布了《创意英国——新经济的新人才》的文件，强调了创意人才对于创意经济以及未来社会发展的重要意义，并指出创意人才的培养要从孩子做起，在孩子的整个成长过程中培养他们的创新精神和创造力，进而使英国成为全世界拥有创意人才最多的国家，扩大英国在全球创意经济中的领先地位。2009年，英国又颁布了《数字英国——中期报告》和《数字英国——最终报告》，为英国在数字时代可能会遇到的挑战和机遇提供了可供决策的参考，并规划了英国向数字化时代过渡的蓝图的具体方向。

(二)纽约：金融之城

作为世界上最重要的金融和商业中心，纽约拥有牵动世界神经的两大证券交易所——纽约证券交易所集团和纳斯达克股票市场有限责任公司，而实力雄厚的摩根财团和洛克菲勒财团则渗透到美国和世界的众多行业之中。二战后布雷顿森林体系的建立，确立了美元在世界货币体系中的核心地位。美元作为世界最重要的清偿货币通行于世界，这也决定了美元需要一个可用于投资的金融市场，于是，具备一定金融市场基础的纽约脱颖而出，成为世界第一大金融中心。虽然布雷顿森林体系在1971年瓦解，但是美元的强势地位并没有改变，而且凭借金融创新和金融衍生产品交易，纽约作为世界第一金融中心的地位更加稳固。此外，作为世界金融中心，纽约汇集了美国乃至世界一流的金融机构。尽管“9·11”事件对纽约的金融业产生了巨大的冲击，但纽约在世界金融市场上仍具有无可比拟的影响力，而且纽约一些大财团和银行采取的危机防范措施更是值得全球借鉴。例如，摩根财团数据库的灾难备份系统，使得摩根财团在“9·11”事件发生后极短的时间内便收集、整理出了客户的数据，灾难发生的第二天就正常营业，恢复办理各种业务。这种完善的金融保险机制让世界叹为观止。

(三)东京：动漫之城

东京是享誉全球的动漫之城。动漫作为东京文化产业最重要的部类，在促进经济增长与城市国际化的过程中，发挥了重要作用。截至2011年7月，日本共有430多家动漫公司，其中有264家在东京，占全国总数的61.4%。1995年，日本发布报告《新文化立国：关于振兴文化的几个重要策略》，确立了“文化立国”的战略方针，将动漫等特殊产业作为发展的重中之重。2003年日本成立了“知识财富战略本部”，首相亲自出任部长，明确将动漫、音乐、电影等文化产业列为国民经济的基础产业。在日本国内，东京通过会展为动漫的传播搭建平台。为了鼓励和发展动漫产业，东京市政府和相关企业共同

---

① Sources：GLA Economics，LDA，DCMS，Design Council，Film London，TIGA.

发起并主办了东京国际动漫展(Tokyo Animation Fair，简称 TAF)。自 2002 年举办以来，该动漫展已发展成为世界上规模最大的动漫主题展会，对日本动漫的传播和销售发挥了重要作用。这些举措更是对东京乃至日本形象与知名度的提升起到了重要作用。为了让动漫走向世界，日本政府还大力发展“动漫外交”。2005 年 4 月，日本外务省利用“政府开发援助”中的 24 亿日元作为“文化无偿捐助”资金，从动漫制作商手中购买动画片播发版权，将购来的动画无偿提供给发展中国家的电视台播放。同时，日本外务省还授予一些动画家以“动画文化大使”称号，协助他们的作品在全球放映。2009 年 3 月，日本外务省又通过向海外派出“卡哇伊大使”(也称作“动漫美少女”)的方式，推广日本的动漫文化。[①] 这些举措为东京国际知名度与文化影响力的提升都起到了重要作用。

纽约、伦敦、东京三大世界城市各具特色的功能定位对于北京建设世界城市有着重要的启示。

首先，对发展文化创意产业来说，政府的推动是其健康良性发展的重要力量，良好的外部发展环境也是必不可少的因素。要将文化创意产业定位于国家战略的高度，确立为世界城市经济发展的重要支柱和经济增长点。要重视文化创意人才的培养，这是文化创意产业发展的核心动力。要关注国外城市发展文化创意产业的最新趋势，积极制定吸引文化创意企业和创意人才的优惠政策，为其发展提供良好的外部环境支持。

其次，对于发展中国家来说，要积极参与新世界金融秩序的构建，努力使自己从一个规则的遵从者转变为制定者。要制定合理有效的金融监管标准、预警系统和风险防范系统，这有利于北京金融中心的建设。当然，要有属于自己的实力强大的银行，而化解自然灾害等不可知风险的能力无疑是银行实力的有效表现，也是建设金融中心不可回避的挑战。

最后，动漫行业产业链的开发至关重要，政府和企业都要关注以动漫为基础的相关衍生产品，积极拓展产业链条，制定相关的产业扶持政策，并通过多种形式为动漫产业和产品在国际上的传播提供平台。

三、北京建设世界城市的对策建议

基于上述分析及时代发展趋势，笔者认为，北京建设世界城市，要充分考虑后工业经济时代的需求，发挥首都优势，展现北京特色，将功能定位于世界经济管理中心、世界科技创新中心、世界文化影响中心、世界信息网络中心。第一，世界经济管理中心。走高端、高效、高辐射之路，大力发展生产性服务业，提升在全球产业价值链中的地位和作用。集聚高素质人才，吸

① 金元浦主编：《北京：走向世界城市》，北京：北京科学技术出版社，2010 年版，第 93 页。

引跨国公司总部和国际组织总部入驻，增强北京对世界经济的组织、管理、渗透和辐射能力。第二，世界科技创新中心。抓住国家转变经济发展方式的机遇，综合运用财税政策、金融政策和信贷政策，大力发展科技创新，开发和掌握核心技术，实施科技研发、自主创新和产业提升，成为引领世界的科技创新中心。第三，世界文化影响中心。充分发挥文化在后工业时代的影响力和经济功能，以文化为主要影响力，大力发展文化事业和文化产业，塑造和增强文化软实力，建设成为汇集创意、人才、资本、市场等发展文化事业关键要素的世界文化影响中心。第四，世界信息网络中心。实现世界城市从世界工业革命“领导者”向世界信息革命“领导者”的重大变化，充分发挥政府的主导和引导作用，实施城市信息化战略，开发信息技术，推进信息基础设施建设。具体的政策建议如下：

(一)促进经济职能外向化

继续加大开放力度，制定相关政策，进一步吸引跨国金融机构和世界经济组织分支机构的入驻，以积极融入世界经济网络；鼓励企业积极参与跨国经营，实施走出去战略，在国际竞争中以产品品牌的国际化带动北京城市品牌的国际化；利用北京作为国际交流中心的地位，积极开展对外交流，召开更多国际性会议，稳步提升其国际地位和国际影响力，增强对世界经济的渗透和辐射能力，切实提高北京的国际化程度。

(二)推进产业结构高端化

充分发挥市场配置资源的优势，优化并推进产业结构升级，发展高端产业；要加快产业结构调整的步伐，尽管北京的第三产业在国民经济中的比重已经超过了70%，但是与国际上公认的世界城市80%的水平还存在一定差距，因此在相当长的一段时间内要持续提高金融、商贸等现代服务业以及高新技术产业在经济结构中的比重；注重发展知识型服务行业，开拓艺术型、精神型、休闲型、体验型的新型产业模式及经济增长模式，提升自主创新能力；以提高高新技术产业的国际竞争力为核心，重点扶持以软件服务、研发服务、电子信息、生物医药、新能源、新材料等为主的高新技术制造业，并逐步承接国际服务业的转移，加强国际导向的服务功能和辐射能力。

(三)提升文化软实力

重视公共文化建设，推进文化产业发展，促进文化交流和传播，提升北京的文化软实力。大力发展和繁荣文化事业和文化产业，改革财政对文化事业的投入机制，优化投入结构；制定促进文化产业发展的相关政策，积极运用财税政策、金融政策、信贷政策支持文化产业的良性健康发展；充分发挥市场配置资源的功能，鼓励文化创新，将北京诸多的文化遗产、现代人文景观与奥运经济相结合，利用奥运会的长期带动效应，打造北京的奥运文化与奥运品牌；吸引高水平文化产业发展人才，形成有利于高端人才集聚、成长、价值实现的发展环境；合理引导民间投资，促进文化的交流与传播，增加文化的国际影响力和认同力。

（四）加快发展京津冀区域一体化

加大北京对“京津冀空间区域”全方位的开放度、辐射力和凝聚力；要改变区域发展“单兵突进”的局面，加快京津冀区域一体化的建设和环首都经济圈的发展；提升北京的控制力和竞争力，加强对周边地区的金融联系、市场连接、技术支持与服务、品牌服务与指导，强化首都经济圈地区在产业分工、资源开发利用、交通网络、生态环境保护等方面的协作，带动区域内各经济体的进一步发展，实现彼此之间的功能互补、整体协调。

（作者：徐　颖　中央财经大学副研究员）

项目名称：完善创业投资增值服务，提升北京自主创新能力
项目编号：10BaJG396
项目负责人：周　莉
项目信誉保证单位：北京工商大学

创业板中创业投资基金的投资效益分析

创业板市场的建立为我国创业投资基金的退出提供了有效渠道。创业投资基金在中小企业的发展过程中，通过股权投资的形式投资中小企业，一定程度上满足了具有发展潜力的中小企业对资金的需求，但是创业投资基金在被投资企业发展到一定阶段，都需要考虑资金的退出和再投资，其中，企业上市后股权转让是最有效、最便捷的退出方式。创业投资基金和创业板的健康发展是我国建设创新型国家战略的重要实施策略之一。

截至2010年12月31日，我国创业板挂牌的上市公司有153家，这些上市公司中，创业投资基金①参股的公司有90家，占比58.82%②。比较投资成本和被投资企业上市时股票市值来看，这些创业投资基金普遍获得了较高的投资收益，并且这种高收益也驱动着越来越多的社会资金聚集于创投行业，一方面为这些资金获取高额的投资回报，另一方面也有力推动了我国创新型产业的发展。本文旨在研究创业板上市公司中，创业投资基金的投资效益，并分析影响投资效益的因素。

一、创业投资基金投资机理分析

(一)投资创新型企业发展的创业阶段，注重成长性和盈利潜力

创业投资是经济领域中支持创业的一种制度安排。创业投资基金所包含的“创业投资”四个字充分体现出创业投资基金的基本特征之一：促进创业，鼓励创新。创业投资基金的特点决定其选择投资对象时重点关注被投资企业的创新能力，包括行业前景、技术水平、研发能力、持续创新能力、产品创新水平和市场开拓能力等方面。财务上注重企业的成长性和盈利能力，重点

① 本文分析的创业投资基金不包括在企业发展初期即投资的创始股东、公司实际控制人成立的持股型投资公司、公司为了实施股权激励而成立的持股公司，以及风险投资基金、参与公司业务经营管理或具有业务合作的战略投资者。本文所分析的创投基金包括以公司制或有限合伙等形式组织的投资机构，或者以信托、契约等形式组织的投资基金。

② 本文分析的数据均来源于上市公司的公告信息。

关注反映成长能力的营业收入和营业利润、净利润增长情况，反映盈利能力的毛利率、利润率和净资产收益率等指标，除了这些定量指标外，还关注企业的市场空间、产能和销售渠道是否能够满足业务发展需要、技术水平是否能够满足行业迅速变化的步伐、企业管理层的管理能力是否能够驾驭不断壮大的企业等方面。

(二)高风险及专业性要求创投基金获取远高于普通投资的回报

资本具有逐利性，投资追求收益最大化。承担高风险必然要求高回报。创投基金在募集过程中，创投基金的参与人(资金提供者)必然要求更高的投资回报，从而要求投资项目具有较高的投资收益。创投基金的管理人员一般要求对产业发展和资本市场均具有较丰富的经验，且具有深厚的市场积累，被称为创业投资家。该类人员的管理费一般也高于一般的基金管理费用，并且对于投资收益要求有一定比例的分成。

上述两个因素决定了一个成功的创投基金必然具有较高的投资收益。经过对目前已经上市的创业板上市公司中创投基金的投资收益率统计分析发现，以被投资企业首次公开发行的发行价为依据来计算创投基金持股市值，创投基金的平均收益率高达9.67倍。

(三)相对于股权投资其投资时期更加前移、风险承受能力更高

股权投资被投资企业的业务已经基本成型，被投资企业已经具备稳定的生产能力和销售能力，生产经营已经具备一定规模，技术和市场相对成熟，但是发展潜力巨大，业务已经处在快速发展阶段，并且需要大量资金促进企业快速发展。创业投资具有较大的经营风险，投资时期更加前移，风险承受能力更高，收益预期也相对较高。

国内知名创投基金深圳市创新投资集团有限公司(简称“深创投”)和美国国际数据集团(International Data Group，简称IDG)所投企业的发展阶段如图1、图2所示：

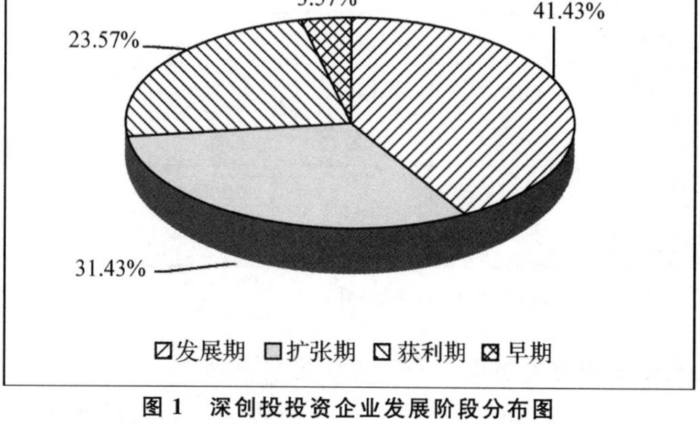

图1　深创投投资企业发展阶段分布图

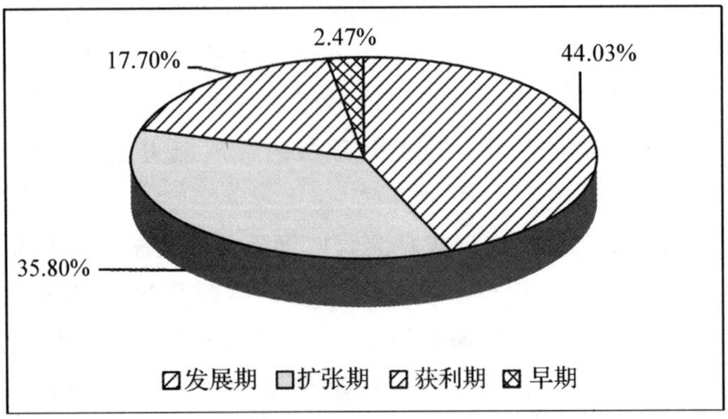

图 2　IDG 资本投资企业发展阶段分布图

（时间截至 2010 年 3 月 19 日）

（四）通过滚动投资提高投资效率，投资成功后及时退出

创业投资基金投资后持有期一般限于企业发展的一个快速增长阶段，当企业发展成熟比如首次公开募股(Initial Public Offerings，简称 IPO)上市后，增长速度可能放缓，增长空间有限时，创业投资基金就会考虑资金退出，投资变现后再投资企业。正是通过这种滚动投资的方式，创投基金可以将有限的资金投资于更多的企业，以提高投资效率，获取更大的投资收益。在退出方式选择上，根据被投资企业的发展状况、市场转让状况和投资时相关的协议约定，创投基金可以选择 IPO、股权转让、企业回购和破产清算等方式。

持有期时间来看，根据国家发改委的统计资料，在我国，2008 年以后，创业投资基金持股时间一般为 2—4 年。

表 1　美国创投基金采取的资金退出方式

背　景	退出方式	转让客体	转让对象	市场性质	投资年限	发生概率
完全失败	破产清算	资产	企业家	产权市场	4.1	20%
情况一般	二次出售	股权	风险投资机构		3.6	10%
比较成功	企业回购	整体或股票	风险企业		4.7	25%
	企业购并		大公司		3.7	25%
完全成功	二板交易	股票	股民	二板市场	4.2	20%
	主板交易			主板市场		

数据来源：中国价值百科，www.chinavalue.net。

（五）注重企业自身发展而不干预企业经营管理

创新型企业具有巨大的发展潜力和市场前景是其自身所具备的技术、市场和管理等方面因素所决定的，创投基金等外界投资机构为其发展提供资金或咨询服务，起到一定的促进作用。创投机构在选择投资对象时，需要对被投资企业的实际控制人或管理层具有高度的认可，除了认可企业的业务、技术和市场前景外，还需要认可企业的管理能力和发展战略，而并不是通过入股来参与管理，改变或干预原来企业的经营现状。

由于上述投资理念，所以创投基金的投资比例都不高，一般都在10%以下，也不实质参与公司的管理运作，但是也会通过委派董事等方式来熟悉公司的运作情况。

二、创业板中创业投资基金的投资现状

本文分析的创投机构是指专业从事投资管理，对具有高成长、高风险、上市潜力大的中小企业进行投资入股，以被投资企业上市后股权转让获取投资收益，但不参与企业的经营管理，仅提供资金、管理咨询、发行上市咨询等方面支持的财务性投资者。通过对90家具有创投机构参与的创业板上市公司进行分析，可以总结出目前较为成功的创投公司的共同投资方向：

第一，主业突出，在研发、技术或经营模式上有创新性，具有发展成为细分行业领头羊的潜质公司；

第二，业务基本成型并且处在高速发展时期，同时需要大量资金支持发展的公司；

第三，公司的实际控制人或管理层对行业发展战略清晰，具有能够引领行业发展潮流的管理团队和核心技术团队；

第四，多数企业为设立时间不久的新兴企业，行业处在发展的朝阳阶段，企业上市潜力巨大；

第五，投资时点多处在企业上市前三年之内，投资时间短而投资收益率高；

第六，创投公司投资比例不高，不参与公司管理运作，但是通过董事会等决策机构掌握公司运作情况。

三、创业板中创投基金的投资效益分析

(一)创业板中创投基金投资收益情况

截至2010年年底上市的153家创业板上市公司中，有90家上市公司有创投机构参与投资，这些上市公司都属于创投机构投资的成功案例。以被投资公司首次公开发行的发行价为基准，测算其持有被投资公司股权的市值，以此为基础测算投资收益率达到3—10倍之高。

创投机构获取如此高水平的投资收益率与哪些因素有关，与创投机构的投资理念和被投资企业的特征有什么样的关系，本文提出理论假设，并通过

样本数据的实证分析验证理论的合理性。

（二）提出假设

通过对 90 家上市公司中创投机构的投资时点、投资成本、股权市值，以及被投资上市公司的营业收入增长率、净利润增长率、平均净资产收益率等盈利指标水平进行统计分析，提出以下假设：

假设 1：创投基金投资收益率与被投资企业的营业收入增长率和净利润增长率正相关。

假设 2：创投基金投资收益率与被投资企业的盈利水平正相关。

假设 3：创投基金投资收益率与被投资企业的投资阶段负相关。

除了前述三个因素外，创投基金在投资时，投资时点和被投资时点市场整体估值水平也会影响到其投资收益率，因为投资时点的市场整体估值水平影响其投资时投资成本的高度，退出时或被投资企业上市时市场整体估值水平影响被投资企业的股票估值水平。由于统计样本中投资时点和退出时间市场震荡剧烈，不利于数值分析，暂不列入估值模型的解释变量中。

（三）样本的来源

本文对截至 2010 年年底创业板上市的 153 家公司中有创投机构参与的 90 家上市公司进行分析，剔除由于非市场因素影响导致数据远偏离正常值的数据，再在其中随机抽取了 35 家上市公司数据进行分析。

通过整理这些上市公司的招股说明书和历年财务报告，搜集上市公司中具有代表意义的创投机构投资时点、投资成本和上市时股票发行价，计算创投机构投资收益率，并分析被投资企业的投资阶段；整理 35 家上市公司 2007—2010 年的营业收入增长率、净利润增长率，评价各公司的成长能力；整理 35 家上市公司 2007—2010 年的平均净资产收益率。在上述数据的基础上再进行实证分析。

（四）变量定义

表 2　变量定义

变量名称		变量定义
创业投资收益率	被解释变量	以被投资企业上市时发行价测算投资收益，通过公开数据获取创投基金的投资成本，以此来计算创投基金的投资收益率
营业收入增长率	解释变量	最近三年被投资企业营业收入增长率的平均值
净利润增长率	解释变量	最近三年被投资企业净利润增长率的平均值
平均 ROE①	解释变量	最近四年被投资企业净资产收益率的平均值
投资阶段	控制变量	（创投基金的投资时点－被投资企业有限公司设立时点）/（被投资企业的上市时点－被投资企业有限公司设立时点）

① ROE，Rate of Return on Common Stockholders' Equity 的简称，即资产收益率。

(五)主要模型

在本文实证分析部分，主要采用了相关分析和回归分析。在相关分析中，可得出上市公司营业收入三年平均增长率、净利润三年平均增长率、ROE四年平均数、投资阶段的Pearson相关矩阵，得到皮尔逊相关系数(Pearson Correlation)和双尾T检验结果Sig.(2-tailed)，据以判别上市公司营业收入三年平均增长率、净利润三年平均增长率、平均成长能力、ROE四年平均数、投资阶段与创业投资收益率的相关程度。在线性回归分析中，可得到回归系数以及各变量对创业投资收益水平影响的显著性水平，从而检验各个变量是如何影响创业投资收益率的。

主要采用的模型如下：

创业基金投资收益率$=\alpha_0+\alpha_1$营业收入增长率$+\alpha_2$净利润增长率$+\alpha_3$平均ROE$+\alpha_4$投资阶段$+\varepsilon$

(六)实证结果

1. 相关性分析

利用SPSS，对上市公司营业收入三年平均增长率、净利润三年平均增长率、ROE四年平均数、投资阶段与创业投资收益率进行相关性分析，可得表3，如下表所示。

表3　样本变量的相关性分析

		投资收益率(倍)	营业收入三年平均增长率	净利润三年平均增长率	四年平均ROE	投资阶段
投资收益率(倍)	Pearson Correlation	1	0.432**	0.452**	0.575**	−0.341**
	sig. (2-tailed)		0.010	0.006	0.000	0.045
	N	35	35	35	35	35
营业收入三年平均增长率	Pearson Correlation	0.432**	1	0.899**	0.549**	−0.56
	sig. (2-tailed)	0.010		0.000	0.001	0.751
	N	35	35	35	35	35
净利润三年平均增长率	Pearson Correlation	0.452**	0.899**	1	0.624**	−0.056
	sig. (2-tailed)	0.006	0.000		0.000	0.747
	N	35	35	35	35	35
四年平均ROE	Pearson Correlation	0.575**	0.549**	0.624**	1	−0.145
	sig. (2-tailed)	0.000	0.001	0.000		0.405
	N	35	35	35	35	35

续表

		投资收益率（倍）	营业收入三年平均增长率	净利润三年平均增长率	四年平均ROE	投资阶段
投资阶段	Pearson Correlation	−0.341**	−0.56	−0.056	−0.145	1
	sig. (2-tailed)	0.045	0.751	0.747	0.405	
	N	35	35	35	35	35

根据SPSS的分析结果，可得上表。依据上表，可得如下结论：上市公司营业收入三年平均增长率与创业投资收益率显著相关，相关系数为0.432，该系数在1%水平上显著，说明投资于营业收入增长率较高的上市公司能够取得更好的收益。

净利润三年平均增长率与创业投资收益率显著相关。净利润三年平均增长率与创业投资收益率的相关系数为0.452，该系数在1%水平上显著，说明上市公司净利润增长率越大，创投基金获取的收益越大。

平均成长能力与创业投资收益率相关系数为0.455，该系数在1%水平上显著，说明上市公司的平均成长能力越强，创投基金获取的收益越大。

平均净资产收益率与创业投资收益率的相关系数为−0.341，该系数在5%水平上显著，说明创业投资越早，收益越高。

2. 回归分析

这部分我们主要进行模型的回归分析，利用SPSS中的Enter强制进入回归方法，采用线性回归分析方法，对结果进行分析，从而探讨上市公司营业收入三年平均增长率、净利润三年平均增长率、平均成长能力、ROE四年平均数、投资阶段对创业投资收益率的影响。

表4　各解释变量对创投收益率回归结果

	投资收益率	
	回归系数	t
截距项	6.367	3.080***
收入增长率	0.452	2.489**
净利润增长率	0.074	2.078**
平均ROE	0.060	2.413**
投资阶段	−5.534	−2.124**
观测值	35	
F	5.421***	
Adj-R^2	0.342	

注：***、**、*分别表示在1%、5%、10%水平显著。

根据回归分析的结果，可以得到上表，由上表可以看到，对创投收益率影响显著的变量有：收入增长率、净利润增长率、平均ROE、投资阶段。

根据线性回归分析的结果，常数项、收入增长率、净利润增长率、平均ROE、投资阶段对创投收益率的影响分别在1%、5%、5%、5%、5%的水平上显著，回归系数分别为：6.367、0.452、0.074、0.060、-5.534。

四、相关建议

(一)研究结论

上述实证分析结果表明，创投基金的高投资收益率与投资阶段、被投资企业成长能力、被投资企业盈利水平具有相关性，并且与投资阶段负相关，与被投资企业成长能力和盈利水平正相关，即投资阶段越早，投资收益率越高；被投资企业成长能力越强、盈利水平越高，创投基金的投资收益率越高。

(二)政策建议

发展创业投资市场和建设创业板市场是我国鼓励创新、建设创新型国家战略的重要步骤之一。但是，创投市场和创业板市场的发展与我国建设创新型国家战略的要求相比，还存在较大的差距。本文的分析主要是围绕创投基金的投资效益，分析结论有利于创投基金的投资决策。而创投基金的投资决策和投资效益与创业板市场的发展程度紧密相关，分析结论对创业板市场的建设从侧面也有一定的意义。基于此，本文对创投行业的发展和创业板市场的建设提出如下建议：

第一，创业投资基金在选择项目时应重点关注企业的成长能力和发展潜力。

被投资企业的成长能力和发展潜力与投资收益正相关，被投资企业的成长能力和发展潜力越强，创投基金的投资收益越高。在选择投资对象时，创投基金应该着重考虑企业的行业前景、市场地位，以及公司的业务模式、技术水平、研发能力。另外，还要关注企业产品或服务的质量、市场前景和企业的营销能力等因素，以综合考虑企业的持续成长能力。对公司的业务与技术的前景和现状有了判断之后，再分析其历史财务数据、公司管理层的发展战略和管理水平等方面的因素。

第二，创业投资基金在投资决策时应该努力培育自身对产业发展的判断力，在选择投资时点时应该尽量往企业发展的早期阶段投资。

从目前创投市场的现状来看，投机行为盛行，很多机构抱着低风险、高收益的目的，努力通过各种渠道对拟上市企业基金突击入股。投资行为表现出明显的投机性与短期化特点，大量资金从早期市场涌向投资规模大但获利快的后期市场[①]。创业投资基金的投资阶段后移非常不利于我国创业企业的早期发展，削弱了创业投资对新技术、新产业的培育功能。

目前市场短期投资的低风险、高收益现象是我国创业板市场乃至资本市场不成熟的一种表现，随着创业板市场机制的健全，创投行业的竞争程度加剧，这种不合理的现象将逐渐消失。只有在企业成长早期阶段，对行业和公司发展做出正确判断，才能在被投资企业发展壮大后获取高额的收益。

第三，创业板市场可以在监管机制上鼓励创投基金的发展，对于股东进行分类监管，对于创投基金给予优惠政策，鼓励创投产业发展。

创业投资基金在引导和支持创新型产业发展上具有重要的意义。创新型企业的发展是创业板市场的基石。为了在政策上鼓励创投基金投资具有发展潜力的中小企业，培育更多的创新性企业，在建设创业板市场规则时可以考虑给予创投基金一定的优惠政策。

第四，创业板市场在监管机制上应该鼓励创投基金往早期阶段投资，尽可能鼓励创投基金去挖掘、发现具有创新萌芽的企业。

在创业板市场上市后限售期的安排上，可以考虑将创投基金持有投资的时间与限售期挂钩。通过制度安排，鼓励创投企业往企业发展的早期阶段投资，这将有利于改变目前创投市场投资阶段后移的现象。

另外，政府也可以在税收政策上采取差别税率、免税等方式鼓励创投基金早期投资，对于突击入股的投资不给予所得税投资返还的优惠政策。

第五，创业板市场可以实行宽松上市标准、快捷上市程序、严格信息披露和退市制度，鼓励创新型企业上市，淘汰落后企业。

为了鼓励创新型企业的发展，让更多的创新型企业快速上市，为创投基金的发展提供退出通道，创业板市场可以放松上市标准、简便上市审核程序。但是，宽松的准入标准也必须配合有严格的信息披露制度和退市制度，以确保上市企业的质量。信息披露方面，要求上市公司进行真实、准确、完整、及时的信息披露，让投资者能够充分了解企业的经营状况，根据公开信息能够及时做出决策；在退市制度上，一定要有严格的标准和执行制度，使市场具有优胜劣汰的机制，让丧失发展潜力和创新机制的企业退出市场，保持创业板市场上市公司高成长、创新型的活力，保证创业板市场上市公司的质量，发挥市场优胜劣汰的作用，保护投资者的利益。目前，越来越多的海外创业板市场都调整了上市标准，放宽了上市要求，以满足更多中小企业的融资需求。

---

① 于谨凯、张婕：《我国风险投资阶段选择的博弈分析》，《云南财经大学学报》，2007 年第 2 期，第 40—45 页。

参考文献

[1] Alemanya, L. & Marti, J. Unbiased estimation of economic impact of venture capital beaked firms. EFA 2005 Moscow Meetings PaPer, Moscow, 2005.

[2] Black, B. S. &. Gilson, R. J. Venture Capital and Structure of Capital Market: Banks Versus Stock Market, Stanford School Working Paper, 1997.

[3] Bruton, GD. , Ahlstrom, D. , & Yeh, K. , Understanding venture capital in East Asia: The impact of institutions on the industry today and tomorrow. Journal of World Business, 2004(29).

[4] Cochrane, John H. The risk and return of venture capital. Journal of Financial Economics, 2005, 75(1).

[5] Dimo Dimov, DA Shepherd, KM Sutcliffe. Requisite expertise, firm reputation, and status in venture capital investment allocation decisions. Journal of Business Venturing, 2007, 22(4).

[6] 成思危:《进一步推动风险投资事业发展》,北京:民主与建设出版社,1999 年。

[7] 赵燕:《我国私募基金的存在价值和发展问题分析》,《浙江金融》,2007 年第 4 期。

[8] 郑安国:《论风险投资的八大关系》,《金融研究》,2000 年第 4 期。

[9] 张晓晴:《本土创业投资机构的战略选择》,《银行家》,2008 年第 5 期。

[10] 王守仁:《论中国创业投资十大问题》,《中国风险投资》,2004 年第 9 期。

[11] 刘健钧:《创业投资原理与方略》,北京:中国经济出版社,2003 年。

[12] 陈柳钦:《美国创业风险投资业的发展及其对我国的启示》,《现代国际关系》,2004 年第 5 期。

[13] 刘健均:《 创业投资制度创新论》,北京:经济科学出版社,2004 年。

[14] 徐永前:《风险投资机构的治理机制选择与有限合伙》,《中国风险投资》,2002 年第 1 期。

[15] 王国刚:《中国创业板市场研究》,北京:社会科学文献出版社,2001 年。

[16] 盖建飞:《全球各地创业板发展之鉴》,《国际融资》,2009 年第 6 期。

[17] 徐梦周:《创投机构战略选择与投资绩效:基于高阶理论和网络理论的探索研究》,浙江大学博士学位论文,2010 年。

[18] 杨和雄:《中国产业投资基金的理论与实践》,《上海金融》,2006 年第 6 期。

[19] 于谨凯、张婕:《我国风险投资阶段选择的博弈分析》,《云南财经大学学报》,2007 年第 2 期。

[20] 清科研究中心:《2007 年中国私募股权投资年度研究报告》,2008 年 1 月 22 日。

(作者:周　莉　北京工商大学经济学院教授
盛梦婷　北京工商大学经济学院硕士研究生)

项目名称：北京地区IT服务外包产业升级路径研究
项目编号：10BfJG404
项目负责人：方德英
项目信誉保证单位：北京联合大学

IT服务外包中复杂知识网络协同演化概念模型研究

一、引言

IT服务外包是智力密集型产业，其成果是一种知识产品——软件及其服务。因此，在IT服务外包的微观层面，存在着大量的知识协作/协同，以人为主要载体的知识主体通过不断的知识交流，通过共享、转移、学习和创造，为客户提供知识服务。在动态的服务过程中，双方的项目成员构成了典型的虚拟团队，这种团队的跨时空分布，造成了语境缺乏和隐性知识转移障碍；跨组织形态，造成了管理与协调障碍；跨文化背景，造成了知识情境障碍。上述多种障碍势必影响团队成员间的知识转移或协同效率，而这正是IT服务质量和效率的决定性因素。

虚拟团队中的知识系统构成了知识网络。实证研究表明，组织理解的知识共享网络，与实际发生的知识非正式转移之间，存在巨大的差距①。本文从复杂网络理论出发，对IT服务外包虚拟团队的知识协同展开研究，基于"社会人"假设分析该类型知识网络的基本特征，通过对知识网络生成和演化的微观分析，总结了知识网络协同演化的关键环节和关键变量，提出了演化分析的概念模型。

二、国内外研究现状和趋势

知识协同是以知识创新为目标，由多个拥有知识资源的行为主体(组织、团队、个人)协同参与的知识活动过程，是组织优化整合知识资源的管理模式

① Crampton, C. Catherine Crampton. The Mutual Knowledge Problem and its Consequences for Dispersed Collaboration. Organization Science, Vol. 12, issue 3, 2001, pp. 346—371.

和战略手段[①]。由于存在着相互间的知识交流，主体间形成一种网络关系，这种网络具有高度的复杂性[②]。把知识协同与复杂网络结合起来，并以虚拟团队为对象的研究，是当前知识管理领域的最新研究方向。

(一)虚拟团队的知识协同研究

王娟茹、赵嵩正[③]认为虚拟团队是组织实现知识转移的有效组织模式，并通过建立知识转移博弈模型探讨了虚拟团队持续知识转移的条件，对团队规模与持续知识转移的关系进行了分析。刘慧敏等[④]则在对虚拟科研团队中信任和冲突进行分类总结的基础上，讨论了两因素对知识共享的影响效果，探讨了它们在虚拟科研团队形成过程中的发展变化趋势。郑国光等[⑤]探讨了软件开发虚拟团队促进知识转移的功能本质，总结了跨企业知识转移约束的一般方法，并建立了跨“时间—地域—组织—文化”多维度知识转移模型；同时，对软件开发虚拟团队进行了重新分类，并提出适应我国跨组织和文化的软件开发虚拟团队类型及组织结构。吴绍波、顾新[⑥]认为知识协同机制包括知识协同机会识别和知识协同过程两部分，其中后一部分包括知识共享、知识转移、组织间学习以及知识创造。其他学者研究了成员个性和人际网络对虚拟团队知识贡献的影响；企业知识、协同工具知识和虚拟组织知识的划分；中小企业与客户方共享领域专家的障碍等。

(二)基于复杂网络理论的知识协同研究

在知识协同的研究方法上，可见到心理学、系统动力学、博弈论和复杂网络等的应用。基于复杂网络理论的研究表明，网络中的强联系能有效克服跨部门复杂知识转移的困难，弱联系是促进隐性知识转移的重要途径，信任及情感连带等关系使知识转移更为容易。Guo等[⑦]以某一特定的虚拟团队为案例，采用SNA分析方法研究了虚拟团队内部知识共享机制，研究发现团队成员之间的情感连带有益于知识共享，网络可达性和小团体的数量会影响团队

---

① 樊治平、冯博、俞竹超：《知识协同的发展及研究展望》，《科学学与科学技术管理》，2007年第11期，第85—91页。

② 席运江：《复杂网络模型构建及其在知识系统中的应用》，大连理工大学博士学位论文，2006年。

③ 王娟茹、赵嵩正：《虚拟团队知识转移机理研究》，《情报杂志》，2007年第5期。

④ 刘慧敏、王刊良、田军：《虚拟科研团队中的信任、冲突与知识共享的关系研究》，《科学学与科学技术管理》，2007年第6期。

⑤ 郑国光、程骏、李怀祖：《软件开发虚拟团队在知识转移中的作用研究》，《情报杂志》，2007年第10期。

⑥ 吴绍波、顾新：《知识链组织之间合作的知识协同研究》，《科学学与科学技术管理》，2008年第8期，第83—87页。

⑦ Yanli Guo，Jianbin Chen，A Case Study：Social Network and Knowledge Sharing. the international conference on E-Business and E-Government (iCEE2010).

内部知识共享的效率。Adam等[①]提出了一个基于全球化知识和本地化知识的企业间协同网络框架，认为框架中跨企业业务应该被协同地计划、执行和控制，这是较早以网络形态研究知识协同管理思路的文献。信息系统领域的学者们也开始研究复杂网络的应用，具体有：(1)基于个体和组织层面的网络感知研究；(2)网络理论在信息系统方面的应用研究；(3)快速演化平台下复杂网络概念和技术的变更。有学者利用网络工具，建立了虚拟团队的知识流图，提出了工作流规划中知识流优化方法，在满足资源约束的前提下，根据任务角色在工作流预期知识流网络中的网络特征，优化角色指派，提高工作流节点的知识流动效率。

目前以复杂网络或社会网络视角进行的知识转移和共享研究较为活跃，但未能解决网络研究中的两个核心问题：(1)网络位置对于个体行为和状态的效应；(2)个体行为和状态对于网络变化的影响。即没有从“关系与结构”相结合的角度考察知识协同的行为与认知问题，难以认清知识协同的微观动力机制。

三、知识网络与知识协同

知识系统是由各种各样的知识及其关系组成的复杂系统。系统思想中最基本的概念就是要素和关系。如果把不同知识系统的要素和关系抽象为节点和边，那么可以对各个层次的知识构建网络，从网络的角度对其进行建模和分析。知识网络（knowledge network）作为一个概念，早在1995年就由Beckmann[②]提出，其含义为从事科学知识的生产和传播的机构和活动。然而，迄今为止，对知识网络尚无一个明确和统一的定义。从知识网络的节点性质看，可以分为如下三种：知识主体之间的网络、知识之间的网络和多类型节点之间的网络。本题研究的知识网络，主要是指服务外包中虚拟团队的知识网络，是一种知识主体之间的网络。团队中每个成员都拥有一个个人的、由知识节点构成的知识网络，他们又通过个人知识网络进行交流与共享构成团队知识网络，个人知识网络是此网络系统中的一个子集，个人与个人之间的交流共享可以用子集结构之间的关系进行定量描述。从复杂网络的角度对系统子集团之间的不同关系进行描述和分析，为团队知识网络和知识协同的深入分析奠定了基础。

团队通过“协同”的方式进行知识创新，弥补知识缺口，消除“知识孤岛”，

① Adam O, Hofer A, Zang S, et al. A collaboration frame-work for cross-enterprise business process management. INTEROP-ESA'05. Geneva, Switzerland. February 2005.

② Beckmann M J. Economic Models of Knowledge Networks, Networks in Action. Berlin, Heidelberg, New York, Tokyo: Springer-Verlag, 1995, pp. 159—174.

以获得多主体、多目标、多任务间的“1+1>2”的知识协同效应[①]。在此过程中，个体的知识资源得到整合，团队知识要素的运动从无序走向有序，从差异走向协调一致，从而实现团队知识运动的整体效益大于各部分效益之和。团队知识协同具有如下特征：(1) 其目的是为了完成新产品和服务的提供，产生“1+1>2”的协同效应；(2)从其过程上看是一个知识流动的动态过程，它贯穿于团队关系的发展过程；(3)其主体是参与合作的组织成员，知识流动跨越组织边界，协同机制也远比组织内部的知识协同复杂，(4)其中心任务是知识创造，成员间的知识学习、知识共享与知识转移都是为了实现知识创造的基本手段。

研究表明，知识协同的效应一般来源于规模经济效应、范围经济效应和学习经济效应。但是，这些效应分析仅仅存在于定性分析层面，无法把握协同效应的内在机理。把知识网络与知识协同结合起来进行研究，通过在知识网络上把握知识流动的规律讨论协同效应，为知识协同的研究提供了新的视角。

四、IT 服务中知识网络的协同演化分析

IT 服务项目知识主体的跨组织、跨时空和跨文化，形成了知识网络的分布、动态和异构环境，这种环境下的知识流动是复杂的，符合复杂网络理论的应用特征。从 IT 服务的生命周期来看，其知识网络有一个由生成、演化等不同阶段组成的动态过程。每个阶段的网络，其任务、目标和解决的问题各有侧重，从一种状态向另一种状态的演变都有关键参量的主导和转移。本文即以 IT 服务中的项目为研究背景，按照虚拟团队生命周期，依知识共享、转移、学习和创造过程追踪知识流动的轨迹，按知识网络中反映的个体属性、社会属性、知识属性，寻找新知识和知识产品产出的最佳路径。

(一)IT 服务中知识网络的特征分析

复杂网络形态各异，各具特征。从复杂网络理论来看，外包业态下的知识网络较为符合目标导引(goal-directedness)的网络形态：

(1)有一个特定目标，即按服务标准提供的软件产品；

(2)存在一个管理实体或经纪人(Broker)计划、协调着整个网络的活动，即有项目负责人对项目期间的知识流动计划、协调，促进知识共享、知识转移，保证知识产品的生产；

(3)有着清晰的网络边界，网络成员有一定的遴选过程。组织项目团队时，会进行一定的选择；一旦确定了项目团队，相互间就有了彼此身份的认同，项目期间主要是团队成员之间的知识交流，因此网络边界较为清晰。

---

① Anklam P. Knowledge Management: The Collaboration Thread. Bulletin of the American Society for Information Science and Technology, 2002, 28(6), pp. 8—11.

(4)表现为核心—边缘型集中化结构，联系紧密、结构洞少。团队成员与项目经理、系统分析员等核心成员有着较多的知识联系，相互之间联系较少，呈现核心—边缘结构。

但是，由于该类组织中知识联系的频度、强度、边界和内容的独特性，有时其目标导引的网络形态特征并不明显。比如，由于跨组织边界和跨文化，可能存在着两个子网及其核心，并通过两个核心节点实现子网络的连接，如图1所示。这时，处于子网络中没有直接联系的成员之间的知识共享、转移就存在一定的障碍。因此，存在较多的弱连接和结构洞。

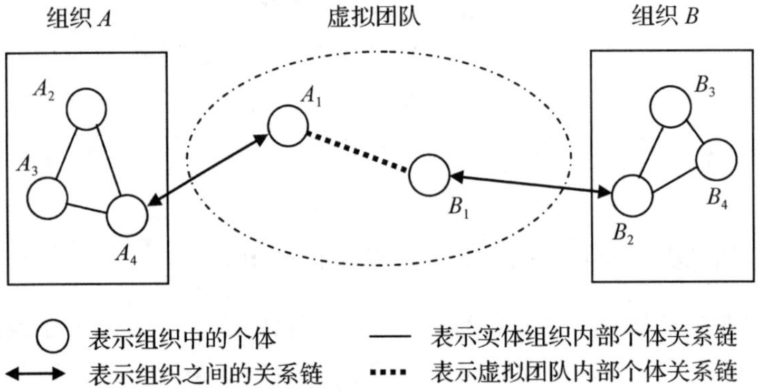

图1　虚拟团队中的知识协同过程图

(二)复杂知识网络的生成

知识网络的生成过程，实质是虚拟团队组建的过程。在确定了项目目标后，考察目标产品的知识需求，通过与已有知识资源(包括组织公共资源和个体的私有资源)的对比分析，根据可用性、互补性、有效性等原则，寻找组织内外的知识主体，构建初期的项目团队，形成知识网络。

在选择知识主体组建知识网络时，考虑的因素主要有：

1. 知识互补性、知识势

知识势是一个相对概念，是一个知识主体相对于另一个主体的知识需求所能提供的知识量的多少。当两个知识主体所拥有的知识有较强的互补性时，相互之间的知识势值较大，有合作的可能。

2. 知识主体的社会关系

知识网络是知识主体之间的“节点—关系”连接，知识连接依附于社会关系连接。也就是说，知识主体之间首先建立一种社会关系，才能建立知识关系。社会关系的建立，依赖于两者之间动机、目的、个性、态度、信任等情感类因素。所以，有了知识势的计算后，还要考量知识主体之间的社会关系。

3. 知识的情境因素

知识必须与情境相结合，才能得到正确的理解和应用。跨文化和跨时空

IT服务虚拟团队，主要通过邮件，利用文字和图形进行沟通，辅之以视频、音频，知识情境的一致性和可理解性难以实现。知识情境的表示可以采用两类方法，对于团队知识的共有情境，采用"公共云"的表示方法，例如对异国文化的统一表达，建立一个共享的情境知识库，使团队成员能够互相了解文化背景和字词表达方法；对于个体知识的私有情境，就需要采用"私有云"的方法，为每个知识点辅以情境的表达。

在初期成员遴选并构成知识网络后，可以从"知识发送方－知识接收方"角色特性和"结构－关系"节点特性双维度着手，建立知识协同网络的均衡分析模型，考察网络的有效性和稳定性，解决有利于知识协同或知识产品生产的最佳知识伙伴选择问题，也即解决知识欠缺问题。

(三)知识网络协同演化机制研究

在知识网络生成后，随着知识主体交流的深入，知识网络沿着某种轨迹进入演进阶段。在知识网络演化过程中，节点的知识存量不断变化，有着知识积累、知识学习和知识创造的活动形式；节点间的联系强度随着知识流动的增加或减弱也随着变化。

网络的协同演化分析，实质是寻求知识协同 $K(AB)>K(A)+K(B)$(其中，K 代表知识，A、B 代表不同知识主体)的最佳途径。我们按四个步骤分解协同过程，分析网络演化影响因素及其作用机制(见图2)：

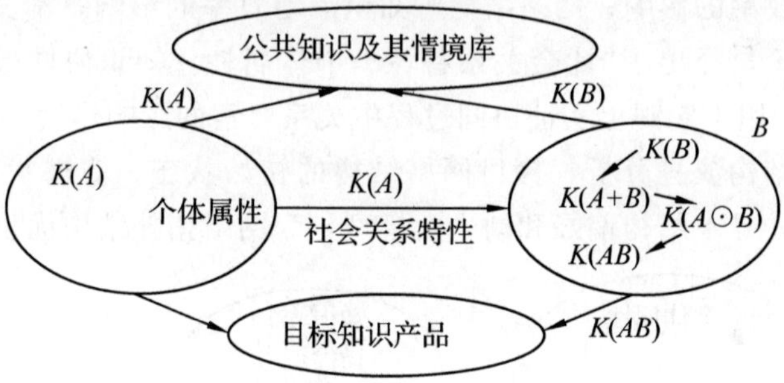

图2 知识协同的微观过程

1. 知识共享机制

知识共享是个体知识向公共知识转化的过程，即 $K(A)$、$K(B)$ 显性化的过程。此时，网络上传输的是经过显性化处理的公共知识。某个知识 $K(A)$ 能够被不同知识背景的人所识别和获取，既需要以规范形式表达知识(隐性知识显性化，显性知识格式化)，也需要考察知识主体共享其私有知识的意愿与能力，这就依赖于团队合作中的非正式机制。

2. 知识转移机制

知识转移是知识势能高的主体向知识势能低的主体转移知识的过程，即 $K(A)\rightarrow K(B)=K(A+B)$，其中知识势由知识主体所拥有的知识数量、质量和结构决定。知识转移效果取决于参与合作者的知识、经验与态度，同时还受正式或者非正式传播渠道的影响。知识转移双方通过合作获取新的知识，同时建立一种非正式社会关系，这种社会关系又反过来促进知识转移的发生。

3. 知识学习机制

知识学习指虚拟团队中的个体获得来自其他个体的新知识后将其理解和内化的过程，即 $K(A+B)\rightarrow K(A\odot B)$，其中 $\odot$ 代表知识相互作用的一种操作。

4. 知识创造机制

知识创造指新知识 $K(AB)$ 的产生，是协同演化的终极体现和最高阶段。知识共享、转移和学习后并不必然产生新的知识，所创造的新知识是个体原先非共同或单独拥有知识的组织程式和编码。新知识 $K(AB)$ 的价值是什么呢？应该主要考虑对目标产品的贡献率，并与原始知识 $K(A)+K(B)$ 比较。由于有特定的项目目标导引，IT 项目知识网络协同过程具有较强的可度量性。

相对于知识学习和知识创造主要依靠个人知识处理能力完成，知识共享、知识转移对团队和关系网络的依赖度就高得多，并且知识共享和转移是知识学习与创造的前提条件。因此，虚拟团队的知识网络演化研究，主要集中在如何激励知识共享和知识转移的产生和如何提高效率方面。此时，重点考虑三个问题：知识主体的社会关系对知识协同的影响；知识主体在网络中的位置对其协同效率的影响；网络结构对知识流动效率的影响。本文利用 SNA 和知识管理理论，提出了“社会关系特性—个体属性—知识协同效果”的概念模型(见图 3)，用于宏观上实证协同过程中关系要素的影响作用，可以进行知识网络协同的结构演进分析，探讨网络结构的初始状态、演进状态及其跃变对结果的影响，寻求结构偏好和动力学模型，为网络拓扑结构优化提供参考。

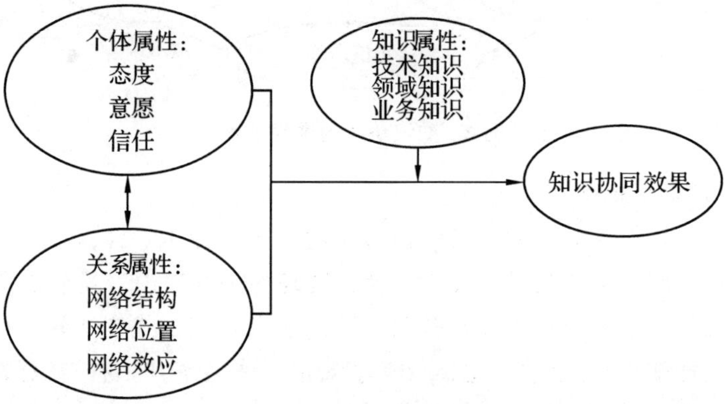

图 3　知识协同概念模型

在知识协同概念模型中，知识协同效果受到知识主体个体属性和关系属性的影响，知识属性是调节变量，个体属性与关系属性互相作用，形成网络结构演化的主要动力。在个体属性中，主要考虑知识主体进行知识协同的态度、意愿和对他人的信任感。在关系属性中，主要考虑知识主体所处的知识网络结构、在网络中的位置，以及它对整体网络的效应大小。知识属性则主要考虑软件开发技术类知识、领域知识和业务流程知识的不同。

五、小　结

本文从利用知识网络展开 IT 服务外包业态下虚拟团队的知识协同研究。第一，虚拟团队成员间的知识流转形成了一种知识网络，符合复杂网络特性；第二，这种知识网络基本符合目标导引的核心—边缘网络结构，有其独特性；第三，知识网络演化可以划分为网络生成、网络演进和网络结束等若干阶段，每个阶段有不同的研究内容；第四，虚拟团队的构建就是实质上的知识网络生成，反映了网络的初始状态。初始状态的拓扑结构和相关参量决定了网络演进的方向；第五，知识网络演进过程中的知识协同，可以划分为知识共享、知识转移、知识学习和知识创造四个阶段。在协同过程中，发挥关键作用的有知识主体的协同意愿、态度和信任感，有知识主体所处网络的结构、位置及其邻域结构、总体网络效应。同时，知识协同效果也受到所涉及的技术知识、领域知识和业务知识类型的影响。本文最后建立了知识协同“社会关系—个体属性—知识协同”概念模型，为进一步展开研究提供了理论基础。

（作者：陈建斌　北京联合大学教授）

项目名称：北京市创建中国特色世界城市的人才支撑体系研究
项目编号：11JGA007
项目负责人：叶　龙
项目信誉保证单位：北京交通大学

北京市创建中国特色世界城市人才支撑体系研究

北京作为中国的政治中心、经济中心和文化中心，是世界著名古都和历史文化名城，是东方文化魅力的代表者，具备了建设世界城市的基本条件。人才，作为城市发展的重要组成部分，在世界城市的建设和发展中发挥着不可替代的作用。对城市发展而言，其所拥有和吸附的人才资源的规模、结构和质量是提升城市竞争力的核心力量和关键要素。

北京市创建世界城市人才支撑体系研究不仅能够从理论上进一步丰富世界城市和人才支撑体系两个概念，同时通过定量的方法来分析和评价世界城市建设中的人才指标体系，通过定性的方法研究所构建的人才支撑体系内部各层次之间的相互作用关系，而且可以通过北京创建世界城市建设的历史高度，研究和制定北京科学发展的战略方向，落实"人文北京、科技北京、绿色北京"的发展思路。本课题结合北京中长期人才发展规划，旨在为北京市创建世界城市的人才支撑体系提供政策建议。

一、国外世界城市人才管理研究

在世界范围内，伦敦、纽约和东京是公认的"世界级城市"。通过对三个城市的城市概况、人才培养、人才引进与保留、人才使用和激励、人才管理等方面进行研究，可以分析与归纳出这三个国际化大都市在人才管理方面拥有的一些总体特征及普遍特点。这些特征及特点，呈现了当今国际化大都市人才管理的总体特征及未来发展趋势，以及人才发展战略对社会经济发展的影响。对比北京市人才管理的现状及社会经济的发展需求，并分析它们之间的相关特征，可为北京世界城市人才支撑体系的创建提供借鉴。

本文归纳与提炼出了四个方面的总体特征：

第一，建立科学和专业化的人才管理体系。具体包括：(1)制定与实施相对完善的人才管理方面的法律、法规与政策体系。(2)建立责权明确、管理实施高效的人才管理组织架构。明确市场、政府和企业在人才管理中的职责和角色定位，实现以企业为主体、以市场为导向、政府机构提供专业服务的人才管理模式，并在此基础上建立合理的人才管理组织架构。(3)建立科学、完善的人才培养、引进、使用、激励和保留体系。对学历教育和职业教育的同样重视、健全的专业培训体系、完善的人才引进政策、具有竞争力的人才激励体系等对于建立科学与完善的人才培养、引进、使用、激励和保留体系具有重要作用。这是世界城市人才管理取得成功的重要保障。

第二，建立现代化的人力资源管理运行机制。具体包括：(1)树立现代化人力资源管理观。以市场为导向的现代人力资源管理强调政府和企业尊重人才的择业自由，人才的流动不受地域、户籍、社会保障方面的限制。人才的充分自由流动，使人的潜能得以有效挖掘，从而使人力资源得到最合理配置。(2)建立现代人力资源管理的技术支撑系统，利用信息技术整合人力资源管理系统，实现人力资源管理技术支撑系统的数字化运转，提高信息资源的有效性和科学性，建立动态、集中的人才信息网络，从而极大地提高人力资源管理的效率。(3)建立以市场为基准、以能力和绩效为导向的薪酬体系。政府人才管理部门的主要任务就是维护市场的公平与合理的竞争环境，使人才有充分的自由选择权，从而强化薪酬体系的能力和绩效导向。

第三，建立完善的国际人才市场体系。具体包括：(1)建立统一的跨区域人才市场。在引进国际化人才时制定统一的海外人才评价和准入制度，通过各种制度的实施建立起一个公平竞争的跨区域人才市场，让国际人才的流动逐渐规范化。(2)建立与实施完善的国际人才引进制度。通过实施非常诱人的资助基金与政策吸引外国留学生，建立起完善的移民制度吸引国际人才，并通过中介结构和制度保障实现国际人才引进的可操作性。

第四，建立市场化的人力资源管理研发与服务体系。具体包括：(1)建立完善的人力资源产品与服务的研发体系。整个体系基于市场化运作，政府以投入研发资金并面向市场公开招标的方式进行人力资源产品与服务的研发，因而具备了很高的人力资源管理研究水平。人力资源产品与服务研发体系的建立让政府部门人才管理决策的制定更具科学性与合理性。(2)大力发展市场化的人才中介服务体系，使人才资源的市场化配置成为主导。政府人才管理部门主要关注于人才的宏观调控及相关政策的制定，而微观层面的人才流动则是由基于市场化的人才中介服务机构进行管理。常规式的猎头公司、诸多的行业协会和雇主协会、工会及其他不同类型的人才中介机构构成了人才资源市场化配置的有效载体。

二、北京创建世界城市建设人才需求分析

(一)北京世界城市建设目标分析

根据2005年中央批复的《北京城市总体规划(2004—2020年)》，确定北京

的城市目标为：国家首都、国际城市、文化名城、宜居城市。规划中关于北京城市未来目标的实施大体延续了“十五”规划的新三步，也分成三个阶段(见表1)。

表1 北京城市总体规划(2004—2050年)的三个阶段

时间	目标
2010年	构建现代化国际城市的基本构架
2020年	全面建成现代化国际城市
2050年	真正成为世界城市

按照规划，北京最终将建设成为一个具备鲜明东方特色的、绿色的、科技的、人文的新型世界城市。世界城市的建设均需要重点产业和项目的支持。结合北京的产业发展结构布局，北京世界城市建设的战略重点应在于总部经济和高端产业上，把北京建设成为世界政治、科技、文化和经济等重大问题的决策和控制中心，重点发展总部经济，吸引国际政治、经济、技术等各类组织的总部或区域总部在北京落户。北京还需要发展新材料、新能源、信息网络、环境保护、生物医药、航天航空等高新技术产业和战略新兴产业的研发设计和先进制造，成为国际技术创新中心。

(二)北京世界城市建设人才指标体系研究

本文分析归纳世界城市的判断指标，并结合北京世界城市建设目标和实际情况特点，构建出一套世界城市人才支撑指标体系。主要分为以下三个步骤：

第一步，梳理国际权威学者和机构对世界城市的判定指标。在北京市人力资源研究中心课题组的研究基础上，加入了A. T. Kearney公司和Foreign Policy杂志(2010)、纽约市与普华永道(2010)、GaWC(2010)对世界城市指标的研究结果。

第二步，将世界城市原生性指标人才化，形成世界城市体系下的人才指标群。其中，原生性的指标与人才化的指标是“多对多”的关系，而非简单的一一对应，即一个人才化的指标可以支持多个原生性的指标，一个原生性的指标也可能需要多个人才指标来解释。

第三步，将人才指标群进行分类，形成统一的分析框架，构建出完整的世界城市人才指标体系(见表2)。

表 2　世界城市人才发展指标体系

一级指标	二级指标	三级指标
人才规模	人才数量	常住人口 从业人员规模
	人才质量	平均预期受教育年限 高等教育毛入学率 接受高等教育从业人员比重 每万从业人员中 R&D① 人员数量 每万从业人员中科学家和工程师人数
	人才产业结构	人才宏观产业集中度(三次产业结构比) 高科技产业从业人员比重 金融产业人员比重 文化创意产业人员比重
人才环境	基础环境	人口密度 生活质量指数
	经济环境	年 GDP② 规模 人均可支配收入 人均可支配收入占人均 GDP 比重
	事业环境	世界 500 强跨国公司总部数量 跨国公司地区分布数量 R&D 机构数量
	人文环境	高等院校数量 公共图书馆数量 艺术馆、文化馆和博物馆数量 公共设施建设经费支出占 GDP 比重
	国际化环境	国际组织总部数量 外籍侨民与本地人比例 每年国际会议举办次数 跨国非金融企业的国际化指数 跨国金融企业的国际化指数

① R&D，即 research and development，指在科学技术领域，为增加知识总量(包括人类文化和社会知识总量)，以及运用这些知识去创造新的应用进行的系统的创造性的活动。

② GDP，即 Gross Domestic Product，国内生产总值。

续表

一级指标	二级指标	三级指标
人才效能	人才投入	科技投入占GDP比重 教育经费支出占GDP比重 卫生经费支出占GDP比重
	人才产出	人均GDP 劳动生产率 年专利申请量 年专利授予量 论文发表数量

(三)北京世界城市建设人才差距分析

根据北京市中长期人才发展规划，到2020年，北京市人才发展的战略目标是培养和造就一支数量充足、结构优化、素质一流且富于创新性的人才队伍，确立支撑世界城市建设的人才竞争优势，成为世界一流的“人才之都”，为落实人才强国战略发挥示范带动作用。

表3 北京市人才发展主要指标

指标	2008年	2015年	2020年
人才总量(万人)	337	510	650
每万劳动力中研发人员(人)	204	240	260
高技能人才占技能劳动者比例(%)	21.8	26	30
主要劳动年龄人口受高等教育的比例(%)	27	35	42
人力资本投资占国内生产总值比例(%)	19	24	29
人才贡献率(%)	35	50	60

注：人才贡献率数据均为区间年均值，其中2008年数据为1978—2008年区间平均值，2015年数据为2009—2015年区间平均值，2020年数据为2016—2020年区间平均值。

北京世界城市建设人才指标体系分为人才规模指标、人才环境指标和人才效能指标，本文分别从这三个方面就北京人才发展状况与纽约、伦敦和东京三个世界城市进行比较，进一步明确北京世界城市建设人才差距。

1. 人才规模方面

北京虽具有人才规模大、人才发展潜力大等优势，但劳动力人口平均受教育水平较低，高端产业人才匮乏，人才宏观产业结构有待调整。

2. 人才环境方面

北京在四个城市中人口密度最小，但人口密度小并没有帮助北京实现人才发展地理空间上的优势，北京生活质量排名全球第 113 位，在四个城市中排名最后，在跨国公司总部、分部数量上与其他三个城市相差不大，但在 R&D 机构数量上与其他三个城市存在较大差距，说明北京的创新型事业平台需要进一步扩展。

3. 人才效能方面

在人才投入方面，北京的公共教育投入、公共科技投入、公共医疗卫生投入严重落后于其他三个城市。另外，从人才投入占 GDP 的比重来看，北京也明显落后于其他城市。在人才产出方面，北京的人均 GDP、劳动生产率、年专利授予量和论文发表数量与其他三个城市之间均存在较大差距。

三、北京世界城市建设人才支撑体系构建

（一）世界城市人才支撑体系主因素分析

1. 模型结构

围绕人的因素，以国内外人才市场环境为基础，以首都中长期人才发展规划为依托，以科学的人才开发、管理为手段，以充分发挥人力资本价值为目的，运用系统动力学理论和方法，构建适用于北京世界城市建设要求的人才支撑体系。如图 1。

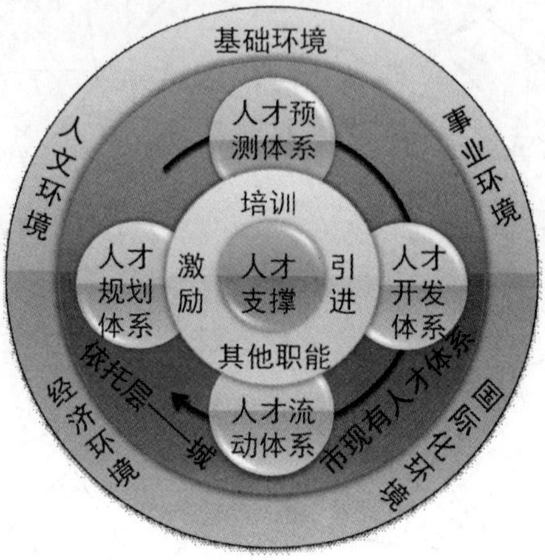

图 1　北京世界城市建设人才支撑体系组成

2. 模型总体反馈回路

根据对北京世界城市建设人才支撑体系模型的基本结构和前人研究的影响人才指标体系各个指标的行为因素的研究，可以建立北京世界城市人才支撑体系系统动力学主因素关系图（如图 2），从中能够看出各子系统之间的反馈关系。

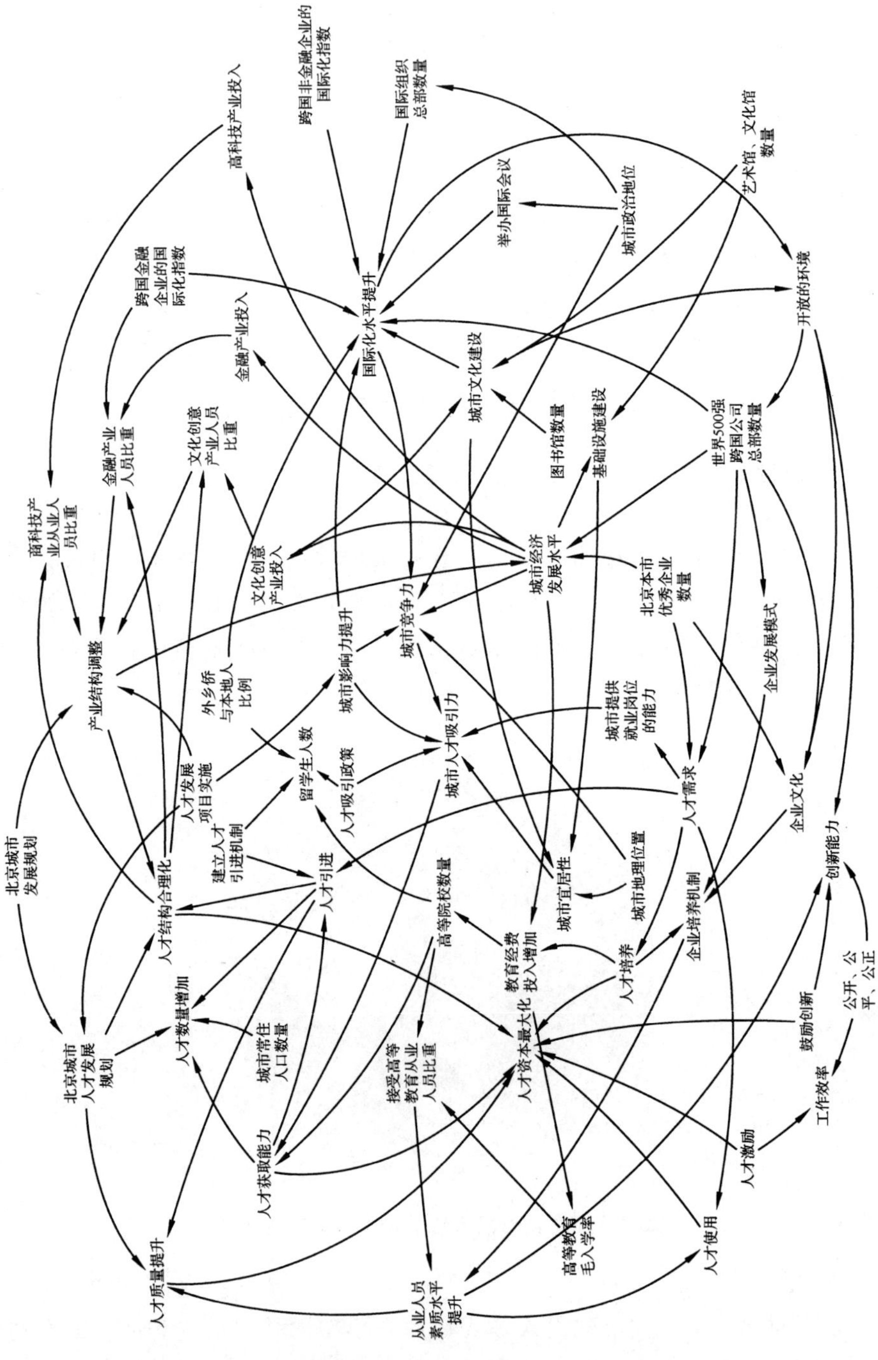

图 2　北京世界城市人才支撑体系系统动力学主因素关系图

模型的总体反馈回路初步反映了系统主影响因素间的作用关系，其中产业结构调整、人才投入与产出是模型的关键节点，利用 VensimPLE 软件因果关系分析功能，可以得出这几个关键节点的因果关系树图，如图 3、图 4、图 5、图 6 所示。

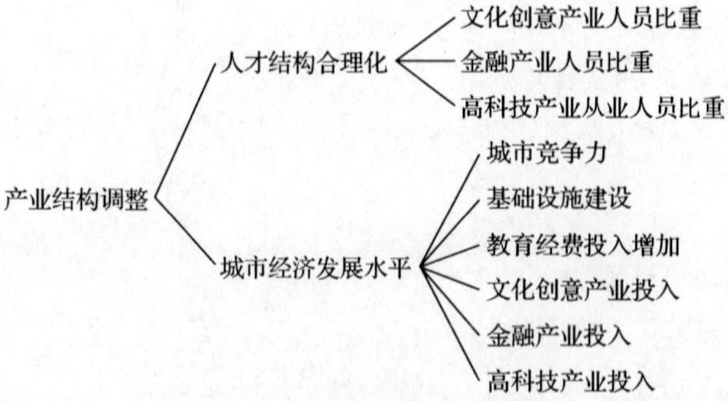

图 3　产业结构调整结果树分析

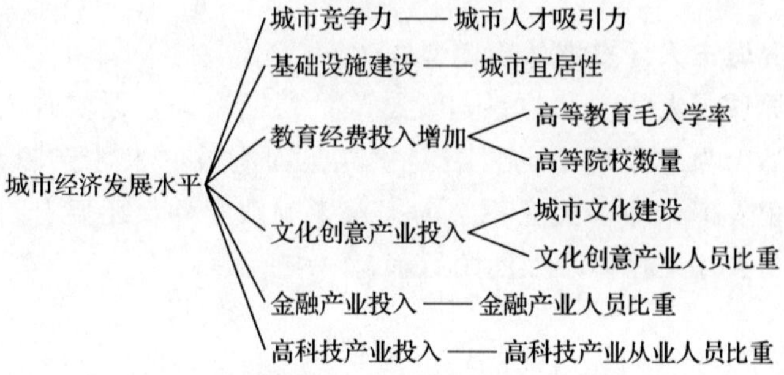

图 4　城市经济发展水平结果树分析

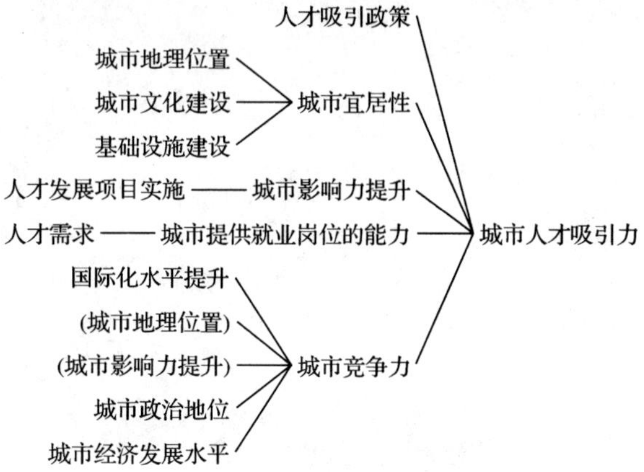

图 5　城市人才吸引力原因树分析

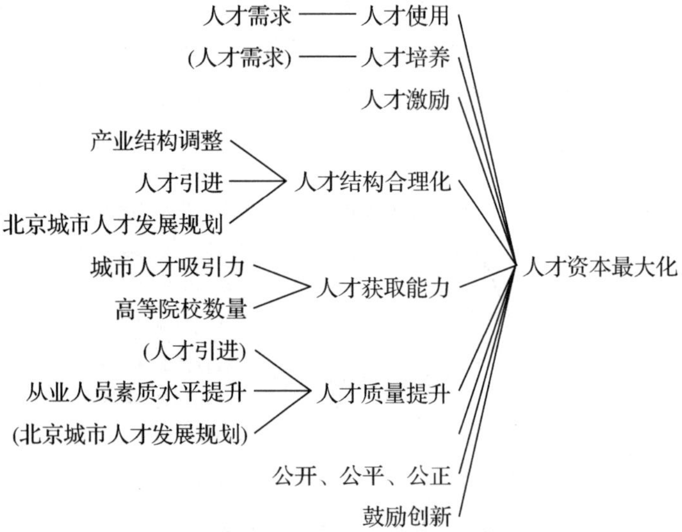

图 6　人力资本最大化原因树分析

(二)世界城市人才支撑体系模型构建

北京世界城市人才支撑体系建设从人的层面着眼，以实现人力资本最大化为目的，从而为北京城市的发展提供充足而有效的人才保障与人才支撑。而系统的效用发挥，除了关注系统的关键影响因素外，还要有科学合理的系统结构。这一人才支撑体系如图 7 所示。

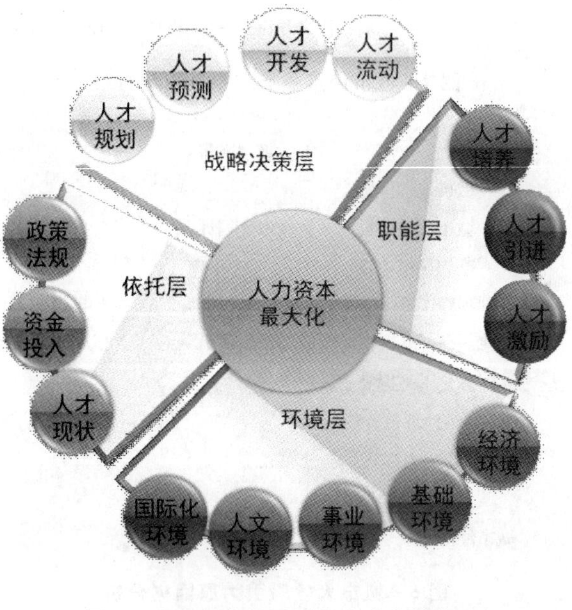

图 7　北京创建世界城市人才支撑体系

(三)世界城市人才支撑体系结构分析

1. 环境层分析

(1)环境层子系统的构成。环境层子系统涉及的内容体系庞杂，将所有影响因子考虑进去显然不利于研究工作的开展和结论的得出，因此从本文研究的角度，该模型限定环境层子系统主要受基础环境、经济环境、人文环境、事业环境、国际化环境影响。而基础环境也是影响经济环境、人文环境、事业环境、国际化环境的部分因素。环境对人才支撑体系的影响主要表现为对人才获取、体系构建和战略决策的作用。

(2)环境层子系统在整个支撑体系中的作用。城市人才资源开发活动任何时候都不能孤立进行，它受制于各种外部环境的影响和制约。良好的人才环境有利于人才的培养、引进和开发，同时人才的发展又促进城市的发展，城市的发展又反过来促进人才环境的建设，人才与人才环境的关系是相互促进、相辅相成的。如图 8 所示。

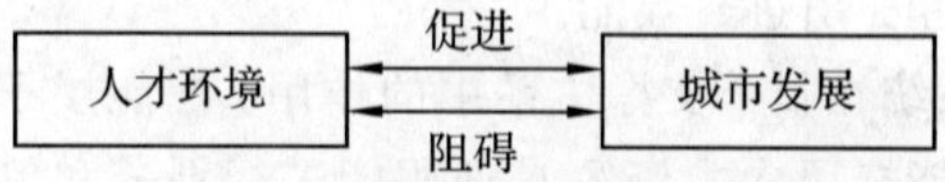

图 8 人才环境与城市发展之间的关系

2. 依托层分析

(1)依托层子系统的构成。依托层是城市的政策制度、城市结构、城市发展战略、管理模式等对人才支撑体系影响要素的有机组合，它的作用机理主要是通过城市发展战略影响人才能力需求进而影响人才培养、引进和激励，通过城市结构、政策制度决定人才建设在城市建设中的地位，进而影响城市的用工制度和劳资关系。对于依托层的建模，本文主要侧重分析该子系统中各影响因素为城市提供人才保障的贡献程度和相互关系，重点建设以人才管理为导向的系统。

(2)依托层子系统在整个支撑体系中的作用。根据《北京城市总体发展规划(2004—2020 年)》和《首都中长期人才发展规划纲要(2010—2020 年)》，北京世界城市建设人才支撑体系的构建必须立足于城市发展的实际和现状，依托既有的城市人力资源开发与管理体系，是对既有人才队伍建设的系统化和进一步改善。对北京世界城市建设人才支撑体系依托层的理解分析要把握两个方面的关系：一是北京的人才管理机制要在沿用既有的相关管理机制和制度的基础上有所调整。二是北京城市人才构成中，各类人才要实现城市人才的内部流动。

3. 战略决策层分析

(1)战略决策层子系统的构成。借鉴伦敦、纽约和东京的世界城市人才管理经验，结合北京城市的发展情况，北京世界城市建设人才支撑战略决策层包括四个子体系：人才预测体系、人才规划体系、人才开发体系和人才流动体系。

(2)战略决策层子系统在整个支撑体系的作用。战略决策层在体系中起到承上启下的作用，既是人才环境层的作用对象，又是具体层的宏观表现。战略决策层能够为北京城市人才建设和管理提供明确的方向和科学的依据，也便于更好地对北京城市的人才建设状况进行评估。北京人才支撑体系中又可进行细分，分为不同的人才支撑子体系，这样做有助于从另一个角度将在建设世界城市的过程中，北京市的人才开发与管理的具体职能进行划分，可以实现分模块对北京市人才建设进行评估和改善。

4. 职能层分析

(1)职能层子系统的构成。职能层是指城市建设对于人才进行开发管理等的具体职能表现。北京世界城市建设人才支撑体系主要是从理论的角度分析城市人才资源的培养、引进、效能。

(2)职能层子系统在整个支撑体系中的作用。职能层子系统是将世界城市人才支撑体系的功能按照人力资源管理职能进行划分和整合。通过职能层子系统将世界城市人才支撑体系的作用落到实处，将开展人才支撑体系建设与重点项目实现横向的连接，以便政府或者企业在落实人力资源管理工作时有据可循。

四、研究结论及政策建议

(一)研究结论

本文研究结论主要包括以下三个：

1. 初步构建了北京世界城市建设人才支撑体系

文章构建的北京世界城市人才支撑体系由四个层次组成：环境层、依托层、战略决策层和职能层。环境层、依托层、战略决策层和职能层四者之间互为指导、互相影响，共同作用于人才的发展，为北京城市的发展提供了人才保障。

2. 注重协同发展，确保体系整体性

北京世界城市建设人才支撑体系是由内而外探寻影响要素，由外而内积聚力量，同时反映各要素相互作用的开放性体系。

3. 确立体系战略地位，完善相关政策法规

从战略层面讲，学会转换视角，从人的层面考虑问题，制订(定)发展计划、规划、政策、制度等，对于北京市的人才发展规划和资源投入等一系列的问题具有重要意义。

(二)政策建议

1. 环境层子系统应用建议

环境层子系统的运行需要注意处理好几个方面的关系，即内部环境与外部环境相结合、宏观政策与贯彻执行相统一、人才支撑体系发展与城市发展相匹配等。环境层子系统的运行基于以上认识出发，在应用中应侧重于以下几方面的工作：

第一，争取政府政策和财政支持。在北京市创建中国特色世界城市的过程中，合理的经济投入是十分必要的，要加大人才发展的政策支持，为高层次人才培养、紧缺人才引进、杰出人才奖励以及重大人才开发项目提供经费保障。

第二，加大宣传力度，塑造良好形象。通过加强国际交流，引进、参与和创建国际赛事、节事、会议、论坛等活动提高北京的国际人才吸引力。

第三，建立稳定的人才引进和社会保障制度。建立健全以能力业绩为导向的人才引进综合评价体系，畅通高层次人才落户北京的政策渠道，进一步简化工作程序、改进服务方式，充分保障各类用人单位对高级管理人才和高层次专业技术人才的引进落户需要，拓展高技能人才引进渠道。同时，完善人才发展的社会保障制度，建立全市统一的社会保障体系，将海外高层次人才纳入全市社会保障体系中。

第四，优化城市品质。提高城市环境对于人才的吸引力，将人文、科技、绿色的理念系统地贯穿到城市规划、设计、建设和运营中，提高北京城市自然与人文环境的集约化程度和精细化水平，提升城市品位，以国际一流水平为人才提供良好的工作和生活环境。

2. 依托层子系统应用建议

第一，明确城市发展战略，指导人才需求。战略目标直接影响所需要的人才类型。城市发展战略是人才支撑体系的起点，只有对战略进行分析，才能运行人才预测规划体系，才能从组织内部或人才资源市场寻求合适的人才。

第二，完善人才管理体制，对接国际市场。通过搭建国际化的人才发展平台，学习国际化的人才管理经验，建立国际化的自由、开放、包容的人才建设机制。

第三，结合现有人力资源管理体系及其模块建设，在稳定中求新图变。人才支撑体系的建设应该以充分遵守现有管理体系和模块建设的基础上，在局部做出适当的调整以适应城市发展的需要，并在管理实践中进行不断的调整和完善。

3. 战略决策层子系统应用建议

第一，科学预测，准确判断。对北京世界城市建设的战略目标进行分析，研究外部环境各个因素的变化趋势，结合北京城市人才建设状况，分析现有人才的结构、流动配置、效能发挥等方面内容，预测一定时期内各种人才的需求，为人才的引进、开发等提供依据，为城市、行业、企业制定人才资源发展政策提供充分依据，为人才工作的科学决策提供前提保障。

第二，合理规划，人尽其才。在人才预测的基础上，依托现实发展状况，进行科学合理的人才规划，根据其短、中、长期的战略规划加大人才储备。在对环境层、依托层的深入分析和对人才的准确预测基础上，提高人才能力，优化人才结构，以适应不断发展变化的技术水平、管理方式，实现人力资本最大化，提升人才效能。

第三，大力开发，提高能力。一方面通过“培养性开发”改变人才的行为，增加人才知识储备，提高操作能力；另一方面通过“利用性开发”发挥人才资源的潜力、主观能动性与创造性，以满足系统实际需要而进行的各种活动，主要靠考核、薪酬等激励手段实现。

第四，适当流动，盘活系统。支持和鼓励人才的合理流动，充分发挥市场在人才资源配置过程中的基础性作用，降低人才自由流动的壁垒，充分体现人才价值的市场化理念。

4. 职能层子系统应用建议

第一，改善人才发展环境。将人才发展环境纳入人力资源管理体系，形成有利于人才发现、引进、使用、培养和成长的机制，建立促进人才成长与合理使用的政策体制环境。

第二，加强人才引进工作。围绕实施北京海外人才聚集工程，围绕北京市重点发展产业、行业、学科的建设目标，重点聚集一批具备较高专业素养和丰富海外工作经验、掌握先进技术、了解国际政治经济、熟悉国际市场运作、具有广泛国际联系的行业领军人才和专业技术人才。

第三，创新人才培养机制。要求政府、科研教育部门、企业三者之间相互协作，政府提供政策和资金支持，由科研教育部门提供良好的基础教育和学历教育，同时通过政策法规等形式鼓励和约束企业在人才培养方面的行为，通过共同努力为城市经济社会各个层面的发展提供相应的人才支持。

第四，探索建立城市人力资源配置市场化机制。建立城市人力资源市场，制定城市人力资源市场管理机制，推动人力资源和用人单位两个主体进入市场。

参考文献

[1] 段霞：《建设后工业形态的新型世界城市》，《北京规划建设》，2010年第5期。

[2] Patrick Geddes. Cities in Evolution. Williams & Norgate Ltd., 1915.

[3] Friedmann. J. The world City hypothesis. Development and Change, 1986, 17(1).

[4] Saskia Sassen. The Global City: New York, London, Tokyo. Princeton University

Press, 1991.
[5] Knox P L. 'World cities in a world system' In Knox PL and Taylor P J(eds) World cities in a world－system. Cambridge：CUP. 1995.
[6] Hall Peter. The World Cities. London：Heinemann. 1966.
[7] Hall Peter. The World Cities. London：Weidenfeld and Nicolson. 1984.
[8] Hall Peter. The World Cities. New York：McGrawhill. 1966.
[9] Clark, David. Urban Wolrd/Global City. London：Routledge. 1996.
[10] Hall Peter. The World Cities. New York：McGrawhill. 1966.
[11] Hymer S. "The Multinational Corporation and the Law of Uneven Evelopment". In：Bhagwati J. Economics and World Order from the 1970s to the 1990s. Collier：MacMllian.
[12] H. C. Reed. "Financial Center Egegemony, Interest rates, and the Global Political Economy". In：Park Y S & Eassyyad M. International Banking and Financial Centers. Boston：Kluwer Acadenic Publishers. 1989.
[13] J. Gottmann. What Are Cities Becoming Centers of ? Sorting Out the Possibilities. London and Delhi：sage. 1989.
[14] 沈金箴、周一星：《世界城市的涵义及其对中国城市发展的启示》，《城市问题》，2003年第3期。
[15] 邓洪波等：《把握发展规律探索北京世界城市建设模式》，《时代经贸》，2010年第3期。
[16] 平飞：《"中国特色"当如何理解》，《广州社会主义学院学报》，2005年第4期。
[17] 牛文元：《北京的世界城市之路》，《中国流通经济》，2010年第7期。
[18] 郭万超：《北京世界城市建设的科学定位》，《城市管理与科技》，2010年第5期。
[19] 李国平：《世界城市格局演化与北京世界城市建设的基本定位》，《城市发展研究》，2000年第1期。
[20] 李国平、卢明华：《北京世界城市建设模式与政策导向的初步研究》，《地理科学》，2002年第3期。
[21] 李国平等：《北京世界城市建设的市域空间发展模式研究》，《北京联合大学学报》(人文社会科学版)，2010年第8期。
[22] 江涛：《北京建设世界城市的优势和着力点》，《建设世界城市提升首都软实力——2010北京文化论坛文集》，2010年。
[23] 中共中央、国务院2010年6月6日印发《国家中长期人才发展规划纲要(2010－2020年)》。
[24] 黄津孚：《人才是高素质的人——关于人才的概念》，《中国人才》，2001年第11期。
[25] [美]罗伯特·S. 艾伯特主编，方展画等译：《天才与杰出成就》，杭州：浙江人民出版社，1988年。
[26] 闫成：《北京世界城市建设的人才指标体系及人才发展路径研究》，《北京人才发展报告(2010－2011)》，北京：社会科学文献出版社，2011年。
[27] 关啦啦、吕少辉：《河南省高新技术产业发展的人才支撑体系研究》，《现代商贸工

业》，2008年第11期。
[28] 连玉明：《世界城市如何聚集高端人才》，《北京规划建设》，2010年第4期。
[29] 沈荣华：《世界城市的人才战略》，《组织人事报》，2010年7月1日。
[30] 叶龙等：《基于系统动力学的高速铁路人才支撑体系的构建》，《北京交通大学学报》(社会科学版)，2010年第10期。
[31] 桂昭明：《人才国际竞争力评价》，《中国人才》，2002年第10期。
[32] 倪鹏飞：《城市人才竞争力与城市综合竞争力》，《中国人才》，2002年第10期。
[33] 杨清河：《首都区域人才竞争力评价指标体系的构建》，《首都经济贸易大学学报》，2006年第5期。
[34] 陈鹏：《基于人才效能的人才流动分析》，南京财经大学学位论文，2006年。
[35] 朱建航：《浙江省先进制造业基地与人才支撑体系互动关系研究》，浙江工业大学硕士学位论文，2004年。
[36] 黎健：《振兴东北老工业基地人才支撑战略研究》，吉林大学硕士学位论文，2004年。
[37] 翟孝强：《关于把上海建成世界城市的思考》，东南大学硕士学位论文，2006年。

（作者：叶　龙　北京交通大学人文社科办主任、科技处副处长，教授）
武洋洋　北京交通大学硕士研究生
李辰训　北京交通大学硕士研究生
刘　夏　北京交通大学硕士研究生）

项目名称：虚拟世界对北京经济与社会的影响及政府监管对策
项目编号：11JGB064
项目负责人：吴 洪
项目信誉保证单位：北京邮电大学

虚拟世界监管体系及多重博弈模型构建研究

一、引 言

虚拟世界[①]是在计算机中央服务器上建立的为用户通过人物化身居住和互动的计算机模拟环境，现阶段主要有大型多人在线角色扮演类和大型多人在线模拟真实类两类虚拟世界。当前大型多人在线角色扮演类虚拟世界备受社会的关注，但两类虚拟世界在不断地融合[②]，故而本文不局限于“网络游戏”，而是按“虚拟世界”进行研究。随着互联网的快速发展，虚拟世界已成为广大人民群众网上消费娱乐的重要文化产品。《2009 年中国游戏市场白皮书》[③]相关数据显示：2009 年，中国网络游戏用户数达到 6587 万，比 2008 年增加了 33.46％；中国网络游戏实际销售收入为 258 亿元，比 2008 年增长了 39.5％，为相关产业带来的直接收入达 555 亿元。不难看出，经过过去十年的发展，虚拟世界产业已经发展成为一个具备较大规模的产业。作为文化创意产业的重要组成部分，虚拟世界正和电影、电视、音乐等传统文化娱乐产业不断融合，进一步扩大了其对社会和经济的影响。与此同时，虚拟世界所带来的深层次问题也日益显露出来，主要有：未成年人沉迷虚拟网络游戏导致学业及身心健康受损[④]，少数虚拟世界产品文化价值观导向偏差给用户造成不良影响，虚拟货币管理欠规范引发纠纷[⑤]，运营推广存在虚假宣传现象，执法有效性亟待完善等。

① 王萌、李向民：《虚拟世界的经济学研究综述》，《南京航空航天大学学报》(哲学社会科学版)，2009 年第 11 期，第 53—58 页。

② 岳宇君、吴洪：《虚拟世界：机制、关系、分析及展望》，《学术论坛》，2011 年第 3 期，第 178—184 页。

③ 中国互联网络信息中心：《中国网络游戏研究市场报告》，2009 年。

④ 曹殿联：《社会角色理论对青少年网络游戏行为的解读》，《河南师范大学学报》(哲学社会科学版)，2007 年第 11 期，第 207—209 页。

⑤ 谢灵心、孙启明：《 网络虚拟货币的本质及其监管》，《北京邮电大学学报》(社会科学版)，2011 年第 1 期，第 21—25 页。

世界各国对虚拟世界运营和交易活动等的监管工作都非常重视，我国也不例外。从 1999 年起，我国在虚拟世界的监管方面取得了很大进展，陆续发布了一系列专业监管通知和法规，如《关于进一步加强网吧及网络游戏管理工作的通知》(2007.2)、《关于加强网络游戏虚拟货币管理工作的通知》(2009.6)、《网络游戏管理暂行办法》(2010.6)等。这些法规对我国虚拟世界市场的规范发挥了一定的作用，不仅起到规范运营商运营的目的，而且在一定程度上达到了约束和教育用户的效果。为使虚拟世界健康发展，更为合理地服务于社会，研究虚拟世界的监管显得尤为重要。本文从分析虚拟世界监管体系入手，以虚拟世界多重博弈的过程和对博弈策略的分析作为切入点，考察各博弈主体在虚拟世界监管策略制定过程中的作用，以便对我国虚拟世界产业监管有一个更为清晰的把握，并对可能出现的博弈局面给出引导性对策。

二、虚拟世界监管体系分析

目前我国虚拟世界的主管部门是国务院文化行政部门，县级以上人民政府文化行政部门依照职责分工负责本行政区域内虚拟世界的监督管理。监管对象包括从事虚拟世界研发、虚拟世界运营、虚拟货币发行、虚拟货币交易服务的经营单位。为了方便于对问题的研究，本文将各级虚拟世界监管部门统称监管部门，对虚拟世界相关的经营单位不做区分，用“运营商”代称。完善的虚拟世界监管体系组成要素包括监管部门、监管法律制度、监督机构(行业组织、新闻媒体等机构)、运营商及用户(或家长)等，具体表述如图 1 所示。监管部门对运营商实施监管要有“法”可依；在虚拟世界侵犯用户利益的时候，用户可以举报给监管部门，或向运营商维权；行业自律组织、新闻媒体等监督机构对运营商运营状况进行监督，同时新闻媒体等机构所产生的社会舆论对监管部门也有较大的激励作用和较强的约束力。

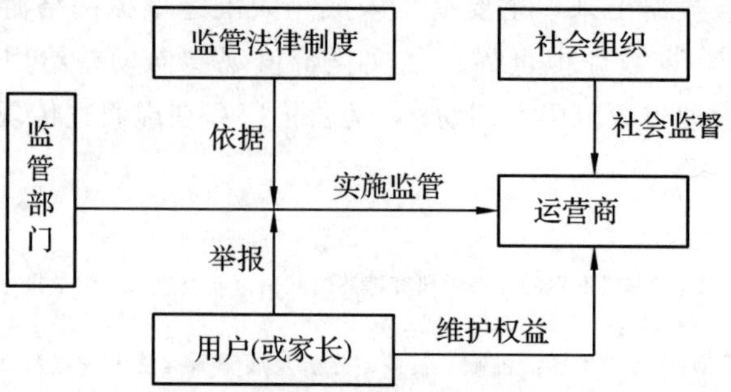

图 1　虚拟世界监管体系示意图

监管部门、运营商和用户是虚拟世界监管体系中的三个主体。为实现虚拟世界的健康发展，监管部门需要从内容、未成年保护、经营行为、虚拟货币发行及管理等角度对运营商进行监管，追求整个社会的利益最大化，同时兼顾部门的成本和收益。监管部门监管成本多少主要由以下几方面因素决定：(1)监管队伍的素质和监管工作的效率；(2)监管部门获取与判断监管信息的难易程度；(3)运营商的配合程度。影响监管部门惩罚力度的因素包括：(1)罚款额度。标准制定需要既能刺激运营商符合监管规定运营，又不损害运营的积极性。(2)执行的严格程度。人际关系等社会因素影响监管规制的执行。运营商以营利为目的，其追求的是利润最大化。为响应监管部门的要求和规范用户在虚拟世界中的社会行为与经济行为，运营商需要对其用户进行管理[①]，如推行实名制限制未成年玩家、规范虚拟货币的交易等。运营商管理成本的主要影响因素包括：(1)虚拟世界的发展水平；(2)运营商获取与判断用户信息的技术投入；(3)人员配置方面的开支。额外收益是运营商违规运营的动力，同时运营商还关注虚拟世界的声誉和生命周期。用户在虚拟世界中生活、办公和娱乐的同时，也会出于某种目的(如：未成年加入虚拟世界、盗号牟取利益等)，而逃避运营商的管理。结合我国虚拟世界监管的特征，给出简化的虚拟世界监管体系示意图[②]，如图 2 所示。

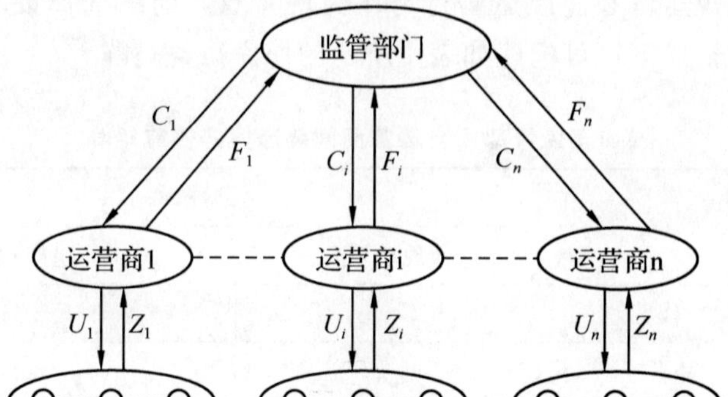

图 2　简化的虚拟世界监管体系示意图

虚拟世界监管部门为了实现其监管目标，一方面发出监管信号 $C_i(i=1,2,\cdots,n)$，一般表示为各种监管通知和法规(C_i 并不是指监管通知、法规的不一致，而是为区别不同类型运营商)；另一方面接收从各运营商反馈来的有关监管实施的效能指标值信号 $F_i(i=1,2,\cdots,n)$，一般表现为直接或间接的效果信息。运营商们在接到监管部门的信号后的决策就是选择合适的控制 U_i

① 谢永江：《网络虚拟货币的法律分析与监管建议》，《北京邮电大学学报》(社会科学版)，2010 年第 1 期，第 29—35 页。

② 汪应洛：《系统工程理论、方法与应用》，北京：高等教育出版社，2002 年版，第 171—172 页。

$(i=1,2,\cdots,n)$ 来改善运营，用户集 i 对应的结果反映在信息变量 Z_i 中来供运营商 i 参考，影响着运营商 i 的选择决策。在这个监管体系中，运营商是监管部门的直接监管对象，同时，从用户角度看，监管部门和运营商又是委托—代理关系。

三、虚拟世界监管多重博弈模型构建

虚拟世界监管策略的形成和变迁过程是各博弈主体之间相互博弈的结果，为了对虚拟世界监管有一个更为清晰的把握，并对可能出现的博弈困境局面有所认知，我们构建多重博弈模型对虚拟世界监管进行研究。限于篇幅原因，本文在此仅探讨虚拟世界监管中几种较为重要和有代表性的博弈模型：监管部门与运营商间的博弈模型、监管部门与用户间的博弈模型、运营商与用户间的博弈模型及多元动态博弈模型。

（一）监管部门和运营商之间的博弈模型

1. 静态博弈模型

将监管部门和运营商设定为博弈参与方，将监管部门行为的作为和不作为、运营商合规运营和违规运营行为作为博弈双方的可选择策略，在单纯考虑经济效用的情况下，可构建如表1所示的博弈得益矩阵。

表1　监管部门与运营商间静态博弈得益矩阵

		运营商	
		合规运营	违规运营
监管部门	作为	$-C,\pi$	$\Delta\pi+F-C,\pi-F$
	不作为	u,π	$u-g,\pi'$

其中，C 为监管部门实施监管的成本；u 为监管部门不作为可获得的休闲收益；π 为运营商合规运营取得的收益；π' 为运营商违规运营取得的收益；令 $\Delta\pi=\pi'-\pi$，$\Delta\pi$ 表示运营商违规运营所取得的额外收益；F 为运营商违规运营被查处后受到的罚款；g 为运营商违规运营未被查处时给监管部门带来的损失（如社会认可的损失）。

分析表1，单纯从表格数据分析，若 $u-g>\Delta\pi+F-C$，模型有唯一纳什均衡解（不作为，违规运营），但其显然不符合社会最优。假定为使虚拟世界运营商合规运营，监管部门对违规运营商的处罚足够大，使得 $u-g<\Delta\pi+F-C$ 成立，从而表1没有纯策略纳什均衡。故而，只需考察这个博弈中是否存在混合策略纳什均衡①。监管部门以 x 的概率选择监管，以 $1-x$ 的概率选

① 谢识予：《经济博弈论》，上海：复旦大学出版社，2001年版，第63—67页。

择不监管；运营商以 y 的概率选择合规运营，以 $1-y$ 的概率选择违规运营。这里，$0\leqslant x\leqslant 1$，$0\leqslant y\leqslant 1$。由此可计算监管部门的期望效用函数为：

$$U_1(x,1-x)=x\times[(-C)\times y+(\Delta\pi+F-C)\times(1-y)]+(1-x)[u\times y+(u-g)\times(1-y)]$$

$$=-xC-(1-y)g+(1-y)[x\Delta\pi+xF+xg]+u(1-x)$$

同理，运营商的期望效用函数为：

$$U_2(y,1-y)=y\times[\pi\times x+\pi\times(1-x)]+(1-y)\times[(\pi-F)\times x+\pi'\times(1-x)]$$

$$=\pi-x(1-y)F-x(1-y)\Delta\pi+(1-y)\Delta\pi$$

根据完全信息静态均衡博弈混合策略的求解方法，可以求得运营商合规运营的概率 $y^*=1-\dfrac{C+u}{\Delta\pi+F+g}$，监管部门实施监管的概率 $x^*=\dfrac{\Delta\pi}{F+\Delta\pi}$。根据 $\dfrac{\partial y^{*}}{\partial C}=\dfrac{\partial y^*}{\partial u}=-\dfrac{1}{\Delta\pi+F+g}<0$ 和 $\dfrac{\partial y^*}{\partial \Delta\pi}=\dfrac{\partial y^*}{\partial F}=\dfrac{\partial y^*}{\partial g}=\dfrac{C+u}{(\Delta\pi+F+g)^2}>0$ 可得如下结论(在其他条件一定的前提下推出的)：(1) C 越大，运营商选择违规运营的可能性越大；(2)减少监管部门的休闲收益 u，有利于降低运营商违规运营的概率；(3)对运营商采取违规运营行为的没收违规运营所得 $\Delta\pi$ 和罚款 F 越严格，越容易刺激运营商采取合规运营的行为，限制其违规运营行为；(4) g 越大，运营商采取合规运营更符合企业利益。根据 $\dfrac{\partial x^*}{\partial \Delta\pi}=\dfrac{\Delta\pi}{(F+\Delta\pi)^2}>0$ 和 $\dfrac{\partial x^*}{\partial F}=\dfrac{\Delta\pi}{(F+\Delta\pi)^2}<0$ 得到(在其他条件一定的前提下推出的)：(1)监管部门实施监管的概率与运营商的额外收益呈正相关，$\Delta\pi$ 越大，监管部门选择监管的概率越高；(2)对运营商违规运营处罚力度 F 越大，监管部门选择监管的可能性越大。

2. 重复博弈模型

虚拟世界发展非常迅速，运营商可能采取“创新运营”来规避监管部门的监管，构建重复博弈模型是必要的。划分为多个阶段进行博弈，监管部门和运营商后一阶段的策略选择依赖于以前各阶段的博弈结果，通过研究对方以前的行动获得有关信息，以修正自己的策略。运营商根据监管部门的监管规定和技术发展现状，选择创新运营，没有违反“前一阶段规定”运营，但同样可以获得一定的额外收益。u、π 和 F 等所指代的含义与静态博弈模型中的相同，同时假设重复博弈过程中贴现率为 δ，监管部门与运营商的重复博弈[①]得益矩阵如表 2 所示。

① 张维迎：《博弈论与信息经济学》，上海：上海人民出版社，2004 年版，第 123—136 页。

表 2　监管部门与运营商间重复博弈得益矩阵

		运营商		
		合规运营	违规运营	创新运营
监管部门	从松监管	$u-C'$，π	$\Delta\pi+F-C'$，$\pi-F$	$u-C'-g'$，$\pi+\Delta\pi'$
	从严监管	$-C''$，π	$\Delta\pi+F-C''$，$\pi-F$	$-C''$，π

其中，C' 为从松监管时的成本，C'' 为从严监管时的成本，u 为监管部门的休闲收益，$\Delta\pi'$ 为运营商创新运营所取得的额外收益（为便于研究，假设各个阶段的 $\Delta\pi'$ 相同，且 $\Delta\pi'>0$），g' 为运营商创新运营时给监管部门带来的损失。

在博弈重复进行时，监管部门开始选择相信运营商，对运营商从松监管；直到运营商违规运营，然后不再相信运营商，采取从严监管。如果运营商在第 T 阶段违规，以前的各期选择是合规运营，其总得益现值为：

$$(\pi-F)+\pi\delta+\pi\delta^2+\cdots+\pi\delta^{T-1}=\sum_{t=1}^{T}\delta^{t-1}\pi-F\text{；}$$

若以前的各期选择是创新运营，其总得益现值为：

$$\pi+(\pi+\Delta\pi')\delta+(\pi+\Delta\pi')\delta^2+...+(\pi+\Delta\pi')\delta^{T-1}=\sum_{t=1}^{T-1}\delta^t(\pi+\Delta\pi')+\pi\text{。}$$

分析可知，以前各阶段选择合规运营是劣战略，理性的运营商会选择创新运营，根据前面的监管部门的策略选择规则，监管部门将一直选择从松监管。宽松的运营环境是虚拟世界发展所需要的，有利于虚拟世界的创新。前一阶段的创新运营，可能在下一阶段就是违规运营了，这是虚拟世界快速发展过程中必然遇到的情形，客观上要求监管部门"与时俱进"。

（二）监管部门与用户之间的博弈模型

监管部门对虚拟世界不可能一一检查和时时检查，相对而言，用户更清楚运营商是否违规。为了提高监管效率，监管部门通常会设立举报制度，鼓励用户举报违规运营商并对其进行奖励。但是由于种种复杂的原因，有时会出现即使用户举报监管部门也不进行查处的现象。由此可见，监管部门和用户之间存在博弈关系，$B_1=\{$查处，不查处$\}$是监管部门的策略空间，$B_2=\{$举报，不举报$\}$是用户的策略空间。该博弈的博弈方的决策有一定顺序，首先是用户遇到运营商违规情形选择是否举报，然后是监管部门选择是否查处。由于每个博弈方对其他博弈方的行动选择有准确的了解并且每个博弈方的行动选择有限，因而该博弈属于有限完美信息动态博弈模型。

在运营商违规运营的情况下，假设用户举报需支付的成本为 d（包括举报的直接费用和因举报而引起的其他付出），接到举报后若"查处"，需支付成本 C 并对举报者进行奖励 k，但要对违规的运营商进行数量为 F' 的罚款。若在运营商违规运营而用户不举报的情况下监管部门不查处则形象损失为 g'，而在用户举报的情况下若监管部门仍不查处则形象损失将增加为 $g'+\Delta g'$。在无举报的情况下，运营商可能违规也可能不违规，因而监管部门进行查处或不查处的损益只能用期望损益 U_{1max} 表示。该动态博弈的博弈树如图 3 所示。

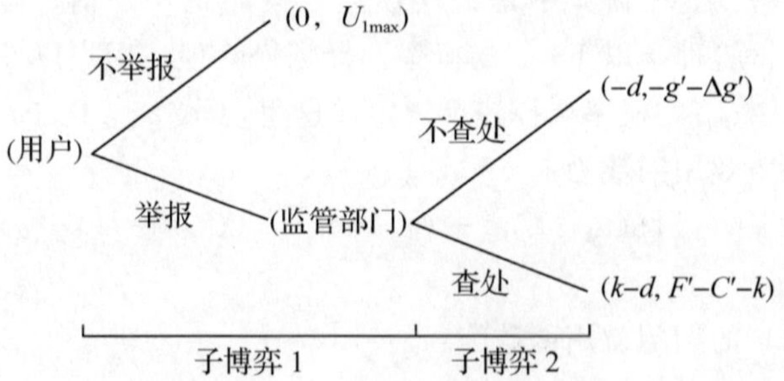

图 3　用户与监管部门的动态博弈树

用逆向归纳法来求解该动态博弈的子博弈精炼纳什均衡①，先考虑子博弈 2。显然，只有 $F'-C'-k>-g'-\Delta g'$，监管部门才会选择"查处"。因此，对违规运营商进行足够高的罚款 F' 是激励监管部门进行查处的必要条件。在子博弈 1 阶段，举报者若选择"举报"，损益为 $k-d$；若选择"不举报"，损益为 0。$k-d>0$ 时，举报者会选择"举报"，此时该博弈的子博弈精炼纳什均衡是(举报，查处)。因此，对用户施以高额的悬赏并采取降低用户举报成本的有效措施是激励用户对运营商违规经营进行举报的必要条件。

(三) 运营商和用户之间的博弈模型

在用户参与虚拟世界的过程中，运营商与用户之间不仅是一种提供服务和被提供服务的关系，而且是一种管理和被管理的关系。假设运营商和用户为理性行为主体，可供运营商选择的策略是合规运营与违规运营，可供用户选择的策略是不违反规定和违反规定，单纯考虑经济效用的情况下，可构建如表 3 所示的博弈得益矩阵。

表 3　运营商与用户之间博弈的得益矩阵

		用户	
		不违反规定	违反规定
运营商	严格管理	u_t-C_{t1}，0	π_1-C_{t1}，$-C_s$
	宽松管理	u_t-C_{t2}，0	$-\pi_2-C_{t2}$，u_s

① [美]罗杰·B. 迈尔森著，于寅、费剑平译：《Myerson Roger B. 博弈论——矛盾冲突分析》，北京：中国经济出版社，2001 年版，第 98—104 页。

其中，C_s 为用户违反规定的风险成本，u_s 为用户通过违反规定得到的效用，用户不违反规定的效用为0，C_{t1} 为运营商严格管理的成本，C_{t2} 为运营商宽松管理的成本。

分析表3，从最优的角度分析，理想状态(宽松管理，不违反规定)显然不是纳什均衡。考察这个博弈中是否存在混合策略纳什均衡，假设运营商以 α 的概率选择严格管理，以 $1-\alpha$ 的概率选择宽松管理；用户以 β 的概率选择不违反规定，以 $1-\beta$ 的概率选择违反规定。这里，$0\leqslant\alpha\leqslant1$，$0\leqslant\beta\leqslant1$。可计算运营商的期望效用函数为：

$$U_3(\alpha,1-\alpha)=\alpha[\beta(u_t-C_{t1})+(1-\beta)(\pi_1-C_{t1})]+(1-\alpha)[\beta(u_t-C_{t2})+(1-\beta)(-\pi_2-C_{t2})]$$

同理，用户的期望效用函数为：

$$U_4(\beta,1-\beta)=(1-\beta)[-\alpha C_s+(1-\alpha)u_s]$$

可以求得用户不违反规定的概率 $\beta^*=1-\dfrac{C_{t1}-C_{t2}}{\pi_1+\pi_2}=1-\dfrac{\Delta C_t}{\pi_1+\pi_2}$，运营商严格管理的概率 $\alpha^*=\dfrac{u_s}{C_s+u_s}$。根据 $\dfrac{\partial\beta^*}{\partial\Delta C_t}=-\dfrac{1}{\pi_1+\pi_2}<0$ 和 $\dfrac{\partial\beta^*}{\partial\pi_1}=\dfrac{\partial\beta^*}{\partial\pi_2}=\dfrac{\Delta C_t}{(\pi_1+\pi_2)^2}>0$ 可以得到(在其他条件一定的前提下推出的)：(1) ΔC_t 越大，用户会采取机会主义行为的概率越大；(2)严格管理的收益 π_1 和宽松管理的损失 π_2 越大，用户越倾向于选择不违反规定。由 $\dfrac{\partial\alpha^*}{\partial C_s}=-\dfrac{u_s}{(C_s+u_s)^2}<0$ 和 $\dfrac{\partial\alpha^*}{\partial u_s}=\dfrac{C_s}{(C_s+u_s)^2}>0$ 可以得出(在其他条件一定的前提下推出的)：(1)用户违反规定的风险成本 C_s 越大，运营商采取严格管理的概率越大；(2)效用 u_s 越大，越需要运营商严格管理，同时说明虚拟世界存在不足，需要从技术和管理层面上进行改善。

(四)多元动态博弈模型

尝试引入演化博弈理论，把监管部门、运营商和用户三者结合起来，构建多元动态博弈模型，模型分为“监管部门—运营商”和“运营商—用户”两个博弈层次，通过运营商把两个层次的博弈连接起来。假设 x_1、x_2 和 x_3 分别表示监管部门、运营商和用户的博弈策略；X_1、X_2、X_3 分别表示监管部门、运营商和用户的策略集，有 $x_1\in X_1$、$x_2\in X_2$、$x_3\in X_3$；$f(a,b)$ 为 a 和 b 的博弈函数。监管部门在博弈中的策略可以表示为：$S_i=\max f(x_1,x_2{}^*)$，其中，S_1 为某一博弈均衡结果，$x_2{}^*$ 为博弈均衡中运营商的某一策略。运营商管理用户的博弈策略在监管部门策略已知的情况下，必须满足 $P(x_2)=\max f[x_1{}^*,x_2(x_1)]$，$x_2(x_1)$ 为在监管部门博弈策略已知情况下，运营商的最优策略集。

监管部门设计监管制度是一个探索过程，一方面是学习其他发达国家虚拟世界的经验，另一方面主要通过国内监管试验和运营商汇报掌握。监管部门在 $f_1(x_1,x_2)$ 博弈过程中，向运营商传递自己的决策信息，也是充分考虑了运营商所汇报的内容，所以 $x_1=x_1(x_2)$，x_1 包含了 x_2 的映射信息，监管部门的策略选择可表示为：$P(x_1)=\max f[x_1(x_2),x_2{}^*]$。运营商的最优策略集在“监管部门—运营商”层次，$f_1(x_1,x_2)$ 博弈过程中又可以表示为：$P(x_2)=\max f[x_1(x_2)^*,x_2(x_1)]$。如果考虑到连续博弈的整个过程，在“监管部门—运营商”层次，监管部门的博弈选择策略可表示为：$P(x_1)=\max f[x_1(x_2),x_2(x_1)^*]$，运营商的博弈策略可表示为：$P(x_2)=\max f[x_1(x_2)^*,x_2(x_1)]$。

从运营商在“监管部门—运营商”层次的作用来看，运营商一方面受监管部门的政策约束(把“监管部门—运营商”层次博弈的结果带到“运营商—用户”层次)，另一方面也会根据自身运营的虚拟世界实际而采取一些管理措施，其行为可表示为：$P(x_2)=\max f[x_2(x_1,x_3),x_3{}^*]$。“运营商—用户”博弈的结果会通过运营商反馈到“监管部门—运营商”层次中去，这样通过运营商就把两个层次的博弈连接起来。另外，监管部门也不只是听取运营商的汇报，他们也会通过其他方式对运营商和用户的行为、博弈策略有所了解。考虑到以上因素“监管部门—运营商”层次的博弈，运营商的博弈行为可以修订为：$P(x_2)=\max f[x_1(x_2,x_3)^*,x_2(x_1,x_3)]$，监管部门的博弈行为可以修订为：$P(x_1)=\max f[x_1(x_2,x_3),x_2(x_1,x_3)^*]$。

把“运营商—用户”层次运营商与用户的博弈表示为 $f_2(x_2,x_3)$，“突变”发生在“运营商—用户”层次的博弈中，如果把“运营商—用户”博弈的结果带到“监管部门—运营商”层次，同时考虑到博弈中的关联性，则 $f_1(x_1,x_2)=f_1[x_1(x_2,x_3),x_2(x_1,x_3)]$，这一博弈函数是连续的，如果假定存在某一策略 t，此时 $f_2(x_2{}^t,x_3{}^t)>f_2(x_2{}^t,x_3)=f_2[x_2{}^t(x_1,x_3),x_3(x_1,x_2)]$，那么，$t$ 策略就是“运营商—用户”层次创新中的一个有效策略。假若此后 t 策略又满足 $f_1(x_1{}^t,x_2{}^t)>f_1(x_1,x_2{}^t)=f_1[x_1(x_2,x_3),x_2{}^t(x_1,x_3)]$，这说明，此时 t 策略已经被“监管部门”认定为有效策略，那么，就可以把 t 策略称为一个各博弈主体都选择的占优策略(进化安定均衡)，达到了所假定的一种稳定的演进均衡。监管部门“选择”策略并向全产业推广，然后达到 $f_1(x_1{}^t,x_2{}^t)=\max f(x_1,x_2)$ 和 $f_2(x_2{}^t,x_3{}^t)=\max f(x_2,x_3)$ 的同时满足，“运营商—用户”层次的“突变”必须经过“监管部门—运营商”层次的“选择”，那些好的适合的策略才会被保留下来。

四、结论

通过分析虚拟世界监管体系，可以发现加强用户教育、提高用户维权意识、完善监管法律制度、充分发挥监督机构的力量，有助于提高虚拟世界的监管效果。监管部门、运营商和用户是监管体系中的主体，监管部门和运营商既是监管与被监管关系，又是委托—代理关系。从虚拟世界的多重博弈模型构建可以看出，监管规章制度不仅仅是政府根据虚拟世界的发展形势而给予的政策供给，更多的是政府、运营商和用户等不同利益主体博弈的产物。监管部门和运营商之间的博弈模型验证了如何促进运营商合规运营和如何激励监管部门选择监管的方法，同时运营商的“创新运营”客观上要求监管部门与时俱进。监管部门与用户之间的博弈模型说明降低举报成本和提高悬赏有助于激励用户举报运营商的违规经营。运营商和用户之间的博弈模型分析了如何有效管理用户和激励运营商改善虚拟世界的运营。多元动态博弈模型显示了“运营商—用户”层次的“突变”经过“监管部门—运营商”层次的“选择”，适合的策略被保留下来，并向全产业推广。当然，博弈主体的有限理性也意味着总有部分博弈主体不会采用最优均衡策略，这除了因为博弈均衡在不断调整改进而发生动态变化外，还因为博弈各方在找到最优策略后也可能受到各种随机、突发干扰因素的影响而再次偏离。这在客观上要求我们分析虚拟世界发展的内在机制与规律性，其不存在普适、静态、单一的最优管理模式，而只有与虚拟世界发展过程匹配与否的动态性、前瞻性和适应性的管理模式。

（作者：岳宇君　北京邮电大学经济管理学院博士研究生
吴　洪　北京邮电大学经济管理学院教授）